la Comptabilité de management

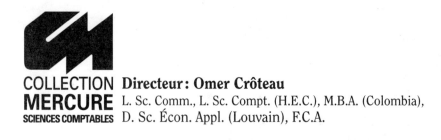

COLLECTION **Directeur: Omer Crôteau**
MERCURE L. Sc. Comm., L. Sc. Compt. (H.E.C.), M.B.A. (Colombia),
SCIENCES COMPTABLES D. Sc. Écon. Appl. (Louvain), F.C.A.

OUVRAGES PARUS DANS CETTE COLLECTION:

Comptabilité générale — Modèle comptable et formes économiques d'entreprises.
Jacques Douville, Jacques Fortin et Michel Guindon, 1988.

Comptabilité générale — Formes juridiques d'entreprises et analyse des états financiers.
Jacques Douville, Jacques Fortin et Michel Guindon, 1988.

Informatique et mission d'attestation: une étude de cas — Premier volet:
Contrôles généraux.
André Pérès, Michel Morin et Maurice Lemay, 1989.

Informatique et mission d'attestation: une étude de cas — Deuxième volet:
Système de cartes de crédit.
André Pérès, Michel Morin et Maurice Lemay, 1989.

Informatique et mission d'attestation: une étude de cas — Troisième volet:
Progiciel et vérification.
André Pérès, Michel Morin et Maurice Lemay, 1988.

Le contrôle de gestion. Vers une pratique renouvelée.
Hugues Boisvert, 1991.

Le gestionnaire et les états financiers.
Louise Martel et Jean-Guy Rousseau, 1993.

Hugues Boisvert

la Comptabilité de management

Coûts

Décisions

Gestion

ÉDITIONS DU RENOUVEAU PÉDAGOGIQUE INC.

5757, RUE CYPIHOT, SAINT-LAURENT (QUÉBEC) H4S 1X4
TÉLÉPHONE : (514) 334-2690 TÉLÉCOPIEUR : (514) 334-4720

Hugues Boisvert : L. Sc. Comm. (H.E.C.),
M. Sc. (Stanford), Ph. D. (Stanford), C.M.A.

Professeur titulaire, École des Hautes Études
Commerciales de Montréal

Associé universitaire, Arthur Andersen & Cie

Supervision éditoriale :
Sylvie Chapleau

**Révision linguistique
et correction d'épreuves :**
Hélène Lecaudey

Édition électronique :
Caractéra inc.

Conception graphique :
ERPI

Couverture :
Les Studios Artifisme et ERPI

Dans cet ouvrage, la forme épicène est utilisée sans aucune discrimination et uniquement pour alléger le texte.

Dépôt légal: 3e trimestre 1995
Bibliothèque nationale du Québec
Bibliothèque nationale du Canada

Imprimé au Canada

ISBN 2-7613-0686-4

1234567890 IG 98765
2464 ABCD   OF10

À Éric, Guylaine, Andrée-Anne et Alexandre

AVANT-PROPOS

La comptabilité de management est une branche de la comptabilité qui se trouve actuellement en pleine évolution. Plusieurs facteurs contribuent à cette évolution, entre autres la mondialisation de la concurrence, le progrès technologique, l'augmentation du niveau d'instruction des employés et leurs aspirations plus élevées, ainsi que la puissance de l'informatique. On redécouvre dans ce contexte la comptabilité de management, dont l'objectif consiste à orienter les gestionnaires dans la prise de décisions.

Ce manuel présente la comptabilité de management à l'approche du XXIe siècle; il diffère des manuels de comptabilité de gestion existants à la fois dans sa structure et son contenu, mais il s'appuie de manière classique sur de nombreux exemples et exercices. On traite ici pour la première fois en profondeur de sujets aussi nouveaux que la comptabilité par activités et la gestion par activités. On se penche également, dans une perspective nouvelle, sur des sujets plus traditionnels comme les méthodes de calcul des coûts, l'analyse coût-volume-bénéfice et l'évaluation du rendement des divisions. La théorie et la pratique sont associées par le biais d'exemples inspirés de cas réels, notamment en gestion de la trésorerie.

Le manuel comprend douze chapitres et trois parties. Le premier chapitre constitue une introduction à la comptabilité de management. Les trois parties traitent respectivement des coûts (4 chapitres), des informations pour les décisions *ad hoc* (2 chapitres) et des informations pour la gestion (5 chapitres).

Le premier chapitre reprend certaines idées avancées dans *Le contrôle de gestion – Vers une pratique renouvelée*. Il situe le rôle du contrôleur dans l'entreprise moderne et présente l'objectif de la comptabilité de management, soit la pertinence et l'utilité de l'information financière pour la gestion, le fil conducteur de cet ouvrage.

La première partie traite des coûts. Les coûts constituent l'objectif d'information à l'origine de la comptabilité du coût de revient, puis de la comptabilité de management. On présente au chapitre 2 plus de trente types de coûts, expliqués à l'aide d'exemples et, au besoin, illustrés à l'aide de figures. Au chapitre 3, on aborde les méthodes de calcul du coût de revient, dont le choix et l'existence même sont liés au mode de fabrication, au type d'organisation du travail et à la méthode de déclenchement de la production. Au chapitre 4, on étudie les questions d'enregistrement et de traitement des données ainsi que l'imputation des frais généraux. Au chapitre 5, on présente pour la première fois de manière détaillée la comptabilité par activités, conçue pour répondre aux besoins d'information de gestion dans l'environnement organisationnel du XXIe siècle.

La deuxième partie traite des autres informations utiles aux décisions *ad hoc*, notamment les différentes marges. Outre les méthodes de calcul des coûts, la comptabilité de management s'est enrichie au fil des ans de méthodes de calcul des différentes marges, que nous abordons au chapitre 6 dans le cadre de l'évaluation de propositions. Puis, au chapitre 7, nous présentons les décisions liées au volume d'activité et l'analyse coût-volume-bénéfice qui les supporte.

La troisième partie traite de l'objet même de la comptabilité de management, soit la planification et le contrôle. On se penche au chapitre 8 sur la gestion de la trésorerie, certes une application des plus concrètes, des plus faciles et des plus universelles pour aborder l'utilisation des budgets. On étudie le budget, au chapitre 9, en tant qu'outil de planification et de contrôle, et au chapitre 10 comme un moyen de transmettre les plans de la direction, de coordonner les différentes unités entre elles et de surveiller l'exécution des plans. Au chapitre 11, on présente les budgets et la gestion par activités comme outils d'apprentissage. Puis, au dernier chapitre, on aborde l'information utile à l'évaluation et à la gestion de la performance.

REMERCIEMENTS

Je remercie toutes les personnes qui, par leur aide et leur soutien, m'ont appuyé dans ce projet commencé de longue date, mais repris et réalisé entièrement au cours de la dernière année. Mes premiers remerciements s'adressent à la direction de l'École des Hautes Études Commerciales de Montréal qui m'a accordé un congé sabbatique au cours duquel j'ai pu me consacrer à ce projet.

Ce manuel tire profit entre autres de l'expérience acquise au cours de l'élaboration d'ouvrages antérieurs, en particulier les manuels publiés aux Éditions du Renouveau Pédagogique:

- *Prix de revient. Planification, contrôle et analyse des coûts,* 1981, en collaboration avec Omer Crôteau, Léo-Paul Ouellette et Vernet Félix.
- *Comptabilité de gestion,* 2e éd., 1986, en collaboration avec Omer Crôteau, Léo-Paul Ouellette et Vernet Félix.
- *Le contrôle de gestion – Vers une pratique renouvelée,* 1991.

J'ai repris de ces ouvrages certains textes touchant l'analyse et la détermination des coûts fixes et variables, l'analyse coût-volume-bénéfice, les décisions à court terme et l'entreprise décentralisée (le chapitre 21 de *Prix de revient* et les chapitres 9, 10 et 11 de *Comptabilité de gestion*). Je tiens à souligner l'apport d'Omer Crôteau, de Léo-Paul Ouellette et de Vernet Félix à cet égard. Je remercie également ces collègues de la première heure de m'avoir aidé à peaufiner au fil des ans mes idées en comptabilité de management.

Je remercie La Société des comptables en management du Canada, qui me confiait en 1989 le développement du matériel pédagogique pour le programme professionnel CMA. Cette expérience m'avait été particulièrement utile en 1991, au cours de l'élaboration de *Le contrôle de gestion – Vers une pratique renouvelée*, dont je me suis également inspiré pour rédiger ce manuel. Plus récemment, le matériel que j'ai mis au point dans le cadre des séminaires du Centre de perfectionnement de l'École des HEC m'a directement servi dans la rédaction du chapitre 5 sur la comptabilité par activités et une partie du chapitre 11 sur la gestion par activités. J'ai tiré profit de mon association avec Arthur Andersen & Cie et des commentaires de Luc Martin et de Michel Maisonneuve. Enfin, j'ai bénéficié des questions et des commentaires de tous mes étudiants et étudiantes, en particulier de ceux de Marie-Hélène Hofbeck et de Josée Danis.

Au cours de la dernière année, René Garneau, professeur à l'Université du Québec à Trois-Rivières, Maurice Gosselin, professeur à l'Université Laval à Québec, et Omer Crôteau ont lu diverses parties de ce manuel et ont apporté des commentaires précieux. Je tiens à exprimer ma reconnaissance aux Éditions du Renouveau Pédagogique pour leur collaboration dans la publication de ce quatrième ouvrage. Je souligne la pertinence des suggestions de Sylvie Chapleau et la qualité du travail de révision.

Enfin, je remercie ma famille, qui m'a appuyé sans compter dans ce projet comme dans les autres.

Hugues Boisvert

TABLE DES MATIÈRES

Chapitre 10 UNE APPROCHE AXÉE SUR LE COMMANDEMENT ET LA SURVEILLANCE 293

Chapitre 11 UNE APPROCHE AXÉE SUR L'ORIENTATION ET L'APPRENTISSAGE 321

Chapitre 1

LA COMPTABILITÉ DE MANAGEMENT

OBJECTIFS DU CHAPITRE

- Décrire la comptabilité de management.
- Distinguer les multiples rôles du comptable d'entreprise.
- Brosser un tableau de l'évolution de la comptabilité de management.
- Donner le fil conducteur du manuel.
- Énumérer les ordres de comptables.

SOMMAIRE

- **LES RÔLES DE LA COMPTABILITÉ**
    - La comptabilité financière
    - Le contrôle d'exécution
    - La comptabilité de management
    - La gestion de la trésorerie

- **LES GESTIONNAIRES DE LA COMPTABILITÉ**
- **HISTORIQUE**
- **L'ÉVOLUTION RÉCENTE DE LA COMPTABILITÉ DE MANAGEMENT**
- **LES PERSPECTIVES D'AVENIR**
- **UN FIL CONDUCTEUR**
- **LES ORDRES DE COMPTABLES**

La comptabilité est un *système d'information,* c'est-à-dire un système de collecte, d'enregistrement et de traitement des données ainsi que de production d'informations. Elle concerne également la diffusion et l'utilisation de ces informations.

La comptabilité informe de nombreux utilisateurs tant à l'intérieur qu'à l'extérieur de l'entreprise. Ses usages sont multiples et il en découle différents rôles, que nous verrons dans le présent chapitre. Nous situerons ainsi la **comptabilité de management** par rapport à ces divers rôles.

LES RÔLES DE LA COMPTABILITÉ

La gestion d'une entreprise, c'est-à-dire la planification, l'organisation, la direction et le contrôle, se fait à partir d'informations. Le système d'information financière qu'est la comptabilité est omniprésent dans la gestion des entreprises, de même qu'au sein des organisations de toute nature et de toute taille, telles que :

- les entreprises à but lucratif ;
- les entreprises sans but lucratif ;
- les entreprises à propriétaire unique ;
- les petites et moyennes entreprises (PME) ;
- les multinationales ;
- les entreprises publiques ;
- les entreprises parapubliques ;
- les gouvernements.

Nous avons divisé les nombreux usages de la comptabilité en quatre rôles fondamentaux auxquels nous avons associé une appellation particulière (tableau 1.1).

Tableau 1.1 Rôles fondamentaux de la comptabilité

Rôle	Appellation
1. Renseigner les tiers.	Comptabilité financière
2. Surveiller l'exécution des opérations et protéger le patrimoine.	Contrôle d'exécution
3. Aider les gestionnaires.	Comptabilité de management
4. Gérer la trésorerie.	Gestion de la trésorerie

D'autres appellations et d'autres rôles que ceux indiqués dans ce tableau peuvent venir à l'esprit : la vérification publique, la fiscalité, la comptabilité de coûts de revient, etc. La vérification publique (mission d'attestation financière) est effectuée par les experts-comptables, mais se situe à la périphérie de la comptabilité financière. Pour cette raison, nous ne l'avons pas incluse dans le tableau 1.1. Il en est de même pour la fiscalité, qui fait appel à plusieurs notions vues en comptabilité, mais qui concerne aussi bien les avocats-fiscalistes que les comptables-fiscalistes. Enfin, nous avons considéré la comptabilité de coûts de revient comme un sous-ensemble de la comptabilité de management.

Nous allons maintenant décrire brièvement chacun des quatre rôles fondamentaux de la comptabilité, en prenant soin de bien situer dans le paysage comptable la comptabilité de management, qui constitue le sujet du présent manuel.

LA COMPTABILITÉ FINANCIÈRE

La **comptabilité financière** a pour rôle premier de renseigner les tiers (créanciers, investisseurs, clients, fournisseurs, organismes de contrôle, etc.) sur la situation financière de l'entreprise. La présentation de la situation financière de l'entreprise, sous la forme d'*états financiers,* doit respecter les *principes comptables généralement reconnus* (PCGR). Ces principes visent notamment à uniformiser la présentation de la situation financière et à assurer la qualité de l'information (pertinence, fiabilité, comparabilité, neutralité, objectivité et prudence). Ils visent également à en faciliter l'interprétation, de sorte que le lecteur comprenne la même chose d'un état financier à l'autre, peu importe l'entreprise, son emplacement et le secteur dans lequel elle œuvre.

Le domaine de la comptabilité financière comprend la préparation des états financiers et leur présentation aux utilisateurs. La mise en place du système de collecte, d'enregistrement et de traitement des données qui permet de produire ces états relève également de la comptabilité financière.

Certaines informations tirées de la comptabilité financière permettent de s'acquitter des obligations imposées par la loi (les impôts ainsi que certaines taxes et autres cotisations étant déterminés d'après des informations provenant de la comptabilité financière). Elles servent également à obtenir un financement externe. Par ailleurs, elles renseignent les gestionnaires sur la performance au cours de l'exercice qui vient de se terminer, dans les limites et selon les règles qui régissent cette comptabilité, ainsi que sur l'état du patrimoine (les ressources disponibles).

LE CONTRÔLE D'EXÉCUTION

Le **contrôle d'exécution** consiste à surveiller l'exécution des opérations et à protéger le patrimoine. Ce rôle assure la qualité de l'information comptable et une présentation fidèle de la situation financière de l'entreprise. Protéger le patrimoine, c'est également éviter les fraudes et les irrégularités. Ce rôle concerne donc la méthode d'exploitation du système de collecte, d'enregistrement et de traitement des données. Entre autres, il demande à l'intervenant de :

- s'assurer de l'authenticité des pièces justificatives avant d'enregistrer la transaction ;
- s'assurer de la suite numérique des factures au journal des ventes ;
- s'assurer que les cartes de pointage ont été signées par le responsable avant de préparer la paie d'un employé, etc.

Le contrôle d'exécution est une vérification minutieuse des activités de collecte, d'enregistrement et de traitement des données. Il vise à assurer l'exactitude et la fidélité de l'information retenue. On l'appelle parfois *contrôle interne*, quoique la définition de ce dernier terme recouvre selon certains une réalité plus large ; il engloberait à la fois le contrôle d'exécution et le contrôle de gestion. En effet, selon l'Institut Canadien des Comptables Agréés (ICCA), les objectifs du contrôle interne établis par la direction en ce qui concerne, notamment, la préparation des états financiers, sont :

- l'optimisation des ressources ;
- la prévention et la détection des erreurs et des fraudes ;
- la préservation du patrimoine ;
- le maintien de systèmes de contrôle fiables[1].

L'*optimisation des ressources* a pour objectif le *contrôle de gestion*, tandis que les trois autres points énumérés ci-dessus visent le *contrôle d'exécution*.

Dans un récent exposé-sondage[2], l'ICCA définit le contrôle comme :

> l'ensemble des processus dynamiques et intégrés, mis en place par le conseil d'administration (ou l'équivalent), la direction et le reste du personnel, qui vise à procurer l'assurance raisonnable que sont réalisés les objectifs groupés dans les grandes catégories suivantes :
>
> *a*) efficacité et efficience du fonctionnement,
>
> *b*) fiabilité de l'information financière et des rapports de gestion,
>
> *c*) conformité aux lois, aux règlements et aux politiques internes.

Si la majorité des directives touche le contrôle d'exécution, le point *a* de la définition précédente concerne, du moins en partie, le contrôle de gestion.

Le contrôle d'exécution est fondamental. Combien d'entreprises, souvent des PME, sont en difficulté, non parce qu'elles sont improductives, mais parce qu'elles sont victimes de fraudes ou d'irrégularités, parce qu'elles égarent ou ne perçoivent pas des comptes clients, parce qu'elles paient deux fois des comptes fournisseurs, etc. ? Le contrôle d'exécution est une condition préalable au succès. Il ne garantit ni ne fait le succès d'une entreprise, mais il protège celle-ci contre les pertes pouvant découler d'une mauvaise exécution.

LA COMPTABILITÉ DE MANAGEMENT

La comptabilité de management a pour but de guider les gestionnaires afin qu'ils puissent concrétiser la mission de l'entreprise le plus efficacement possible. La comptabilité de management est également appelée *comptabilité de gestion, comptabilité administrative* et *comptabilité interne*. On la qualifie de comptabilité interne

---

1. *Manuel de l'Institut Canadien des Comptables Agréés* (ICCA), annexe C, chap. 5200-5220.
2. Institut Canadien des Comptables Agréés, *Directives sur les critères de contrôle*, Exposé-sondage, août 1994, p. ES5.

parce qu'elle s'adresse à des personnes qui travaillent à l'intérieur de l'entreprise, notamment les gestionnaires. La comptabilité financière, quant à elle, s'adresse en priorité à des tiers.

La comptabilité de management doit être utile aux gestionnaires stratégiques[3] et opérationnels de toutes les fonctions: production, marketing, ressources humaines, finances, etc. Étant donné qu'il existe différentes philosophies de gestion et différents styles de gestionnaires[4] œuvrant dans divers contextes, types d'entreprise et secteurs de l'économie, que certains gestionnaires exigent beaucoup d'informations et que d'autres n'en demandent que très peu, les informations utiles à la gestion peuvent être extrêmement variées et prendre diverses formes.

Le *grand livre général* (GLG) constitue la principale source d'information de la comptabilité de management. Toutes les transactions financières de l'entreprise y sont enregistrées et le système de contrôle d'exécution en assure la fiabilité et la neutralité.

Même si l'objectif de la comptabilité de management diffère de celui de la comptabilité financière, les deux disciplines ont plusieurs éléments communs et partagent plusieurs ressources, notamment les données financières (les matières premières de la comptabilité) et les comptables de l'entreprise (la main-d'œuvre directe de la comptabilité). Elles comportent également des différences importantes, étant donné qu'elles ne poursuivent pas le même objectif, qu'elles ne sont pas destinées aux mêmes personnes et que ces dernières ont elles-mêmes des objectifs fort différents. Le tableau 1.2 résume les éléments qui distinguent ces deux comptabilités.

Tableau 1.2   Éléments distinctifs des deux comptabilités

	Comptabilité de management	Comptabilité financière
Qualité primordiale	Utile, pertinente	Fidèle, fiable
Cadre théorique	Aucun cadre prédéterminé	PCGR
	Adapté à l'organisation	Universel
	Aucune exigence légale	Exigences légales
Données utilisées	Historiques et prévisionnelles	Historiques
	Financières et non financières	Financières
	Vérifiées et non vérifiées	Vérifiées
	Internes et externes	Internes
	Objectives et subjectives	Objectives
	Quantitatives et qualitatives	Quantitatives
Collecte d'information	Sélective	Complète
Moment de l'intervention	*A priori* et *a posteriori*	*A posteriori*
Champ de l'intervention	L'entreprise et son environnement	L'entreprise exclusivement
Temps de cycle	Cycle de vie de l'activité	Calendrier, exercice financier

---

3. Certains auteurs distinguent les gestionnaires stratégiques, tactiques et opérationnels.
4. Patricia Pitcher distingue trois types de gestionnaires: l'artiste, l'artisan et le technocrate, qui possèdent chacun leurs caractéristiques propres, notamment en ce qui concerne les besoins d'information (*Gestion,* mai 1993, p. 23).

Si la comptabilité financière doit présenter une image fidèle et fiable de la situation financière de l'entreprise, la comptabilité de management doit d'abord fournir des informations utiles et pertinentes afin d'étayer les décisions quotidiennes que sont amenés à prendre les gestionnaires à tous les échelons de l'entreprise. C'est pourquoi il n'y a pas de cadre prédéterminé pour la comptabilité de management, pas plus qu'il n'y a d'exigences légales. Il faut adapter le système de comptabilité de management à l'organisation, à la situation et même, parfois, à la décision à prendre. Voilà un des éléments qui distinguent la comptabilité de management de la comptabilité financière.

La comptabilité de management puise des données dans le GLG, mais elle utilise aussi des données prévisionnelles, non financières, non vérifiées, externes à l'entreprise (provenant du marché par exemple) et subjectives, lesquelles sont tirées d'autres sources. Elle produit une information sélective plutôt que complète, et son intervention se situe principalement *a priori,* c'est-à-dire avant l'action, plutôt qu'*a posteriori.* Enfin, la comptabilité de management est ouverte sur l'environnement externe et non fermée sur l'entreprise. Elle cherche à refléter le cycle des activités plutôt que le cycle d'un exercice financier de 12 mois.

Les éléments distinctifs présentés dans le tableau 1.2 prendront plus de sens au fur et à mesure de la progression de notre étude.

Nous venons de décrire la comptabilité de management proprement dite, mais la comptabilité doit jouer un quatrième rôle fondamental, souvent sous-entendu ou compris dans la comptabilité de management, soit celui de la gestion de la trésorerie.

LA GESTION DE LA TRÉSORERIE

La gestion de la trésorerie comprend essentiellement la gestion des encaissements et des décaissements d'argent. Voici les principales tâches liées à ce rôle :

- dépôts ;
- perception des comptes clients ;
- paiement des comptes fournisseurs ;
- paiement des salaires et autres comptes ;
- placements à court terme et à long terme ;
- emprunts à court terme et à long terme ;
- assurances.

Par gestion de la trésorerie, nous entendons la *planification* et le *contrôle* des flux monétaires. Les liquidités sont tout aussi vitales pour l'entreprise que le sang pour le corps humain. Une personne anémique a de la difficulté à fonctionner normalement ; il en est de même pour l'entreprise. Combien d'entreprises se trouvent en difficulté à cause d'un manque de liquidités ? Il n'est pas rare que des multinationales dont l'actif est évalué à plusieurs dizaines ou centaines de millions de dollars se trouvent obligées, à la suite d'une crise de liquidités, de vendre une partie importante de leurs actifs au-dessous de leur valeur aux livres ou encore de déclarer faillite et de fermer boutique. Le budget de caisse, que nous aborderons au chapitre 8, se révèle un outil particulièrement utile à la gestion de la trésorerie.

LES GESTIONNAIRES DE LA COMPTABILITÉ

Le système comptable constitue le théâtre d'activités des comptables. Chacun d'eux porte le nom correspondant à son rôle : vérificateur externe, vérificateur interne, contrôleur, trésorier. Chacun d'eux a des adjoints, des supérieurs et des conseillers. Le comptable est susceptible d'exercer chacun des quatre rôles dits *fondamentaux* dè la comptabilité, définis dans le tableau 1.1.

Dans une moyenne entreprise, le chef de la comptabilité est généralement le contrôleur, qui peut porter différents « chapeaux » correspondant à ses différents rôles, comme l'illustre la figure 1.1.

Le contrôleur se trouve responsable du système de collecte, d'enregistrement et de traitement des données financières. Sa principale tâche consiste le plus souvent à produire des états financiers et les documents afférents. Elle est essentielle, car elle fait partie des obligations imposées par la loi. En outre, l'entreprise doit présenter des états financiers à tous ses éventuels bailleurs de fonds.

Le contrôleur porte donc un chapeau de *notaire* parce que, à l'instar du notaire qui doit rédiger des contrats selon les lois, il doit établir les états financiers selon les PCGR. C'est dans ce contexte que se situe l'intervention du **vérificateur externe**, lequel vérifie les états financiers produits par le contrôleur. L'accord du vérificateur externe, soit sa *lettre d'attestation*, correspond à un sceau de conformité des états financiers aussi bien qu'à un sceau d'indépendance et d'objectivité ; c'est pourquoi le vérificateur externe ne doit avoir aucun lien avec l'entreprise ou ses gestionnaires. Il perçoit des honoraires pour son travail, mais ne peut recevoir de salaire, de dividendes ou toute autre forme de rémunération.

Le contrôleur porte également un chapeau de *policier* ; en effet, afin d'assurer un contrôle d'exécution efficace, il doit adopter une attitude teintée de méfiance et ne rien tenir pour acquis. Le *contrôle d'exécution* est essentiellement un système de détection et de surveillance, et le contrôleur doit disposer de la même indépendance et objectivité que le vérificateur externe pour accomplir cette tâche.

L'intervention du **vérificateur interne** se situe également sur le plan du contrôle d'exécution. Les contrôleurs sont chargés de l'exécution tandis que les vérificateurs s'assurent que le travail des contrôleurs est effectué selon les règles de l'art. Dans le cas de la production des états financiers, ce rôle est confié à un comité de vérification auquel participe le contrôleur. Il peut même arriver que le groupe de vérificateurs internes ne soit pas placé sous l'autorité du contrôleur, afin d'assurer à ce dernier une indépendance et une liberté d'action totales. S'il n'y a pas de distinction entre les deux

Figure 1.1 Les différents chapeaux du contrôleur

groupes, si leurs rôles respectifs sont confondus et s'ils se retrouvent au sein d'une unité administrative sous l'autorité d'un contrôleur, c'est souvent parce que la taille de l'entreprise ne justifie pas deux groupes distincts sur le plan économique. La structure administrative leur procurera tout de même une autonomie relative et une liberté d'action par rapport au reste de l'organisation. Les unités de contrôleurs et de vérificateurs internes font souvent figure d'escouades de police à l'intérieur de l'entreprise, puisqu'elles veillent à la régularité des opérations et des transactions financières. Leur indépendance garantit leur efficacité et protège les propriétaires. Les vérificateurs internes se sont donné un statut en se regroupant au sein d'une association professionnelle appelée Institut des vérificateurs internes inc.

La responsabilité du contrôleur par rapport au contrôle d'exécution varie d'une entreprise à l'autre, selon la taille et l'organisation de l'entreprise. Par ailleurs, un groupe de vérificateurs internes vérifie parfois le travail du contrôleur, comme le fait dans une certaine mesure le vérificateur externe.

Le troisième chapeau du contrôleur est celui de *gestionnaire*, c'est-à-dire de *contrôleur de gestion*. Ce chapeau lui appartient en totalité; il ne le partage pas. Selon une vision nouvelle du contrôle de gestion, le contrôleur doit avoir une attitude de confiance et élaborer une approche d'orientation et de conseil envers les gestionnaires et les employés afin de jouer efficacement son rôle. À cet égard, il s'agit de l'inverse de l'attitude et de l'approche qu'il doit adopter dans son rôle de contrôleur d'exécution. Cette vision du contrôleur de gestion s'insère parfaitement dans les nouveaux courants de pensée en gestion, notamment celui qui prône la qualité totale. Il n'y a pas si longtemps, et c'est encore le cas aujourd'hui dans de nombreuses entreprises, le contrôle de gestion était considéré comme un système de détection et de surveillance par l'intermédiaire duquel on devait veiller à ce que chaque poste budgétaire soit respecté.

Une nouvelle attitude et un changement d'approche ne signifient pas que l'on rejette tous les outils traditionnels du contrôle de gestion. Au contraire, la plupart de ces outils, notamment ceux que nous présentons dans ce manuel, sont valables lorsqu'on les utilise intelligemment. Mal employés, ils sont susceptibles de produire ce que l'on appelle les *effets pervers du contrôle des coûts.* Ainsi, un responsable qui instaure un contrôle afin d'augmenter la productivité peut provoquer une diminution de la productivité.

Enfin, le quatrième chapeau, celui du *banquier,* est généralement porté par le **trésorier** et non par le contrôleur lorsque la taille de l'organisation est suffisamment importante pour justifier deux postes distincts. Le contrôleur et le trésorier ont alors un supérieur commun, le *vice-président aux finances.* Cette situation se conçoit parfaitement si l'on examine les tâches liées à la gestion de la trésorerie que nous avons énumérées à la page 6. Ces tâches (dépôts, perception des comptes-clients, paiement des factures et des salaires, placements et emprunts) comportent des actes qui n'ont rien à voir avec la collecte, l'enregistrement et le traitement des données financières.

Nous présentons dans cet ouvrage des techniques élémentaires, mais fondamentales, qui sont utiles aussi bien au contrôleur qu'au trésorier, notamment en ce qui concerne le budget. Il s'agit d'initier le lecteur au *service du management* et à *la gestion des liquidités* à l'aide des informations comptables.

HISTORIQUE

Après avoir situé la comptabilité de management dans l'ensemble des missions liées à la comptabilité, nous allons maintenant nous pencher sur son évolution. Le tableau 1.3 présente un historique des missions attribuées à la comptabilité de management.

Tableau 1.3   Historique des missions attribuées à la comptabilité de management

ÉPOQUE N° 1 :   La comptabilité des échanges (1400 à 1800)
   Mission :   Informer les propriétaires sur les gains réalisés lors de transactions commerciales, donc guider leurs décisions d'affaires.

ÉPOQUE N° 2 :   La comptabilité de coût de revient (1800 à 1925)
   Mission :   Informer les propriétaires-entrepreneurs sur le coût de revient des produits fabriqués dans les usines nouvellement construites et sur les gains réalisés lors de transactions commerciales, donc les guider dans leurs décisions d'affaires.

ÉPOQUE N° 3 :   La comptabilité de gestion opérationnelle (1925 à 1980)
   Mission :   Informer la direction sur la conformité de l'action aux plans et sur le degré d'atteinte des normes préétablies, donc lui permettre d'effectuer le suivi (contrôle) des plans financiers.

ÉPOQUE N° 4 :   La comptabilité de gestion stratégique (1980 à ce jour)
   Mission :   Informer et orienter les gestionnaires dans la prise de décision à moyen et à long termes dans une perspective proactive, donc les guider dans l'ajustement constant de la stratégie à un environnement en mutation continue.

De nos jours, il est devenu nécessaire de distinguer la comptabilité de management de la comptabilité financière. Cependant, cette distinction n'apparaît pas dans le tableau ci-dessus. Tant que les mêmes personnes étaient propriétaires et gestionnaires, la question de la pertinence et de l'utilité de la comptabilité pour la gestion ne se posait pas. Mais à partir du moment où la pratique du financement public s'étendait, soit au début du xxᵉ siècle, il s'avérait nécessaire de protéger les nouveaux propriétaires externes à l'entreprise. Plusieurs faillites célèbres ainsi que le krach boursier de 1929 incitèrent le public à réclamer la production et la vérification des états financiers. Dès lors, les premiers comptables formés dans les écoles de comptabilité et d'administration (mises sur pied à cette époque), conscients de leur responsabilité envers les utilisateurs externes des états financiers, adoptèrent des pratiques comptables prudentes, fondées sur des données objectives et vérifiables. En outre, la mission d'informer correctement les tiers, qui s'insère dans le cadre de la comptabilité financière, fut renforcée par la création d'organismes de surveillance, soit la Securities and Exchange Commission (SEC) et, plus récemment, le Financial Accounting Standards Board (FASB) aux États-Unis. De cette façon, les comptables, formés davantage selon l'esprit qui prévaut dans les écoles de droit que leurs prédécesseurs, détenteurs d'un diplôme d'ingénieur, assujettissaient la comptabilité de coûts de revient et tout ce qui constituait la comptabilité de management à la comptabilité financière (devenue la comptabilité légale). Dès lors, la comptabilité de management devenait un prolongement de la comptabilité financière et perdait graduellement de sa pertinence pour la gestion.

L'ÉVOLUTION RÉCENTE DE LA COMPTABILITÉ DE MANAGEMENT

À l'heure actuelle, nous redécouvrons la comptabilité de management, dont l'unique objectif consiste à orienter les gestionnaires dans leur prise de décision. Cette évolution récente se caractérise d'abord par un changement d'attitude en ce qui concerne le contrôle de gestion, qui passe d'une approche axée sur le commandement et la surveillance (chapitre 10) à une approche axée sur l'orientation et l'apprentissage (chapitre 11). On peut comparer cette transformation à celle d'un chien policier qui deviendrait un chien-guide pour non-voyant (figure 1.2). Les outils traditionnels font ainsi peau neuve. Ils prennent une allure proactive et se transforment en outils interactifs entre les mains des gestionnaires. De nouveaux outils sont également créés, comme la comptabilité par activités (chapitre 5).

Les facteurs déterminants de cette évolution récente de la comptabilité de management sont les suivants :

- l'insuffisance des systèmes actuels ;
- la mondialisation de la concurrence ;
- le progrès technologique ;
- les aspirations des employés ;

Figure 1.2 La mutation du chien policier

- les nouvelles connaissances en gestion;
- les nouvelles formes d'entreprise;
- la puissance des systèmes informatiques et la baisse de leurs coûts.

Selon certaines enquêtes[5], l'*insuffisance des systèmes comptables actuels* pour la gestion nous est révélée par des taux d'insatisfaction relativement élevés concernant les informations comptables pour la gestion. Cette insuffisance nous est aussi dévoilée implicitement par plusieurs auteurs, qui nous invitent à abandonner la gestion par les chiffres pour adopter une gestion en fonction du «gros bon sens» (Tom Peters et Robert Waterman[6]) et des clients (H. Thomas Johnson[7]).

La *mondialisation de la concurrence* a eu d'importantes conséquences; elle a notamment fait comprendre aux Nord-Américains que leurs entreprises n'étaient pas nécessairement les plus performantes et que l'art de la gestion n'était plus l'apanage de l'Amérique du Nord. Après la Seconde Guerre mondiale, l'Amérique du Nord a bénéficié d'un monopole à l'échelle du globe sur le plan manufacturier: le reste du monde industrialisé venait d'être détruit par la guerre. Au début des années 1950, par exemple, le taux de chômage aux États-Unis était inférieur au taux théorique de chômage technique fixé à 3%. Dans l'ensemble du monde industrialisé, on croyait que les méthodes, les techniques et les outils de gestion américains étaient les meilleurs au monde. Au cours des années 1980, cette opinion s'est modifiée à la suite de l'invasion des produits japonais et asiatiques en général.

Le *progrès technologique* a également eu un impact considérable sur l'évolution de la comptabilité de management. En effet, le progrès technique force les entreprises à se

---

5. Une des enquêtes déterminantes est rapportée dans Robert A. Howell, James D. Brown, Stephan R. Soucy et H. Allen Seed, *Management Accounting in the New Manufacturing Environment*, NAA, 1987. (Les italiques sont de nous.)
6. Tom Peters et Robert Waterman, *Le prix de l'excellence*, InterÉditions, 1982.
7. H. Thomas Johnson, *Relevance Regained*, Free Press, 1992.

renouveler, réduit leur marge d'erreur sur le plan des investissements, change totalement la structure de coûts d'une entreprise et modifie l'environnement concurrentiel.

Par ailleurs, les employés sont plus instruits et leur niveau d'*aspiration* est plus *élevé*. Ils ne se contentent plus de leur rôle d'employés, ils souhaitent devenir des associés. D'autre part, si l'on se fie au nombre de conférences qui ont lieu dans le monde chaque année et au nombre d'articles publiés, les *nouvelles idées en gestion* fourmillent. Créées par l'évolution de l'environnement des entreprises, les nouvelles formes d'entreprises suscitent des pressions pour un renouvellement des méthodes de gestion des coûts.

Enfin, la *puissance des systèmes informatiques* et la *baisse de leurs coûts* permettent d'installer deux systèmes de traitement, soit un pour la comptabilité financière et un pour la comptabilité de management, avec accès à une base de données commune, notamment le GLG. Les systèmes automatisés de suivi et de reconnaissance des transactions et des marchandises rendent accessibles en temps réel une foule de données impossibles à obtenir il y a quelques années, car il aurait été trop coûteux et trop long, même à l'aide d'une armée de commis, de les recueillir et de les enregistrer.

LES PERSPECTIVES D'AVENIR

Les perspectives d'avenir de la comptabilité de management sont des plus intéressantes et des plus stimulantes pour celui ou celle qui œuvre dans ce domaine. De nombreux changements sont à prévoir, certains ont déjà été amorcés. La comptabilité de management fait place aux nouvelles idées, à l'imagination et à la créativité. Il va de soi que tout renouvellement doit être utile et pertinent pour la gestion, donc se faire dans une perspective de prise de décision et dans un contexte d'entreprises en évolution.

Le contrôle de gestion ne doit plus servir à vérifier si l'on a atteint la cible, mais à s'assurer que l'on est dans la bonne direction. La cible est devenue mobile et ajustée en temps réel à l'image que l'on capte de l'environnement externe. Cette situation a des conséquences importantes sur l'exercice du contrôle budgétaire (chapitres 9, 10 et 11).

UN FIL CONDUCTEUR

L'objectif de la comptabilité de management, soit **la pertinence et l'utilité de l'information financière pour la gestion,** est le fil conducteur du présent manuel.

Nous nous demanderons, dans chaque chapitre, en quoi les outils et les techniques présentés sont utiles et pertinents pour la gestion, et ce, dans le contexte de la petite comme de la grande entreprise. Nous nous assurerons ainsi que les outils et les techniques proposés sont véritablement au *service de la gestion.*

LES ORDRES DE COMPTABLES

Pour conclure ce tour d'horizon de la comptabilité de management, nous vous présentons brièvement chacun des ordres de comptables et leur champ de compétence par rapport aux différents rôles de la comptabilité, que nous avons définis dans ce chapitre. Il existe trois ordres de comptables au Québec:

- l'Ordre des comptables agréés du Québec (CA), affilié à l'Institut Canadien des Comptables Agréés;
- l'Ordre des comptables en management accrédités du Québec (CMA), affilié à la Société des comptables en management du Canada;
- l'Ordre des comptables généraux licenciés du Québec (CGA), affilié à l'Association des comptables généraux licenciés du Canada.

Parmi ces trois organismes, l'Ordre des comptables agréés du Québec est celui qui compte actuellement le plus grand nombre de membres, soit un peu plus de 15 000. Son rôle principal consiste à attester la conformité des états financiers. Il s'agit d'un ordre d'exercice exclusif, agissant à titre réservé. La *comptabilité publique* est l'acte professionnel qui lui est réservé. Les dispositions de l'article 19 de la *Loi sur les comptables agréés* la définissent ainsi:

> Constitue l'exercice de la comptabilité publique le fait pour une personne de s'engager, moyennant rémunération, dans l'art ou la science de la comptabilité ou dans la vérification des livres ou comptes et d'offrir ses services au public à ces fins.

> Toutefois, une personne n'exerce pas la comptabilité publique au sens de la présente loi si elle agit exclusivement comme teneur de livres, pourvu, si elle offre ses services au public, qu'elle s'annonce seulement comme teneur de livres[8].

Son champ d'intervention naturel est donc la comptabilité financière et son champ exclusif est celui de la vérification externe (sauf en ce qui concerne les coopératives, les municipalités et les commissions scolaires). Cependant, il faut noter que plus de la moitié des membres de cet ordre œuvrent en entreprise. Pour devenir CA, il faut, après avoir terminé un premier cycle universitaire selon un programme d'études approuvé par l'Ordre, passer avec succès un examen final uniforme et effectuer un stage de deux ans dans un cabinet de CA approuvé comme maître de stage.

L'Ordre des comptables en management accrédités du Québec compte 3 500 membres. «Il favorise la.» prééminence de ses membres dans le monde des affaires[9].» Ses membres doivent réussir un premier cycle universitaire selon un programme approuvé par l'Ordre, passer avec succès un examen d'admission uniforme et effectuer un stage de deux ans en entreprise tout en suivant un programme de formation professionnelle axé sur le management. Son champ d'intervention naturel est donc la

---

8. Ordre des comptables agréés du Québec, *Manuel des membres*, p. A.1.
9. Ordre des comptables en management accrédités du Québec, *Annuaire étudiant*, p. 5.

comptabilité de management au sens large, qui comprend le contrôle de gestion et la gestion de la trésorerie.

L'Ordre des comptables généraux licenciés du Québec compte environ 5 000 membres. Il a pour mission de protéger le public par la certification de professionnels de la comptabilité. Nous ne lui connaissons pas de champ d'intervention précis en comptabilité. Pour devenir membre, il faut avoir terminé un programme d'études en comptabilité approuvé par l'Ordre, passé un examen national et effectué un stage de deux ans.

À ces organismes s'ajoute l'Institut des vérificateurs internes inc., affilié à l'Institute of Internal Auditors (aux États-Unis), une « organisation internationale dédiée au progrès de la vérification interne et à l'amélioration de la compétence de ses membres[10]. » L'Institut décerne le titre de *Certified Internal Auditor* (CIA). Il ne s'agit pas d'un ordre dans le sens du *Code des professions* du Québec. La section de Montréal compte plus de 280 membres et celle de Québec, plus de 85.

QUESTIONS DE RÉVISION

1. Quels sont les quatre rôles fondamentaux de la comptabilité ?

2. Quel est l'objectif de la comptabilité financière ?

3. Complétez la phrase suivante : « La présentation des états financiers doit respecter... »

4. Définissez la comptabilité en tant que système.

5. Quelle est la base de données de la comptabilité financière ?

6. Définissez le contrôle d'exécution.

7. Quels sont les quatre objectifs du contrôle interne selon l'ICCA ?

8. Donnez des exemples de contrôle d'exécution.

9. Définissez la comptabilité de management.

10. Quelles sont les autres appellations de la comptabilité de management ?

11. La comptabilité de management doit fournir des informations sur deux, ou parfois trois plans. Nommez-les.

12. Définissez les liens qui unissent la comptabilité de management à la comptabilité financière.

13. Expliquez en quoi la comptabilité de management se distingue de la comptabilité financière, du point de vue :
    a) de la qualité primordiale ;
    b) du cadre théorique ;
    c) des données utilisées ;
    d) de la collecte d'information ;
    e) du moment de l'intervention ;
    f) du champ de l'intervention ;
    g) du temps de cycle.

14. Définissez la gestion de la trésorerie.

15. Énumérez au moins cinq tâches liées à la gestion de la trésorerie.

---

10. Institut des vérificateurs internes inc., *Manuel des membres*, p. 1.1.

16. Énumérez les quatre acteurs dont le théâtre d'activités est le système comptable.

17. Quelle est la tâche principale du contrôleur ?

18. Quels sont les quatre « chapeaux » que le contrôleur peut porter selon les circonstances, et quel est le rôle associé à chaque chapeau ?

19. Décrivez l'intervention du vérificateur externe.

20. Décrivez l'intervention du vérificateur interne.

21. Quelles sont les quatre époques de la comptabilité de management ?

22. Décrivez la mission de la comptabilité de management à chacune des époques mentionnées à la question précédente.

23. Quelle préoccupation majeure a amené l'assujettissement de la comptabilité de management à la comptabilité financière ?

24. Quels sont les facteurs déterminants de l'évolution actuelle de la comptabilité de management ?

25. Quel critère fondamental, le fil conducteur du présent manuel, guide l'évolution actuelle de la comptabilité de management ?

26. Quel est le rôle principal des membres de l'Ordre des comptables agréés du Québec ?

27. Quel est le champ d'intervention de l'Ordre des comptables en management accrédités du Québec ?

28. Quelle est la mission de l'Ordre des comptables généraux licenciés du Québec ?

29. Quel institut, qui œuvre dans le champ de la comptabilité, n'est pas un ordre professionnel au sens du *Code des professions* ? Quel est son rôle distinctif ?

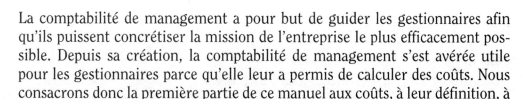

Partie 1

LES COÛTS

La comptabilité de management a pour but de guider les gestionnaires afin qu'ils puissent concrétiser la mission de l'entreprise le plus efficacement possible. Depuis sa création, la comptabilité de management s'est avérée utile pour les gestionnaires parce qu'elle leur a permis de calculer des coûts. Nous consacrons donc la première partie de ce manuel aux coûts, à leur définition, à leur enregistrement et à leur mesure.

Le chapitre 2 définit les coûts : notions fondamentales, coûts liés au temps, coûts liés à la nature de l'activité, coûts issus de la comptabilité, coûts liés aux décisions et coûts liés au volume d'activité.

Le chapitre 3 présente les méthodes de calcul des coûts. Ces méthodes sont associées à la nature des activités, à la structure organisationnelle et au style de gestion. Ce chapitre traite donc, en plus des aspects techniques, des facteurs dont il faut tenir compte pour utiliser ces méthodes.

Le chapitre 4 présente l'enregistrement des transactions et le traitement des frais généraux. Il établit un pont entre la collecte et l'enregistrement des données financières d'une part et les méthodes de calcul présentées au chapitre précédent d'autre part.

Le chapitre 5, par lequel se termine cette première partie, présente la méthode de calcul des coûts par activités. Cette méthode requiert une mise en œuvre plus complexe que les méthodes de calcul examinées au chapitre 3, mais se trouve par ailleurs plus près des centres de décisions et de la gestion.

Chapitre 2

LES DIVERS TYPES
DE COÛTS

OBJECTIFS DU CHAPITRE

- Décrire les différents types de coûts.
- Déterminer les coûts pertinents pour les décisions.
- Distinguer les coûts engagés des coûts conceptualisés et des coûts discrétionnaires.
- Distinguer les coûts fixes des coûts variables.
- Décrire des méthodes de ségrégation des coûts fixes et variables.
- Acquérir une bonne compréhension des divers types de coûts.

SOMMAIRE

- LES NOTIONS FONDAMENTALES
- LES COÛTS LIÉS AU TEMPS
- LES COÛTS LIÉS À LA NATURE DE L'ACTIVITÉ
- LES COÛTS ISSUS DE LA COMPTABILITÉ
- LES COÛTS LIÉS AUX DÉCISIONS
- LES COÛTS LIÉS AU VOLUME D'ACTIVITÉ
    Le coût fixe et le segment significatif
    Le coût variable et le segment significatif

- LA SÉGRÉGATION DES COÛTS FIXES ET VARIABLES
    Les méthodes de ségrégation des coûts
    L'évaluation et la validation d'une régression

- UNE BONNE MAÎTRISE DES COÛTS

La comptabilité traite des données financières en général : les coûts, les revenus, les flux monétaires. Certains modèles et certaines analyses intègrent également des données non financières sur les opérations ou encore des données de temps de cycle (délais) et de qualité. C'est le cas du modèle de gestion par activités. Cependant, la comptabilité aborde principalement les coûts. Nous consacrons le présent chapitre à la compréhension et à la maîtrise des différentes notions de coûts.

Un **coût**, selon Louis Ménard[1], c'est « la somme d'argent exigée en contrepartie de biens ou de services lors de leur acquisition et correspondant à leur juste valeur à ce moment-là ». Nous reconnaissons dans cette définition du coût le *coût d'achat* ou le *prix coûtant*. Ainsi, la somme d'argent demandée par un fournisseur à un client pour un bien donné détermine le coût du bien en question pour ce client.

Cependant, comme le démontre Jerold Zimmerman[2], dire qu'un produit coûte 20 $ ne révèle pas ce que ce montant représente. Il existe une variété impressionnante de qualificatifs servant à préciser ce que mesure véritablement un coût. Le tableau 2.1 en propose une liste[3]. Nous avons pris soin d'inclure les termes qui concernent la comptabilité de management, le contrôle de gestion et la gestion de la trésorerie.

Tableau 2.1 Les divers types de coûts

Coût total	Coût complet	Coût incompressible
Coût unitaire	Coût rationnel	Coût conceptualisé
Coût moyen	Coût de transformation	Coût discrétionnaire
Coût marginal	Coût direct	Coût planifié
Coût historique	Coût standard	Coût programmé
Coût du marché	Coût conjoint	Coût contrôlable
Coût prévisionnel	Coût pertinent	Coût différentiel
Coût actualisé	Coût de renonciation	Coût de capacité
Coût de financement	Coût commun	Coût variable
Coût de fabrication	Coût spécifique	Coût fixe
Coût de la période	Coût engagé	Coût variable par paliers
Coût de débours	Coût irrécupérable	Coût fixe par paliers

---

1. Louis Ménard, *Dictionnaire de la comptabilité et de la gestion financière*, Institut Canadien des Comptables Agréés, 1994, p. 182.
2. Jerold L. Zimmerman, *Accounting for Decision Making and Control*, Irwin, 1995, p. 24. Nous recommandons la lecture du chapitre 2 intitulé *The Nature of Costs*.
3. Nous avons retenu 36 termes. On n'en retrouve pas moins de 93 dans le document intitulé *Terminologie fondamentale de la comptabilité de management, anglais — français*, LEXICOM, sous la direction de Julie Desgagné, La Société des comptables en management du Canada, 1994.

Nous avons regroupé ces différents coûts sous les thèmes suivants :

- notions fondamentales ;
- coûts liés au temps ;
- coûts liés à la nature de l'activité ;
- coûts issus de la comptabilité ;
- coûts liés aux décisions ;
- coûts liés au volume d'activité.

LES NOTIONS FONDAMENTALES

En matière de coût, quatre notions sont fondamentales : le coût total, le coût unitaire, le coût moyen et le coût marginal.

Coût total

Le **coût total** correspond à la somme des coûts de toutes les ressources ayant été consommées par une entité. Il faut donc dresser, dans le cas d'un produit ou d'un service, la somme (l'inventaire) de toutes les ressources utilisées. Le coût total est également appelé **coût de revient** du produit ou du service. Il n'est pas toujours facile de déterminer le coût de revient. Nous devons souvent nous appuyer sur des hypothèses de comportement des coûts des ressources utilisées afin de les répartir entre les produits ou services consommateurs de ces ressources.

Coût unitaire

Le **coût unitaire** est le coût d'une unité (produit ou service). Il correspond soit à un coût moyen soit à un coût marginal.

Coût moyen

Le **coût moyen** est le coût total d'un ensemble divisé par le nombre d'unités composant cet ensemble.

Coût marginal

Le **coût marginal** est le coût de la dernière unité produite. Pour déterminer le coût marginal, on doit pouvoir repérer les ressources consommées par cette dernière unité. La figure 2.1 présente les relations entre le coût total, le coût moyen et le coût marginal, ainsi qu'un exemple.

Figure 2.1 Relations entre le coût total, le coût moyen et le coût marginal

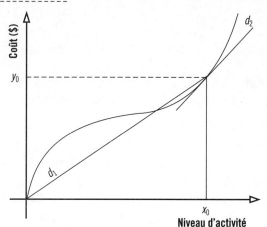

y_0 : Coût au niveau d'activité x_0.
d_1 : Droite dont la pente donne le coût moyen d'une unité.
d_2 : Droite tangente à la courbe de coût total dont la pente donne le coût marginal au niveau d'activité x_0.

E X E M P L E   1

Les statistiques de coûts suivantes donnent matière à réflexion sur les relations entre les coûts.

Nombre d'unités	Coût total	Coût moyen	Coût marginal
50	250,00 $	5	n.d.
...	...	...	...
98	538,81 $	5,498061224	n.d.
99	544,40 $	5,498989899	5,59 $
100	550,00 $	5,5	5,60 $
101	555,61 $	5,501089109	5,61 $
102	561,24 $	5,502352941	5,63 $
...	...	...	...
200	1 080,00 $	5,4	n.d.

Le coût moyen correspond au coût total divisé par le nombre d'unités.

Le coût marginal de la 100e unité correspond au coût total des 100 premières unités, moins le coût total des 99 premières unités.

Quel est le coût unitaire ? Il est de 5 $ si l'on prend le coût moyen des 50 premières unités, de 5,50 $ si l'on calcule le coût moyen des 100 premières unités et de 5,40 $ si l'on utilise le coût moyen des 200 premières unités. Il peut être également de 5,61 $ si l'on considère la 101e unité produite, de 5,63 $ si l'on tient compte de la 102e unité produite, et ainsi de suite.

L'exemple précédent montre bien qu'on ne révèle rien de précis en disant qu'un produit coûte 20 $, et qu'il faut donner plus d'informations sur la mesure de ce coût.

LES COÛTS LIÉS AU TEMPS

Les coûts liés au temps sont le coût historique, le coût du marché, le coût prévisionnel et le coût actualisé.

Coût historique

Le **coût historique** est le coût enregistré au moment d'une transaction, c'est-à-dire le «coût d'acquisition d'un bien ou d'un service[4]». Il s'agit donc essentiellement d'un coût passé.

Coût du marché

Le **coût du marché** représente la valeur sur le marché d'un bien ou d'un service, soit la «valeur de la contrepartie nécessaire pour acquérir un bien identique ou équivalent à celui que possède l'entreprise[5]». Il s'agit donc essentiellement d'un coût actuel ou, encore, du coût à supporter si l'on engageait cette dépense le jour même.

Coût prévisionnel

Le **coût prévisionnel** est un coût que l'on prévoit engager (il est souvent inscrit au budget). Il s'agit donc essentiellement de l'estimation d'un coût futur.

Coût actualisé

Le **coût actualisé**, ou valeur actuelle, représente l'équivalent au moment où l'on parle du coût prévisionnel, compte tenu d'un taux d'actualisation.

Nous résumons les relations entre les coûts liés au temps à la figure 2.2, puis nous présentons un exemple pertinent.

Figure 2.2 Relations entre les coûts liés au temps

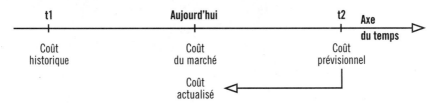

E X E M P L E 2

Il y a 5 ans, une entreprise a acheté un élément d'actif qu'elle a payé 50 000 $. Cet élément se vend aujourd'hui 104 000 $ et il vaudra, selon les prévisions, 108 000 $ dans 1 an. Si l'on considère un taux d'actualisation de 8 %, la valeur actualisée de cet élément d'actif est de 100 000 $.

---

4. La Société des comptables en management du Canada, *op. cit.*, p. 32.
5. La Société des comptables en management du Canada, *op. cit.*, p. 18.

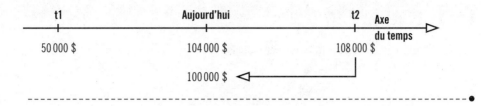

LES COÛTS LIÉS À LA NATURE DE L'ACTIVITÉ

Nous vous présentons brièvement les coûts liés à la nature de l'activité, soit le coût de financement, le coût de fabrication, le coût de transformation, le coût direct, le coût de la période et le coût de débours.

Coût de financement

Le **coût de financement** est le prix que l'entreprise doit payer pour utiliser les sommes prêtées par des tiers à l'entreprise. Il correspond au montant des intérêts à long et à court terme.

Coût de fabrication

Le **coût de fabrication** est le coût de l'activité de fabrication, c'est-à-dire le coût de l'ensemble de toutes les ressources consommées pour accomplir cette activité. Il comprend le coût des matières premières et de la main-d'œuvre directe, ainsi que les frais généraux que l'on peut rattacher à cette activité. De même, nous considérons le **coût des ventes** comme l'ensemble de toutes les ressources consommées pour la vente, le **coût d'administration** comme l'ensemble de toutes les ressources consommées pour l'administration, et ainsi de suite.

Coût de transformation

Le **coût de transformation** est le coût de fabrication moins le coût des matières premières. On le considère comme la valeur ajoutée au produit du point de vue du coût.

Coût direct

Le **coût direct** peut être étroitement rattaché à un produit ou à un service. Il correspond généralement aux matières premières, aux fournitures et à la main-d'œuvre directe. Il exclut donc tout montant de charges indirectes (chapitre 3).

Coût de la période

Le **coût de la période** est l'ensemble des ressources consommées au cours d'une période donnée. On dit que les coûts des ventes et d'administration sont des coûts de la période. Les coûts de fabrication n'en font pas partie, puisqu'ils sont rattachés aux unités produites.

Par conséquent, un coût de fabrication engagé ne sera considéré comme une charge qu'au moment où le produit sera vendu. Les autres coûts apparaîtront comme des charges pour la période pendant laquelle ils ont été engagés.

Coût de débours

Les **coûts de débours** sont les coûts qui entraînent une sortie de fonds.

E X E M P L E   3

Voici l'état des résultats de l'entreprise ABC inc. pour l'exercice terminé le 31 décembre 1995.

ABC inc.
État des résultats
pour l'exercice financier terminé le 31 décembre 1995

Revenus		6 584 000 $
Coût des marchandises vendues		
Stock au 1er janvier	394 000 $	
Fabrication	3 685 000	
	4 079 000	
Stock au 31 décembre	440 000	3 639 000
Bénéfice brut		**2 945 000 $**
Frais de vente	1 408 000 $	
Frais d'administration	679 000	2 087 000
Bénéfice d'exploitation		**858 000 $**
Autres charges		
Intérêts	250 000 $	
Impôt	214 500	464 500
Bénéfice net de l'exercice		**393 500 $**

Chacune des charges de cet état représente un coût défini selon la nature de l'activité, par exemple le coût des marchandises vendues, le coût de fabrication, le coût des ventes et le coût d'administration. Les intérêts correspondent au coût de financement. Les frais de vente et d'administration, de même que les intérêts et l'impôt, constituent des coûts de l'exercice, parce que les charges concernées ont été engagées durant cet exercice financier. Par contre, le coût des marchandises vendues et le coût de fabrication résultent d'un ajustement des stocks, et une portion de ceux-ci a pu être engagée dans un exercice antérieur. Pour cette raison, c'est le moment où la marchandise est vendue et non le moment où le coût est engagé qui détermine s'il s'agit d'un coût pour la période.

LES COÛTS ISSUS DE LA COMPTABILITÉ

Les coûts présentés dans cette section sont dits issus de la comptabilité, car ils ont été créés pour décrire un modèle comptable ou une réalité particulière au traitement des coûts. Nous allons décrire ces coûts brièvement, car nous les examinerons dans les chapitres suivants.

Coût complet

Le **coût complet** est un coût de revient obtenu en tenant compte d'une répartition ou d'une imputation des charges indirectes de fabrication (chapitre 4).

Coût rationnel

Le **coût rationnel** est un coût de revient obtenu par une imputation rationnelle des frais généraux de fabrication. Nous présenterons cette méthode comptable au chapitre 4.

Coût standard

Le **coût standard** est un «coût préétabli avec précision par une analyse technico-économique de l'objet ou du travail nécessaire[6]». Il sert de norme ou de point de repère pour évaluer l'efficience ou la productivité. Le coût standard est au centre de plusieurs systèmes de contrôle budgétaire, comme nous le verrons au chapitre 10.

Coût conjoint

Le **coût conjoint** est une portion du coût d'un produit ou d'un service issu d'un procédé ou d'une matière fournissant plusieurs produits ou services. Le coût d'un baril de pétrole brut, qui doit être réparti entre plusieurs produits finis, est souvent cité comme exemple.

LES COÛTS LIÉS AUX DÉCISIONS

Puisque la comptabilité de management a pour objectif d'aider les gestionnaires à concrétiser la mission de l'entreprise le plus efficacement possible, la production d'informations sur les coûts, qui permettront aux gestionnaires de prendre des décisions éclairées, occupe une place prépondérante dans ce manuel.

Coût pertinent

La pertinence n'est pas un état en soi ; elle se définit par rapport à une décision. C'est le contexte qui rend un **coût pertinent**. Un coût est pertinent par rapport à une décision donnée s'il est susceptible d'être modifié par cette décision.

Lorsqu'on évalue des propositions ou des projets, tous les coûts touchés par chacune des possibilités sont pertinents. Il en est de même du manque à gagner, c'est-à-dire du revenu que l'on aurait pu avoir si on n'avait pas choisi une proposition donnée.

Coût de renonciation

On définit le **coût de renonciation** comme le gain auquel on renonce en faisant un choix. Il s'agit du manque à gagner par rapport à la situation qui prévaudrait si l'on avait retenu le deuxième choix. Le coût de renonciation représente le bénéfice qu'on aurait pu faire grâce à la meilleure des solutions rejetées. Il est toujours pertinent, puisqu'il est associé à toutes les décisions.

Le coût de renonciation n'est pas un coût comptable, car il ne témoigne d'aucune ressource consommée. Tout comme le coût unitaire, le coût de renonciation correspond soit à un coût moyen, soit à un coût marginal. De plus, le coût de renonciation change au fil du temps, selon les décisions, les occasions d'affaires et le contexte.

---

6. La Société des comptables en management du Canada, *op. cit.*, p. 66.

E XEMPLE 4

Analysons le coût de renonciation des matières premières en stock utilisées pour produire une commande spéciale, sachant que l'entreprise les a payé 20 000 $, dans trois situations différentes :

Situation 1 :

Ces matières premières n'avaient aucune autre utilisation prévisible et leur valeur de rebut prévue était nulle.

Situation 2 :

Ces matières premières n'avaient aucune autre utilisation prévisible et l'entreprise aurait tôt ou tard déboursé 1 000 $ pour en disposer.

Situation 3 :

Ces matières premières sont utilisées couramment dans la fabrication d'autres produits et devront être remplacées au plus tard dans un mois au coût de 20 500 $.

Le **coût de renonciation** est nul dans la situation 1, de –1 000 $ dans la situation 2 et de 20 500 $ dans la situation 3.

--●

E XEMPLE 5

M. Boisclair vient d'être muté dans une autre ville. Il devra y louer un appartement au coût de 650 $ par mois, plus l'électricité. Il est toujours propriétaire, dans la première ville, d'une maison qu'il a payée 160 000 $ il y a cinq ans. Il a décidé de louer cette maison 700 $ par mois, mais il aurait pu la vendre 180 000 $. Le cas échéant, il aurait payé au courtier une commission de 11 502 $, taxes incluses. Il aurait pu placer le produit de la vente au taux annuel de 8 % pendant trois ans.

Examinons les coûts pertinents et le coût de renonciation de la décision de louer au lieu de vendre :

Le coût de l'appartement dans la nouvelle ville et les frais inhérents au déménagement ne sont pas pertinents pour cette décision. Le prix payé pour la maison il y a cinq ans n'a également rien à voir avec cette décision.

Le montant dont M. Boisclair pourrait disposer après la vente, le montant de la commission et le taux d'intérêt qu'il pourrait obtenir du placement de cet argent sont pertinents dans cette décision. Il en est de même du montant retiré de la location.

Le coût de renonciation est donc de 13 479,84 $ par an, soit 8 % de 168 498 $ (180 000 $ – 11 502 $), le montant net qu'il aurait pu obtenir de la vente.

--●

Coût commun

Un **coût commun** contribue à plusieurs produits, à plusieurs unités administratives ou bien est engagé pour une activité utile à ces unités administratives. Le coût commun se définit par opposition au coût spécifique.

Coût spécifique

Le terme spécifique signifie qu'on peut relier le coût à quelque chose de concret, comme un produit, un atelier, une activité, etc. Ainsi, un **coût spécifique** à un produit tire son origine de ce produit et lui est exclusif; un coût spécifique à un atelier est issu de cet atelier et lui est exclusif; un coût spécifique à une activité provient de cette activité et lui est exclusif.

Bon nombre de coûts peuvent être considérés comme des coûts spécifiques. Il s'agit du coût engagé, du coût irrécupérable, du coût incompressible, du coût constant, du coût conceptualisé, du coût discrétionnaire, du coût planifié, du coût programmé, du coût administré, du coût contrôlable, du coût différentiel et du coût de capacité.

Un **coût engagé** résulte de transactions antérieures. Comme ce coût est déjà engagé, il n'est pas pertinent pour les décisions à venir; il est totalement indépendant de ces dernières, puisqu'il a été décidé dans le passé. Cependant, aucun engagement à long terme ne tient indéfiniment. La durée de l'engagement s'avère un élément pertinent dans certaines décisions de gestion, tout comme le type d'engagement. Nous distinguons les engagements de montants forfaitaires par période et les engagements découlant de décisions relatives à la conception des produits et aux procédés de production.

En général, un coût engagé est issu du premier type d'engagement, celui qui correspond à un montant forfaitaire par période. Un coût engagé peut également être appelé **coût constant**, **coût irrécupérable** et, parfois, **coût irréversible**. Ne pouvant être influencé d'aucune manière, le coût irrécupérable n'est jamais pertinent dans les décisions futures. Enfin, l'expression **coût incompressible** désigne un coût engagé qui ne peut être réduit d'aucune manière.

Le **coût conceptualisé**[7] reflète une autre forme d'engagement ou de lien, celui qui est inhérent à la composition d'un produit et à un procédé de fabrication. Ce coût est engagé dans l'élaboration d'un produit (ou d'un service) et dans la formalisation d'un procédé de production. Il s'agit d'un engagement indirect lié à la décision de produire ou d'offrir un service: on doit engager le coût des matières premières et le coût de la main-d'œuvre directe lorsqu'on décide de fabriquer un produit.

Les **coûts discrétionnaires** sont des coûts **planifiés** et **programmés** parce qu'ils sont décidés à chaque budget. On les appelle également **coûts administrés**, car ce sont les

---

7. La description de ce type de coût correspond à celle de **engineered cost** en anglais. Dans son *Dictionnaire de la comptabilité* (p. 272), Ménard propose de traduire *engineered costs* par coûts variables non discrétionnaires ou coûts (variables) fondamentaux. Je choisis de créer une nouvelle appellation qui me semble mieux refléter la réalité.

seuls coûts qui peuvent être influencés par les gestionnaires, tandis que les coûts engagés ne peuvent être modifiés. Les coûts discrétionnaires sont budgétés ou prévus, mais non encore engagés. On peut revenir sur la décision d'engager ces coûts tant qu'ils ne sont pas commis.

Il est fort utile de distinguer la partie discrétionnaire de la partie engagée des frais généraux de fabrication, de vente et d'administration. Lorsqu'on recherche l'équilibre budgétaire (dont nous discuterons aux chapitres 9, 10 et 11), ces coûts sont au centre des compromis.

Un coût est dit **contrôlable** si l'on peut influencer son comportement au cours d'une période donnée.

Le **coût différentiel** distingue deux propositions, deux produits ou deux projets. On doit l'établir en cas d'alternative pour faire les choix nécessaires sur le plan des coûts.

Le **coût de capacité** a pour objet de procurer une capacité de production ou de service. Ce coût est souvent engagé au cours d'une période donnée et il ne varie pas en fonction du volume d'activité.

E X E M P L E 6

M. Lebrun exploite un petit atelier d'ébénisterie. Pour le prochain exercice, il prévoit des coûts de 535 000 $ en plus du coût des matériaux. Ce montant correspond à la liste suivante.

Compte	Montant
Salaires	300 000 $
Avantages sociaux	31 000
Fournitures d'usine	28 000
Entretien et réparations	25 000
Électricité	45 000
Formation et perfectionnement	14 000
Contrôle de la qualité	48 000
Assurances-Usine	14 000
Taxes-Usine	16 000
Dotation à l'amortissement cumulé	14 000
Total	**535 000 $**

M. Lebrun prépare cette liste chaque année. Cependant, c'est la première fois qu'il prévoit dépasser le cap des 500 000 $. Il décide de chercher à réduire cette somme à 490 000 $. Pour évaluer ses possibilités, il doit d'abord déterminer le caractère conceptualisé, discrétionnaire ou engagé de ces coûts.

Tous les coûts décrits dans cette liste sont spécifiques à l'usine. Aucun ne provient d'une répartition quelconque entre différentes unités administratives. Les comptes Taxes-Usine et Dotation à l'amortissement cumulé représentent des coûts **engagés**. Ils sont **irréversibles**, à moins de vendre l'atelier ou une partie des équipements produisant l'amortissement. Ils sont donc **incontrôlables**, car M. Lebrun ne peut exercer aucune influence sur eux.

On ne peut déterminer si le compte Salaires représente un coût engagé, un coût conceptualisé ou un coût discrétionnaire, à moins de connaître les modalités d'embauche et la nature des activités de la main-d'œuvre. Il y a deux façons d'envisager les salaires : une façon juridique et une façon naturelle.

Selon l'approche juridique, on peut considérer que le coût de la main-d'œuvre est discrétionnaire jusqu'au moment où cette dernière est embauchée ; dès lors, ce coût devient engagé. Cette dernière distinction, utilisée pour régler les conflits, n'est pas vraiment utile pour le contrôle des coûts.

Du point de vue de la gestion, la main-d'œuvre directe est considérée comme un coût conceptualisé qui est fonction de la décision de production : une fois le volume d'activité déterminé, il faut embaucher ou non la main-d'œuvre nécessaire pour réaliser le programme de production choisi. La main-d'œuvre indirecte est plutôt de type discrétionnaire, car elle dépend d'une planification qui peut être révisée périodiquement. Elle découle du choix des procédés de gestion de la production et de la mise en œuvre d'un programme de contrôle de la qualité. La main-d'œuvre indirecte ne sert pas à la production proprement dite.

En fait, nous pourrions qualifier les coûts engagés et les coûts conceptualisés de **coûts obligatoires**, et les coûts discrétionnaires de **coûts optionnels**.

Le coût des Avantages sociaux est incontrôlable, car il est fixé par des lois et des contrats, et il est directement proportionnel aux salaires versés.

Les coûts associés aux comptes Fournitures d'usine et Entretien et réparations découlent également du niveau de production. À long terme, ils lui sont proportionnels, mais on peut observer des écarts à court terme à cause des éléments impondérables et accidentels.

Le coût de l'Électricité est en partie engagé et incompressible et en partie proportionnel au niveau de production.

Enfin, les comptes Formation et perfectionnement, Contrôle de la qualité et Assurances-Usine sont totalement discrétionnaires.

--•

E X E M P L E 7

Dans un hôpital, on a établi un protocole opératoire pour chaque type d'intervention chirurgicale. Le coût des fournitures et de la main-d'œuvre nécessaires pour réaliser les activités de cette marche à suivre sont des coûts conceptualisés.

Pour réduire ces coûts, il faudrait utiliser une technique de pointe plus performante ou à tout le moins modifier la marche à suivre de sorte qu'elle soit plus performante. En effet, on ne peut réduire les coûts conceptualisés sans modifier les processus, comme c'est le cas pour les coûts engagés.

--•

LES COÛTS LIÉS AU VOLUME D'ACTIVITÉ

Les coûts liés au volume d'activité sont en général des coûts à court terme. Le volume représente la quantité d'extrants, soit le nombre d'unités produites (en unités équivalentes) ou le nombre de services rendus. Les coûts liés au volume comprennent :

- les coûts variables, qui sont directement proportionnels au volume ;
- les coûts fixes, qui ne sont influencés d'aucune manière par le volume ;
- les coûts fixes par paliers, qui ne varient pas dans l'intervalle d'un palier et qui augmentent à certains volumes donnés pour passer à un palier plus élevé ;
- les coûts variables par paliers, qui sont directement proportionnels au volume mais dont le taux de proportionnalité change à certains volumes donnés ;
- les coûts mixtes, qui ont un comportement différent des coûts décrits précédemment, c'est-à-dire qu'ils ont essentiellement une partie fixe et une partie variable sans schéma déterminé.

La figure 2.3 illustre ces différents coûts.

Figure 2.3 Comportement des coûts

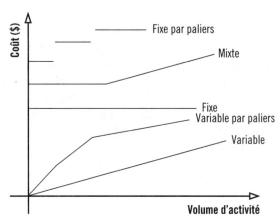

LE COÛT FIXE ET LE SEGMENT SIGNIFICATIF

On définit le coût fixe comme un coût insensible à la variation du volume. Il résulte en partie de décisions d'investissement requérant un financement, par exemple la dotation à l'amortissement, les taxes et les assurances, et en partie de décisions d'embauche à long terme (notamment du personnel cadre). Ces décisions d'acquisition de ressources à long terme ne sauraient être remises en question tous les jours par la direction. Ces coûts possèdent une grande inertie qui les rend très souvent irréversibles à court terme. Cependant, on ne peut pas dire qu'ils sont constants quel que soit le volume de production. Si le volume tombait à zéro (un cas extrême), certains coûts considérés comme fixes pourraient être éliminés.

C'est ainsi que la notion de coûts fixes se conçoit à l'intérieur d'une zone délimitée du volume, appelée **segment significatif**. La borne inférieure correspond au niveau ou au volume au-dessous duquel il est possible de réduire ou de supprimer certains coûts fixes, et la borne supérieure correspond au niveau ou au volume au-dessus duquel une augmentation des coûts fixes s'avère nécessaire.

À long terme, les coûts fixes n'existent pas à toutes fins pratiques. Il n'y a que des coûts fixes par paliers. Toutefois, à l'intérieur d'un segment significatif, qui correspond souvent à une période budgétaire, on peut parler de coûts fixes. Nous illustrons cette question à la figure 2.4.

Figure 2.4 Coût fixe et segment significatif

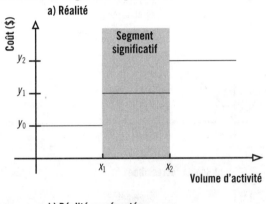

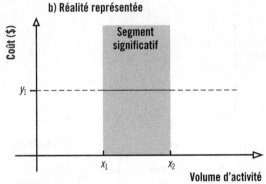

Cette figure indique que, si le volume d'activité prévu est inférieur à x_1, les coûts fixes s'élèvent à y_0. Si le volume d'activité prévu se situe entre x_1 et x_2, les coûts fixes sont de l'ordre de y_1. Au-dessus de x_2, ils sont de l'ordre de y_2. Il faut noter que nous avons mentionné le volume d'activité prévu parce que ces coûts sont rattachés à des ressources que l'entreprise doit prévoir pour réaliser un niveau d'activité donné.

LE COÛT VARIABLE ET LE SEGMENT SIGNIFICATIF

Au sens strict du terme, les coûts variables n'existent pas. Les économies d'échelle, y compris les escomptes de quantité, et la courbe d'apprentissage font que les coûts modifiés par le niveau d'activité ont plutôt un aspect curviligne, comme l'illustre la figure 2.5. Cette forme curviligne concorde avec les modèles des économistes dans le cadre d'une concurrence pure et parfaite.

Figure 2.5 Coût variable et segment significatif

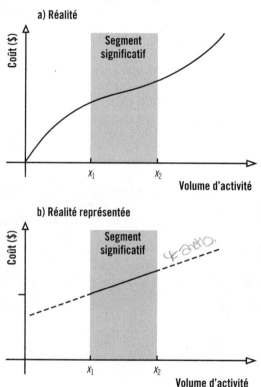

Cependant, à l'intérieur d'une zone normale d'activité qui correspond au segment significatif, la différence entre la courbe et une droite devient peu importante. De plus, compte tenu des données nécessaires pour estimer une courbe, que l'on doit recueillir pendant un intervalle assez court pour que celle-ci soit représentative, il est illusoire de penser que l'on pourrait tracer une fonction curviligne statistiquement valable. C'est pourquoi, par pragmatisme et pour simplifier considérablement les analyses subséquentes, sans toutefois invalider leur conclusion, on émet l'hypothèse que le coût variable est proportionnel au niveau d'activité. Cette hypothèse sera valable tant que le volume atteint se situera à l'intérieur du segment significatif d'exploitation.

E X E M P L E   8

Soit les éléments de coûts suivants de l'entreprise XYZ :

1. Matières premières ;
2. Main-d'œuvre directe (la main-d'œuvre directe reçoit un salaire fixe hebdomadaire basé sur 40 heures de travail) ;
3. Frais de consultation (on projette d'engager un consultant pour le réaménagement de l'usine) ;
4. Frais de chauffage et d'électricité (les frais d'électricité sont payés en fonction de la pointe de consommation mensuelle et du nombre de kilowatt-heures utilisés) ;
5. Frais de mise en course (fournitures) ;
6. Entretien bâtiment-usine ;
7. Dotation à l'amortissement-usine ;
8. Taxes-Usine.

On propose à l'entreprise XYZ de fabriquer un lot de 100 unités d'un même produit. Elle n'avait pas prévu ce niveau de production.

Selon une première hypothèse (A), l'entreprise dispose d'une capacité inutilisée suffisante pour réaliser cette production, car ses employés ne travaillent actuellement que 35 heures par semaine. Selon une deuxième hypothèse (B), l'entreprise n'a pas de capacité excédentaire et devrait, si elle accepte de produire le lot de 100 unités, exécuter cette commande en temps supplémentaire, ce qui l'obligerait à utiliser à ces moments-là l'espace qu'elle sous-loue habituellement.

Le tableau ci-dessous indique, pour chacun des éléments de la liste, de quel type de coût il s'agit et quels sont les coûts pertinents pour la décision présentée selon chacune des deux hypothèses.

Nature du coût	Type de coût	Pertinence selon l'hypothèse A	Pertinence selon l'hypothèse B
Matières premières	Conceptualisé variable	Pertinent	Pertinent
Main-d'œuvre directe	Conceptualisé fixe		Pertinent
Frais de consultation	Fixe discrétionnaire		
Frais de chauffage et d'électricité	Mixte	Pertinent	Pertinent
Frais de mise en course	Fixe par paliers		Pertinent
Entretien bâtiment-Usine	Fixe discrétionnaire		
Dotation à l'amortissement-Usine	Fixe engagé		
Taxes-Usine	Fixe engagé		
Revenu location de l'espace sous-loué habituellement	De renonciation		Pertinent

L'utilisation des machines pour fabriquer le lot de 100 unités, entraînera une consommation additionnelle d'électricité. Ces frais ont été considérés comme pertinents pour la décision selon les deux hypothèses. Cependant, il est fort probable qu'ils soient peu considérables et qu'on puisse les considérer comme non pertinents sans altérer le calcul du bénéfice anticipé de la proposition.

E X E M P L E   9

Le montant de la facture mensuelle d'électricité pour une entreprise est établi ainsi :

- un premier montant est déterminé en fonction de la pointe de consommation du mois en question ;
- un deuxième montant est déterminé en fonction du nombre de kilowatt-heures consommés durant ce mois.

La figure suivante présente le comportement du coût de la facture d'électricité au cours d'un mois donné.

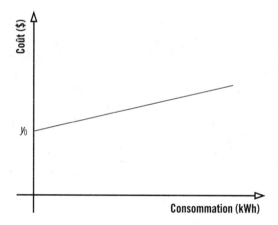

y_0 : Montant forfaitaire découlant de la pointe de consommation
utilisée durant un mois.

Il s'agit d'un comportement mixte, comportant une partie fixe équivalente à y_0 et une partie variable directement proportionnelle au nombre de kilowatt-heures utilisés.

LA SÉGRÉGATION DES COÛTS FIXES ET VARIABLES

LES MÉTHODES DE SÉGRÉGATION DES COÛTS

Nous avons donc défini le *coût variable,* le *coût fixe,* le *coût fixe par paliers,* le *coût variable par paliers* et le *coût mixte,* il s'agit maintenant de les distinguer. À long terme, tous les coûts sont fixes par paliers et variables par paliers. À très long terme, ils sont tous variables. Les notions de coût fixe et de coût variable, malgré leur intérêt, ne sont pas d'une grande utilité pour les décisions de gestion. Savoir qu'un coût est en partie fixe et en partie variable ne facilite pas la compréhension du comportement des coûts et pose des problèmes de mesure. À court terme, si l'on fait intervenir la notion de segment significatif d'exploitation, presque tous les coûts peuvent être représentés comme *fixes* ou *variables.* Dans ce contexte, comment peut-on réaliser la ségrégation des coûts fixes et des coûts variables ? Nous avons regroupé les méthodes applicables en trois catégories :

1. les méthodes intuitives ;
2. la méthode des points extrêmes et ses dérivés ;
3. la régression linéaire simple et multiple.

Les méthodes intuitives

Les **méthodes intuitives** font appel à l'intuition et à l'expérience. Elles comprennent :

- la méthode de l'ingénierie ;
- l'analyse des comptes ;
- la corrélation visuelle.

La **méthode de l'ingénierie** fait référence à l'établissement par une étude d'ingénieurs, avant même le début de la production, des coûts des diverses activités de fabrication. Il s'agit d'une approche normative, fondée sur l'accumulation systématique de données techniques au fil des ans. Lorsqu'il n'existe pas de données historiques propres aux activités concernées, comme c'est le cas pour un nouveau produit, elle constitue la seule approche possible. C'est la méthode la plus souvent utilisée pour établir les normes de quantité.

L'**analyse des comptes** consiste en un examen systématique de tous les comptes du **grand livre (GL)** en vue de déterminer les portions fixes et variables de chacun. Dans cette méthode, c'est l'intuition et l'expérience du comptable qui sont mises à l'épreuve. Son bon sens l'amènera à porter un jugement sur le comportement des coûts de chacun des comptes. Une expérience suffisante et une connaissance approfondie de l'entreprise sont essentielles. Cette approche peut servir à vérifier le *caractère raisonnable* des estimations obtenues par une autre méthode.

La **corrélation visuelle** consiste à ajuster visuellement une droite à partir d'un nuage de points. Cette méthode requiert donc des données statistiques de coûts valables pour différents niveaux d'activité.

La méthode des points extrêmes

La **méthode des points extrêmes** se base sur l'utilisation des deux observations relatives aux niveaux d'activité extrêmes. Le principe est simple : on fait passer une droite par deux points dont on connaît les coordonnées, puis on détermine l'équation exacte de cette droite. Ainsi, à partir des niveaux minimal et maximal d'activité et du montant total des frais qui s'y rapportent, lesquels correspondent aux coordonnées des deux points extrêmes, on essaie d'établir la relation linéaire qui semble exister entre les frais et l'intervalle d'activité considéré. Cette méthode est valable lorsque les trois conditions suivantes sont réunies :

1. l'intervalle observé peut être considéré comme un segment significatif ;

2. les points extrêmes sont représentatifs de l'ensemble ;

3. les points extrêmes sont suffisamment éloignés l'un de l'autre.

Nous présentons à la figure 2.6 différentes situations d'observations statistiques.

Figure 2.6 Différentes situations d'observations statistiques

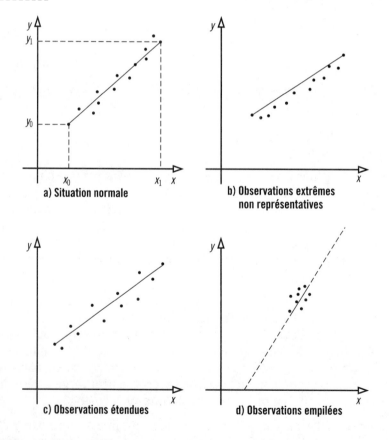

a) Situation normale

b) Observations extrêmes non représentatives

c) Observations étendues

d) Observations empilées

Voici la procédure à suivre pour déterminer une droite à partir de deux points :

1. On détermine la pente de la droite b, qui représente le taux variable unitaire, en divisant la variation des frais par la variation du volume entre le niveau minimal et le niveau maximal ;

2. On établit le montant total des frais variables aux points extrêmes en multipliant le taux variable unitaire b (obtenu à l'étape 1) par le volume au point choisi ;

3. On obtient l'ordonnée à l'origine a en soustrayant le montant variable des frais totaux.

La méthode des deuxièmes points extrêmes nous suggère de choisir les deux points situés avant les points extrêmes pour établir l'équation de la droite. La méthode du coût différentiel nous suggère de choisir deux points représentatifs qui ne sont pas nécessairement les points extrêmes pour déterminer la droite.

La régression linéaire simple et multiple

La régression a pour objectif d'expliquer le comportement d'une variable statistique à l'aide d'une ou de plusieurs variables dites explicatives. Lorsqu'on ne prend en considération qu'une seule variable explicative, on parle de **régression simple**. Lorsqu'on prend plusieurs variables en considération, on parle de **régression multiple**. Si l'on utilise un modèle linéaire, on parle de **régression linéaire**.

La régression linéaire simple utilise un modèle de la forme $y = a + bx$, où y décrit la variable endogène, celle que l'on désire expliquer, et où x décrit la variable exogène ou explicative.

La régression linéaire multiple utilise un modèle de la forme $y = a + b_1x_1 + b_2x_2 + ... b_nx_n$, où y décrit la variable endogène, celle que l'on désire expliquer, et où $x_1, x_2, ..., x_n$ décrivent les variables exogènes ou explicatives.

La droite obtenue selon l'un ou l'autre des modèles de régression linéaire s'appelle la droite des moindres carrés, car elle réduit au minimum la somme des carrés des distances entre les ordonnées observées y_i et les estimations de y_i obtenues par la régression. Il s'agit de trouver les valeurs des paramètres du modèle, soit les valeurs de a et de b en régression linéaire simple ou de a et de l'ensemble des $\{b_j\}$ en régression linéaire multiple. De nombreux logiciels comportent des fonctions programmées qui calculent ces valeurs. On peut également les calculer à l'aide des formules résumées au tableau 2.2.

Tableau 2.2 Formules statistiques utiles en régression linéaire simple

$$\hat{b} = \frac{\Sigma y_i (x_i - \bar{x})}{\Sigma (x_i - \bar{x})^2} \qquad \text{ou} \qquad \frac{n(\Sigma x_i y_i) - (\Sigma x_i)(\Sigma y_i)}{n(\Sigma x_i^2) - (\Sigma x_i)^2}$$

$$E(\hat{b}) = b \qquad \qquad \text{Var}(\hat{b}) = \frac{\sigma^2}{\Sigma (x_i - \bar{x})^2}$$

$$\hat{a} = y - \hat{b}x \qquad \qquad \text{ou} \qquad \frac{(\Sigma y_i)(\Sigma x_i^2) - (\Sigma x_i)(x_i y_i)}{n(\Sigma x_i^2) - (\Sigma x_i)^2}$$

$$E(\hat{a}) = a \qquad \qquad \text{Var}(\hat{a}) = \left(\frac{\Sigma x_i^2}{n\Sigma (x_i - \bar{x})^2} \right) \sigma^2$$

$$r^2 = \frac{\Sigma (\hat{y}_i - \bar{y})^2}{\Sigma (y_i - \bar{y})^2} = 1 - \frac{\Sigma (y_i - \hat{y}_i)^2}{\Sigma (y_i - \bar{y})^2}$$

$$s_e^2 = \frac{\Sigma (y_i - \hat{y}_i)^2}{n - 2}$$

Intervalle de confiance de la moyenne conditionnelle au seuil α :

$$\hat{y}_i \pm t_{\alpha/2, n-2} s_e \sqrt{\frac{1}{n} + \frac{(x_i - \bar{x})^2}{\Sigma (x_i - \bar{x})^2}}$$

Intervalle de prévisibilité au seuil α :

$$\hat{y}_i \pm t_{\alpha/2, n-2} s_e \sqrt{1 + \frac{1}{n} + \frac{(x_i - \bar{x})^2}{\Sigma (x_i - \bar{x})^2}}$$

E X E M P L E   1 0

La comptable d'une entreprise croit qu'il existe une relation entre les ventes et les frais de vente. Elle recueille donc les données historiques suivantes.

Mois	Ventes (en milliers de dollars)	Frais de vente (en milliers de dollars)
Janvier	100	19,5
Février	120	20
Mars	160	24
Avril	140	21
Mai	200	21
Juin	180	24
Juillet	240	29
Août	220	28
Septembre	230	27
Octobre	300	33
Novembre	150	23
Décembre	260	29,5

Les deux points extrêmes correspondent aux observations des mois de janvier (activité minimale) et octobre (activité maximale). Voici un résumé des calculs nécessaires à l'obtention de la droite qui passe par les points extrêmes en suivant la procédure suggérée à la page 37.

1. Détermination de la pente de la droite, *b*

Mois	Ventes (en milliers de dollars)	Frais de vente (en milliers de dollars)
janvier	100	19,5
octobre	300	33

$$b = \frac{33 - 19,5}{300 - 100} = 0,0675$$

2. Montant des frais variables en janvier

$$= 0,0675 \times 100 = 6,75$$

3. Ordonnée à l'origine

$$= 19,5 - 6,75 = 12,75$$

Les résultats obtenus (représentés dans le graphique) varient selon la méthode utilisée :

Méthode des points extrêmes :

$$y = 12,75 + 0,0675x$$

Régression linéaire simple :

$$y = 12,07 + 0,067x$$

Deuxièmes points extrêmes :

$$y = 11,86 + 0,06786x$$

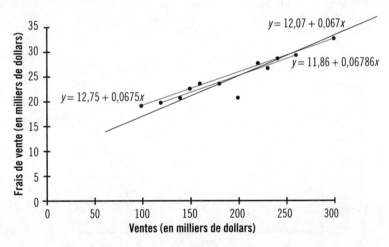

E X E M P L E   1 1

Nous présentons au tableau suivant les statistiques du coût total de fabrication et du nombre d'unités fabriquées pour chacun des 12 mois d'un exercice financier.

Mois	Nombre d'unités fabriquées (en milliers d'unités)	Coût total de fabrication (en milliers de dollars)
Janvier	58	2 550
Février	65	2 657,5
Mars	61	2 530
Avril	52	2 320
Mai	50	2 300
Juin	56	2 428
Juillet	60	2 400
Août	64	2 450
Septembre	68	2 608
Octobre	63	2 550
Novembre	67	2 620
Décembre	70	2 750
Total	**734**	**30 163,5**
Moyenne	61,16666667	2 513,625

Voici les résultats obtenus selon différentes méthodes. Le graphique illustre ces résultats.

Méthode	Statistiques utilisées	Équation
Points extrêmes	mai et décembre	$1175 + 22,5x$
Deuxièmes points extrêmes	avril et septembre	$1384 + 18x$
Coût différentiel	février et juin	$1000 + 25,5x$
Régression linéaire simple	les 12 observations	$1322,11 + 19,48x$

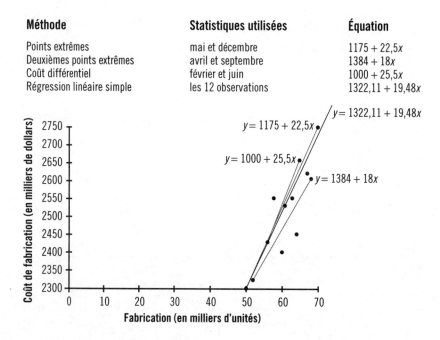

L'ÉVALUATION ET LA VALIDATION D'UNE RÉGRESSION

L'évaluation d'une régression peut se faire selon trois catégories de critères :

1. la vraisemblance de l'équation posée ;
2. la concordance des hypothèses du modèle avec la situation étudiée ;
3. les informations additionnelles.

La vraisemblance de l'équation posée

Le véritable rôle de la régression consiste à établir une corrélation, c'est-à-dire un rapport réciproque entre une variable dépendante et une variable indépendante (ou plusieurs variables indépendantes dans le cas de la régression multiple) qui varient en fonction l'une de l'autre. Or, le fait que deux variables x et y varient dans le même sens ou varient inversement l'une par rapport à l'autre ne prouve nullement que l'une influe sur l'autre. Les conditions suivantes peuvent causer une corrélation élevée :

- la valeur de x influe sur la valeur de y ;
- la valeur de y influe sur la valeur de x ;
- les valeurs de x et y sont influencées par une troisième variable ;
- le hasard.

Si la régression prouve la corrélation statistique, elle ne démontre pas la relation de cause à effet. Par exemple, si la consommation annuelle de bière et la consommation annuelle d'oranges sont en corrélation positive dans les grandes villes du Québec, ce n'est pas parce que l'une est la cause de l'autre, mais bien parce que les deux progressent en fonction de l'augmentation de la population. Ainsi, il peut exister une corrélation élevée entre le coût total de fabrication et le nombre d'heures de main-d'œuvre directe, de même qu'entre le coût de fabrication et le coût de la publicité. Dans le premier cas, le bon sens nous suggère une relation de cause à effet, car il apparaît vraisemblable d'expliquer les coûts de fabrication à partir des heures de main-d'œuvre directe. Par contre, le bon sens nous fait douter d'une telle relation dans le deuxième cas. Le coût de fabrication et le coût de la publicité sont peut-être influencés par une même variable, soit le nombre d'unités fabriquées. En effet, ce dernier détermine le nombre d'unités à vendre. Le coût de la publicité n'influe certainement pas sur le coût de fabrication, et vice versa.

En conclusion, les résultats statistiques doivent correspondre à l'intuition de l'analyste. La régression ne permet pas d'établir une relation de cause à effet ; elle permet simplement de confirmer, d'infirmer et de préciser, par l'objectivité des résultats statistiques, une ou plusieurs relations déduites grâce à l'expérience et à l'intuition.

La concordance des hypothèses du modèle avec la situation étudiée

Il faut vérifier les hypothèses du modèle pour que la relation estimée soit statistiquement valable. Voici les hypothèses de la régression linéaire[8] :

1. Variance résiduelle constante ;
2. Indépendance des erreurs entre elles ;
3. Normalité des erreurs ;
4. Linéarité dans le cas de la régression linéaire ;
5. Absence de multicolinéarité dans le cas de la régression multiple.

Les informations additionnelles

Les informations additionnelles ainsi que la valeur de ces informations se dégagent des différents coefficients calculés et des différents tests habituellement effectués dans le cadre d'une analyse de régression. Nous aborderons dans l'ordre :

- le coefficient de détermination ;
- les tests classiques effectués sur les paramètres du modèle ;
- l'estimation par intervalle.

Le coefficient de détermination

Le coefficient de détermination r^2 indique la fraction de la quantité $\sum (y_i - \bar{y})^2$ expliquée par la régression. Cette quantité est appelée *somme totale des carrés*, où y_i décrit la valeur prise par la énième observation et où y décrit la moyenne des valeurs observées. Cette statistique peut prendre n'importe quelle valeur entre 0 et 1. Une valeur élevée, près de 1, est évidemment souhaitable. À la limite, $r^2 = 1$ signifierait que la régression explique entièrement le comportement de la variable dépendante. Nous illustrons cette quantité $(y_i - \bar{y})$ à la figure 2.7.

Figure 2.7 Écart total, écart expliqué et écart résiduel

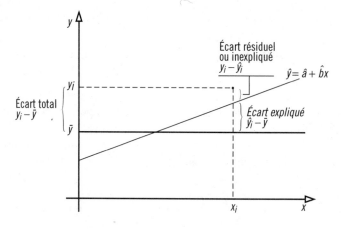

---

8. Ces hypothèses sont décrites dans les manuels de statistique.

Les tests statistiques classiques

Les tests statistiques classiques sur les paramètres du modèle, a et b dans le cas de la régression linéaire simple, nous renseignent sur le degré de crédibilité que nous devons accorder aux valeurs estimées de ces paramètres. Ces tests nous indiquent si nous pouvons rejeter l'hypothèse selon laquelle la vraie valeur du paramètre à estimer est nulle, c'est-à-dire si $a = 0$ dans le cas du test relatif à a, et si $b = 0$ dans le cas du test relatif à b, étant donné un risque d'erreur que nous fixons par choix, habituellement à 5 %, 2 % ou 1 %.

Si la statistique t_b obtenue, associée à b, est plus élevée que la valeur prévue pour le nombre d'observations considéré et le risque fixé, on rejettera l'hypothèse nulle et on acceptera alors par défaut que la valeur du paramètre à estimer n'est pas nulle. Il va de soi que plus la statistique t_b est élevée, plus cette conviction sera renforcée. Si l'on rejette l'hypothèse nulle dans le cas de la variable b, on rejette l'hypothèse selon laquelle la variable indépendante n'influe pas sur la variable dépendante. En effet, en corollaire, si l'on accepte l'hypothèse nulle, c'est que la variable x correspondante n'a aucune influence sur la variable y, ce qui invalide totalement la régression effectuée.

On peut effectuer le même test sur la variable a. Le rejet de l'hypothèse nulle, $a = 0$, n'a d'importance que si la situation étudiée nécessite ce rejet. Le fait que la droite estimée passe par l'origine n'invalide pas la régression.

L'estimation par intervalle

L'estimation de la droite sous forme d'intervalle de confiance et d'intervalle de prévisibilité, à 95 % par exemple, est un moyen visuel d'évaluer le degré de confiance que nous pouvons avoir en notre estimation. Nous présentons à la figure 2.8 deux droites estimées identiques, mais dont l'intervalle de confiance est fort différent. Nous accorderons évidemment beaucoup plus de crédibilité à la droite de la figure 2.8a, car l'intervalle est beaucoup plus rapproché que celui de la droite de la figure 2.8b.

Figure 2.8 Droites estimées et degré de confiance

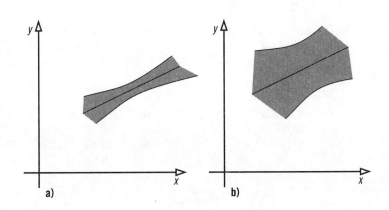

E X E M P L E   1 2

Reprenons l'exemple 10. Nous présentons un tableau des résultats des différentes statistiques* obtenues avec la régression. Nous illustrons ensuite à l'aide de la figure l'intervalle de confiance et l'intervalle de prévisibilité à 95 %, obtenus à l'aide de la régression.

$se_b =$	0,008051931	$se_a =$	1,612062833
$r^2 =$	0,873840159	$se_y =$	1,613737704
$F =$	69,26452624	$Dl =$	10
$ss_{rég} =$	180,3751729	$ss_{résid} =$	26,04149378

Intervalle de confiance et intervalle de prévisibilité à 95 %

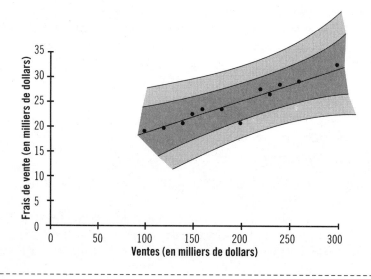

E X E M P L E   1 3

Reprenons l'exemple 11. Nous présentons les résultats des différentes statistiques* obtenues avec la régression. Nous illustrons ensuite à l'aide de la figure l'intervalle de confiance et l'intervalle de prévisibilité à 95 %, obtenus à l'aide de la régression.

$se_b =$	3,168122538	$se_a =$	194,7128559
$r^2 =$	0,790821686	$se_y =$	65,82278111
$F =$	37,80610288	$Dl =$	10
$ss_{rég} =$	163800,1774	$ss_{résid} =$	43326,38514

---

* Légende des abréviations utilisées :

se_b	écart-type de b	se_a	écart-type de a
r^2	coefficient de détermination	se_y	écart-type de y
F	variable de Fisher	Dl	degrés de liberté
$ss_{rég}$	écart expliqué par la régression	$ss_{résid}$	écart résiduel ou inexpliqué

Intervalle de confiance et intervalle de prévisibilité à 95 %

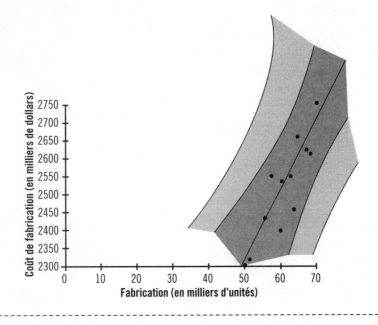

UNE BONNE MAÎTRISE DES COÛTS

On obtient une bonne maîtrise des coûts en connaissant bien les différentes notions de coûts. La connaissance des coûts va au-delà de leur simple définition. Il faut avoir une bonne expertise des questions de mesure.

Il peut être très significatif de dire qu'un produit coûte 20 $, dans la mesure où nous savons comment ce montant a été obtenu. Nous ne pouvons pas aborder les questions de réduction de coûts sans connaître des éléments constitutifs de ces coûts, leur mesure, et sans analyser leurs causes respectives.

Q U E S T I O N S   D E   R É V I S I O N

1. Expliquez, à l'aide d'un exemple, la phrase suivante : « Dire qu'un produit coûte 20 $ ne révèle rien de précis ».

2. Qu'est-ce qu'un coût unitaire ?

3. Qu'est-ce qu'un coût pertinent ?

4. Qu'est-ce que le coût de renonciation ?

5. Pourquoi le coût de renonciation est-il si important dans la prise de décision ?

6. Les coûts engagés sont-ils pertinents pour la prise de décision ?

7. Définissez le coût conceptualisé.

8. Définissez le coût discrétionnaire.

9. Qu'est-ce qu'un coût différentiel ?

10. Qu'est-ce qu'un coût de capacité ?

11. Définissez le coût variable.

12. Définissez le segment significatif.

13. Définissez le coût fixe par paliers.

14. Dans quelle mesure peut-on vraiment parler de coût fixe et de coût variable ?

15. Donnez un exemple de coût variable, de coût fixe, de coût fixe par paliers, de coût variable par paliers et de coût mixte.

16. Énumérez les méthodes de ségrégation des coûts fixes et variables.

17. Décrivez la procédure utilisée pour déterminer l'équation d'une droite.

18. Quelle est la condition préalable à l'utilisation de la régression linéaire ?

19. Quels sont les critères permettant d'évaluer une régression ?

20. Qu'est-ce qui fait la valeur ajoutée d'une droite estimée par la régression linéaire comparativement à la même droite estimée selon une autre méthode ?

21. Quelle est l'interprétation du coefficient de détermination r^2 ?

22. Quelle est l'interprétation de la statistique t_a associée au paramètre a du modèle de la régression linéaire ?

23. Quelle est l'interprétation de la statistique t_b associée au paramètre b du modèle de la régression linéaire simple ?

24. Que pensez-vous de cette affirmation : « Les diverses méthodes de détermination des fonctions de coût permettent d'établir une vraie relation de cause à effet » ?

EXERCICES

● Exercice 2.1   Détermination des coûts pertinents

M. Dubois songe à vendre des actions qu'il a payées 29 000 $ il y a un an. Ces actions sont actuellement cotées à 10 000 $, mais tout indique qu'elles devraient grimper à 16 000 $ d'ici un an. Le notaire de M. Dubois lui signale qu'un de ses clients paierait 12 % pour disposer d'un montant de 10 000 $ pendant un an.

● Travail à faire

Déterminez les coûts pertinents de la décision. Que devrait faire M. Dubois ?

● Exercice 2.2   Détermination des coûts pertinents

Un incendie vient de détruire complètement un entrepôt de l'entreprise ABC ltée. En apprenant la nouvelle, le directeur de l'entreprise, qui était en vacances, téléphone immédiatement au contrôleur pour lui demander de combien l'entrepôt était amorti. Il est soulagé d'apprendre que l'entrepôt était presque totalement amorti.

● Travail à faire

was it assured? What would be the cost for rebuilding?

1. Discutez du bien-fondé de la question du directeur de l'entrepôt.

2. Quelle question auriez-vous posé à sa place ?

● **Exercice 2.3   Détermination des coûts pertinents**

Une entreprise fabrique et vend trois produits qui passent tous par un premier atelier. Les produits peuvent soit être vendus immédiatement à la sortie de cet atelier commun soit subir des transformations additionnelles qui sont uniques à chacun. Dès que l'entreprise décide de faire subir des transformations additionnelles ne serait-ce qu'à un des trois produits, elle doit utiliser un second bâtiment qui lui appartient. Elle peut sous-louer ce bâtiment à une autre entreprise pour 120 000 $ par an. Les charges communes du premier atelier sont de 500 000 $. Voici d'autres données comptables pouvant être utiles à la décision de poursuivre la transformation au-delà de ce premier atelier.

Produit	Ventes prévues à la sortie de l'atelier commun	Charges prévues pour les transformations additionnelles	Ventes prévues après les transformations additionnelles	
A	300 000 $	90 000 $	450 000 $	69 000
B	200 000 $	150 000 $	430 000 $	80,000
C	100 000 $	110 000 $	200 000 $	⟨ 10,000 ⟩

● **Travail à faire**

Déterminez le coût de renonciation et la décision à laquelle il se rattache, puis le coût différentiel et la décision à laquelle il se rattache.

● **Exercice 2.4   Coût de renonciation**

L'entreprise ABC ltée souhaite ajouter une nouvelle gamme de produits à sa production actuelle. Cette décision exigerait un investissement de deux millions de dollars. Par ailleurs, elle prévoit un taux de rendement de 12 % sur cet investissement.

● **Travail à faire**

Quel est le coût de renonciation de cet investissement ?

● **Exercice 2.5   Coût de renonciation**

Pierre terminera son B.A.A. en juin prochain. Voici une série d'événements relatifs à sa recherche d'emploi qui se sont déroulés depuis le 1er septembre. À cette date, il n'avait rien en vue. Le 1er novembre, il reçoit une offre de 19 000 $ et une autre de 23 000 $. Il refuse alors ces offres et décide de poursuivre ses recherches. Puis, le 1er février, il reçoit une offre de 26 000 $.

● **Travail à faire**

Quel est le coût de renonciation de Pierre :

1. au 1er septembre ;
2. au 1er novembre, d'accepter l'offre d'emploi à 23 000 $;
3. au 15 novembre, de continuer à chercher un emploi ;
4. au 1er février, d'accepter l'offre d'emploi à 26 000 $;
5. au 15 février, de continuer à chercher un emploi.

● **Exercice 2.6   Coût de renonciation**

M. Caron veut vendre un luxueux condominium qu'il a payé 335 000 $ il y a 5 ans. Le 15 janvier, il reçoit une première offre de 280 000 $ valable 3 jours. Il la refuse le premier jour. Le 15 février, il reçoit une deuxième offre d'un montant de 315 000 $ valable 3 jours, qu'il refuse le deuxième jour.

● **Travail à faire**

Quel est le coût de renonciation de M. Caron :

1. au 14 janvier ;
2. au 15 janvier après avoir pris connaissance de l'offre ;
3. au 20 janvier ;
4. au 16 février ;
5. au 20 février.

● **Exercice 2.7   Coût de renonciation**

Un étudiant décide de faire son B.A.A. en quatre ans plutôt qu'en trois ans parce que cela lui permet de travailler les fins de semaine et de gagner 200 $ par semaine durant l'année universitaire, soit du début septembre à la fin avril.

Il travaille aussi pendant l'été et gagne 3 000 $ durant cette période. Son emploi d'été n'est pas touché par le fait qu'il travaille pendant l'année scolaire. Une fois diplômé, il prévoit gagner 24 000 $ durant sa première année de travail à temps plein.

● **Travail à faire**

Déterminez le coût de renonciation de la décision de l'étudiant de faire son B.A.A. en quatre ans (abstraction faite des questions d'actualisation).

● **Exercice 2.8   Coût de renonciation**

Les ventes d'un manuel de comptabilité de gestion rapportent 200 000 $ par an à un éditeur. Il réalise des bénéfices nets après impôt de 5 %. Il envisage de publier un autre manuel qui tiendrait compte des derniers développements dans ce domaine, mais qui réduirait de 50 % les ventes du premier manuel.

Par ailleurs, il a appris qu'un autre éditeur envisageait également de publier un manuel sur le même sujet. Si cette hypothèse est vraie, il y a de fortes chances que le premier éditeur voie ses ventes réduites de 50 % de toute façon. Par contre, s'il procède à la publication du nouveau manuel, il y a peu de risques que le manuel publié par son concurrent nuise à ses ventes.

● **Travail à faire**

Déterminez le coût de renonciation de la décision de publier le deuxième manuel :

1. en tenant compte de l'hypothèse selon laquelle un second éditeur ne publiera pas un ouvrage sur le même thème ;
2. en tenant compte de l'hypothèse selon laquelle un second éditeur publiera un ouvrage sur le même thème.

● **Exercice 2.9   Comportement des coûts**

Le contrôleur de l'entreprise ABC ltée veut contrôler le coût d'entretien et de réparation de la machinerie. Cherchant d'abord à comprendre la nature et le comportement de ces frais, il recueille les renseignements suivants relativement aux deux premiers mois de l'année.

	Janvier	Février
Heures de marche des machines	13 000	21 000
Frais d'entretien et de réparation	20 000 $	26 000 $

● **Travail à faire**

Formulez une explication du comportement des frais d'entretien et de réparation de l'entreprise ABC ltée.

● **Exercice 2.10   Coûts unitaires variable et fixe**

Les frais de vente et d'administration d'une entreprise commerciale, établis pour des ventes de 80 000 unités par mois, sont les suivants :

Portion du coût fixe par unité	2,50 $
Coût variable unitaire	2,50
Coût complet unitaire	5,00 $

Le niveau d'activité durant les 12 derniers mois s'est situé entre 70 000 et 80 000 unités par mois.

● **Travail à faire**

1. Comment qualifieriez-vous le niveau d'activité de 70 000 à 80 000 unités par mois ?

2. Tracez un graphique des charges fixes par unité et des coûts variables par unité. Expliquez la différence entre les deux courbes.

3. Déterminez le coût total pour un niveau d'activité de 100 000 unités.

4. Déterminez le montant de la portion fixe du coût total pour 40 000 unités.

● **Exercice 2.11   Comportement du coût unitaire fixe**

En consultant le rapport comptable de l'entreprise pour laquelle il travaille, un chauffeur de taxi cherche à comprendre comment le coût unitaire par kilomètre parcouru est passé à 0,48 $ cette année par comparaison à 0,36 $ l'année précédente. Pourtant, la distance totale parcourue cette année a été de 25 000 km comparativement à 40 000 km l'année précédente.

● **Travail à faire**

Fournissez l'explication nécessaire au chauffeur de taxi.

● **Exercice 2.12** **Représentation graphique du comportement des coûts**

Voici 11 représentations graphiques du comportement des coûts : l'axe vertical représente le coût total et l'axe horizontal, différents volumes ou niveaux d'activité.

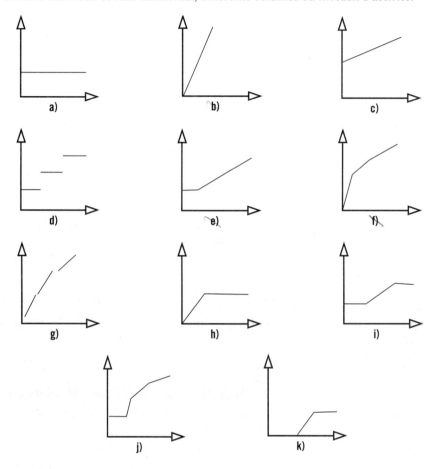

● **Travail à faire**

Déterminez quel graphique correspond le mieux à chacune des situations suivantes :

1. Les vendeurs sont payés uniquement sous forme de commissions.

2. Les vendeurs sont payés uniquement sous forme de commissions, selon les pourcentages suivants : 30 % sur les premiers 10 000 $ de vente, 25 % sur les 10 000 $ suivants et 20 % sur les ventes excédant 20 000 $.

3. Le contrat de location des bureaux comporte la clause suivante : un loyer minimal de 1 000 $ par mois plus 1 % des ventes supérieures à 100 000 $.

4. Les frais d'électricité sont les suivants :

Consommation (kWh)	Coût ($/kWh)
5 000 premiers	0,10 $
10 000 suivants	0,08 $
kWh additionnels	0,06 $

Le montant minimal par période de facturation est fixé à 200 $.

5. Un fournisseur accepte de vendre les matières premières aux prix suivants :

Quantité (kg)	Coût ($/kg)
0 à 999	1,00 $
1 000 à 1 999	0,80 $
2 000 et plus	0,70 $

6. Les redevances sur les volumes vendus s'élèvent à 1 $ l'unité. Le montant annuel maximal est de 10 000 $.

7. Le coût de la police d'assurance-accidents pour une entreprise est basé sur le nombre d'heures de travail des employés. Le taux est constant, quel que soit le niveau d'activité.

8. Le coût de la main-d'œuvre directe varie comme suit :

Heures de main-d'œuvre directe	Coût
0 à 1 999	500 $
2 000 à 3 999	1 000 $
4 000 à 6 000	1 500 $

9. Le contrat d'entretien de la machinerie de l'entreprise a été fixé au taux de 10 $ l'heure. L'entreprise garantit à la compagnie qui assure l'entretien un paiement minimal de 100 $ par mois et, en retour, celle-ci n'exigera pas plus de 700 $ par mois pour les frais d'entretien.

10. En 1995, le coût de la contribution à la Régie des rentes du Québec se calcule ainsi :
   a) la contribution représente 2,7 % du salaire brut cotisable ;
   b) le maximum est atteint dès que l'individu a gagné 34 900 $;
   c) des 34 900 $ mentionnés à la partie b, la première tranche de 3 400 $ n'est pas imposable.

● **Exercice 2.13   Méthode des points extrêmes et méthode de la régression linéaire**

Le contrôleur de l'entreprise ABC ltée voudrait établir une relation entre les ventes et les frais de déplacement des vendeurs. Il dispose des renseignements suivants recueillis au cours des 12 derniers mois.

Mois	Ventes	Frais de déplacement
Janvier	76 000 $	1 000 $
Février	72 000 $	920 $
Mars	72 000 $	960 $
Avril	68 000 $	900 $
Mai	68 000 $	840 $
Juin	64 000 $	800 $
Juillet	56 000 $	770 $
Août	56 000 $	800 $
Septembre	68 000 $	920 $
Octobre	76 000 $	960 $
Novembre	80 000 $	1 040 $
Décembre	84 000 $	1 120 $

● Travail à faire

1. Établissez la relation souhaitée par le contrôleur en utilisant la méthode des points extrêmes.

2. Établissez la relation souhaitée par le contrôleur en utilisant la méthode de la régression linéaire simple.

3. Déterminez, pour le mois prochain, les frais de déplacement dans le cas d'un niveau de ventes prévu de 88 000 $, selon les deux méthodes utilisées pour établir la relation souhaitée par le contrôleur.

4. Commentez la différence entre les deux réponses obtenues.

● Exercice 2.14   Ségrégation des coûts

L'entreprise Multiplex fabrique une gamme de 200 composants électroniques. Afin de pouvoir préparer son budget, le contrôleur doit estimer la partie fixe et la partie variable des frais généraux.

L'entreprise dispose des données statistiques suivantes :

niveau achivé *niveau ACTiViTÉ*

Mois	Frais généraux de fabrication	Heures de main-d'œuvre directe	Coût de la main-d'œuvre directe
Janvier	570 000 $	20 000	160 400 $
Février	575 000 $	26 000	205 400 $
Mars	590 000 $	28 000	226 800 $
Avril	558 000 $	22 000	176 440 $
Mai	595 000 $	30 000	239 400 $
Juin	574 000 $	24 000	191 520 $
Juillet	584 000 $	29 000	230 264 $
Août	575 000 $	25 000	201 000 $
Septembre	578 000 $	27 000	216 000 $
Octobre	560 000 $	21 000	169 050 $
Novembre	570 000 $	23 000	183 540 $
Décembre	570 000 $	24 000	191 280 $

● **Travail à faire**

1. Estimez les frais généraux de fabrication en tenant compte des heures de main-d'œuvre directe :

   a) selon la méthode des points extrêmes ;
   b) selon la méthode de la régression linéaire.

2. Estimez les frais généraux de fabrication en tenant compte du coût de la main-d'œuvre directe :

   a) selon la méthode des points extrêmes ;
   b) selon la méthode de la régression linéaire.

3. Commentez les informations additionnelles apportées dans le cadre de l'utilisation de la régression linéaire simple.

4. Commentez la proposition qui veut que l'on effectue une régression multiple du coût total en fonction des heures et du coût de la main-d'œuvre directe.

● **Exercice 2.15   Ségrégation des coûts**

La firme d'ingénieurs-conseil Géniale obtient 95 % de ses contrats par soumission. Elle doit donc être en mesure d'estimer le plus précisément possible le coût de ces contrats. De même, elle doit pouvoir réviser ces estimations à la suite des modifications des plans. Selon le contrôleur, les données suivantes sont celles qui donnent la meilleure idée du coût total d'un contrat, soit les heures totales estimées des ingénieurs devant travailler sur les projets et le nombre total de dessins (plans et devis) requis. Nous présentons au tableau suivant des données historiques tirées d'un échantillon de dix projets.

Projet	Coût total	Heures totales	Dessins
1	939 002 $	77 600	400
2	176 414 $	14 616	72
3	434 961 $	36 256	176
4	1 554 276 $	132 060	620
5	206 193 $	16 984	88
6	666 772 $	54 720	320
7	643 250 $	55 620	270
8	1 137 025 $	104 960	512
9	102 680 $	8 320	40
10	393 167 $	32 870	190

● **Travail à faire**

1. Quels critères l'entreprise Géniale devrait-elle prendre en considération dans le choix d'une variable indépendante, c'est-à-dire qui permettrait de prévoir le coût total d'un projet ?

2. Estimez les coûts en fonction des heures totales estimées d'un contrat,

   a) selon la méthode des points extrêmes ;
   b) selon la régression linéaire simple.

3. Estimez les coûts en fonction du nombre de dessins,

   a) selon la méthode des points extrêmes ;
   b) selon la régression linéaire simple.

Chapitre 3

LES MÉTHODES DE CALCUL

OBJECTIFS DU CHAPITRE

- Décrire le coût de revient.
- Comprendre l'utilité du coût de revient.
- Déterminer les éléments de coûts propres à la fabrication.
- Expliquer les principales méthodes de calcul du coût de revient.
- Relier ces méthodes aux principaux systèmes de production.
- Calculer des coûts de revient.

SOMMAIRE

- LE COÛT DE REVIENT
- L'UTILISATION DU COÛT DE REVIENT
- LE COÛT DE FABRICATION
- LES SYSTÈMES DE PRODUCTION
    - Le mode de fabrication
    - Le type d'organisation du travail
    - Les méthodes de déclenchement de la production
- LES MÉTHODES DE CALCUL DU COÛT DE FABRICATION
    - La méthode selon la somme des ressources engagées
    - La méthode selon la nomenclature de fabrication ou d'assemblage
    - La méthode selon les centres de coûts
    - La méthode selon une analyse d'équivalence
- LE COÛT DE REVIENT DES SERVICES, DES PROJETS ET DES PROGRAMMES
- LE COÛT DE REVIENT AU SERVICE DE LA GESTION

LE COÛT DE REVIENT

Dans l'historique de la comptabilité présenté au chapitre 1 (tableau 1.3), nous avons mentionné le coût de revient. Nous avons nommé l'époque n° 2 (1800 à 1925) époque de la comptabilité de coût de revient. La comptabilité avait alors pour objectif d'informer les propriétaires-entrepreneurs sur le coût de revient des produits fabriqués dans les usines nouvellement construites et sur les gains réalisés lors de la vente de ces produits. Dans le chapitre 2, nous avons précisé que le coût d'un objet est la *somme des coûts de toutes les ressources ayant été consommées par cet objet*. Dans ce chapitre, nous allons d'abord étudier les applications de cette définition, puis l'utilisation du coût de revient ; enfin, nous présenterons diverses méthodes de calcul selon différents contextes de production (mode de fabrication, type d'organisation du travail, méthode de déclenchement de la production).

Lorsque le lien entre le produit et les ressources engagées pour l'obtenir n'est pas aussi direct que lors d'une transaction purement commerciale, on parle du **coût de revient** du produit. Tel est le cas s'il y a eu transformation des matières premières achetées ou si l'on ajoute un service au produit vendu : livraison, assemblage, installation, etc. À la figure 3.1 nous voyons comment un artisan achète des matières premières, les transforme à l'aide d'outils et d'équipements, puis vend le produit transformé.

Le coût de revient pour l'artisan comprend :

- le coût des matières premières qu'il a achetées ;
- le coût du temps qu'il a mis à transformer les matières premières en un produit fini ;
- le coût qu'il attribue à l'usure des outils, de l'équipement et des autres immobilisations dont il a fait usage pendant la transformation.

Un artisan n'a pas besoin d'un système formel de comptabilité pour connaître le coût de revient, car celui-ci ne comprend, en fait, que le coût des matières premières utilisées, coût en général parfaitement connu de l'artisan. Il peut s'assurer d'une rémunération raisonnable pour son temps de travail lorsqu'il fixe le prix de vente de son produit.

Toutefois, dès l'apparition des premières entreprises industrielles au début du XIXe siècle, il est devenu plus difficile de procéder à l'estimation du coût de revient. Aujourd'hui, dans un environnement moderne, le coût de revient englobe une foule d'activités souvent liées de façon très indirecte au produit. Il comprend notamment :

- le coût des matières premières achetées ;
- le coût associé à l'utilisation des équipements ;

Figure 3.1 Le coût de revient d'un produit transformé

- le coût des techniques de pointe utilisées ;
- le coût de la planification ;
- le coût de la formation de la main-d'œuvre ;
- le coût de la recherche et du développement ;
- le coût des activités de vente et d'administration sans lesquelles le produit ne pourrait être mis en marché.

De nos jours, il existe plusieurs **types** de coûts de revient (tableau 3.1) et plusieurs **objets** de coûts de revient (tableau 3.2).

Tableau 3.1   Types de coûts de revient

Selon le temps	Coût historique
	Coût du marché
	Coût prévisionnel
Selon la décision	Coût complet réel
	Coût standard
	Coût cible
	Coût sur le cycle de vie du produit

Tableau 3.2   Objets de coûts de revient

Coût de revient d'un produit	Une tonne d'acier, un litre d'essence, un téléviseur, une automobile, etc.
Coût de revient d'un service	La livraison d'un produit, une injection chez le médecin, une vérification au service des immatriculations, une réparation, une communication, etc.
Coût de revient d'un programme	Un programme de rénovation urbaine, un programme antipollution, etc.
Coût de revient d'un service municipal	L'approvisionnement en eau potable, la collecte des ordures ménagères, l'entretien d'une piscine ou d'un aréna, etc.
Coût de revient d'une activité	Une commande, une réception, la gestion des stocks, le service à la clientèle, etc.

Par ailleurs, lorsque l'on calcule le coût de revient d'un produit, on doit tenir compte de plusieurs types de coûts, soit : le coût du produit fabriqué, assemblé ou transformé ; le coût du produit fabriqué, distribué ou livré ; le coût du produit assemblé, distribué ou livré, etc. Il faut donc préciser de quel coût de revient il s'agit.

Dans ce chapitre, nous traiterons donc principalement du coût complet réel que nous illustrerons par des exemples. Nous parlerons également du coût standard, du coût sur le cycle de vie du produit ainsi que du coût cible.

E X E M P L E   1

Prenons une entreprise qui fabrique les casiers en métal que l'on trouve dans les écoles et les consignes automatiques, conçus pour ranger des vêtements, des valises et autres objets. Cette entreprise achète les feuilles de métal auprès d'un fournisseur et les serrures auprès d'un sous-traitant. L'entreprise a son propre service de mise en marché, et elle distribue elle-même ses produits.

Quel est le coût de revient de son produit? Que comprend-il?

Nous distinguons trois coûts de revient, donc trois objets de coûts que sont les produits fabriqués, les produits mis en marché et les produits distribués.

Le coût de fabrication comprend:
- le coût des feuilles de métal;
- le coût des serrures;
- le coût de la main-d'œuvre;
- le coût des fournitures;
- le coût lié à l'amortissement et à l'entretien des équipements et outils utilisés;
- le coût lié à l'amortissement et à l'entretien des espaces utilisés.

Le coût des produits mis en marché comprend:
- le coût de fabrication;
- la juste portion des frais d'administration;
- la juste portion des frais de mise en marché.

Le coût des produits distribués comprend:
- le coût des produits mis en marché;
- les frais de livraison.

E X E M P L E   2

Considérons un établissement scolaire.

Quel est le coût de revient d'une séance de cours? Que comprend-il?

Par analogie avec l'exemple 1, considérons, dans un premier temps, le coût direct de la séance proprement dite et, dans un deuxième temps, le coût complet *global* d'une séance.

Le coût de la séance proprement dite comprend:
- la portion relative du salaire du professeur (y compris les avantages sociaux);
- les fournitures et le matériel, le cas échéant;
- l'amortissement et l'entretien du local.

Le coût complet global d'une séance comprend:
- le coût de la séance proprement dite;
- la portion relative du coût des services de soutien (bureau du registraire, accueil, administration, stationnement, centre sportif, entretien extérieur, mise en marché et publicité), sans lesquels la séance ne pourrait être assurée.

E X E M P L E 3

Supposons qu'une entreprise vende par mégarde un produit défectueux qu'elle a fabriqué.

Quel est le coût de revient de cet incident ? Que comprend-il ?

Supposons que cette défectuosité rende le produit inutilisable, irrécupérable et lui ôte toute valeur de rebut. Le coût de revient comprend :

- le coût de fabrication du produit ;
- les coûts occasionnés par le renvoi et le remplacement du produit défectueux (service à la clientèle, comptabilité, etc.) ;
- les coûts intangibles associés à la mauvaise réputation qui en découle et à la perte de clients éventuels.

Nous pourrions nous pencher sur la détermination et le calcul des coûts intangibles, mais ces opérations n'entrent pas dans le cadre de ce manuel.

L'UTILISATION DU COÛT DE REVIENT

L'utilisation du coût de revient a donné lieu à différents types et objets de coûts. Le tableau 3.3 résume les objectifs d'information du coût de revient.

Tableau 3.3   Objectifs d'information du coût de revient*

1. Établissement du prix de vente
2. Évaluation des stocks
3. Évaluation de la rentabilité des produits et services
   - à court et à long termes
   - *a priori* et *a posteriori*
4. Planification des coûts
5. Contrôle des coûts

* Les objectifs 3, 4 et 5 concernent la gestion des coûts, traitée aux chapitres 9 à 12.

L'établissement du prix de vente

Pour recevoir une rémunération satisfaisante, un artisan doit vendre le fruit de son travail plus cher qu'il n'a payé les matières premières. Pour s'assurer de couvrir ses frais et de réaliser un bénéfice, une entreprise commerciale doit vendre le produit qu'elle met en marché plus cher qu'elle ne l'a payé. De même, une entreprise industrielle doit vendre ses produits plus cher qu'ils ne lui coûtent et une entreprise de services doit vendre ses services plus cher qu'ils ne lui reviennent.

Dans un contexte où l'entreprise jouit d'un monopole *relatif* et dispose d'une marge de manœuvre pour fixer son prix de vente sans trop modifier la demande, soit une situation où la demande est inélastique en fonction du prix, le coût de revient peut servir à établir le prix de vente. Pour obtenir le prix de vente souhaité, il suffit d'ajouter la marge de bénéfice désirée au coût calculé.

Prix de vente = Coût de revient + Marge de bénéfice souhaitée

Cependant, dans un contexte où le prix de vente est déterminé par le marché, le coût de revient sert à établir un prix plancher au-dessous duquel l'entreprise n'a pas intérêt à faire des transactions, à fabriquer ou assembler ses produits ou encore à offrir ses services.

L'évaluation des stocks

L'entreprise doit périodiquement dresser des états financiers. Pour ce faire, elle doit évaluer les stocks selon les principes comptables généralement reconnus (PCGR). Le principe de rapprochement des produits et des charges au cours d'une période donnée est donc crucial, car les coûts inclus dans les stocks sont soustraits des charges de la période concernée et sont susceptibles de devenir une charge pour la période suivante.

L'évaluation de la rentabilité

Par analogie avec le coût moyen et le coût marginal, nous aborderons la rentabilité à long terme, ou rentabilité *moyenne*, et la rentabilité à court terme, ou rentabilité *marginale*. Pour évaluer la rentabilité à long terme, nous utiliserons un coût de revient établi à long terme, c'est-à-dire un coût selon le cycle de vie du produit. Pour évaluer la rentabilité à court terme, nous utiliserons un coût de revient établi sur la période considérée, par exemple une année ou un trimestre.

De plus, l'entreprise peut vouloir estimer la rentabilité *a priori,* c'est-à-dire dans un contexte de planification, ou encore *a posteriori,* c'est-à-dire dans un contexte d'évaluation des résultats. Dans le premier cas, nous utiliserons des données prévisionnelles, et, dans le deuxième cas, des données historiques. Le tableau 3.4 résume ces quatre contextes.

Tableau 3.4 Contextes et données utilisées dans l'évaluation de la rentabilité

	À court terme	À long terme
A priori	Prévisions de la période	Prévisions sur le cycle de vie
A posteriori	Résultats de la période	Résultats sur le cycle de vie

E X E M P L E 4

Le service de conception d'une entreprise de meubles prévoit qu'un certain modèle de table lui coûtera 50 $ l'unité et décide de fixer le prix de détail à 75 $. Toutefois, en consultant un relevé des comptes du grand livre général à la fin du trimestre, on s'aperçoit que cette table a coûté 52 $, alors qu'une analyse des activités nécessaires à la conception et à la fabrication du produit permet d'établir le coût à 45 $.

L'estimation de 50 $ servira à établir le prix de vente en début d'année. Ce *coût de revient prévisionnel* a été calculé à partir:

- des quantités de matériaux établies à l'avance selon les plans;

- d'un temps également établi à l'avance selon les plans et l'expérience acquise avec ce modèle et le type de matériaux utilisés ;
- des prix prévisionnels des matériaux, des salaires ;
- d'un taux permettant de couvrir les autres frais.

Le coût de 52 $ provient des coûts enregistrés et cumulés selon les PCGR, qui comprennent une imputation des frais généraux fixes entre les divers produits de l'entreprise selon les heures de main-d'œuvre directe.

Enfin, le coût de 45 $ provient d'une analyse des activités qui amène une répartition (autre que celle obtenue par l'imputation traditionnelle) des frais généraux de fabrication.

E X E M P L E 5

Un entrepreneur paysagiste doit soumissionner l'aménagement extérieur d'un immeuble actuellement en construction. Il établit son coût de revient prévisionnel à 150 000 $. Il obtient le contrat après avoir présenté une soumission de 180 000 $. Une fois les travaux terminés et les données financières compilées, il semble que le projet aurait coûté 145 000 $, si l'on établit le montant selon une approche traditionnelle, ou 165 000 $ si l'on calcule le montant selon une analyse des activités.

Pour préparer sa soumission, l'entrepreneur a utilisé l'estimation de 150 000 $ et le détail des calculs qui ont mené à ce montant. Il a établi son offre à 180 000 $ dans le but de garder une marge de sécurité pour les imprévus et réaliser un profit. Le coût établi selon une approche traditionnelle est celui qui figurera dans ses états financiers et qui servira normalement à produire sa déclaration de revenus. Quant au coût établi selon une analyse des activités, il est de plus en plus utilisé dans l'évaluation de la rentabilité des produits et services.

E X E M P L E 6

Un cabinet de comptables soumissionne un mandat dans une ville voisine. Le responsable du projet estime les coûts à 60 000 $. Il décide de soumissionner à 75 000 $. Selon la procédure habituelle, le projet lui coûte 65 000 $. Cependant, un analyste spécialiste de la comptabilité par activités prétend que le projet a coûté 70 000 $.

Les trois derniers exemples montrent comment utiliser le coût de revient pour établir un prix de vente, évaluer des stocks et déterminer la rentabilité. On constate que les valeurs estimées du coût de revient peuvent varier selon la méthode utilisée, puisque ces méthodes ont été mises au point en fonction de contextes (notamment les divers systèmes de production), d'objectifs de connaissance ou d'utilisations particulières de l'information.

LE COÛT DE FABRICATION

Le coût de fabrication est à l'origine de la théorie et de la pratique du calcul du coût de revient. Il permet d'illustrer clairement les différentes méthodes de calcul que nous allons vous présenter.

Le **coût de fabrication** d'un produit fini, soit son *coût de revient* de fabrication, est la somme des coûts de toutes les ressources engagées pour le fabriquer. La comptabilité a traditionnellement regroupé ces ressources sous trois postes : *matières premières*, *main-d'œuvre directe* et *frais généraux de fabrication*.

On définit les **matières premières** (MP) d'un produit comme l'ensemble des matériaux qui constituent ce produit, c'est-à-dire tous ceux qui sont devenus partie intégrante du produit au cours d'un processus de fabrication.

Par exemple le bois, la colle et le vernis peuvent constituer les matières premières d'une table. Cependant, il arrive que, pour des raisons d'ordre pratique, et à cause de la quantité relativement peu importante d'un matériau dans un produit fini et de la difficulté d'en mesurer la quantité exacte, on considère le coût de ce matériau comme faisant partie des frais généraux de fabrication.

On définit la **main-d'œuvre directe** (MOD) comme la main-d'œuvre directement engagée dans la transformation des matières premières. On la distingue donc de la **main-d'œuvre indirecte,** qui est rattachée à l'infrastructure organisationnelle de personnes à l'intérieur de laquelle s'opère la transformation des matières premières. En effet, la transformation des matières premières par la main-d'œuvre directe s'effectue en fonction d'une technique donnée dans le cadre d'une infrastructure organisationnelle de services et de personnes.

On définit les **frais généraux de fabrication** comme tous les coûts associés à l'infrastructure de services et de personnes. Ils comprennent notamment les fournitures, la main-d'œuvre indirecte, les frais d'entretien et de réparation, les assurances, les taxes de l'usine, l'amortissement de l'équipement et des immobilisations reliés à la fabrication ainsi qu'une fraction du coût de certains services comme la recherche et le développement, l'assurance de la qualité, etc.

Il y a donc des **coûts directs**[1], lesquels sont directement rattachés au produit, et spécifiques à ce produit, soit les matières premières et la main-d'œuvre directe. Il y a également des **coûts indirects,** lesquels sont rattachés à des ressources que se partagent plusieurs produits, souvent l'ensemble des produits qui passent par l'usine. Les frais généraux de fabrication sont des coûts indirects. La figure 3.2 illustre le concept de coûts *directs* et *indirects*.

---

1. Nous avons défini le coût direct au chapitre 2.

Figure 3.2 Coûts directs et indirects

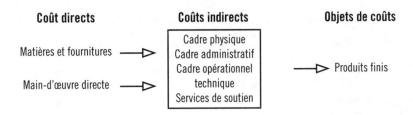

On définit la **fiche de coût de revient** d'un produit, d'un service ou d'un programme comme la présentation détaillée des éléments du coût de revient de ce produit, de ce service ou de ce programme. Dans le cas d'un produit, la fiche de coût de revient comprend:

- les matières premières (quantités et prix);
- la main-d'œuvre directe (temps et taux);
- la portion allouée des frais généraux de fabrication.

Dans les exemples 7 et 8, la proportion des frais généraux est respectivement de 10 % (soit 5 $ sur 50 $) et de 13 % (soit 20 000 $ sur 150 000 $). Jusqu'au milieu du xxe siècle, cette proportion était supérieure à 20 %. Aujourd'hui, et en particulier dans les industries de pointe, la structure des coûts, soit le pourcentage relatif de chacune des différentes catégories de coûts, est souvent radicalement modifiée. Ainsi, les **coûts de transformation** (main-d'œuvre directe et frais généraux de fabrication), qui étaient auparavant majoritairement composés de main-d'œuvre directe, se retrouvent maintenant dans la proportion inverse, comme l'illustre la figure 3.3.

Figure 3.3 Proportion des coûts dans l'industrie traditionnelle et de pointe

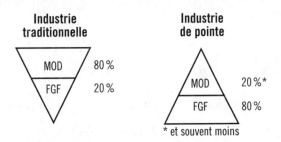

Parfois, il arrive qu'un processus de fabrication complètement automatisé fasse entièrement disparaître la main-d'œuvre directe. C'est pourquoi on retrouve le plus souvent deux catégories de coûts dans ces industries de pointe, les matières premières et la transformation (y compris la main-d'œuvre directe).

E X E M P L E   7

La fiche de coût de revient de fabrication d'un produit est la suivante :

Matières premières	2 kg d'un matériau X à 5 $/kg	10 $
	5 L d'un produit Y à 3 $/L	15
Main-d'œuvre directe	2 heures à 10 $/h	20
Frais généraux de fabrication	2 heures à 2,50 $/h	5
Total		**50 $**

Il faut noter dans cet exemple la présence de quantités (2 kg, 5 L et 2 h) et de prix (5 $/kg, 3 $/L et 10 $/h). Le taux de 2,50 $/h pour les frais généraux provient d'une répartition des frais généraux sur l'ensemble des produits fabriqués. Nous abordons la problématique de la répartition des frais généraux au chapitre 4.

E X E M P L E   8

Reprenons l'exemple 5 concernant l'entrepreneur paysagiste. Le coût de revient, qui n'est pas un coût de fabrication parce qu'il n'y a pas de fabrication proprement dite, provenait de la fiche de coût de revient suivante :

Matières premières	40 000 $
Main-d'œuvre directe	90 000 $
Frais généraux de production	20 000 $

Dans cet exemple, les matières premières représentent le coût des arbres, des arbustes, des fleurs, du gazon, des dalles et des pierres nécessaires à l'aménagement paysager. Quant aux frais généraux de production (plutôt que de fabrication), ils représentent essentiellement le coût d'utilisation de la machinerie et des équipements utilisés au cours des travaux : tracteur, pelle mécanique, rouleau, etc.

E X E M P L E   9

La fiche de coût de revient de fabrication d'un produit est la suivante :

Matières premières	5 kg d'un matériau X à 10 $/kg	50 $
	10 m^2 d'un matériau Y à 4 $/m^2	40
	12 L d'un produit Z à 3 $/L	36
Frais de transformation	2 heures-machine à 25 $/h	50
Total		**176 $**

Il faut noter dans cet exemple la présence de quantités (5 kg, 10 m^2, 12 L et 2 heures-machine) et de prix (10 $/kg, 4 $/kg, 3 $/L et 25 $/heure-machine). Nous aborderons la détermination du taux de 25 $/heure-machine pour les frais de conversion dans les chapitres suivants.

LES SYSTÈMES DE PRODUCTION

Il faut se pencher sur le fonctionnement des systèmes de production pour comprendre les méthodes de calcul que nous présentons à la section suivante. La méthode de calcul du coût de fabrication doit respecter la réalité du système de production en place. On retrouve presque autant de façons d'organiser la production qu'il y a d'industries, et on compte autant de variantes parmi les entreprises d'une même industrie. Les systèmes de production sont parfois complexes. Nous avons donc simplifié la réalité et nous l'avons réduite aux quelques modèles qui vous sont présentés ici. Ces modèles offrent des points de repère. Ils permettent d'orienter le choix d'une méthode de calcul du coût de revient et d'adapter la méthode choisie à une situation donnée. Nous allons décrire les principaux modèles de systèmes de production. Ils se caractérisent par :

- le mode de fabrication ;
- le type d'organisation du travail ;
- les méthodes de déclenchement de la production.

LE MODE DE FABRICATION

Nous considérons ici trois modes de fabrication : *la fabrication sur commande, la fabrication par lot* et *la production uniforme et continue.*

La fabrication sur commande

La fabrication sur commande consiste, comme son nom l'indique, à entreprendre la fabrication seulement lorsque le client a passé sa commande. La fabrication ne commence donc qu'une fois que le vendeur et le client se sont entendus sur un produit, parfois dans ses moindres détails, et sur son prix. Certains produits sont vendus sur commande parce qu'on ne peut pas procéder autrement. C'est le cas de tous les produits faits sur mesure. Comment pourriez-vous démarrer la production sans connaître les spécifications du produit que vous allez fabriquer ? Les principales caractéristiques d'un produit fabriqué sur commande sont les suivantes :

- il est fabriqué sur mesure ;
- il est unique, selon le devis du client ;
- il est souvent vendu par soumission ;
- il est quelquefois trop coûteux pour être stocké.

Il est alors essentiel d'établir, sur réception des spécifications du client, un coût de revient prévisionnel pour préparer une soumission ou simplement pour proposer un prix au client.

La fabrication par lot

La fabrication par lot consiste à regrouper un nombre d'unités semblables lors de la fabrication afin de profiter d'économies d'échelle. Ces économies sont liées à la mise en œuvre du processus de fabrication, à la préparation des machines, à la réquisition des ressources, etc. Cette préparation porte le nom de *mise en course* ou de *mise en route*. Les économies d'échelle seront donc plus importantes que les coûts de *mise en course*. En contrepartie, il faudra stocker les unités qui ne seront pas vendues immédiatement. La détermination de la quantité optimale à commander et à fabriquer en fonction des coûts fixes qui s'y rapportent fait partie de l'analyse coût-volume-bénéfice, présentée au chapitre 7. Voici les principales caractéristiques d'un produit fabriqué par lot :

- il comprend plusieurs unités répondant à un devis commun ;
- il comporte des unités requérant à peu près les mêmes ressources et procédés ;
- il entraîne un déclenchement de la fabrication qui nécessite la préparation de la mise en course ;
- le processus de fabrication est souvent divisé en plusieurs étapes.

La production uniforme et continue

La **production uniforme et continue** consiste à produire selon un processus unique un très grand nombre d'unités identiques, sans interruption, souvent 24 heures sur 24. C'est le cas dans les industries de transformation des matières premières, comme les industries du bois, de la chimie et de la métallurgie, pour la production de la pâte de bois, des huiles et de l'acier. Les produits issus d'une production uniforme et continue présentent les caractéristiques suivantes :

- l'usine fabrique un seul produit dont la quantité ou le volume est important ;
- le produit est souvent transformé plutôt qu'assemblé ou fabriqué ;
- le produit est fabriqué au cours d'une opération continue, sans interruption.

Dans ce cas, le coût de revient ne peut provenir que d'une moyenne calculée en fonction d'une unité de mesure de la quantité ou du volume, souvent le *kilogramme* ou le *litre*.

Dans la plupart des usines d'assemblage nord-américaines, la fabrication par lot est le mode de fabrication traditionnel. Cependant, sous l'influence japonaise et grâce à des techniques de pointe et à des connaissances nouvelles en matière d'organisation de la production, on retrouve de plus en plus (en particulier dans les industries de pointe) un mode de fabrication qui se rapproche du mode de production uniforme et continue. On cherche ainsi à réduire d'une part le délai de fabrication et, d'autre part, la quantité de produits en cours de fabrication.

LE TYPE D'ORGANISATION DU TRAVAIL

Nous considérons deux types d'organisation du travail en usine, présentés au tableau 3.5.

Tableau 3.5 Types d'organisation du travail

Type d'aménagement	Flot des opérations
Linéaire ou par aire de travail	Discontinu
Cellulaire ou fonctionnel	Continu

L'aménagement linéaire présuppose que l'on a décomposé le processus de production en une série d'opérations associées à des aires de travail. Chaque opération de ce processus se rapporte à une machine ou à une pièce d'équipement et aux tâches qui s'y rattachent. Chaque opération, quoique séquentielle, peut être effectuée indépendamment d'une autre. Les aires de travail fonctionnent de façon tout à fait autonome, ce qui explique pourquoi le flot d'opérations est discontinu. On y accumule ainsi des produits en cours de transformation ou semi-finis. Par ailleurs, il y a toujours un temps d'attente entre la fin d'une opération et le début de l'opération suivante, et il faut souvent transporter les produits en cours de transformation d'une aire de travail à l'autre. Nous avons illustré ce processus à la figure 3.4.

Figure 3.4 Aménagement linéaire ou par aire de travail

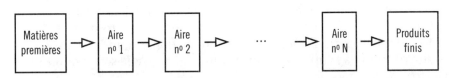

Dans ce type d'organisation, on cumule dans un premier temps les coûts par aire de travail et, dans un deuxième temps, on les répartit entre les produits qui y sont traités.

Les manuels de gestion des opérations et de la production présentent également ce qu'on appelle les aménagements cellulaire et fonctionnel[2]. Ces deux types d'aménagements peuvent mener à un flot d'opérations *continu* ou *presque continu*. Le flot d'opérations continu influe sur le choix de la méthode de calcul du coût de revient : dans ce cas, en effet, il n'est plus possible de cumuler les coûts par aires de travail, car celles-ci n'existent plus. Le **délai de fabrication**, c'est-à-dire le *délai entre le début de la production d'un article donné et son achèvement,* est réduit au minimum et il n'y a donc plus, en fait, de produits en cours de transformation (stocks en cours). On parle alors d'un processus de fabrication **juste-à-temps**. Nous pourrions cumuler les coûts par cellule ou par fonction, mais cela semble inutile pour deux raisons : d'abord, il n'est pas nécessaire de suivre d'heure en heure les coûts engagés dans l'usine ; ensuite, on a réduit considérablement les stocks de produits en cours. Par exemple, chez Harley-Davidson, on a réduit le délai de fabrication d'une motocyclette en le faisant passer de six mois à quelques jours[3] grâce au réaménagement du processus d'assemblage. Pour une période de six mois, il était pertinent de comptabiliser les coûts de chaque étape de la production, c'est-à-dire de cumuler ces coûts pour chaque aire de travail et de déterminer ainsi la valeur des stocks en cours à divers degrés

2. J. Nollet, J. Kélada et M. Diorio, *La gestion des opérations et de la production, une approche systémique,* Gaëtan Morin éditeur, 1986, p. 245.
3. Robert H. D'Amore, «Just in Time Systems», *Cost Accounting, Robotics and the New Manufacturing Environment,* American Accounting Association, 1987, p. 8.12.

d'avancement. Mais, puisque la durée du processus de fabrication a été réduite à quelques jours, on a considérablement réduit les stocks de produits en cours. Il n'est donc plus approprié de recourir à cette méthode de calcul.

LES MÉTHODES DE DÉCLENCHEMENT DE LA PRODUCTION

Les deux principales façons de déclencher la production sont la méthode *push* («pousser») et la méthode *pull* («tirer»).

Le déclenchement de type *push* correspond à la façon de faire traditionnelle, en particulier selon l'aménagement linéaire. La production est déclenchée par un ordre de travail envoyé à l'aire de travail n° 1. Cet ordre peut, par exemple, provenir du directeur de l'entrepôt lorsque le niveau de stock d'un produit descend sous un seuil minimal. À la fin de cette première opération, le stock de produits en cours est transféré à l'aire de travail n° 2 pour l'opération suivante. Ce stock en cours devient alors implicitement l'ordre de travail de l'aire n° 2. La production est ainsi «poussée» (*pushed*) d'une aire de travail à l'autre dans l'usine, jusqu'à ce qu'elle soit terminée et transférée au stock de produits finis.

Selon le déclenchement de type *pull*, l'ordre de travail est envoyé à la dernière aire de travail de la chaîne (plutôt qu'à la première) s'il s'agit d'un aménagement linéaire, ou à la fin du processus (plutôt qu'au début) s'il s'agit d'un aménagement cellulaire ou fonctionnel. La production est ainsi «tirée à rebours» (*pulled*) de la fin du processus vers le début. Ce type de déclenchement semble mieux convenir à la fabrication selon un flot d'opérations continu. C'est le mode de fonctionnement qu'on associe aux systèmes de production juste-à-temps.

Nous recommandons à ceux et celles qui désirent en savoir davantage sur ce sujet de lire un manuel sur les systèmes de production. Dans le présent chapitre, notre objectif consiste à fournir des contextes dans ce domaine et à les décrire à l'aide de modèles simples. Nous cherchons ainsi à faciliter la compréhension des différentes méthodes de calcul du coût de revient de fabrication et de leurs limites.

LES MÉTHODES DE CALCUL DU COÛT DE FABRICATION

On distingue cinq méthodes de calcul du coût de fabrication : selon la somme des ressources engagées ; selon la nomenclature de fabrication ou d'assemblage ; selon les centres de coûts ; selon une analyse d'équivalence ; par activités. On peut combiner chaque méthode avec une autre, selon les circonstances. Nous allons les décrire en fournissant des exemples pour en faciliter la compréhension. Nous nous penchons sur la comptabilité par activités au chapitre 5.

LA MÉTHODE SELON LA SOMME DES RESSOURCES ENGAGÉES

La **méthode selon la somme des ressources engagées** consiste à considérer le coût total de chacune des ressources consommées pendant une période donnée et à diviser ces montants par le nombre total de produits fabriqués durant cette même période. Ces coûts correspondent habituellement au solde des comptes relatifs à la fabrication.

E X E M P L E   1 0

Voici les soldes des comptes de résultats décrivant le coût total des ressources consommées pour le premier trimestre de l'année 1995 dans une usine qui fabrique un seul produit :

Comptes	Montant
Matières premières X	6 000 $
Matières premières Y	2 700
Main-d'œuvre directe	9 600
Frais généraux de fabrication	6 300
Total	**24 600 $**

Le tableau suivant présente les calculs permettant d'établir le coût unitaire de ce produit. Puisque l'usine a produit 2 000 unités au cours de la même période, on peut établir le coût unitaire de ce produit en divisant par 2 000 les montants apparaissant aux soldes des comptes.

Matières premières X	6 000 $/ 2 000 =	3,00 $
Matières premières Y	2 700 $/ 2 000 =	1,35
Main-d'œuvre directe	9 600 $/ 2 000 =	4,80
Frais généraux de fabrication	6 300 $/ 2 000 =	3,15
Total	**24 600 $/ 2 000 =**	**12,30 $**

Les principales caractéristiques de la méthode selon la somme des ressources engagées sont les suivantes :
- elle est simple ;
- elle est fondée sur des données historiques (les résultats doivent donc précéder les calculs) ;
- elle est utilisée pour un seul produit, ou pour des produits équivalents du point de vue de la consommation des ressources.

LA MÉTHODE SELON LA NOMENCLATURE DE FABRICATION OU D'ASSEMBLAGE

La **nomenclature de fabrication ou d'assemblage** contient *la liste de tous les composants d'un produit*. À partir de ces informations, on relève le prix prévisionnel, ou coût de revient, de chacun des composants, auquel on ajoute le temps d'assemblage multiplié par le taux de rémunération de la main-d'œuvre, ainsi qu'un montant de frais généraux. On obtient alors le coût de revient recherché.

EXEMPLE 11

La figure 3.5 illustre la nomenclature d'assemblage de la chaise de modèle X200.

Figure 3.5 Nomenclature d'assemblage de la chaise X200

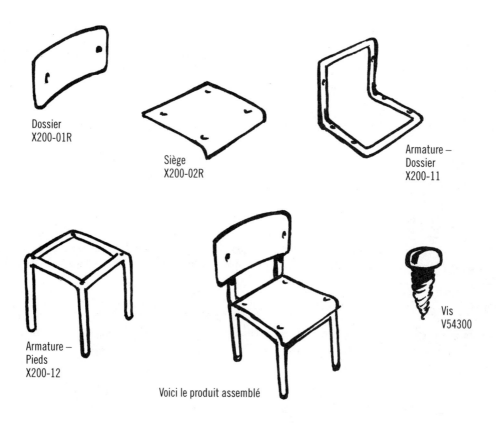

Dossier
X200-01R

Siège
X200-02R

Armature –
Dossier
X200-11

Armature –
Pieds
X200-12

Voici le produit assemblé

Vis
V54300

Voici le calcul du coût d'assemblage de cette chaise :

N° de la pièce	Description	Quantité	Prix unitaire	Coût de revient
X200-01R	Dossier de couleur rouge	1	4,00 $	4,00 $
X200-02R	Siège de couleur rouge	1	4,60 $	4,60
X200-11	Armature – Dossier	1	2,20 $	2,20
X200-12	Armature – Pieds	1	2,40 $	2,40
V54300	Vis	8	0,20 $	1,60
Assemblage et inspection : 15 minutes à 20,00 $ l'heure				5,00
Frais généraux de fabrication alloués				2,00
Coût de revient total				**21,80 $**

Les principales caractéristiques de la méthode selon la nomenclature de fabrication ou d'assemblage sont les suivantes :

- elle requiert un devis détaillé du produit ;
- elle est idéale pour établir un coût prévisionnel ;
- elle convient aux produits faits sur mesure et au mode de fabrication sur commande.

Cette méthode apparemment simple peut rapidement devenir complexe lorsque le nombre de pièces augmente. C'est le cas de la tondeuse électrique illustrée à la figure 3.6. Notons d'une part que les ingénieurs industriels préconisent cette méthode et que, d'autre part, on n'a pas à élaborer la nomenclature de fabrication ou d'assemblage : elle doit déjà être disponible lors de la planification de la production.

LA MÉTHODE SELON LES CENTRES DE COÛTS

On appelle **centres de coûts** les endroits où l'on engage les coûts. Ces centres correspondent à des lieux physiques, comme un atelier, un laboratoire, etc., à des unités administratives ou aux deux à la fois. Selon l'aménagement linéaire, ils peuvent correspondre aux aires de travail.

Selon cette méthode, les coûts sont dans un premier temps accumulés dans un compte réservé au centre et, dans un deuxième temps, répartis entre les produits qui passent par ce centre.

E X E M P L E   1 2

Considérons la fabrication d'un lot de 3 000 unités par semaine, soit 1/50 d'année puisque l'usine ferme ses portes pendant 2 semaines pour les vacances d'été. Le coût des matières engagées dans ce lot représente également 1/50 des coûts engagés durant l'année. Les coûts accumulés au cours d'une année dans les comptes de l'usine sont regroupés selon les centres responsables des coûts.

Comptes	Montant
Matières premières	510 000 $
Entrepôt de matières premières	75 000
Atelier d'estampillage	450 000
Atelier d'assemblage	375 000
Atelier de finition	150 000
Total	**1 560 000 $**

Figure 3.6 Nomenclature d'assemblage d'une tondeuse électrique

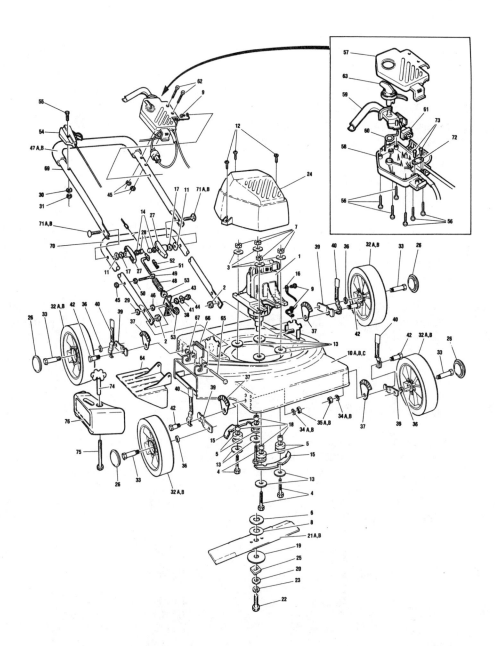

Le tableau suivant présente les calculs menant au coût de revient unitaire des produits fabriqués dans ce lot.

Comptes	Coût du lot	Coût unitaire (Coût du lot/3 000 unités)
Matières premières	510 000 $/50 lots = 10 200 $	3,40 $
Entrepôt de matières premières	75 000 $/50 lots = 1 500	0,50
Atelier d'estampillage	450 000 $/50 lots = 9 000	3,00
Atelier d'assemblage	375 000 $/50 lots = 7 500	2,50
Atelier de finition	150 000 $/50 lots = 3 000	1,00
Total	**1 560 000 $/50 lots = 31 200 $**	**10,40 $**

L'exemple précédent est simple. On peut facilement imaginer que la quantité de matières premières utilisées dans un lot n'est pas proportionnelle au temps passé dans chacun des centres de coûts, et que ce temps varie d'un centre à l'autre. Il existe même des centres de coûts qui n'ont aucune relation directe avec les produits, comme un laboratoire de recherche. Dans ce dernier cas, on doit envisager une répartition en plusieurs étapes. Nous illustrons cette problématique à la figure 3.7.

E X E M P L E   1 3

Supposons la fabrication d'un lot de 2 000 unités par une entreprise qui produit 200 000 unités, soit 100 lots, par année d'un seul produit. Voici les coûts accumulés au cours d'une année dans les comptes de l'usine, lesquels sont déjà regroupés selon les centres de coûts :

Comptes	Montant
Matières premières	680 000 $
FG – Matières premières	340 000
Atelier d'estampillage	450 000
Atelier d'assemblage	376 000
Atelier de finition	150 000
FG – Machine	160 000
FG – Autres	120 000
Total	**2 276 000 $**

Il faut disposer de certaines informations additionnelles pour calculer le coût du lot de 2 000 unités. On estime que les FG – Matières premières sont proportionnels au coût des matières premières. Les coûts reliés aux ateliers regroupent les coûts facilement rattachables à ces derniers, comme la main-d'œuvre directe et indirecte. Les FG – Machine regroupent tous les coûts se rapportant aux machines, notamment la dotation à l'amortissement, l'entretien et les réparations. On estime que 30 % de ces coûts se rapportent à des machines de l'atelier d'estampillage et 70 % à des machines de l'atelier d'assemblage. Il n'y a pas de machine dans l'atelier de finition. Les FG – Autres comportent tous les autres frais indirects se rapportant aux trois ateliers, tels que les taxes foncières, les assurances, la dotation à l'amortissement de

Figure 3.7 Cheminement des coûts dans une entreprise d'assemblage

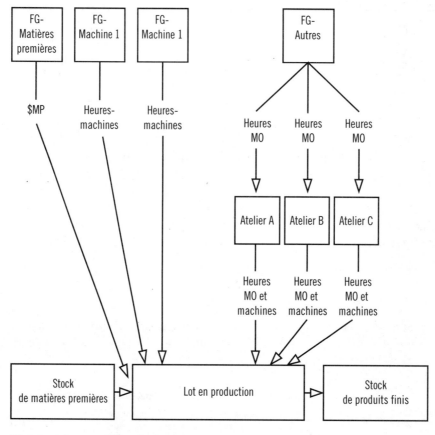

FG : frais généraux   MO : main-d'œuvre

l'immeuble, certaines fournitures, etc. On estime que 40 % de ces coûts se rattachent à l'atelier d'assemblage, les autres coûts étant partagés entre les ateliers d'estampillage et de finition.

Le tableau suivant présente les calculs menant au coût de revient unitaire des produits fabriqués dans ce lot.

Dans une première étape, il faut répartir les FG – Machine et les FG – Autres entre les trois ateliers :

Comptes	FG à répartir	Estampillage	Assemblage	Finition
Atelier d'estampillage		450 000 $		
Atelier d'assemblage			376 000 $	
Atelier de finition				150 000 $
FG – Machine	160 000 $	48 000	112 000	
FG – Autres	120 000 $	36 000	48 000	36 000
Total		**534 000 $**	**536 000 $**	**186 000 $**

Deuxièmement, il faut répartir les montants accumulés entre les lots, puis entre les produits.

Comptes	Coût du lot	Coût unitaire (coût d'un lot/2 000 unités)
Matières premières	680 000 $/100 lots = 6 800 $	3,40 $
Entrepôt de matières premières	340 000 $/100 lots = 3 400	1,70
Atelier d'estampillage	534 000 $/100 lots = 5 340	2,67
Atelier d'assemblage	536 000 $/100 lots = 5 360	2,68
Atelier de finition	186 000 $/100 lots = 1 860	0,93
Total	2 276 000 $/100 lots = 22 760 $	11,38 $

Voici les principales caractéristiques de la méthode selon les centres de coûts :
- elle rattache les coûts à des centres, puis aux produits ;
- elle fait intervenir une répartition par étapes ;
- elle complète une autre méthode.

La notion de rattachement des coûts à des centres de coûts est à la base de la comptabilité par centres de responsabilité, que nous étudierons ultérieurement dans ce manuel.

LA MÉTHODE SELON UNE ANALYSE D'ÉQUIVALENCE

Cette méthode apparaît comme une généralisation des autres méthodes. On utilise la **méthode selon une analyse d'équivalence** lorsque l'entreprise fabrique plusieurs produits différents ou lots de produits différents. Il est alors souvent possible d'établir une équivalence entre les produits, comme nous le démontrons dans l'exemple suivant.

E X E M P L E   1 4

Cet exemple constitue une généralisation de l'exemple 10. Nous faisons les deux hypothèses additionnelles suivantes : premièrement, l'usine fabrique non pas un seul, mais deux produits, P1 et P2 ; deuxièmement, le produit P2 consomme deux fois plus de ressources par unité que le produit P1. Nous pouvons donc considérer qu'une unité du produit P2 est équivalente à deux unités du produit P1 du point de vue de la consommation des ressources.

Puisque l'usine a produit 1 000 unités du produit P1 et 1 000 unités du produit P2 au cours du premier trimestre de l'année 1995, nous utilisons l'équivalence établie (une unité de P2 est équivalente à deux unités de P1) pour supposer que l'usine a fabriqué 3 000 unités équivalentes au produit P1 au cours de cette période. Nous calculons le coût unitaire de l'unité équivalente (le produit P1) et nous multiplions ce résultat par 2 afin d'obtenir le coût unitaire du produit P2. Voici les soldes des comptes de l'usine à la fin du premier trimestre de l'année 1995.

Comptes	Montant
Matières premières X	6 000 $
Matières premières Y	2 800
Main-d'œuvre directe	9 600
Frais généraux de fabrication	6 200
Total	**24 600 $**

Les calculs suivants nous permettent d'établir le coût unitaire des deux produits.

Comptes	Coût unitaire de P1	Coût unitaire de P2
Matières premières X	6 000 $/3 000 unités = 2,00 $	4,00 $
Matières premières Y	2 700 $/3 000 unités = 0,90	1,80
Main-d'œuvre directe	9 600 $/3 000 unités = 3,20	6,40
Frais généraux de fabrication	6 300 $/3 000 unités = 2,10	4,20
Total	**24 600 $/3 000 unités = 8,20 $**	**16,40 $**

LE COÛT DE REVIENT DES SERVICES, DES PROJETS ET DES PROGRAMMES

On peut utiliser les méthodes élaborées dans le contexte du calcul du coût de fabrication pour déterminer le coût de revient des services, comme nous l'avons fait dans l'exemple 2 portant sur l'entrepreneur paysagiste. On peut également utiliser ces méthodes dans le cas des projets et des programmes. Cependant, les caractéristiques des services, des projets et des programmes ne se prêtent pas à l'utilisation des méthodes traditionnelles que nous vous avons présentées.

Le tableau 3.6 résume un certain nombre de caractéristiques des services, des projets et des programmes qui influent sur le calcul du coût de revient.

Tableau 3.6 Caractéristiques des services, des projets et des programmes influant sur le calcul du coût de revient

Services	Il existe une grande variété de produits souvent personnalisés dont les aspects professionnels et la qualité sont liés.
	Le coût des matières premières est négligeable, et les frais généraux élevés.
Projets	Ils sont uniques, souvent réalisés pour la première fois (on ne possède donc pas de données historiques) et peu susceptibles de se répéter.
	Ils sont souvent de longue durée.
Programmes	Ils combinent à la fois les caractéristiques des services et des projets.
	Ils nécessitent souvent un financement à caractère politique.
	Ils comportent des coûts relevant de décisions politiques.

Dans une certaine mesure, la validité des méthodes de calcul du coût de fabrication réside dans les grands nombres. Dès qu'il y a peu d'unités semblables et qu'on est forcé de bâtir une comptabilité individuelle ou propre à un service, à un projet ou à un programme, il peut devenir coûteux de compiler simplement les données permettant de calculer le coût de revient selon ces méthodes. De plus, lorsque le coût des matières premières est négligeable et que les frais généraux sont élevés, il est essentiel de mettre au jour les activités cachées derrière les frais généraux et de comprendre la cause des coûts. C'est ce que vise la comptabilité par activités, qui est présentée au chapitre 5.

LE COÛT DE REVIENT AU SERVICE DE LA GESTION

Nous concluons ce troisième chapitre en replaçant le coût de revient dans la perspective de la comptabilité au service de la gestion. Essentiellement, le coût de revient se substitue au coût d'achat lorsque plusieurs ressources sont engagées pour obtenir un produit. On utilise donc le coût de revient aux mêmes fins que le coût d'achat, c'est-à-dire pour établir le prix de vente et analyser la rentabilité des produits en comparant le coût de revient au prix de vente. Il convient donc, avant de mettre en place une méthode de calcul ou même un système sophistiqué de coût de revient, de se demander quelle utilisation on entend faire de l'information recherchée. Grâce à la satisfaction de la personne qui utilise et paie l'information, on découvrira souvent qu'on pourrait se contenter de systèmes beaucoup plus simples que ceux qui ont été mis en place dans le passé. Il faut comprendre que, souvent, l'entreprise poursuit simultanément plusieurs objectifs et essaie de les atteindre en ayant recours au même système, ce qui s'avère inefficace. On se rappelle les multiples chapeaux que doit porter le contrôleur. Plusieurs systèmes deviennent inutilement complexes parce qu'on poursuit un objectif de contrôle d'exécution en même temps qu'un objectif de calcul du coût de revient. L'information produite par le système est souvent beaucoup trop volumineuse, compte tenu de l'utilisation par les gestionnaires des rapports obtenus.

QUESTIONS DE RÉVISION

1. Qu'est-ce qu'un coût ?

2. Qu'est-ce que le coût de revient ?

3. Suggérez une classification des types de coûts de revient.

4. Donnez cinq exemples d'objets de coût.

5. Nommez cinq utilisations ou objectifs d'information du coût de revient.

6. Donnez différents contextes liés à l'évaluation de la rentabilité.

7. Comment peut-on calculer différents montants du coût de revient pour un même produit ou un même service ?

8. Quelles sont les trois catégories traditionnelles de coûts considérées dans le calcul du coût de revient de fabrication ?

9. Qu'entend-on par coûts directs et coûts indirects ?

10. Que retrouve-t-on dans la catégorie des frais généraux de fabrication ?

11. Que retrouve-t-on dans la catégorie des coûts de transformation?

12. Quelle est l'importance relative des coûts de transformation dans les industries traditionnelles et les industries de pointe?

13. Quels sont les trois principaux éléments qui caractérisent les systèmes de production?

14. Quels sont les trois principaux modes de fabrication?

15. Nommez quatre caractéristiques des produits fabriqués sur commande.

16. Donnez deux exemples de produits fabriqués sur commande et dites pourquoi on a choisi ce type de fabrication.

17. Nommez quatre caractéristiques des produits fabriqués par lot.

18. Donnez deux exemples de produits fabriqués par lot et dites pourquoi on a choisi ce type de fabrication.

19. Nommez quatre caractéristiques des produits issus d'un processus de production uniforme et continue.

20. Donnez deux exemples de produits issus d'un processus de production uniforme et continue et dites pourquoi on les a fabriqués de cette manière.

21. Nommez deux types d'organisation du travail et distinguez-les par rapport au flot d'opérations.

22. Qu'est-ce que le processus de fabrication juste-à-temps?

23. Quel est l'impact d'un processus de fabrication juste-à-temps sur le délai de fabrication et les stocks en cours?

24. Dites comment la production est déclenchée:

    a) selon l'approche *push*;
    b) selon l'approche *pull*.

25. Nommez cinq méthodes de calcul du coût de fabrication.

26. Énumérez trois caractéristiques de la méthode selon la somme des ressources engagées.

27. Qu'est-ce que la nomenclature de fabrication?

28. Énumérez trois caractéristiques de la méthode selon la nomenclature de fabrication ou d'assemblage.

29. Donnez deux exemples de centres responsables de coûts.

30. Énumérez trois caractéristiques de la méthode selon les centres de coûts.

31. Quand doit-on utiliser la méthode selon une analyse d'équivalence?

32. Énumérez au moins deux caractéristiques influant sur le calcul du coût de revient:

    a) des services;
    b) des projets;
    c) des programmes.

33. Quelle question doit-on préciser avant de mettre en place un système de coût de revient?

EXERCICES

● **Exercice 3.1**   **Coût de revient de produits**

La Société XYZ ltée se spécialise dans la fabrication de différents modèles de vis, clous et boulons, qu'elle vend à un large réseau de quincailleries dans toute la province. Au cours de janvier 1993, elle a produit dans ses ateliers les trois lots suivants :

	Lot 1	Lot 2	Lot 3
Produit	Vis	Clous	Boulons
Modèle	v33	c28	b11
Quantité produite	25 000 unités	32 000 unités	10 000 unités
Matières premières utilisées			
Alliage-métal	50 kg	60 kg	30 kg
Emballage	125 $	50 $	1 200 $
Main-d'œuvre			
Fabrication	260 heures	64 heures	200 heures
Mise en course	2 heures	1 heure	3 heures
Frais généraux	2 500 $	1 900 $	5 100 $

Le coût moyen de 1 kg de matières premières est de 15 $ et le taux horaire moyen payé est de 13 $. Les vis sont vendues en boîtes de 10 unités, les clous en boîtes de 100 unités et les boulons en boîtes de 5 unités.

● **Travail à faire**

1. Déterminez le coût de revient :

   a) d'une vis ;
   b) d'un clou ;
   c) d'un boulon.

2. Déterminez le coût de revient :

   a) d'une boîte de vis ;
   b) d'une boîte de clous ;
   c) d'une boîte de boulons.

● **Exercice 3.2**   **Coût de revient d'un projet**

Le conseil municipal d'une ville de la banlieue de Québec vient de voter un programme d'embellissement de la ville, nommé *Projet verdure*. Ce projet comprend principalement la plantation d'arbres, d'arbustes et de fleurs sur des terrains appartenant à la ville. Le budget a été fixé à 125 000 $.

Les coûts enregistrés en cours de réalisation ont été les suivants :

Matières premières
    100 érables à 15 $ l'unité
    10 000 plants de fleurs variées à 20 $ la boîte de 10 plants
    600 arbustes à 8 $ l'unité
    300 sacs de terre à 10 $ l'unité
    200 kg d'engrais à 25 $ le sac de 10 kg
    100 tuteurs à 17 $ l'unité

Main-d'œuvre
    Employés permanents de la ville : 1 600 heures à 16 $ l'heure
    Étudiants au cours de l'été : 2 400 heures à 14 $ l'heure

Frais généraux estimés : 27 300 $

● **Travail à faire**

Calculez le coût de revient du projet et dites si la ville a respecté son budget.

● **Exercice 3.3   Coût de revient de lots**

Le directeur général de la Société ABC ltée étudie actuellement un projet consistant à lancer un lot de 5 000 unités d'un nouveau produit. D'après les devis du service de recherche et de développement, les données estimatives des coûts, selon la nomenclature de fabrication, sont les suivantes :

Matières premières	Quantité	Prix unitaire
Composant X	3	12,00 $
Composant Y	10	0,75 $
Composant Z	20	0,30 $

Main-d'œuvre directe	Heures	Taux horaire
Assemblage	0,5	14 $
Finition	0,2	16 $
Contrôle de la qualité	0,15	20 $

Les frais de mise en course sont évalués à 1 250 $ pour le lot et les autres frais généraux d'usine à 47 500 $. Enfin, le directeur estime que les frais généraux de vente et d'administration associés à ce nouveau produit seraient de 26 000 $.

● **Travail à faire**

1. Calculez le coût de revient prévu du nouveau produit.

2. Calculez le coût de revient prévu si l'entreprise décide de fabriquer un lot de 6 000 unités au lieu de 5 000 unités.

3. Calculez l'excédent des produits sur les charges propre à ce nouveau produit si l'entreprise fixe le prix de vente à 90 $:

    a) pour un lot de 5 000 unités ;
    b) pour un lot de 6 000 unités.

● Exercice 3.4   Coût de revient d'un contrat

Au début du mois, Copie-plus enr., une entreprise œuvrant dans le domaine de l'impression, acceptait un contrat de 115 000 $. L'estimation des coûts est la suivante :

	Atelier 1	Atelier 2	Atelier 3
Matières premières	12 000 $	5 000 $	25 000 $
Main-d'œuvre directe	6 000 $	5 700 $	7 200 $
Frais généraux	8 100 $	12 000 $	15 000 $

Les frais d'administration relatifs à ce contrat sont évalués à 1 000 $ par semaine et la durée prévue du contrat est de 4 semaines.

Au bout de 3 semaines, il semble que l'échéancier est respecté à la lettre, c'est-à-dire que Copie-plus enr. a effectivement terminé 75 % du contrat. Cependant, les coûts totaux engagés jusqu'à maintenant inquiètent le directeur. Ces coûts s'élèvent à :

- 25 525 $ pour la première semaine ;
- 26 000 $ pour la deuxième semaine ;
- 25 725 $ pour la troisième semaine.

Les coûts engagés sont censés l'être au prorata de l'avancement du contrat.

◉ Travail à faire

1. Calculez le coût de revient global du contrat tel que prévu initialement.
2. Compte tenu des coûts engagés au bout de 3 semaines et du degré d'avancement de 75 %, quelle devrait être l'estimation du coût de revient global du contrat ?

● Exercice 3.5   Coût de revient et profitabilité de lots

Le contrôleur des Entreprises B.I.G. ltée étudie actuellement les résultats du dernier trimestre. Durant cette période, la société a fabriqué deux lots sur lesquels portent les données suivantes :

	Lot 1	Lot 2
Modèle	Standard	Haut de gamme
Volume	2 000 unités	1 500 unités
Prix de vente unitaire	75 $	150 $
Matières premières utilisées	10 kg/unité à 4,00 $ l'unité	13 kg/unité à 5,50 $ l'unité

Les deux modèles doivent passer par les trois ateliers de l'usine. Les coûts engagés dans chacun des ateliers au cours de cette période sont les suivants :

	Atelier 1	Atelier 2	Atelier 3
Main-d'œuvre directe	18 000 $	15 600 $	11 200 $
Frais généraux de fabrication	27 000 $	12 000 $	31 000 $

Seuls les deux modèles, *Standard* et *Haut de gamme,* ont été fabriqués dans ces trois ateliers au cours du dernier trimestre. La portion des charges attribuables au produit standard au cours de cette période a été de 55 % aux ateliers 1 et 2 respectivement, et de 25 % à l'atelier 3.

● **Travail à faire**

1. Calculez le coût de revient de chacun des lots 1 et 2 au cours du dernier trimestre.
2. Calculez le profit unitaire de chaque produit.

FAIT

Exercice 3.6   **Établissement d'une fiche détaillée de coût de revient**

La Société Alpha ltée fabrique et vend le produit Bêta dont voici les principales caractéristiques :

- Le produit Bêta doit passer dans les trois ateliers de fabrication de l'usine.
- Les matières premières qui entrent dans la fabrication du produit Bêta sont introduites à l'atelier 1 et coûtent 12 $ le kg.
- Une certaine proportion des matières premières introduites à l'atelier 1 sont perdues au cours de la fabrication, de sorte qu'il faut 1 kg de matières premières pour produire 800 g de produit fini.
- Chaque lot de 100 kg de produits finis nécessite la main-d'œuvre directe suivante :
  − 20 heures à l'atelier 1 ;
  − 45 heures à l'atelier 2 ;
  − 15 heures à l'atelier 3.
- Le contrôle de la qualité effectué à la sortie de l'atelier 3 nécessite, en plus de la main-d'œuvre directe déjà déterminée, 2 heures-homme pour chaque lot de 100 kg.
- Toute la main-d'œuvre est rémunérée au taux de 16 $ l'heure.
- Les frais généraux de fabrication sont estimés au taux de 4 $ l'heure.

● **Travail à faire**

Établissez la fiche de coût de revient détaillée pour une production totale de 10 000 kg.

● **Exercice 3.7**   **Évaluation de la rentabilité d'un produit**

La Société Frigon inc. est un fabricant de compresseurs. Elle vend son produit principalement à des manufacturiers de climatiseurs. Un concurrent vient de lancer un modèle de compresseur similaire à celui de la Société Frigon inc. mais à un prix inférieur, soit 115 $ l'unité. Bien que la Société Frigon inc. jouisse d'une excellente réputation auprès de ses clients, la directrice générale craint de voir ses ventes diminuer de 20 % si elle ne ramène pas son prix de vente à 115 $.

Les prévisions de ventes initiales pour l'exercice se terminant le 31 décembre 1995 ne tenaient pas compte de l'arrivée de ce concurrent sur le marché. Voici ces prévisions :

Volume de ventes prévu	60 000 unités
Prix de vente moyen	125 $
Coûts unitaires directs	
Matières premières	20 $
Main-d'œuvre directe	15 $
Coût unitaire indirect de fabrication	34 $
Frais de vente	840 000 $
Frais d'administration	600 000 $

● **Travail à faire**

1. Calculez le bénéfice net unitaire prévu au cours de l'exercice se terminant le 31 décembre 1995, en tenant compte des hypothèses suivantes :

   a) Le concurrent se ravise et ne lance pas son produit sur le marché en 1995.

   b) Le concurrent lance son modèle à 115 $ l'unité et la Société Frigon inc. maintient son prix à 125 $ l'unité.

   c) Le concurrent lance son modèle à 115 $ l'unité et la Société Frigon inc. ramène le prix de son modèle à 115 $ l'unité.

2. La Société Frigon ltée devrait-elle maintenir le prix de vente de son compresseur à 125 $ ou le baisser à 115 $? Justifiez votre réponse.

3. En tenant compte des hypothèses *b* et *c*, à combien évaluez-vous l'impact financier de l'arrivée du concurrent sur le bénéfice net de la Société Frigon ltée pour l'exercice se terminant le 31 décembre 1995 ?

● **Exercice 3.8   Établissement du prix de vente**

La Société MBI ltée, important manufacturier de mobilier et de matériel de bureau, vient d'achever la fabrication d'un lot de 1 000 tables pour ordinateur de modèle TO-2000.

Selon la fiche de coût de revient de ce produit, un lot de 1 000 unités entraîne les coûts de fabrication suivants :

	Atelier 1	Atelier 2
Matières premières	24 000 $	10 000 $
Main-d'œuvre directe	9 000 $	18 000 $
Frais généraux de fabrication	12 000 $	7 000 $

Le prix de vente a été fixé en majorant de 20 % le coût unitaire de fabrication prévu.

Les coûts réellement engagés au cours de l'exercice sont les suivants :

	Atelier 1	Atelier 2
Matières premières	23 500 $	10 200 $
Main-d'œuvre directe	8 300 $	18 100 $
Frais généraux de fabrication	10 600 $	5 800 $

Notons également que 100 des 1 000 unités du lot se sont révélées défectueuses et ont été mises au rebut.

● **Travail à faire**

1. Quel est le prix de vente unitaire prévu initialement pour chaque table du lot ?

2. Quel prix permettrait de réaliser une marge de profit de 20 % sur les 900 unités conformes au niveau de qualité exigé ?

● **Exercice 3.9**   Coûts prévus et engagés

L'entreprise PME enr. a perdu plusieurs soumissions au cours des derniers mois. Cette situation indique peut-être que ses concurrents proposent des coûts plus bas ou encore que l'entreprise PME enr. surévalue systématiquement le coût de ses soumissions. Le propriétaire s'inquiète de cette situation et décide donc de procéder à une analyse du coût de revient des quelques commandes qu'il a effectivement remplies. Il commence donc par la dernière reçue, une commande de 500 unités, dont l'analyse donne les résultats suivants :

	Coûts prévus	Coûts engagés
Matières premières	7 000 kg à 1,30 $ le kg	5 700 kg à 1,55 $ le kg
Main-d'œuvre directe	475 heures à 16 $ l'heure	495 heures à 14 $ l'heure
Frais généraux	10,60 $ par unité	4 235 $

● **Travail à faire**

1. Calculez l'écart entre les coûts prévus et engagés de la dernière commande.

2. Commentez la qualité des prévisions et la perte des récentes soumissions.

● **Exercice 3.10**   Coût de revient de produits

L'entreprise Fabrik ltée produit des purificateurs d'air. Chaque purificateur comporte un moteur, un boîtier et un filtre. La production de ces purificateurs est partagée entre trois usines. Les moteurs sont assemblés à l'usine 1, les boîtiers sont fabriqués à l'usine 2 et le produit final est assemblé, fini et inspecté à l'usine 3. Le schéma suivant illustre ce processus.

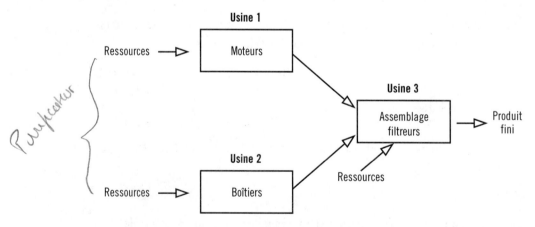

Durant le mois de septembre, les usines 1 et 2 de Fabrik ltée ont engagé les coûts suivants :

	Usine 1	Usine 2
Matières premières	100 400 $	27 250 $
Main-d'œuvre directe	4 928 heures à 12,50 $ l'heure	3 200 heures à 11 $ l'heure
Frais généraux	81 000 $	59 050 $

Enfin, l'usine 3 a engagé durant le même mois les coûts suivants :

Matières premières (les purificateurs)	1,50 $ l'unité
Main-d'œuvre (assemblage)	15 minutes par unité à 12 $ l'heure
Main-d'œuvre (finition et inspection)	12 minutes par unité à 13 $ l'heure
Frais généraux (assemblage)	31 000 $
Frais généraux (finition et inspection)	23 000 $

Au cours du mois de septembre, l'entreprise a produit 15 000 purificateurs d'air. On doit supposer qu'il n'y a pas de délai de transport entre les usines et que la production aux usines 1 et 2 a servi à la production du même mois à l'usine 3.

Travail à faire

1. Calculez le coût de revient unitaire des moteurs assemblés à l'usine 1.
2. Calculez le coût de revient unitaire des boîtiers fabriqués à l'usine 2.
3. Calculez le coût de revient unitaire des purificateurs d'air produits au cours du mois de septembre.

Exercice 3.11   Coût de revient dans quatre situations différentes

Une entreprise industrielle fabrique deux produits, P1 et P2.

Nous avons imaginé quatre situations complètement indépendantes les unes des autres, à partir desquelles vous devrez travailler.

Situation 1

Toutes les unités des produits P1 et P2 exigent exactement la même quantité de matières premières, le même nombre d'heures de main-d'œuvre directe et les mêmes frais généraux de fabrication. Toutefois, les matières premières utilisées pour le produit P1 coûtent deux fois plus cher par kilogramme que celles utilisées pour le produit P2.

L'entreprise a fabriqué, au cours de la période considérée, 3 500 unités des deux produits, soit 2 000 unités du produit P1 et 1 500 unités du produit P2. Voici le tableau des coûts engagés :

Matières premières	24 750 $
Main-d'œuvre directe	38 500
Frais généraux de fabrication	21 000
Total	**84 250 $**

Situation 2

Les produits P1 et P2 exigent les mêmes matières premières sauf que, pour une même quantité de produits finis, le produit P2 en nécessite deux fois plus que le produit P1. Par ailleurs, les deux produits consomment le même nombre d'heures de main-d'œuvre directe et entraînent les mêmes frais généraux de fabrication.

L'entreprise a fabriqué, au cours de la période considérée, 2 000 unités, soit 1 000 unités du produit P1 et 1 000 unités du produit P2. Voici le tableau des coûts engagés :

Matières premières	18 900 $
Main-d'œuvre directe	27 600
Frais généraux de fabrication	32 000
Total	**78 500 $**

Situation 3

Les produits P1 et P2 exigent les mêmes matières premières et utilisent la même main-d'œuvre. Toutefois, le produit P1 nécessite deux fois plus de temps de fabrication que le produit P2 et on lui rattache deux fois plus de frais généraux de fabrication.

Au cours de la période considérée, l'entreprise a fabriqué 1 100 unités, soit 600 unités du produit P1 et 500 unités du produit P2. Voici le tableau des coûts engagés au cours de la période :

Matières premières	38 500 $
Main-d'œuvre directe	26 400
Frais généraux de fabrication	41 400
Total	**106 300 $**

Situation 4

L'usine où sont fabriqués les produits P1 et P2 comporte trois ateliers. Le troisième atelier sert à l'emballage du produit P1 seulement, car le produit P2 est vendu en vrac. Pour une quantité de produit fini donnée, le produit P2 consomme trois fois plus de ressources que le produit P1 dans les deux premiers ateliers.

L'entreprise a fabriqué au cours de la période 20 000 unités, soit 10 000 unités du produit P1 et 10 000 unités du produit P2. Voici le tableau des coûts engagés au cours de la période :

	Atelier 1	Atelier 2	Atelier 3	Total
Matières premières	33 000 $	12 000 $	8 500 $	53 500 $
Main-d'œuvre directe	26 400	31 700	19 200	77 300
Frais généraux de fabrication	17 000	24 300	10 300	51 600
Total	**76 400 $**	**68 000 $**	**38 000 $**	**182 400 $**

Travail à faire

1. Calculez le coût de revient unitaire des produits P1 et P2 dans chacune des quatre situations.

2. Rapprochez le coût de revient unitaire obtenu et les coûts totaux engagés dans chacune des quatre situations.

Exercice 3.12   Coût de revient d'un mandat

Deux associés d'un petit cabinet d'avocats de la banlieue montréalaise cherchent à établir le coût de revient d'un mandat qu'ils viennent de terminer. Ce mandat les a occupés durant tout le mois de janvier. Nous avons pu recueillir les données suivantes :

Frais de déplacement	1 000 $
Salaire annuel de la secrétaire juridique	31 000 $
Salaire annuel de la réceptionniste	26 000 $
Facture de téléphone du mois de janvier	120 $
Facture d'électricité du mois de janvier	280 $

Dotation à l'amortissement annuelle	
(matériel informatique et matériel de bureau)	24 000 $
Frais de messagerie du mois de janvier	120 $
Location des bureaux (loyer mensuel)	1 900 $
Contrat d'entretien ménager pour trois mois	450 $
Publicité, publication de la carte de visite, tarif hebdomadaire	425 $
Fournitures de bureau pour le mois de janvier	350 $

● **Travail à faire**

Calculez le coût de revient du mandat effectué durant le mois de janvier.

● **Exercice 3.13 Coût de revient de fabrication et prix de vente**

Les Entreprises Fleur de lys enr., une PME de la région de Québec, fabriquent un seul produit. L'ingénieure responsable de la production vient d'apporter de légères modifications à son devis. De plus, elle a modifié le procédé de fabrication dans le but de le rendre plus efficient.

Le directeur général souhaite connaître le coût de revient du produit modifié afin d'établir son prix de vente au cours du prochain exercice. L'entreprise désire réaliser une marge bénéficiaire brute de 25 %.

Voici les renseignements compilés :

1. Chaque unité consomme les matières premières suivantes :
   - 1 kg d'un produit X à 6 $/kg ;
   - 0,32 L d'un produit Y à 15 $/L ;
   - 0,14 kg d'un troisième produit Z à 30 $/kg.

2. L'usine comprend deux ateliers, celui de l'assemblage et celui de la finition. Chaque unité requiert en moyenne :
   - 1,0 heure à l'atelier d'assemblage ;
   - 0,4 heure à l'atelier de finition.

3. Les 30 employés de l'atelier d'assemblage sont payés au taux horaire moyen de 14 $ et les 10 employés de l'atelier de finition reçoivent 15 $ l'heure.

4. La dotation à l'amortissement annuelle de l'usine est de 33 000 $ tandis que celle des équipements est de 39 000 $.

5. Les salaires des superviseurs, y compris les vacances et les charges sociales, totalisent 123 000 $.

6. La maintenance (entretien et réparation) est confiée à une firme spécialisée et coûte à l'entreprise 1 000 $ par mois.

7. Les factures d'électricité de l'usine ont totalisé 10 800 $ l'an dernier. On prévoit peu de changement cette année.

8. Les assurances et les taxes foncières sont évaluées à 20 500 $.

9. L'entreprise prévoit utiliser 5 500 $ de fournitures d'usine.

10. L'entreprise vend autant d'unités qu'elle en fabrique et ne conserve pas de stocks.

11. L'entreprise prévoit fabriquer 50 000 unités au cours de l'année et souhaiterait les vendre au même prix que l'année précédente, soit 50 $ l'unité.

● Travail à faire

1. Établissez le coût de revient prévisionnel de fabrication.

2. L'entreprise devra-t-elle modifier son prix de vente afin de réaliser la marge brute bénéficiaire de 25 % qu'elle a obtenue l'année précédente ? Justifiez votre réponse (calculs à l'appui).

● Exercice 3.14   Coût de revient de commandes et de modèles

La Société Mécano ltée est un fabricant de pièces de moteurs. Durant le dernier trimestre, on a débuté et terminé les quatre commandes suivantes :

Commande n° 26 :	2 000 unités de la pièce A
Commande n° 27 :	1 850 unités de la pièce B
Commande n° 28 :	3 000 unités de la pièce C
Commande n° 29 :	5 200 unités de la pièce D

Selon le devis de fabrication des différentes pièces, on a besoin des quantités suivantes de ressources directes :

	Matières premières	Main-d'œuvre directe
Pièce A	3,5 kg	2,25 h
Pièce B	4,0 kg	2,5 h
Pièce C	5,0 kg	2,15 h
Pièce D	3,0 kg	1,6 h

On a relevé, dans les registres comptables, les renseignements suivants :

1. Les matières premières ont coûté 600 000 $.

2. Les salaires des ouvriers ont totalisé 286 740 $.

3. Les frais généraux de fabrication s'élèvent à 192 000 $ et se répartissent ainsi entre les quatre commandes :

Commande n° 26 :	19 %
Commande n° 27 :	19 %
Commande n° 28 :	27 %
Commande n° 29 :	35 %

● Travail à faire

1. Calculez le coût de revient de chaque commande fabriquée durant le trimestre.

2. Calculez le coût de revient unitaire de chaque modèle de pièce fabriquée durant le trimestre.

● Exercice 3.15   Coût de revient et profitabilité d'un contrat

Cet exercice est divisé en deux parties.

Première partie

M. Martin, entrepreneur en construction, cherche à établir le coût de revient d'un projet de restauration d'un monument historique. Ce coût lui servira à rédiger une soumission pour répondre à un appel d'offres du gouvernement provincial.

L'analyse du cahier des charges lui a permis d'établir les estimations suivantes :

1. Il prévoit utiliser les matériaux suivants :

Ciment	25 000 $
Dalles de pierre	52 000 $
Bois	30 000 $
Vernis	17 000 $
Plâtre	22 000 $
Peinture	46 000 $

2. Il compte avoir recours à une équipe de 25 ouvriers qui travailleront 40 heures par semaine. La durée prévue du contrat est de 12 semaines. Ces ouvriers seront payés 14 $ l'heure.

3. Il prévoit enfin que les frais généraux attribuables à ce contrat seront de 57 000 $.

4. Cette année, les frais généraux de l'entreprise, communs à tous les projets, s'élèveront à 500 240 $.

5. Il se réserve habituellement une marge bénéficiaire de 20 %.

● **Travail à faire**

1. Calculez le coût de revient estimé du contrat et le montant soumissionné.

2. Calculez le coût de revient estimé du contrat et le montant soumissionné si le taux horaire payé aux ouvriers est de 16 $ au lieu de 14 $.

Deuxième partie

Vous trouverez ci-dessous des renseignements concernant les résultats de l'exercice au cours duquel M. Martin a présenté une soumission pour obtenir le contrat de rénovation du monument historique.

1. M. Martin a réalisé 12 contrats qui lui ont rapporté 5 750 400 $.

2. Le coût des matériaux utilisés s'élève à 2 370 000 $.

3. Il a employé 70 ouvriers qui ont travaillé en moyenne 235 jours, 8 heures par jour, à un salaire de 14 $ l'heure.

4. Les frais généraux autres que ceux de l'administration se sont élevés à 710 000 $.

5. Les frais d'administration se sont élevés à 425 000 $.

● **Travail à faire**

1. Calculez le bénéfice net de M. Martin avant impôt.

2. Quel devrait être le bénéfice net de l'entreprise si M. Martin utilise toujours la même méthode de calcul du montant des soumissions ?

3. Commentez la méthode d'établissement du prix des soumissions que M. Martin utilise.

- **Exercice 3.16   Coût de revient d'un service**

Manon Beaulieu, directrice de la Maison de convalescence Desroches, a récemment demandé à son adjoint, qui agit en tant que contrôleur, d'établir le coût d'exploitation de l'établissement pour l'année qui vient de se terminer. En effet, elle doit fournir un rapport aux principaux fournisseurs de fonds et donateurs de l'établissement.

La Maison Desroches offre plusieurs services aux personnes en convalescence.

Services médicaux

1. Le personnel infirmier assure trois visites quotidiennes à chaque patient, d'une durée moyenne de 15 minutes. De plus, il est constamment disponible sur appel, et une personne au moins assure la garde en tout temps. Ce personnel est payé 16 $ l'heure.

2. Une équipe de physiothérapeutes et de spécialistes en rééducation est également au service des patients. Les salaires de cette équipe ont totalisé 230 000 $.

3. Un psychologue est également disponible tous les lundis pour consultation. L'an dernier, une moyenne de huit patients par semaine se sont prévalus de ce service. La durée moyenne des consultations est de une heure. Le psychologue facture des honoraires de 50 $ par visite à la Maison Desroches.

4. Les médicaments et autres articles de pharmacie coûtent en moyenne 86 $ par patient.

Cafétéria

5. On sert trois repas par jour. Le coût de revient moyen des aliments est de 3 $ par repas.

6. Le salaire du cuisinier est de 30 000 $ par an.

7. Les trois aides-cuisiniers sont payés 8 $ l'heure et travaillent en moyenne 6 heures par jour.

Administration

8. La Maison Desroches doit engager des frais de 15 $ par patient pour produire des formulaires destinés aux organismes subventionnaires.

9. Les salaires des deux secrétaires, y compris les avantages sociaux, totalisent 40 000 $.

10. Le coût des fournitures de bureau s'élève à 1 800 $.

11. Les salaires des administrateurs représentent 240 000 $.

Autres

12. Le service de buanderie a coûté 12 500 $.

13. Les frais d'électricité sont de 500 $ par mois.

14. Un contrat d'entretien a coûté 5 700 $ pour l'année.

15. La dotation annuelle à l'amortissement du bâtiment est de 50 000 $.

16. La publicité n'a coûté que 10 000 $.

17. Les assurances reviennent à 6 000 $ pour une période de 6 mois.

Selon les dernières statistiques, la Maison Desroches accueille 360 nouveaux clients chaque année. Elle peut accueillir 50 patients à la fois et son taux d'occupation moyen est de 90 %.

● **Travail à faire**

1. Établissez le coût d'exploitation de la Maison Desroches pour le dernier exercice.

2. Calculez le coût de revient par jour par patient.

● **Exercice 3.17   Coût de revient de lots**

La Société MPG inc. vient d'achever un contrat de 4 826 100 $ pour la fabrication de 2 lots de pièces comportant chacun 30 000 unités. Ces lots sont destinés à une entreprise manufacturière américaine. La Société MPG inc. s'étant dotée d'une structure décentralisée, les coûts sont accumulés par centres de coûts. Ces derniers sont au nombre de quatre : le centre d'approvisionnement, l'atelier de moulage, l'atelier de finition et l'entrepôt de produits finis. Les coûts relatifs à ce contrat ont été les suivants, par centre de coûts :

Approvisionnement, 135 000 $, soit :

Frais liés à l'achat et à la réception	54 000 $
Frais liés à l'entreposage	58 000 $
Divers	23 000 $

Atelier de moulage, 4 309 500 $, soit :

Matières premières utilisées	270 000 kg à 7 $ le kg
Main-d'œuvre directe	156 000 heures à 12 $ l'heure
Mise en course	6 500 $
Frais généraux	546 000 $

Atelier de finition, 288 000 $, soit :

Main-d'œuvre directe	18 000 heures à 12 $ l'heure
Frais généraux	72 000 $

Entreposage, 83 600 $, soit :

Assurances	27 000 $
Main-d'œuvre	41 000 $
Dotation à l'amortissement cumulé	10 600 $
Divers	15 000 $

Les produits du premier lot sont du modèle A et ceux du deuxième lot, du modèle B. Les deux produits sont fabriqués à partir des mêmes matières premières et doivent subir les mêmes opérations. Cependant, ils comportent les différences suivantes :

1. Une unité du modèle B requiert deux fois plus de ressources pour l'approvisionnement et l'entreposage qu'une unité du modèle A.

2. Chaque unité du modèle A requiert 3 kg de matières premières et chaque unité du modèle B, 6 kg.

3. Le modèle B requiert trois fois plus de temps par unité à l'atelier de moulage. Le temps requis par unité est le même à l'atelier de finition.

4. Les frais généraux sont alloués sur la base de 3,50 $ l'heure de main-d'œuvre directe à l'atelier de moulage et sur la base de 4 $ l'heure de main-d'œuvre directe à l'atelier de finition.

5. Les frais de mise en course du lot du modèle A totalisent 1 600 $.

● **Travail à faire**

1. Calculez le coût de revient du lot du modèle A.

2. Calculez le coût de revient du lot du modèle B.

Chapitre 4

L'ENREGISTREMENT DES TRANSACTIONS ET LE TRAITEMENT DES FRAIS GÉNÉRAUX

OBJECTIFS DU CHAPITRE

- Définir le concept de transaction.
- Traiter du cheminement des coûts dans les registres comptables.
- Aborder la dénomination des comptes du GLG.
- Discuter de l'évaluation des stocks.
- Répartir ou imputer les frais généraux.
- Aborder le choix de la base d'imputation.
- Décrire le traitement de la sous-imputation ou de la surimputation en fin d'exercice.
- Rédiger l'état du coût de fabrication.

SOMMAIRE

- **LES DONNÉES COMPTABLES**
  Le modèle global de la comptabilité générale
  Le modèle de comptabilité par centres de responsabilité

- **L'ÉVALUATION DES STOCKS**
- **L'ENREGISTREMENT DES TRANSACTIONS**
  Le suivi détaillé des coûts
  Le suivi juste-à-temps

- **LE TRAITEMENT DES FRAIS GÉNÉRAUX DE FABRICATION**
- **LE TRAITEMENT EN FIN D'EXERCICE**
- **L'ÉTAT DU COÛT DE FABRICATION**
- **LE SYSTÈME COMPTABLE**

Dans le chapitre précédent, nous nous sommes penchés sur le coût de revient et les différentes méthodes utilisées pour le calculer. Toutefois, nous n'avons pas abordé la comptabilité par activités, que nous exposerons au chapitre 5. Dans le présent chapitre, nous allons traiter de la façon de concevoir le système comptable de l'entreprise afin d'obtenir les données nécessaires au calcul du coût de revient selon les méthodes présentées au chapitre 3. Plus précisément, nous allons étudier le système de collecte et d'enregistrement des transactions, la dénomination des comptes du grand livre général (GLG), les écritures comptables et le traitement des données selon les principes comptables généralement reconnus (PCGR). Cette organisation comptable est en grande partie tributaire de la structure organisationnelle de l'entreprise. Elle pose également des limites quant à l'information qu'il est possible d'obtenir.

Nous allons d'abord définir le concept de *transaction,* qui est fondamental dans ce chapitre, puis nous présenterons deux modèles comptables : le modèle global de la comptabilité générale (que vous connaissez déjà) et le modèle de comptabilité par centres de responsabilité. Nous traiterons ensuite de l'évaluation des stocks et de l'enregistrement des données avant d'aborder le traitement des frais généraux de fabrication et le traitement des données comptables en fin d'exercice.

LES DONNÉES COMPTABLES

Si vous cherchez le mot *transaction* dans le dictionnaire, vous trouverez probablement les définitions suivantes : « acte conclu entre deux parties » et « opération commerciale ».

Nous définissons donc la *transaction comptable* comme une opération commerciale qui fait nécessairement intervenir un montant d'argent et qui s'accompagne souvent de certaines conditions (figure 4.1), telles des conditions de paiement (2/10, n30, par exemple), des garanties hypothécaires, etc.

Figure 4.1 Une transaction

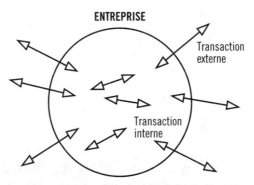

ENTREPRISE

Transaction externe

Transaction interne

Transaction externe : fait intervenir un échange de ressources avec l'extérieur, c'est-à-dire entre l'entreprise et un tiers.

Transaction interne : fait intervenir un échange de ressources avec l'intérieur, c'est-à-dire entre les unités administratives de l'entreprise.

Nous distinguons les *transactions externes*, lesquelles font intervenir une partie à l'extérieur de l'entreprise, des *transactions internes,* qui se déroulent entre des unités de la même entité. Les transactions internes ne touchent pas les résultats de l'entreprise dans son ensemble, tels qu'ils apparaissent dans les états financiers. Cependant, lorsque l'entreprise est divisée en unités administratives, les transactions internes influent sur la performance individuelle de chacune de ces unités.

Nous allons décrire dans un premier temps le *modèle global* de la comptabilité générale, qui ne traite que des transactions externes, et, dans un deuxième temps, le modèle de *comptabilité par centres de responsabilité,* qui incorpore des transactions internes et des transactions externes.

LE MODÈLE GLOBAL DE LA COMPTABILITÉ GÉNÉRALE

Le **modèle global** que nous vous présentons permet :

1. de procéder à l'enregistrement des opérations commerciales avec l'extérieur tout au long de l'exercice ;
2. d'effectuer certaines régularisations en fin d'exercice.

La figure 4.2 illustre ce modèle de comptabilité générale.

Figure 4.2 Modèle global de la comptabilité générale

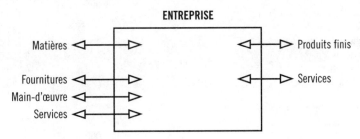

Enregistrement des transactions d'acquisition de ressources et de vente de produits et services avec des tiers

Les *régularisations* sont des corrections apportées en fin d'exercice aux comptes du GLG afin de respecter les PCGR. Par exemple, on a enregistré en cours d'exercice les achats de fournitures dans un compte de résultats, et on constate en fin d'exercice qu'il en reste un stock non négligeable. Il faut donc corriger le GLG pour respecter le principe du *rapprochement des produits et des charges* au cours d'un exercice donné et ne considérer comme charges que les dépenses se rapportant à des produits réalisés au cours de cet exercice. Les régularisations touchent la plupart du temps un compte de valeurs et un compte de résultats. Les comptes de valeurs concernent l'actif, le passif et l'avoir propre, alors que les comptes de résultats s'appliquent aux produits et aux charges.

À l'aide de ce modèle global, nous allons illustrer le calcul du coût de revient par deux exemples qui ne comportent aucun stock. Nous présenterons des exemples avec des stocks dans la prochaine section, qui traite de l'évaluation des stocks.

E X E M P L E   1

L'entreprise ABC n'a aucun stock. Au cours de l'année 1994, elle a fabriqué 387 300 unités d'un seul produit. Le tableau 4.1 présente la balance de vérification de l'entreprise ABC pour l'exercice se terminant le 31 décembre 1994. Les comptes de résultats se rattachant à l'usine sont précédés d'un astérisque (*).

Tableau 4.1   Balance de vérification de l'entreprise ABC au 31 décembre 1994

Entreprise ABC
Balance de vérification régularisée
au 31 décembre 1994

Encaisse	112 600 $	
Comptes clients	874 000	
Provision pour créances douteuses		6 400 $
Terrain	1 350 000	
Usine	5 000 000	
Amortissement cumulé – Usine		750 000
Machinerie	4 200 000	
Amortissement cumulé – Machinerie		1 920 000
Brevets	400 000	
Emprunt bancaire		110 000
Comptes fournisseurs		184 000
Frais à payer		44 400
Hypothèque à payer		3 250 000
Capital-actions		4 250 000
Bénéfices non répartis		850 000
Ventes		8 650 000
* Achats de matières premières	2 600 000	
* Main-d'œuvre directe	2 610 000	
* Main-d'œuvre indirecte	220 000	
* Entretien et réparations – Usine	36 800	
* Entretien et réparations – Machinerie	114 400	
* Fournitures d'usine	68 600	
* Électricité – Usine	64 300	
* Assurances – Usine	80 000	
* Taxes foncières – Usine	220 000	
Salaires et commissions des vendeurs	680 000	
Publicité	200 000	
Salaires des employés de bureau	280 100	
Frais d'administration	334 000	
* Dotation à l'amortissement cumulé – Usine	250 000	
* Dotation à l'amortissement cumulé – Machinerie	320 000	
Total	**20 014 800 $**	**20 014 800 $**

La somme des coûts se rattachant à l'usine (solde des comptes précédés d'un astérisque) s'élève à 6 584 100 $. On établit facilement que le coût de fabrication d'une unité est de:

$$6\ 584\ 100\ \$/387\ 300\ \text{unités} = 17\ \$\ \text{l'unité}$$

soit la somme des comptes de résultats se rapportant à l'usine (précédés d'un astérisque) divisée par le nombre d'unités fabriquées.

---•

E X E M P L E 2

L'entreprise ABC, qui n'a aucun stock, a fabriqué au cours de l'année 1994 deux produits, P1 et P2. On établit qu'une unité de P2 équivaut à 2 unités de P1 (méthode selon une analyse d'équivalence présentée au chapitre 3). Par ailleurs, l'entreprise a fabriqué exactement 129 100 unités de chacun des deux produits. C'est donc dire que l'entreprise a fabriqué, au cours de l'année 1994, 387 300 unités équivalentes, soit:

$$129\ 100 + (2 \times 129\ 100)$$

En supposant que la balance de vérification est identique à celle de l'exemple 1, on déduit que le coût de fabrication de P1 a été de 17 $ l'unité, et celui de P2 de 34 $ l'unité (soit 2×17 $, puisqu'une unité de P2 équivaut à 2 unités de P1).

---•

Ces deux exemples montrent que, en l'absence de stock, on peut calculer le coût de revient à partir des soldes des comptes du GLG.

LE MODÈLE DE COMPTABILITÉ PAR CENTRES DE RESPONSABILITÉ

Un *centre de responsabilité* est une unité administrative, soit une division, un service, un service administratif ou, simplement, un groupe de personnes à qui l'on a délégué un certain nombre de pouvoirs. La décentralisation consiste essentiellement à déléguer des pouvoirs décisionnels. Il y a différents degrés de décentralisation, qui s'étendent de la centralisation complète avec un minimum de pouvoir de décision aux cadres inférieurs à la décentralisation complète et entière avec un maximum de pouvoir de décision accordé aux cadres inférieurs.

Le modèle de **comptabilité par centres de responsabilité** que nous vous présentons permet:

1. de procéder à l'enregistrement des transactions commerciales avec l'extérieur tout au long de l'exercice, comme dans le cas du modèle global;

2. de rattacher ces opérations aux unités administratives (centres de responsabilité) concernées;

3. de procéder à l'enregistrement de transactions internes entre les unités administratives ;

4. d'effectuer certaines régularisations en fin d'exercice.

La figure 4.3 illustre le modèle de comptabilité par centres de responsabilité.

Figure 4.3 Modèle de comptabilité par centres de responsabilité

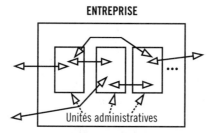

ENTREPRISE

Unités administratives

Enregistrement des transactions avec les tiers en identifiant l'unité administrative
mise en jeu et enregistrement des transactions entre les unités administratives

Les transactions internes correspondent à des transferts de matières premières ou à des transferts de services entre les unités administratives. Il y a *transfert de matières premières* lorsque des matières premières, des fournitures, des produits semi-finis ou finis sont transférés d'un atelier à un autre, d'un entrepôt à un atelier, ou vice versa. Il y a *transfert de services* lorsqu'un centre de services offre des services à une unité administrative. Par exemple, chaque fois qu'une machine ou une pièce d'outillage exige de l'entretien ou une réparation, on fait appel à l'unité d'entretien et de réparations qui facture son client interne, soit l'atelier concerné, pour les services rendus.

Nous allons illustrer ce modèle de comptabilité par centres de responsabilité à l'aide de deux exemples qui ne comportent aucun stock.

E X E M P L E 3

L'entreprise ABC n'a aucun stock. Au cours de l'année 1994, elle a fabriqué 387 300 unités d'un seul produit. On distingue trois ateliers dans l'usine : l'estampillage, l'assemblage et la finition. Ces trois ateliers sont considérés comme des centres de coûts : on y enregistre toutes les transactions. Nous vous présentons au tableau 4.2 une balance de vérification régularisée partielle de tous les comptes de résultats relatifs à l'usine (ceux qui étaient précédés d'un astérisque dans le tableau 4.1). Tous ces comptes ont été subdivisés en trois comptes, un pour chacun des trois ateliers. Ainsi, il y a trois comptes Fournitures d'usine, soit un par atelier.

Le coût de fabrication est le même que dans l'exemple 1, sauf que nous avons fourni le coût engagé dans chacun des trois services. Ces coûts sont présentés au tableau 4.3.

▩ Tableau 4.2 Soldes des comptes se rapportant à l'usine au 31 décembre 1994

Entreprise ABC
Balance de vérification régularisée partielle
au 31 décembre 1994

Comptes	Total	Estampillage	Assemblage	Finition
Achats de matières premières	2 600 000 $	2 600 000 $		
Main-d'œuvre directe	2 610 000	900 000	1 000 000 $	710 000 $
Main-d'œuvre indirecte	220 000	75 000	90 000	55 000
Entretien et réparations – Usine	36 800	15 000	15 000	6 800
Entretien et réparations – Machinerie	114 400	50 000	64 400	
Fournitures d'usine	68 600	25 000	25 000	18 600
Électricité – Usine	64 300	35 000	25 000	4 300
Assurances – Usine	80 000	30 000	30 000	20 000
Taxes foncières – Usine	220 000	80 000	80 000	60 000
Dotation à l'amortissement cumulé – Usine	250 000	90 000	90 000	70 000
Dotation à l'amortissement cumulé – Machinerie	320 000	150 000	170 000	
Total	**6 584 100 $**	**4 050 000 $**	**1 589 400 $**	**944 700 $**

▩ Tableau 4.3 Coût de fabrication en 1994

Atelier	Montant	Pourcentage	Explication
Estampillage	10,46 $	61,53 %	(4 050 000 $/387 300)
Assemblage	4,10	24,12	(1 589 400 $/387 300)
Finition	2,44	14,35	(989 400 $/387 300)
Total	**17,00 $**	**100,00 %**	(6 584 100 $/387 300)

E X E M P L E 4

L'entreprise ABC n'a aucun stock. Au cours de l'année 1994, elle a fabriqué deux produits, soit P1 et P2. On établit qu'une unité de P2 équivaut à deux unités de P1 (méthode selon une analyse d'équivalence présentée au chapitre 3). Par ailleurs, l'entreprise a fabriqué exactement 129 100 unités de chacun des deux produits. C'est donc dire que l'entreprise a fabriqué 387 300 unités équivalentes, soit :

$$129\ 100 + (2 \times 129\ 100)$$

En supposant que l'usine possède trois ateliers (estampillage, assemblage et finition) et que la balance de vérification régularisée partielle est identique à celle de l'exemple 3, on déduit le coût de fabrication détaillé, présenté au tableau 4.4.

Tableau 4.4   Coût de fabrication en 1994

Atelier	P1		P2	
	Montant	Pourcentage	Montant	Pourcentage
Estampillage	10,46 $	61,53	20,92 $	61,53
Assemblage	4,10	24,12	8,20	24,12
Finition	2,44	14,35	4,88	14,35
Total	17,00 $	100,00 %	34,00 $	100,00 %

Dans ces exemples, l'information additionnelle que nous fournit la comptabilité par centres de responsabilité concerne la portion du coût de revient de fabrication qui provient de chaque atelier. Dans l'exemple 3, nous constatons que le coût de revient de 17,00 $ a été engagé dans les proportions suivantes :

- 61,5 % dans l'atelier 1 ;
- 24,1 % dans l'atelier 2 ;
- 14,4 % dans l'atelier 3.

Dans l'exemple 4, nous constatons que les mêmes pourcentages ont été engagés dans chacun des ateliers pour chacun des deux produits.

L'ÉVALUATION DES STOCKS

Il existe plusieurs méthodes d'évaluation des stocks, dont certaines sont passablement complexes, surtout en ce qui a trait à l'évaluation des stocks de produits en cours. Ces méthodes sont étudiées dans les manuels traitant du coût de revient. Nous vous présentons un exemple simple comportant des stocks de produits en cours afin d'illustrer les questions relatives à la présence de stocks et à l'information que l'on peut en tirer.

Nous utilisons deux approches pour établir la valeur des stocks, soit la *méthode de l'inventaire périodique* et la *méthode de l'inventaire permanent*. Par ailleurs, nous distinguons la méthode de calcul dite de *l'épuisement successif* et celle de la *moyenne*.

L'approche de l'**inventaire périodique** consiste à déterminer le montant apparaissant au compte Stock en prenant l'inventaire à la clôture d'un exercice financier. Cette méthode permet d'enregistrer dans des comptes de résultats les transactions relatives aux achats de matières premières et de fournitures ainsi que toute autre charge relative à la fabrication. La méthode de l'inventaire périodique est souvent combinée à un inventaire permanent *extracomptable* (hors livres ou fichiers comptables).

L'approche de l'**inventaire permanent** consiste à enregistrer toutes les transactions externes et internes qui touchent les stocks. Selon cette méthode, le compte Stock est mis à jour à chaque transaction.

C'est sur le plan des stocks de produits en cours que l'évaluation peut devenir complexe, car :

- on peut ajouter les matières premières au début du processus, à divers moments au cours du processus, et même quelquefois à la fin du processus pour une portion de ces matières premières ;
- certaines opérations effectuées sur ces matières premières sont plus coûteuses que d'autres, parce qu'elle requièrent un équipement spécialisé ou des conditions particulières. Ainsi, il n'est pas toujours vrai que les coûts engagés sont proportionnels au degré d'avancement des produits.

De manière générale, il faut déterminer les coûts des produits pour divers degrés d'avancement. D'autre part, à moins de rattacher précisément chaque ressource utilisée à chacun des produits, ce qui devient coûteux en termes d'enregistrement comptable, on doit procéder par estimation et approximation.

E X E M P L E 5

Au cours de l'année 1994, l'entreprise ABC a fabriqué deux produits, soit P1 et P2. On établit qu'une unité de P2 équivaut à deux unités de P1. L'entreprise utilise la méthode de l'inventaire périodique : les stocks apparaissant dans la balance de vérification au 31 décembre 1994 sont donc les stocks au 1er janvier 1994. Le stock de produits en cours au 1er janvier 1994 comprenait 12 000 unités de P1 et 12 000 unités de P2, chacune de ces unités étant terminée à 40 % pour ce qui est des coûts de transformation, mais complète pour ce qui est des matières premières, ces dernières étant ajoutées au début du processus. C'est ainsi que, des 468 000 $ de stock en cours au début de l'exercice, 252 000 $ concernent les matières premières. Au cours de l'exercice, on a entrepris la fabrication de 129 100 unités de P1 et de 129 100 unités de P2. Enfin, au 31 décembre 1994, on a estimé les stocks suivants :

Stock de matières premières	500 000 $
Stock de produits en cours	19 800 unités de P1 terminées à 25 %
	20 800 unités de P2 terminées à 25 %
Stock de produits finis	8 000 unités de P1
	10 000 unités de P2

L'entreprise utilise la méthode de l'épuisement successif pour évaluer les stocks. Nous présentons au tableau 4.5 la balance de vérification de l'entreprise ABC pour l'exercice se terminant le 31 décembre 1994. Les comptes de résultats se rattachant à l'usine sont précédés d'un astérisque et nous avons indiqué en caractères gras les modifications par rapport aux soldes des comptes apparaissant au tableau 4.1.

Tableau 4.5 Balance de vérification de l'entreprise ABC au 31 décembre 1994

Entreprise ABC
Balance de vérification régularisée
au 31 décembre 1994

Encaisse	112 600 $	
Comptes clients	874 000	
Provision pour créances douteuses		6 400 $
* Stock de matières premières au 1er janvier	**400 000**	
* Stock de produits en cours au 1er janvier	**468 000**	
Stock de produits finis au 1er janvier	**500 000**	
Terrain	1 350 000	
Usine	5 000 000	
Amortissement cumulé – Usine		750 000
Machinerie	4 200 000	
Amortissement cumulé – Machinerie		1 920 000
Brevets	400 000	
Emprunt bancaire		**478 000**
Comptes fournisseurs		**484 000**
Frais à payer		244 400
Hypothèque à payer		3 250 000
Capital-actions		4 250 000
Bénéfices non répartis		**1 450 000**
Ventes		8 650 000
* **Achats de matières premières**	**2 700 000**	
* Main-d'œuvre directe	2 610 000	
* Main-d'œuvre indirecte	220 000	
* Entretien et réparations – Usine	36 800	
* Entretien et réparations – Machinerie	114 400	
* Fournitures d'usine	68 600	
* Électricité – Usine	64 300	
* Assurances – Usine	80 000	
* Taxes foncières – Usine	220 000	
Salaires et commissions des vendeurs	680 000	
Publicité	200 000	
Salaires des employés de bureau	280 100	
Frais d'administration		334 000
* Dotation à l'amortissement cumulé – Usine	250 000	
* Dotation à l'amortissement cumulé – Machinerie	320 000	
Total	**21 482 800 $**	**21 482 800 $**

On peut déterminer le coût de fabrication à l'aide des étapes suivantes :

1. On établit les quantités de matières premières utilisées :

	Stock au 1er janvier 1994	400 000 $
+	Achats	2 700 000 $
	Matières premières disponibles	3 100 000 $
−	Stock au 31 décembre 1994	500 000 $
	Matières premières utilisées	2 600 000 $

Les matières premières concernent l'atelier d'estampillage seulement parce qu'elles sont ajoutées au début du processus de fabrication.

2. Le coût des ressources intervenant dans la fabrication est le suivant:

Coût des matières premières utilisées	2 600 000 $
Coût de transformation	3 984 100 $ (toutes + sauf ACHAT $) STOCK

3. On établit le nombre d'unités équivalentes traitées:

a) quant aux matières premières utilisées

	P1	P2
Unités commencées	129 100	129 100

pour un total de 387 300 unités équivalentes, soit 129 100 + (2 × 129 100);

b) quant aux coûts de transformation

	P1	P2
Achèvement du stock au 1er janvier (soit 60 % de 12 000 unités pour chaque produit)	7 200 unités	7 200 unités
+ Unités commencées et terminées	109 300	108 300
+ Unités commencées et inachevées (soit 25 % de 19 800 unités pour P1 et 25 % de 20 800 unités pour P2)	4 950	5 200
Unités travaillées	121 450	120 700

129 100.00 – 19 800 (stk prod. en cour)

pour un total de 362 850 unités équivalentes, soit 121 450 + (2 × 120 700).

4. On calcule le coût engagé par unité équivalente au cours de l'exercice:

a) par rapport aux matières premières

2 600 000 $/387 300 unités = 6,71 $ l'unité équivalente

b) par rapport aux coûts de transformation

3 984 100 $/362 850 unités = 10,98 $ l'unité équivalente

On en déduit que:

- le coût de fabrication de P1 au cours de l'exercice a été de 17,69 $ l'unité (soit 6,71 $ + 10,98 $), et celui de P2 de 35,38 $ l'unité (soit 2 × 17,69 $);
- le stock de produits en cours à la fin de l'exercice est de 580 537 $, tel que déterminé par le calcul suivant:

	P1	P2
Matières premières: 19 800 unités à 6,71 $	132 858 $	
Matières premières: 20 800 unités à 13,42 $		279 136 $
Transformation: 4 950 unités à 10,98 $	54 351	
Transformation: 5 200 unités à 21,96 $		114 192
Total	**187 209 $**	**393 328 $**

Dans cet exemple, on constate qu'il peut être nécessaire d'enregistrer et de traiter des transactions internes lorsque l'organisation de la production devient plus complexe pour les raisons suivantes: l'usine est dispersée géographiquement, il y a plusieurs ateliers, il y a des transferts entre ateliers, il y a des stocks de produits en cours un peu partout dans chacun des ateliers à divers degrés d'achèvement ou encore il y a plusieurs produits pour lesquels il n'est pas facile d'établir une équivalence. Dans la plupart des PME, on emploie la méthode d'inventaire périodique et le modèle global.

--●

E X E M P L E   6

Au cours de l'année, l'entreprise ABC a fabriqué deux produits, soit P1 et P2. On établit qu'une unité de P2 équivaut à deux unités de P1. L'entreprise utilise la méthode de l'inventaire périodique : les stocks apparaissant dans la balance de vérification au 31 décembre 1994 sont les stocks au 1er janvier 1994. Le stock de produits en cours se trouve à l'atelier d'assemblage. Au début de l'exercice, le degré d'avancement des produits en cours est de 60 %, ce qui signifie que 60 % des coûts de transformation habituellement engagés dans cet atelier l'ont effectivement été. Il n'y a donc aucun stock en cours aux ateliers d'estampillage et de finition. Par ailleurs, toutes les matières premières sont ajoutées au début du processus de fabrication, c'est-à-dire dans l'atelier d'estampillage. C'est ainsi que des 468 000 $ de stock en cours au début de l'exercice, 252 000 $ concernent les matières premières.

Le stock de produits en cours au 1er janvier 1994 comprenait 12 000 unités de P1 et 12 000 unités de P2 terminées à 60 % à l'atelier d'assemblage. Au cours de l'exercice, on a commencé la fabrication de 129 100 unités de P1 et de 129 100 unités de P2.

Au 31 décembre 1994, on a estimé les stocks suivants :

Stock de matières premières	500 000 $
Stock de produits en cours	19 800 unités de P1 terminées à 25 %
	20 800 unités de P2 terminées à 25 %
Stock de produits finis	8 000 unités de P1
	10 000 unités de P2

L'entreprise utilise la méthode de l'épuisement successif. Nous présentons au tableau 4.6 une balance de vérification régularisée partielle des comptes se rattachant à l'usine de l'entreprise ABC pour l'exercice se terminant le 31 décembre 1994.

On peut déterminer le coût de fabrication selon les étapes que nous avons suivies dans l'exemple 5 :

1. On établit les quantités de matières premières utilisées :

	Stock au 1er janvier 1994	400 000 $
+	Achats	2 700 000 $
	Matières premières disponibles	3 100 000 $
−	Stock au 31 décembre 1994	500 000 $
	Matières premières utilisées	2 600 000 $

Les matières premières concernent l'atelier d'estampillage seulement parce qu'elles sont ajoutées au début du processus de fabrication.

2. Le tableau 4.6 présente le coût des ressources intervenant dans la fabrication :

a) Coût des matières utilisées   2 600 000 $

b) Coût de transformation

Estampillage	Assemblage	Finition
1 450 000 $	1 589 400 $	944 700 $

Tableau 4.6 Soldes des comptes se rapportant à l'usine au 31 décembre 1994

Entreprise ABC
Balance de vérification régularisée partielle
au 31 décembre 1994

Comptes	Montant	Estampillage	Assemblage	Finition
Stock de matières premières	400 000 $		400 000 $	
Stock de produits en cours	468 000		468 000	
Achats de matières premières	2 700 000	2 700 000 $		
Coûts de transformation engagés durant l'exercice				
Main-d'œuvre directe	2 610 000	900 000	1 000 000	710 000 $
Main-d'œuvre indirecte	220 000	75 000	90 000	55 000
Entretien et réparations – Usine	36 800	15 000	15 000	6 800
Entretien et réparations – Machinerie	114 400	50 000	64 400	
Fournitures d'usine	68 600	25 000	25 000	18 600
Électricité – Usine	64 300	35 000	25 000	4 300
Assurances – Usine	80 000	30 000	30 000	20 000
Taxes foncières – Usine	220 000	80 000	80 000	60 000
Dotation à l'amortissement cumulé – Usine	250 000	90 000	90 000	70 000
Dotation à l'amortissement cumulé – Machinerie	320 000	150 000	170 000	
Total	**3 984 100 $**	**1 450 000 $**	**1 589 400 $**	**944 700 $**

3. On établit le nombre d'unités équivalentes traitées :

   a) quant aux matières premières utilisées

	P1	P2
Unités commencées	129 100	129 100

   pour un total de 387 300 unités équivalentes, soit 129 100 + (2 × 129 100);

   b) quant aux coûts de transformation

   Estampillage

	P1	P2
Unités commencées et terminées	129 100	129 100

   pour un total de 387 300 unités équivalentes, soit 129 100 + (2 × 129 100).

   Assemblage

	P1	P2
Achèvement du stock au 1er janvier (soit 40 % de 12 000 unités pour chaque produit)	4 800 unités	4 800 unités
+ Unités commencées et terminées	109 300	108 300
+ Unités commencées et inachevées	4 950	5 200
Unités travaillées	119 050	118 300

   pour un total de 355 650 unités équivalentes, soit 119 050 + (2 × 118 300).

Finition

	P1	P2
Achèvement du stock au 1er janvier	12 000 unités	12 000 unités
+ Unités commencées et terminées	109 300	108 300
Unités travaillées	121 300	120 300

pour un total de 361 900 unités équivalentes, soit 121 300 + (2 × 120 300).

4. On calcule le coût engagé par unité équivalente au cours de l'exercice:

a) par rapport aux matières premières

2 600 000 \$/387 300 unités = 6,71 \$ l'unité équivalente

b) par rapport aux coûts de transformation

Estampillage

1 450 000 \$/387 300 unités équivalentes = 3,74 \$ l'unité équivalente

Assemblage

1 589 400 \$/355 650 unités équivalentes = 4,47 \$ l'unité équivalente

Finition

944 700 \$/361 900 unités équivalentes = 2,61 \$ l'unité équivalente

On en déduit que:

- le coût de fabrication de P1 a été de 17,53 \$ l'unité (soit 6,71 + 3,74 + 4,47 + 2,61) et celui de P2, de 35,06 \$ l'unité;

- le stock de produits en cours à la fin de l'exercice est de 710 245 \$, tel que déterminé par le calcul suivant:

	P1	P2
Matières premières: 19 800 unités à 6,71 \$	132 858 \$	
Matières premières: 20 800 unités à 13,42 \$		279 136 \$
Estampillage: 19 800 unités à 3,74 \$	74 052	
Estampillage: 20 800 unités à 7,48\$		155 584
Assemblage: 4 950 unités à 4,47 \$	22 127	
Assemblage: 5 200 unités à 8,94 \$		46 488
Total	**229 037 \$**	**481 208 \$**

Dans l'exemple 6, le raisonnement et le calcul sont passablement compliqués. Nous aurions pu les compliquer davantage. Le modèle de la comptabilité par centres de responsabilité est suffisamment flexible pour s'adapter à ce type de situations. Par exemple, nous pourrions considérer:

- à la fois des centres de responsabilité associés à des services et des centres associés à des ateliers;

- de multiples transactions internes;

- des rapports d'équivalence qui ne sont pas les mêmes d'un atelier à l'autre ;
- des stocks en cours à divers degrés d'avancement dans chacun des ateliers ;
- des ateliers où les deux produits sont traités et d'autres où un seul produit est traité.

Cependant, ces notions n'entrent pas dans le cadre de ce manuel.

L'ENREGISTREMENT DES TRANSACTIONS

Nous distinguons, du point de vue de l'enregistrement des transactions internes relatives à la fabrication, deux modes de traitement :

- le suivi détaillé des coûts ;
- le suivi juste-à-temps.

LE SUIVI DÉTAILLÉ DES COÛTS

On peut décrire les transactions externes à l'aide des *écritures comptables*. Par exemple, si l'entreprise paie une facture d'un fournisseur qui s'élève à 684 $, on décrit cette transaction à l'aide de l'écriture suivante :

Fournisseurs	684 $	
à Caisse		684 $

Il en est de même pour les transactions internes, c'est-à-dire les transactions d'une unité administrative à l'autre. Par exemple, si l'on transfère 890 $ de matières premières du magasin à l'atelier et si l'entreprise utilise un système d'inventaire permanent, on décrira cette transaction à l'aide de l'écriture suivante :

Stock de produits en cours – Atelier	890 $	
à Stock de matières premières		890 $

Le compte Stock de produits en cours[1] est un compte témoin des ressources engagées pour la production. Il comprendra donc :

- le coût des matières premières ;
- le coût de la main-d'œuvre directe ;
- le coût des frais généraux de fabrication.

Les montants accumulés dans ce compte seront transférés au compte Stock de produits finis lorsque ces produits seront transportés à l'entrepôt des produits finis.

---

1. Certains auteurs utilisent un compte *Fabrication en cours* et emploient l'expression *Stock de produits en cours* pour indiquer les montants apparaissant au bilan.

Le compte Stock de produits en cours est utilisé uniquement dans le cadre du suivi détaillé des coûts. Il peut y avoir également un grand livre auxiliaire (GLA) des stocks de produits en cours qui regroupe l'ensemble des fiches de coûts par commande dans un contexte de fabrication sur commande.

La figure 4.4 présente un modèle simple d'entreprise industrielle possédant un seul atelier.

Figure 4.4 Modèle d'entreprise industrielle possédant un seul atelier

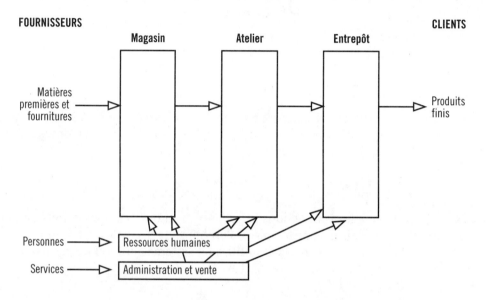

Nous décrivons au tableau 4.7 les transactions typiques de l'entreprise industrielle, lesquelles sont illustrées à la figure 4.4.

Tableau 4.7 Transactions typiques de l'entreprise industrielle

1. Du marché extérieur	vers le magasin
2. Du marché extérieur	vers le service des ressources humaines
3. Du marché extérieur	vers l'entreprise en général
4. Du magasin	vers l'atelier
5. Du service des ressources humaines	vers l'atelier
6. De l'administration	vers l'atelier
7. De l'atelier	vers l'entrepôt de produits finis
8. De l'entrepôt	vers le marché extérieur

La figure 4.5 présente le cheminement des coûts dans les comptes d'une entreprise possédant deux ateliers.

■ Figure 4.5 Modèle d'entreprise industrielle possédant deux ateliers

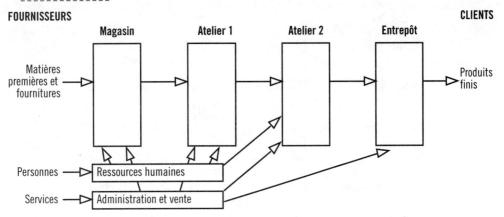

À la liste des transactions décrites au tableau 4.7 s'ajoutent les transferts de produits semi-finis d'un atelier à l'autre.

Nous décrivons maintenant ces transactions à l'aide d'exemples des écritures comptables dans le contexte du *suivi détaillé des coûts*.

E X E M P L E   7

Voici un certain nombre de transactions décrites à l'aide d'une écriture comptable dans une entreprise qui utilise un système d'inventaire permanent.

1. Achat de matières premières totalisant 635 000 $.

Stock de matières premières	635 000 $	
à Fournisseurs		635 000 $

2. Les salaires de l'ensemble des employés totalisent 922 000 $. L'entreprise paie des avantages sociaux représentant 9 % du montant des salaires. On déduit à la source un montant équivalant à 7 % du salaire des employés.

Salaires	922 000 $	
Avantages sociaux	82 980 $	
à Salaires à payer		857 460 $
Déductions à la source à payer		148 520 $

3. Paiement des factures suivantes se rapportant à l'usine: électricité, 84 000$; assurances, 51 000$; taxes foncières, 12 000 $.

Frais généraux de fabrication	147 000 $	
à Caisse		147 000 $

ou encore,

Électricité	84 000 $	
Assurances	51 000 $	
Taxes foncières	12 000 $	
à Caisse		147 000 $

4. Transfert de 600 000 $ de matières premières du magasin à l'atelier.

Stock de produits en cours	600 000 $	
à Stock de matières premières		600 000 $

Note : Il peut y avoir plusieurs comptes de Stock de produits en cours, soit un par type de ressources inclus dans la fabrication : par exemple, un Stock de produits en cours – Matières premières, un Stock de produits en cours – Main-d'œuvre directe, etc.

5. Travail de la main-d'œuvre directe totalisant 550 000 $.

Stock de produits en cours	550 000 $	
à Salaires		550 000 $

6. Virement du compte Frais généraux de fabrication au compte Stock de produits en cours.

Stock de produits en cours	147 000 $	
à Frais généraux de fabrication		147 000 $

Note : Nous ne retrouvons pas cette dernière écriture en pratique. Nous verrons un peu plus loin comment traiter les frais généraux de fabrication à l'aide de l'imputation.

7. Transfert de produits terminés, de l'atelier vers l'entrepôt, totalisant 1 250 000 $.

Stock de produits finis	1 250 000 $	
à Stock de produits en cours		1 250 000 $

8. Coût des produits vendus totalisant 1 000 000 $.

Coût des produits vendus	1 000 000 $	
à Stock de produits finis		1 000 000 $

E X E M P L E   8

Soit une entreprise industrielle possédant deux ateliers. Nous reprenons les transactions (légèrement modifiées) de l'exemple 7, auxquelles nous ajoutons des transactions (4*, 5* et 6*) pour tenir compte de l'atelier 2.

1. Achat de matières premières totalisant 635 000 $.

Stock de matières premières	635 000 $	
à Fournisseurs		635 000 $

2. Les salaires de l'ensemble des employés totalisent 922 000 $. L'entreprise paie des avantages sociaux représentant 9 % du montant des salaires. On déduit à la source un montant équivalant à 7 % du salaire des employés.

Salaires	922 000 $	
Avantages sociaux	82 980 $	
à Salaires à payer		857 460 $
Déductions à la source à payer		148 520 $

3. Paiement des factures suivantes se rapportant à l'usine : électricité, 84 000$; assurances, 51 000$; taxes foncières, 12 000 $.

Frais généraux de fabrication	147 000 $	
à Caisse		147 000 $

ou encore,

Électricité	84 000 $	
Assurances	51 000 $	
Taxes foncières	12 000 $	
à Caisse		147 000 $

4. Transfert de 600 000 $ de matières premières du magasin à l'atelier 1.

Stock de produits en cours – Atelier 1	600 000 $	
à Stock de matières premières		600 000 $

Note : Il peut y avoir plusieurs comptes de Stock de produits en cours pour chacun des deux ateliers, soit un par type de ressources inclus dans la fabrication : par exemple, un Stock de produits en cours – Matières premières atelier 1, un Stock de produits en cours – Matières premières atelier 2, etc.

5. Travail de la main-d'œuvre directe de l'atelier 1 totalisant 349 800 $.

Stock de produits en cours – Atelier 1	349 800 $	
à Salaires		349 800 $

6. Virement d'un montant de 77 000 $ du compte Frais généraux de fabrication au compte Stock de produits en cours de l'atelier 1.

Stock de produits en cours – Atelier 1	77 000 $	
à Frais généraux de fabrication		77 000 $

Note : Nous ne retrouvons pas cette dernière écriture en pratique. Nous verrons un peu plus loin comment traiter les frais généraux de fabrication à l'aide de l'imputation.

4*. Transfert de 990 000 $ de produits semi-finis de l'atelier 1 à l'atelier 2.

Stock de produits en cours – Atelier 2	990 000 $	
à Stock de produits en cours – Atelier 1		990 000 $

5*. Travail de la main-d'œuvre directe de l'atelier 2 totalisant 200 200 $.

Stock de produits en cours – Atelier 2	200 200 $	
à Salaires		200 200 $

6*. Virement d'un montant de 70 000 $ du compte Frais généraux de fabrication au compte Stock de produits en cours de l'atelier 2.

Stock de produits en cours – Atelier 2	70 000 $	
à Frais généraux de fabrication		70 000 $

Note : Dans la pratique, on n'effectue pas cette dernière écriture. Nous verrons un peu plus loin comment traiter les frais généraux de fabrication à l'aide de l'imputation.

7. Transfert de produits terminés, de l'atelier 2 vers l'entrepôt, totalisant 1 250 000 $.

Stock de produits finis	1 250 000 $	
à Stock de produits en cours – Atelier 2		1 250 000 $

8. Coût des produits vendus totalisant 1 000 000 $.

Coût des produits vendus	1 000 000 $	
à Stock de produits finis		1 000 000 $

LE SUIVI JUSTE-À-TEMPS

Le suivi détaillé des coûts permet de connaître l'évaluation des stocks de produits en cours en tout temps, mais il ne tient pas compte des régularisations de fin d'exercice. Cependant, dans un environnement juste-à-temps, c'est-à-dire sans stock et dans lequel le délai de fabrication est réduit au minimum, la connaissance du montant des stocks en cours n'est plus une donnée pertinente. Voici le contexte prévalant habituellement dans un environnement juste-à-temps :

- Toutes les matières premières sont directement livrées à l'atelier. Puisqu'il n'y a pas de stocks de matières premières, il n'y a pas de magasin dans l'usine.
- Il n'y a pas de stock de produits en cours en fin de période.
- Toutes les unités produites sont directement livrées aux clients dès qu'elles sont achevées. Il n'y a donc pas d'entrepôt de produits finis.
- Le délai de fabrication, soit le temps de cycle, est relativement court.

Bien souvent, il n'est même pas possible de suivre de façon chronologique et détaillée l'engagement des coûts dans l'usine, parce que les pièces justificatives ont été éliminées. C'est le cas dans l'industrie de l'électronique et dans tout environnement où la production est fortement automatisée.

Nous allons maintenant décrire, à l'aide d'écritures comptables, ce que nous appelons le *suivi juste-à-temps*.

Nous utilisons un compte Ressources en cours. Comme le compte Stock de produits en cours, il s'agit d'un compte témoin de la production. Cependant, il englobe uniquement le coût des matières premières. Il est utilisé dans un contexte de suivi juste-à-temps. Le délai de fabrication étant relativement court, il n'est pas nécessaire de suivre *à la minute près* l'engagement des coûts de transformation. Nous pouvons très bien enregistrer ces derniers directement au Stock des produits finis ou encore au Coût des produits vendus, une fois le produit achevé. Le compte Ressources en cours est viré au compte Coût des produits vendus. Son solde doit finir par être nul puisque, en principe, il n'y a pas de stock de produits en cours.

---•

E X E M P L E 9

Nous reprenons les données de l'exemple 7 en émettant les hypothèses suivantes :

- les caractéristiques de l'environnement juste-à-temps énoncées sont présentes ;
- les montants représentent les transactions au cours d'un mois.

1. Achat de matières premières totalisant 635 000 $:

Ressources en cours	635 000 $	
à Fournisseurs		635 000 $

2. Agrégation des coûts de transformation dans la période en cours, soit la main-d'œuvre directe de 550 000 $ et le paiement des comptes suivants : électricité, 84 000$; assurances, 51 000$; taxes foncières, 12 000 $:

Coût de transformation	697 000 $	
à Salaires		550 000 $
Caisse		147 000 $

3. Livraison des produits achevés directement aux clients :

Coût des produits vendus	1 332 000 $	
à Ressources en cours		635 000 $
Coût de transformation		697 000 $

Note : Dans la pratique, on n'effectue pas cette dernière écriture. Nous verrons un peu plus loin comment traiter les coûts de transformation à l'aide de l'imputation.

Figure 4.6 Cheminement des coûts dans les comptes du GLG

Ressources en cours		Coût de transformation		Coût des produits vendus	
(1) 635 000		(2) 697 000		(3) 1 332 000	
	635 000 (3)		697 000 (3)		

LE TRAITEMENT DES FRAIS GÉNÉRAUX DE FABRICATION

Chaque opération externe ou interne traduite par une écriture comptable doit s'appuyer sur une pièce justificative. On conserve ces pièces dans des fichiers à des fins de vérification éventuelles. Par exemple, si on inscrit l'écriture suivante,

Fournisseurs	684 $	
à Caisse		684 $

c'est que la facture d'un fournisseur totalise 684 $. Une fois payée, cette facture sera conservée dans un fichier à des fins de vérification.

Ainsi, les écritures comptables des exemples précédents s'appuient toutes sur une pièce justificative qui contient les informations nécessaires pour inscrire l'écriture, notamment les quantités et les prix. Dans les tableaux 4.8, 4.9 et 4.10, nous avons dressé la liste des pièces justificatives correspondant aux écritures comptables des exemples 7, 8 et 9. Nous avons également ajouté une note explicative. Nous devons cependant noter que, dans un environnement informatisé, les documents apparaissant dans les tableaux suivants sont remplacés par des inscriptions dans des fichiers électroniques.

Tableau 4.8 Liste des pièces justificatives associées aux écritures comptables de l'exemple 7

Nº Écriture	Pièce justificative
1. Achat de matières premières	Bon de commande jumelé au bon de réception et à la facture reçue

Note: Il faut s'assurer que le montant de la facture est exact et qu'il correspond à des unités effectivement commandées et reçues.

2. Enregistrement des salaires	Cartes de pointage, contrats d'engagement et tables de déductions à la source

Note: Il faut s'assurer que les employés ne sont pas fictifs et que les salaires payés correspondent aux termes d'un contrat explicite ou implicite.

Tableau 4.8 Liste des pièces justificatives associées aux écritures comptables de l'exemple 7 (*suite*)

3. Enregistrement des frais généraux Factures reçues

Note : *Il faut s'assurer de la validité de la facture. D'autres frais généraux proviendront des régularisations en fin d'exercice.*

4. Transfert de matières premières à l'atelier Bon de réquisition

Note : *Il faut s'assurer de l'exactitude des quantités transférées du magasin à l'atelier. Le contremaître ne veut pas être responsable de quantités qu'il n'a jamais reçues, et le magasinier ne veut pas être responsable de quantités qu'il a transférées à l'atelier. Ainsi, le bon de réquisition sera signé par le contremaître et contresigné par le magasinier, et chacun en gardera une copie.*

5. Enregistrement de la MOD de l'atelier Bon de travail ou carte de pointage

Note : *Le bon de travail (ou la carte de pointage) sert à rattacher le temps de la main-d'œuvre directe à chacun des lots de produits fabriqués.*

6. Enregistrement des FGF de l'atelier

Note : *Il n'y a aucun moyen de rattacher de façon simple et directe les frais généraux à chacun des lots fabriqués. Pensez à la manière dont on rapproche de façon pratique une portion de la facture d'électricité, d'assurances et de taxes à un lot de produits.*

7. Transfert des produits finis à l'entrepôt Bon de transfert

Note : *Comme dans le transfert des matières premières à l'atelier, il faut connaître les quantités transférées. Ni le contremaître de l'atelier ni le responsable de l'entrepôt ne veulent être responsables de quantités qu'ils n'ont plus ou qu'ils n'ont jamais reçues.*

8. Livraison aux clients Bon de livraison

Note : *Le responsable de l'entrepôt veut se dégager de la responsabilité des quantités qui sont livrées aux clients.*

Tableau 4.9 Liste des pièces justificatives associées aux écritures comptables 4*, 5* et 6* de l'exemple 8

N° Écriture	Pièce justificative

4*. Transfert de l'atelier 1 vers l'atelier 2 Bon de transfert

Note : *Il faut s'assurer de l'exactitude des quantités de produits semi-finis transférées de l'atelier 1 à l'atelier 2. Le contremaître de l'atelier 2 ne veut pas être responsable de quantités qu'il n'a jamais reçues, et le contremaître de l'atelier 1 ne veut pas être responsable de quantités qu'il a transférées à l'atelier 2. Ainsi, le bon de transfert sera signé par le contremaître de l'atelier 1 et contresigné par le contremaître de l'atelier 2, et chacun en gardera une copie.*

5*. Enregistrement de la MOD de l'atelier 2 Bon de travail ou carte de pointage

Note : *Le bon de travail (ou la carte de pointage) sert à rattacher le temps de la main-d'œuvre directe à chacun des lots de produits fabriqués dans chacun des ateliers.*

6*. Enregistrement des FGF de l'atelier 2

Note : *Il n'y a aucun moyen de rattacher de façon directe et simple les frais généraux à chacun des lots fabriqués dans chacun des ateliers. Pensez à la manière dont on rapproche de façon pratique une portion de la facture d'électricité, d'assurances et de taxes à un lot de produits.*

▧ Tableau 4.10   Liste des pièces justificatives associées aux écritures comptables de l'exemple 9

Nº Écriture	Pièce justificative
1. Achat de matières premières	Bon de commande jumelé au bon de réception et à la facture reçue

Note : *Même explication qu'à l'écriture 1 du tableau 4.6.*

2. Agrégation des coûts de transformation	Rapports du contremaître et factures

Note : *Même explication qu'à l'écriture 4 du tableau 4.6. La seule différence provient du fait que la main-d'œuvre est intégrée aux frais généraux parce qu'elle ne représente plus une portion significative du coût de revient total.*

3. Virement au coût des produits vendus

Note : *Tout comme dans le cas du virement des frais généraux au coût des produits en cours, il n'y a aucun moyen simple et direct de virer les coûts de transformation au coût des produits vendus.*

Dans les notes explicatives des tableaux 4.8, 4.9 et 4.10, nous avons vu qu'il n'était pas possible ou pratique de rapprocher les frais généraux de fabrication (ou les coûts de transformation, selon le cas) aux divers lots de produits. La technique de l'**imputation**, que nous allons maintenant étudier, nous permet de le faire.

L'imputation

Imputer, du latin *imputare*, signifie « porter au compte de ». Ainsi, lorsqu'on impute un montant de 100 000 $ de frais généraux de fabrication à un lot de produits, on porte au compte de ce lot 100 000 $ de charges. On ajoute donc un montant de frais généraux aux coûts des matières premières et de la main-d'œuvre directe affectés à un lot. Cela ne veut pas nécessairement dire que ce lot est la cause directe des charges imputées. Il s'agit d'une nuance sur laquelle nous reviendrons dans les derniers chapitres du présent manuel.

Le taux d'imputation

L'imputation se fait à l'aide d'un *taux d'imputation* que l'on détermine d'après :

1. un budget des frais généraux de l'exercice ;

2. un indicateur du niveau d'activité (base d'imputation) ;

3. un budget des quantités à produire exprimé selon l'indicateur choisi.

Le taux d'imputation correspond au quotient suivant :

$$\frac{\text{Montant des frais généraux prévu}}{\text{Volume prévu de produits}}$$
(mesuré selon l'indicateur choisi)

E X E M P L E   1 0

Calculons le taux d'imputation :

- soit un montant prévu de 1 280 000 $ de frais généraux ;
- soit l'heure de main-d'œuvre directe, l'indicateur choisi du niveau d'activité ;
- soit une quantité de 80 000 heures de main-d'œuvre directe prévues. Autrement dit, l'entreprise prévoit fabriquer une quantité de produits correspondant à 80 000 heures de main-d'œuvre directe.

Le taux d'imputation est donc de 1 280 000 $/80 000 heures, soit 16 $ l'heure de main-d'œuvre directe. Ainsi, pour chaque heure de main-d'œuvre directe travaillée, on impute 16 $ de frais généraux de fabrication.

Il est possible de trouver différents taux d'imputation par atelier, par service et par type de charge.

Le choix d'une base d'imputation

Comme nous venons de le voir, nous devons choisir un indicateur du niveau d'activité, que nous appelons *base d'imputation,* afin de déterminer un taux d'imputation. Dans la mesure du possible, cet indicateur doit traduire la relation causale qui pourrait exister entre le volume d'activités et les coûts engagés. Nous reviendrons sur l'analyse de cette relation au chapitre 5, qui traite de la comptabilité par activités.

Cependant, il faut reconnaître que les entreprises n'ont pas toujours les moyens de procéder aux analyses (établissement de corrélations statistiques, par exemple) qui valideraient la base d'imputation. La complexité de ce choix dans certaines situations et, finalement, le coût d'obtention et d'utilisation de la base choisie sont plus élevés que les bénéfices que l'on pourrait en retirer. Ainsi, dans plusieurs cas, les heures de main-d'œuvre directe ou les heures-machine représentent une base d'imputation supérieure à celle du coût de la main-d'œuvre directe. Pourtant, le coût de la main-d'œuvre directe sera retenu, car il doit être déterminé de toute façon, tandis que l'utilisation des heures de main-d'œuvre directe ou des heures-machine comme base d'imputation impose un travail supplémentaire de collecte de données.

Les bases d'imputation les plus fréquemment utilisées ont comme caractéristique commune d'être proportionnelles au volume d'activité (on parle également d'activité *corrélée au volume* et d'activité *volumique*) :

- les heures de main-d'œuvre directe ;
- le coût de la main-d'œuvre directe ;
- la quantité de matières premières ;
- le coût des matières premières ;
- les heures-machine.

Nous allons maintenant étudier l'enregistrement des frais généraux imputés et des coûts de transformation imputés sous la forme d'écritures comptables. Les exemples suivants (11, 12 et 13) sont inspirés des exemples 7, 8 et 9 légèrement modifiés.

E X E M P L E   1 1

Nous reprenons les données de l'exemple 7, auxquelles nous ajoutons les deux hypothèses suivantes :

1. le montant de main-d'œuvre directe de 550 000 $ provient de 50 000 heures au taux horaire de 11 $;

2. le taux d'imputation des frais généraux de fabrication déterminé en début d'exercice est de 5 $ l'heure de main-d'œuvre directe.

Selon ces hypothèses, l'écriture 6 :

Stock de produits en cours	147 000 $	
à Frais généraux de fabrication		147 000 $

devient :

Stock de produits en cours	250 000 $	
à Frais généraux de fabrication imputés		250 000 $

Note : Les frais généraux imputés au montant de 250 000 $ proviennent de 50 000 heures de main-d'œuvre directe à 5 $ l'heure.

--●

E X E M P L E   1 2

Nous reprenons les données de l'exemple 8, auxquelles nous ajoutons les deux hypothèses suivantes :

1. le montant de main-d'œuvre directe de 550 000 $ provient de 50 000 heures au taux horaire de 11 $;

2. le taux d'imputation des frais généraux de fabrication déterminé en début d'exercice est de 5 $ l'heure de main-d'œuvre directe.

Selon ces hypothèses, l'écriture 6 :

Stock de produits en cours – Atelier 1	77 000 $	
à Frais généraux de fabrication		77 000 $

devient :

Stock de produits en cours – Atelier 1	159 000 $	
à Frais généraux de fabrication imputés		159 000 $

Note : Les frais généraux imputés au montant de 159 000 $ proviennent de 31 800 heures de main-d'œuvre directe à 5 $ l'heure.

Selon ces hypothèses, l'écriture 6*:

Stock de produits en cours – Atelier 2	70 000 $	
à Frais généraux de fabrication		70 000 $

devient:

Stock de produits en cours – Atelier 2	91 000 $	
à Frais généraux de fabrication imputés		91 000 $

Note: Les frais généraux imputés au montant de 91 000 $ proviennent de 18 200 heures de main-d'œuvre directe à 5 $ l'heure.

---●

E X E M P L E   1 3

Nous reprenons les données de l'exemple 9, auxquelles nous ajoutons les deux hypothèses suivantes:

1. l'ensemble de la production a totalisé 50 000 heures-machine;
2. le taux d'imputation des coûts de transformation déterminé en début d'exercice est de 16 $ l'heure-machine.

Selon ces hypothèses, l'écriture 3:

Coût des produits vendus	1 332 000 $	
à Ressources en cours		635 000 $
Coût de transformation		697 000 $

devient:

Coût des produits vendus	1 435 000 $	
à Ressources en cours		635 000 $
Coût de transformation imputé		800 000 $

Note: Le coût de transformation au montant de 800 000 $ provient de 50 000 heures-machine à 16 $ l'heure-machine.

---●

LE TRAITEMENT EN FIN D'EXERCICE

On trouve en fin d'exercice deux comptes relatifs aux frais généraux de fabrication ou, selon le cas, aux coûts de transformation. Ces deux comptes sont:

1. Frais généraux de fabrication ou Coût de transformation.

   Note: Le solde de ces comptes est débiteur et représente la charge totale engagée au cours de l'exercice.

2. Frais généraux de fabrication imputés ou Coût de transformation imputé.

   Note: Le solde de ces comptes est créditeur et représente la somme totale des frais imputés aux divers lots de produits fabriqués durant l'exercice.

Si, lors de la détermination du taux d'imputation, le montant exact des frais généraux de fabrication (ou, selon le cas, des coûts de transformation) et le volume d'activité avaient été prévus, il n'y aurait pas d'écart entre les soldes des comptes Frais généraux de fabrication et Frais généraux de fabrication imputés (ou, selon le cas, Coût de transformation et Coût de transformation imputé). Cependant, cette situation est peu probable, car aucune prévision n'est infaillible.

Si le solde du compte Frais généraux de fabrication est supérieur (>) à celui du compte Frais généraux de fabrication imputés, alors la somme des frais généraux de fabrication portés aux divers lots de produits est inférieure aux charges réelles. Il y a donc *sous-imputation*.

Par contre, si le solde du compte Frais généraux de fabrication est inférieur (<) à celui du compte Frais généraux de fabrication imputés, alors la somme des frais généraux de fabrication portés aux divers lots de produits est supérieure aux charges réelles. Il y a donc *surimputation*.

L'enregistrement de la sous-imputation ou de la surimputation

On enregistre formellement la *sous-imputation* ou la *surimputation* au moyen des écritures suivantes en fin d'exercice :

S'il y a sous-imputation,

Frais généraux de fabrication imputés	xxx	
Sous-imputation	xxx	
à Frais généraux de fabrication		xxx

S'il y a surimputation,

Frais généraux de fabrication imputés	xxx	
à Frais généraux de fabrication		xxx
Surimputation		xxx

La fermeture du compte sous-imputation ou surimputation

Nous considérons trois façons de fermer ce compte :

1. Le fermer à Résultats, c'est-à-dire présenter la sous-imputation ou la surimputation à l'état des résultats dans la section Autres revenus ou Autres charges.

2. Le fermer à Coût des produits vendus, c'est-à-dire virer la sous-imputation ou la surimputation à ce compte.

3. Répartir la sous-imputation ou la surimputation entre les comptes Coût des produits vendus, Stock des produits finis et Stock des produits en cours au prorata des unités équivalentes se retrouvant dans chacun de ces comptes.

Il est plus simple de fermer le compte à Résultats ou à Coût des produits vendus, mais il est plus exact de le répartir. Nous ne discuterons pas de la question du choix de la méthode de fermeture du compte Sous-imputation ou Surimputation, car elle relève de la théorie comptable. Soulignons cependant deux principes comptables qui doivent être pris en compte, le pragmatisme et la continuité. Si la différence entre les deux comptes de charges, réelles et imputées, n'est pas significative, nous suggérons d'utiliser une méthode simple, en particulier de fermer le compte à Coût des produits vendus. Enfin, le traitement doit être prudent et constant d'un exercice à l'autre (principes de prudence et de continuité).

E X E M P L E   1 4

Dans l'exemple 11, l'écriture de fermeture des comptes Frais généraux de fabrication et Frais généraux de fabrication imputés est :

Frais généraux de fabrication imputés	250 000 $	
à Frais généraux de fabrication		147 000 $
Surimputation		103 000 $

E X E M P L E   1 5

Dans l'exemple 12, l'écriture de fermeture des comptes Frais généraux de fabrication et Frais généraux de fabrication imputés est :

Frais généraux de fabrication imputés	250 000 $	
à Frais généraux de fabrication		147 000 $
Surimputation		103 000 $

Note : Les frais généraux imputés (250 000 $) sont de 159 000 $ à l'atelier 1 et de 91 000 $ à l'atelier 2 ; les frais généraux de fabrication de 147 000 $ proviennent de la somme de 77 000 $ et de 70 000 $.

E X E M P L E   1 6

Dans l'exemple 13, l'écriture de fermeture des comptes Coût de transformation et Coût de transformation imputé est :

Coût de transformation imputé	800 000 $	
à Coût de transformation		697 000 $
Surimputation		103 000 $

L'ÉTAT DU COÛT DE FABRICATION

Nous présentons l'état du coût de fabrication selon le modèle des états financiers dans l'exemple 17.

E X E M P L E   1 7

L'état du coût de fabrication présenté au tableau 4.11 a été établi à partir des données de l'exemple 1.

Tableau 4.11   État du coût de fabrication de l'entreprise ABC

Entreprise ABC
État du coût de fabrication
pour l'exercice terminé le 31 décembre 1994

Stock de produits en cours au 1er janvier 1994		0 $
Matières premières		
Stock au 1er janvier 1994	0 $	
Achats	2 600 000	
Stock au 31 décembre 1994	0	2 600 000
Main-d'œuvre directe		2 610 000
Frais généraux de fabrication		
Main-d'œuvre indirecte	220 000	
Entretien et réparations – Usine	36 800	
Entretien et réparations – Machinerie	114 400	
Fournitures d'usine	68 600	
Électricité – Usine	64 300	
Assurances – Usine	80 000	
Taxes foncières – Usine	220 000	
Dotation à l'amortissement cumulé – Usine	250 000	
Dotation à l'amortissement cumulé – Machinerie	320 000	1 374 100
Machinerie		
Coûts engagés durant l'exercice		**6 584 100**
Stock de produits en cours au 31 décembre 1994		0
Coût des produits achevés durant l'exercice		**6 584 100 $**

LE SYSTÈME COMPTABLE

Le système comptable commence par la collecte et l'enregistrement des données. Ces deux activités sont cruciales pour la comptabilité financière et pour la comptabilité de management. De la base de données ainsi construite découlent le traitement et l'analyse des coûts ainsi que la production des rapports financiers.

QUESTIONS DE RÉVISION

1. Qu'est-ce qu'une transaction externe ?

2. Qu'est-ce qu'une transaction interne ?

3. Décrivez le modèle global de la comptabilité générale.

4. Définissez la comptabilité par centres de responsabilité.

5. Quelles sont les informations additionnelles fournies par la comptabilité par centres de responsabilité ?

6. À quoi servent les écritures comptables ?

7. Qu'est-ce que le suivi détaillé des coûts ?

8. Qu'appelle-t-on suivi juste-à-temps ?

9. À quoi servent les pièces justificatives ?

10. À quoi sert l'imputation ?

11. Quels sont les éléments nécessaires pour déterminer un taux d'imputation ?

12. Quelle est la caractéristique fondamentale des bases d'imputation traditionnelles ?

13. Nommez cinq bases d'imputation fréquemment utilisées.

14. Définissez les termes sous-imputation et surimputation.

15. Nommez trois façons de fermer le compte Sous-imputation ou Surimputation.

16. Quels sont les cinq éléments de coûts constitutifs de l'état de fabrication conventionnel ?

17. Quel est le rôle du système d'information comptable par rapport à la gestion ?

18. Que faut-il retenir du système de collecte et d'enregistrement des données en ce qui concerne le coût de revient ?

EXERCICES

● **Exercice 4.1**   **Enregistrement des transactions touchant les matières premières**

Au 1er janvier 1995, l'entreprise manufacturière Ainse ltée dispose d'un stock de matériaux de 20 000 $. Au cours du mois de janvier, on a procédé à des achats à crédit totalisant 18 000 $, dont 2 000 $ de fournitures d'usine. Le sommaire des réquisitions indique qu'on a transféré à l'atelier de production 23 000 $ de matières premières et 2 000 $ de fournitures d'usine.

● **Travail à faire**

Enregistrez les transactions sous forme d'écritures comptables :

a) selon la méthode de l'inventaire périodique (on ne fait pas les régularisations en fin de mois) ;

b) selon la méthode de l'inventaire permanent.

● **Exercice 4.2   Enregistrement des coûts de main-d'œuvre**

Au cours du mois de janvier, Ainse ltée a engagé 30 000 $ de main-d'œuvre directe et 5 000 $ de main-d'œuvre indirecte. Les déductions à la source totalisent 4 500 $.

● **Travail à faire**

Enregistrez les coûts de main-d'œuvre sous forme d'écritures comptables :

a) selon la méthode de l'inventaire périodique ;

b) selon la méthode de l'inventaire permanent.

● **Exercice 4.3   Coût de revient par commande**

L'entreprise Pingouin ltée fabrique des chambres froides. Au cours du mois de janvier, le travail a porté sur trois commandes et a entraîné les coûts suivants :

	Commande n°		
	11	**12**	**13**
Matières premières	4 000 $	6 000 $	3 000 $
Main-d'œuvre directe	1 500	2 000	2 500
Frais généraux imputés	900	1 200	1 500
Total	**6 400 $**	**9 200 $**	**7 000 $**

● **Travail à faire**

1. Enregistrez les coûts des commandes sous forme d'écritures comptables en utilisant un compte Stock de produits en cours et trois fiches de coûts d'un grand livre auxiliaire des commandes.

2. Enregistrez les coûts des commandes sous forme d'écritures comptables dans un contexte de suivi juste-à-temps.

● **Exercice 4.4   Coût de revient en fabrication uniforme et continue**

L'usine H fabrique un petit meuble. Toutes les opérations sont regroupées dans un seul atelier. Le rapport de production du mois d'avril 1995 se lit comme suit :

Unités en cours au début du mois	150 unités
Coûts engagés pour les produits en cours	
Matières premières	6 000 $
Main-d'œuvre directe	1 000 $
Frais généraux de fabrication imputés	600 $
(100 heures MOD à 6 $/h)	
Unités mises en fabrication	350 unités
Coûts engagés durant le mois	
Matières premières	14 000 $
Main-d'œuvre directe	19 000 $
Frais généraux de fabrication imputés	11 400 $
(1 900 heures MOD à 6 $/h)	
Unités en cours à la fin du mois	0 unité

● **Travail à faire**

1. Rédigez les écritures d'enregistrement et de transfert des coûts.
2. Calculez le coût de revient unitaire des produits achevés durant le mois d'avril.

● **Exercice 4.5   Enregistrement des coûts et évaluation des stocks**

L'entreprise Autonome offre un seul produit qu'elle vend directement au détail. Voici quelques renseignements sur les activités de l'exercice qui vient de se terminer.

1. Évaluation des stocks

	au 1er janvier 1995	au 31 décembre 1995
Matières premières	180 000 $	80 000 $
Produits en cours	40 000 $	84 000 $
Produits finis		
(10 000 unités à 20 $)	200 000 $	à déterminer

2. Achats de matières premières   1 000 000 $

3. Main-d'œuvre directe   550 000 $

4. Frais divers

Électricité – Usine	40 000 $
Électricité – Bâtiment de l'administration	15 000 $
Réparations – Usine	80 000 $
Dotation à l'amortissement cumulé – Usine	100 000 $
Dotation à l'amortissement cumulé – Outillage	200 000 $
Main-d'œuvre indirecte	200 000 $
Autres frais de fabrication	40 000 $
Salaires des vendeurs	60 000 $
Autres frais de vente et d'administration	100 000 $

5. Ventes   100 000 unités à 25 $

6. Fabrication   110 000 unités

7. Le stock de produits finis au 1er janvier a été entièrement vendu durant l'exercice.

8. Le taux d'imputation des frais généraux de fabrication est de 1,25 $/1 $ de MOD.

● **Travail à faire**

1. Décrivez les activités de l'exercice par des écritures comptables.
2. Déterminez la valeur du stock de produits finis au 31 décembre 1995.

• **Exercice 4.6   État du coût de fabrication**

Voici la balance de vérification partielle de l'entreprise X ltée au 31 décembre 1995:

Publicité (vente)	30 000 $
Téléphone et télécopieur	700 $
Main-d'œuvre directe	192 000 $
Frais de déplacement	4 000 $
Salaires des vendeurs	125 520 $
Main-d'œuvre indirecte	48 000 $
Frais de livraison	2 750 $
Permis et licences de vente	1 400 $
Stock de produits en cours au 1er janvier 1995	7 200 $
Stock de matières premières au 1er janvier 1995	36 000 $
Stock de produits finis au 1er janvier 1995	14 000 $
Entretien de l'usine	12 200 $
Réparations de l'outillage	8 800 $
Commissions – Vendeurs	15 000 $
Taxes foncières – Usine	11 800 $
Achats de matières premières	144 000 $
Fournitures d'usine	14 800 $
Salaires de bureau	62 000 $
Assurances – Usine	12 400 $

On vous fournit également les renseignements suivants:

1. Stocks au 31 décembre 1995:

Matières premières	52 000 $
Produits en cours	
Matières premières	5 200 $
Main-d'œuvre directe	8 000 $
Frais généraux de fabrication	
(25 % du coût de la main-d'œuvre directe)	

(annotations manuscrites : 13 200 ; 2 000)

2. Les relevés de fabrication indiquent que 30 000 unités ont été fabriquées. *(annotation manuscrite : il en reste 2000 en stock)*

3. Le stock de produits finis au 1er janvier 1995 a été complètement vendu au cours de *(annotation manuscrite : en 95)* l'année.

4. L'entreprise utilise la méthode de l'inventaire périodique.

• **Travail à faire**

1. Présentez l'état du coût de fabrication de l'entreprise pour l'année 1995.

2. Calculez le coût du stock de produits finis au 31 décembre 1995.

• **Exercice 4.7   Enregistrement des coûts et état du coût de fabrication – suivi détaillé**

L'entreprise XYZ fabrique et vend un produit unique. Voici les informations concernant l'exploitation, pour l'exercice se terminant le 30 juin 1995.

1. Stocks au 1er juillet 1994

Matières premières	60 000 $
Produits finis	
(7 500 unités à 20 $)	150 000 $

2. Achats de matières premières   360 000 $

3. Salaire brut des employés de l'usine   1 250 000 $
   (main-d'œuvre directe et indirecte)
   Déductions à la source : 10 %

4. Transfert de matières premières à l'atelier de fabrication   380 000 $

5. Ventes de l'exercice   120 000 unités à 25 $

6. Taux d'imputation des frais généraux de fabrication :

   1,80 $ par dollar de matières premières utilisées

7. Unités achevées durant l'exercice   11 000

8. Frais généraux de fabrication

Électricité	73 000 $
Main-d'œuvre indirecte	150 000 $
Amortissement	42 000 $
Divers	93 000 $

9. Produits en cours au 30 juin 1995   128 000 $

10. L'entreprise XYZ utilise la méthode de l'inventaire permanent.

11. Frais de vente et d'administration   550 000 $

● **Travail à faire**

1. Rédigez les écritures comptables relatives au coût de fabrication et au coût des produits vendus.

2. Préparez l'état du coût de fabrication et l'état des résultats pour l'exercice.

● **Exercice 4.8**   **Enregistrement des coûts et état du coût de fabrication – Suivi juste-à-temps**

À cause de son processus de fabrication presque entièrement robotisé, la Société Automatique ltée comptabilise les transactions reliées à la production selon le suivi juste-à-temps. Voici des renseignements concernant les activités du dernier exercice :

1. Volume de production   100 000 L

2. Matières premières achetées et consommées

Matières premières A	65 000 L à 10 $/L
Matières premières B	53 000 L à 7 $/L

3. Dépenses de production

Électricité	50 000 $
Dotation à l'amortissement cumulé – Usine	450 000 $
Dotation à l'amortissement cumulé – Équipement	700 000 $
Salaires – Usine	70 000 $
Entretien et réparation	30 000 $
Autres	400 000 $

4. Prix de vente du produit fini   27 $/L

5. Taux d'imputation du coût de transformation   16 $/L de produit fini

6. Aucun stock de produits finis en début d'exercice.

● Travail à faire

1. Inscrivez les écritures comptables reflétant l'exploitation du dernier exercice.

2. Présentez l'état du coût de fabrication.

● Exercice 4.9   Coût de revient et suivi juste-à-temps

La Société Montréal ltée fabrique des moteurs en fonction des exigences des clients. Jusqu'à maintenant, le coût de transformation engagé chaque mois est imputé aux commandes traitées en fonction des heures d'utilisation des machines. Pour les trois premiers mois de l'exercice, on avait établi les prévisions suivantes:

	Juillet	Août	Septembre
Coût de transformation	62 500 $	40 000 $	77 000 $
Heures d'utilisation des machines	5 000	4 000	5 360

Au cours du trimestre, on a accepté et livré plusieurs commandes, dont la commande X. Cette commande, acceptée le 1er juillet, prévoyait la fabrication et la livraison de 300 moteurs X-432 pour chacun des trois mois. Les matières premières ont été achetées au fur et à mesure que l'on procédait à la production et ont coûté 20,64 $ l'unité. Chaque lot de 300 moteurs a utilisé les machines pendant 1 800 heures.

● Travail à faire

1. Calculez le coût moyen de transformation à l'heure pour chacun des 3 mois et pour le trimestre.

2. Calculez le coût de revient d'un moteur en utilisant la technique de l'imputation.

3. Inscrivez les écritures comptables relatives à la commande X pour le mois de juillet (en suivi juste-à-temps).

4. Pourquoi est-il utile d'imputer le coût de transformation dans ce cas-ci?

● Exercice 4.10   Coût de revient selon la comptabilité par centres de responsabilité

À la fin du mois de juillet 1995, l'usine de l'entreprise XYZ s'apprête à envoyer à l'entrepôt les unités du lot n° 4 qu'elle vient de terminer. Les données suivantes se rapportent à la production du lot n° 4.

	Ateliers	
	Assemblage	Finition
Kg de matières premières (à 6 $/kg)	1 000 kg	250 kg
Heures de main-d'œuvre directe (à 12 $/h)	125 h	1 020 h
Heures d'utilisation des machines	180 h	900 h

Les prévisions de l'exercice, concernant chacun des ateliers, s'établissent comme suit:

	Ateliers	
	Assemblage	Finition
Frais généraux de fabrication	72 000 $	82 680 $
Heures de main-d'œuvre directe	6 000 h	10 600 h
Heures d'utilisation des machines	4 500 h	6 000 h

● **Travail à faire**

1. Calculez le coût du lot n° 4, détaillé par atelier.

2. Inscrivez l'écriture de transfert des unités du lot n° 4 au stock de produits finis, en fonction de chacune des deux bases d'imputation susceptibles d'être utilisées à chacun des 2 ateliers.

● **Exercice 4.11   Coût de revient par centres de responsabilité**

Durant le premier trimestre de l'exercice, la Société Moderne ltée a engagé des dépenses relatives aux activités de fabrication de son produit, le M800.

Les achats de matières premières se répartissent ainsi:

Matière première A (6 $/kg)	500 kg par l'atelier X
	120 kg par l'atelier Y
	600 kg par l'atelier Z
Matière première B (8 $/kg)	110 kg par l'atelier X
	70 kg par l'atelier Y
Matière première C (10 $/kg)	25 kg par l'atelier Z

Le coût de transformation est imputé à raison de 12 $ par heure de marche des machines.

La production du trimestre a nécessité 7 000 heures de marche des machines, selon la répartition suivante:

Atelier X	40 %
Atelier Y	35 %
Atelier Z	25 %

Le nombre d'unités fabriquées et vendues est de 10 000.

Les unités de M800 passent successivement par les ateliers X, Y et Z avant d'être vendues et livrées aux clients.

● **Travail à faire**

1. Inscrivez les écritures comptables se rapportant à la fabrication du M800, en suivi juste-à-temps et en considérant chaque atelier comme une entité distincte.

2. Calculez le coût unitaire du M800, détaillé par atelier.

3. Quel est l'avantage du système de comptabilité par centres de responsabilité dans cette situation?

● **Exercice 4.12   Écritures relatives à l'imputation**

Dès sa première année d'exploitation, une entreprise impute ses frais généraux en fonction des heures de main-d'œuvre directe. Le taux retenu est de 9 $ l'heure. Au cours de cet exercice, la fabrication nécessite 16 000 heures de main-d'œuvre directe et les frais généraux de fabrication engagés s'élèvent à 147 682 $. NIVEAU RÉEL BASE IMPUTATION

Les relevés de production révèlent que les 16 000 heures se répartissent comme suit : 1 000 heures pour les unités en cours à la fin de l'exercice et 15 000 heures pour les 10 000 unités achevées au cours de l'exercice, dont 2 250 heures pour les produits finis en stock à la fin de l'exercice.

● **Travail à faire**

1. Inscrivez les écritures comptables pour indiquer les frais généraux engagés, les frais généraux imputés et le montant de la surimputation ou de la sous-imputation.

2. Déterminez le montant de frais généraux de fabrication qu'on trouvera dans chacun des comptes suivants, en supposant que la surimputation ou la sous-imputation est fermée au compte Coût des produits vendus :

   ▪ Stock de produits en cours
   ▪ Stock de produits finis
   ▪ Coût des produits vendus

● **Exercice 4.13   Imputation en suivi juste-à-temps**

Le service d'analyse des coûts d'une entreprise avait établi, pour le dernier exercice, un niveau de 60 000 heures de marche des machines, et un coût de transformation de 270 000 $. La production de l'exercice a nécessité 58 320 heures et le coût de transformation s'est élevé à 268 136 $.

● **Travail à faire**

1. Calculez le taux d'imputation par heure de marche des machines.

2. Inscrivez les écritures comptables nécessaires :

   a) pour enregistrer
      ▪ le coût de transformation engagé ;
      ▪ le coût de transformation imputé ;
      ▪ le montant de la surimputation ou de la sous-imputation.

   b) pour fermer le compte Sous-imputation ou Surimputation.

● **Exercice 4.14   Détermination du taux d'imputation**

Le contrôleur d'une entreprise a extrait les éléments suivants du budget qu'il vient de préparer pour le prochain exercice :

Frais généraux de fabrication	256 000 $
Production en unités	64 000
Coût de la main-d'œuvre directe	320 000 $
Heures de main-d'œuvre directe	50 000
Heures de marche des machines	20 000

● **Travail à faire**

Calculez les taux d'imputation que l'on obtient si on choisit comme base d'imputation :

a) les unités produites ;

b) le coût de la main-d'œuvre ;

c) les heures de main-d'œuvre directe ;

d) les heures de marche des machines.

● **Exercice 4.15   Calcul de la surimputation ou de la sous-imputation**

Chez FGF ltée, on a l'habitude d'imputer les frais généraux de fabrication en fonction du coût de la main-d'œuvre directe. Durant le dernier exercice, l'entreprise a dû embaucher un plus grand nombre de nouveaux ouvriers que prévu. En effet, une certaine proportion de ses employés expérimentés ont démissionné pour aller travailler chez un concurrent nouvellement installé dans la région. À cause de l'inexpérience des nouveaux ouvriers, la production a nécessité 53 000 heures, soit 3 000 heures de plus que prévu. Par contre, le salaire horaire moyen a diminué de 0,50 $/h, pour atteindre 12,50 $/h. En début d'exercice, les frais généraux de fabrication prévus s'établissaient à 325 000 $. Les frais généraux réels se sont élevés à 337 000 $.

● **Travail à faire**

Calculez le montant de la surimputation ou de la sous-imputation.

● **Exercice 4.16   Coût de revient selon la somme des ressources engagées**

Les données suivantes ont été tirées de la balance de vérification de la Société Lito ltée à la fin de son dernier exercice financier se terminant le 30 juin 1995.

Stock de matières premières au 30 juin 1994	23 700 $
(4 740 kg à 5 $)	
Main-d'œuvre directe	297 000 $
Chauffage et éclairage – Usine	7 050 $
Taxes et assurances – Usine	8 400 $
Dotation à l'amortissement cumulé – Usine	28 000 $
Achat de matières premières	386 000 $
(77 200 kg à 5 $)	
Dotation à l'amortissement cumulé – Équipement	16 500 $
Main-d'œuvre indirecte	131 800 $
Frais d'entretien et de réparation	12 600 $

Le stock de matières premières au 30 juin 1995 est évalué à 35 550 $, soit 7 110 kg à 5 $/kg. Il n'y a aucun stock de produits en cours et aucun stock de produits finis.

La Société Lito ltée a fabriqué trois lots de produits différents durant l'exercice :

Lot 1	5 000 unités
Lot 2	8 000 unités
Lot 3	12 000 unités

● **Travail à faire**

1. Calculez le coût de revient des trois lots fabriqués durant l'exercice, ainsi que le coût unitaire de fabrication.

2. Discutez des limites du coût de revient obtenu à la question précédente.

3. Comment pourrait-on remédier à ces lacunes ?

● **Exercice 4.17   Enregistrement des transactions selon le suivi juste-à-temps**

La Société Robotix inc. est une entreprise industrielle automatisée qui utilise un processus de fabrication juste-à-temps (sans stock). En début de journée, la contrôleuse a demandé au commis-comptable de calculer le coût des produits vendus pendant le mois de février qui vient tout juste de se terminer. Malheureusement, le système informatisé de tenue de livres vient de tomber en panne. Le commis-comptable, plein de ressources, décide alors de consulter toutes les pièces justificatives relatives aux transactions de février. Il recueille les documents suivants :

1. Un bon de livraison de 5 000 unités du produit A1 au prix unitaire de 8 $, daté du 26 février.

2. Une facture (jumelée au bon de commande et au bon de réception) pour 700 kg de matière première X au coût de 6 $/kg, taxes incluses, datée du 10 février.

3. Des cartes de pointage totalisant les heures de main-d'œuvre suivantes :

	MOD	MOI
Du 3 au 7 février inclusivement	15 h	7,0 h
Du 10 au 14 février inclusivement	14 h	6,5 h
Du 16 au 21 février inclusivement	16 h	7,0 h
Du 23 au 28 février inclusivement	15 h	6,5 h

Le taux de salaire horaire moyen est de 12 $ pour la main-d'œuvre directe et de 20 $ pour la main-d'œuvre indirecte.

4. Un bon de commande pour 100 kg de matière première Y, au coût de 2,70 $/kg, daté du 28 février. La livraison est prévue pour le lendemain.

5. Un bon de livraison de 7 000 unités du produit A2, daté du 27 février au prix unitaire de 4 $.

6. Une facture d'électricité de 3 000 $, datée du 5 février.

7. Une copie du contrat d'entretien de l'usine, signé le 1er janvier de cette année, prévoyant un versement de 1 500 $ à la fin de chaque trimestre.

8. Une facture et un bon de réception pour 560 kg de matière première Z, au coût de 10 $/kg, datés du 3 février.

9. Une facture (jumelée au bon de réception et au bon de commande) pour 200 kg de matière première Y, au coût de 2,70 $/kg, datée du 6 février.

10. Deux factures, l'une pour 5 000 unités de A1 et l'autre pour 7 000 unités de A2, émises respectivement le 27 et le 28 février.

11. Le commis-comptable a aussi consulté le rapport du contremaître sur la production de février, et il a recueilli les informations suivantes :

    a) Unités commencées et terminées durant le mois de février :

    5 000 unités de A1 (commande 26)
    7 000 unités de A2 (commande 27)

b) Heures d'utilisation des machines:

> 600 heures pour la commande 26
> 515 heures pour la commande 27

c) Aucun stock de matières premières, de produits en cours ou de produits finis, ni au début ni à la fin du mois.

Le taux d'imputation utilisé par la Société Robotix inc. est de 27 $/heure d'utilisation des machines. La dotation à l'amortissement cumulé pour l'usine et l'équipement est de 24 000 $/mois.

● **Travail à faire**

1. Inscrivez les écritures comptables relatives aux transactions de février.

2. Calculez le coût unitaire de fabrication des produits A1 et A2 avant et après la fermeture du compte Surimputation ou Sous-imputation, sachant qu'une unité de A1 est équivalente à 2 unités de A2.

● **Exercice 4.18   Imputation et prix de vente**

Une entreprise manufacturière fabrique et vend trois produits, soit P1, P2 et P3, qui présentent les caractéristiques suivantes:

[annotations manuscrites : 10000 2500 8000 ; 3$/kg 3$/kg 3$/kg]

	P1	P2	P3
Matières premières par unité (kg)	1	7	1,5
Heures de main-d'œuvre directe par unité	0,5	2	0,4
Heures d'utilisation des machines par unité	0,75	4	0,75

[annotations manuscrites : 11$/h ; FGF 307500 ; 22$ 100$ 21$]

Les trois produits sont fabriqués à partir de la même matière première, qui coûte 3 $/kg. Les ouvriers de l'usine reçoivent un salaire horaire moyen de 11 $/h.

La directrice de l'usine prévoit, pour le trimestre suivant, produire un lot de 10 000 unités de P1, un lot de 2 500 unités de P2 et un lot de 8 000 unités de P3. Elle estime également que les frais généraux de fabrication s'élèveront à 307 500 $ pour la même période. L'entreprise évolue dans un marché très concurrentiel et n'a donc que très peu de pouvoir sur la fixation des prix. Actuellement, les produits similaires à P1, P2 et P3 se vendent respectivement 22 $, 100 $ et 21 $.

● **Travail à faire**

1. Calculez le coût de revient unitaire de P1, P2 et P3, si l'entreprise utilise les bases d'imputation suivantes:

   a) les unités fabriquées;
   b) les kilogrammes de matières premières utilisées;
   c) les heures de main-d'œuvre directe;
   d) les heures de marche des machines.

2. Comparez les coûts obtenus à la question précédente avec les prix de vente, et commentez.

Chapitre 5

LA COMPTABILITÉ
PAR ACTIVITÉS

OBJECTIFS DU CHAPITRE

- Décrire la comptabilité par activités.
- Définir les tâches, les activités et les processus.
- Calculer le coût des activités.
- Utiliser des centres de regroupement.
- Calculer le coût des produits.
- Mesurer l'impact des inducteurs d'activités sur les coûts.

SOMMAIRE

- LE MODÈLE DE LA COMPTABILITÉ PAR ACTIVITÉS
- ÉTAPE 1 : DRESSER LA LISTE DES ACTIVITÉS
- ÉTAPE 2 : RATTACHER LES RESSOURCES AUX ACTIVITÉS
- ÉTAPE 3 : DÉFINIR DES CENTRES DE REGROUPEMENT D'ACTIVITÉS
- ÉTAPE 4 : ÉTABLIR LA LISTE DES OBJETS DE COÛT
- ÉTAPE 5 : RATTACHER LES CENTRES DE REGROUPEMENT
            AUX OBJETS DE COÛT
- DES INFORMATIONS POUR LA GESTION

Au chapitre 3, nous avons présenté quatre méthodes de calcul du coût de fabrication. Une cinquième méthode, celle des coûts par activités, fait l'objet de ce chapitre. Bien qu'il soit possible d'utiliser les méthodes vues au chapitre 3 pour déterminer le coût des services, des projets et des programmes, le résultat obtenu laisse souvent à désirer, car ces méthodes servent à répartir les frais généraux selon des indices qui sont proportionnels au volume d'activité, alors que les activités sont souvent indépendantes du nombre d'unités produites ou de services rendus. Par contre, la comptabilité par activités a pour objet de calculer le coût des activités qui engendrent les frais généraux et de les rattacher aux objets de coûts selon des inducteurs (liens de cause à effet entre les activités et les produits). La comptabilité par activités rompt avec le modèle traditionnel, où toutes les ressources engagées sont représentées comme étant consommées au prorata du volume d'activité. Pour cette raison, la comptabilité par activités est particulièrement bien adaptée au calcul du coût de revient des services, des projets et des programmes. Elle convient également très bien au calcul du coût des produits fabriqués lorsque les frais généraux de fabrication sont élevés et lorsque la variété des produits est grande.

LE MODÈLE DE LA COMPTABILITÉ PAR ACTIVITÉS

On peut expliquer le modèle de la **comptabilité par activités** en le comparant au modèle traditionnel que nous appelons *comptabilité des ressources*. La figure 5.1 illustre le modèle de la comptabilité des ressources et celui de la comptabilité par activités.

Figure 5.1 a) Modèle de la comptabilité des ressources

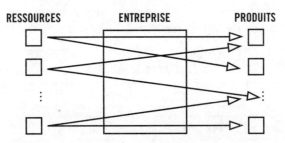

RESSOURCES   ENTREPRISE   PRODUITS

b) Modèle de la comptabilité par activités

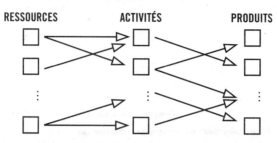

Selon le modèle de la comptabilité des ressources, il faut faire correspondre à chacun des produits le coût des ressources nécessaires pour sa production. Ce modèle découle directement de la définition du coût de revient que nous avons donnée au chapitre 3, qui, rappelons-le, présente le coût de revient d'un produit comme la somme des montants engagés pour l'obtenir. Par ailleurs, ce modèle s'insère parfaitement dans le cadre de la comptabilité financière puisque le coût de chaque ressource consommée ou utilisée est inscrit dans un compte qui lui est réservé au grand livre général (GLG) de l'entreprise. Le rapprochement entre les produits fabriqués et les ressources nécessaires pour les produire a pour objectif de lier ces produits aux comptes du GLG.

La comptabilité par activités repose sur deux constatations :

1. les produits consomment des activités ;
2. les activités, et non les produits, consomment les ressources.

Selon ce modèle, nous allons dans un premier temps rattacher à des activités les ressources consommées, utilisées, enregistrées et regroupées dans les comptes du GLG de l'entreprise. Dans un deuxième temps, nous allons rattacher le coût des activités aux produits par le biais des centres de regroupement. Passer par les activités pour rapprocher les ressources et les produits permet de mettre au jour des liens causals entre les ressources, les activités et les produits, ce que le modèle traditionnel n'autorise pas, ou alors de manière complexe. L'établissement de ces liens causals constitue l'avantage de la comptabilité par activités.

Nous avons divisé ce chapitre en cinq sections, dont chacune correspond à une des cinq étapes de la mise en œuvre d'une comptabilité par activités :

1. DRESSER LA LISTE DES ACTIVITÉS

2. RATTACHER LES RESSOURCES AUX ACTIVITÉS

3. DÉFINIR DES CENTRES DE REGROUPEMENT D'ACTIVITÉS

4. ÉTABLIR LA LISTE DES OBJETS DE COÛT

5. RATTACHER LES CENTRES DE REGROUPEMENT AUX OBJETS DE COÛT

ÉTAPE 1 : DRESSER LA LISTE DES ACTIVITÉS

La première étape de la mise en œuvre d'une comptabilité par activités consiste à dresser la liste des activités. Il est donc nécessaire de définir d'abord l'activité.

Les tâches, les activités et les processus

La figure 5.2 illustre les relations entre les tâches, les activités et les processus.

Figure 5.2 Relations entre les tâches, les activités et les processus

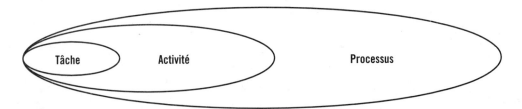

Une tâche est un *travail à accomplir,* soit le plus petit élément de travail (par exemple, écrire une lettre, répondre au téléphone, nettoyer le bureau, préparer un dépôt, etc.).

Une activité est un *ensemble de tâches* attribuées à une personne ou à un groupe de personnes, à une machine ou à un groupe de machines, et liées à un objectif bien précis (par exemple, préparer un cours, passer une commande, faire une étude, entreposer des produits, etc.). L'activité est habituellement le plus petit ensemble de tâches que l'on évaluera sur le plan des coûts dans un système de comptabilité par activités.

Comment distinguer une activité d'une tâche ?

On regroupe toutes les tâches normalement accomplies en série ; cet ensemble est appelé activité. Ainsi, lorsque vous allez à la banque pour retirer de l'argent à un guichet automatique, vous accomplissez une suite d'opérations (tâches), comme *insérer la carte bancaire, composer le numéro d'identification personnel,* etc. Ces tâches font partie de l'activité qui consiste à *retirer de l'argent à un guichet automatique.*

Un processus est un *ensemble d'activités* ayant un déclencheur commun et un objectif bien précis que l'on peut rattacher à un client externe ou interne (par exemple, *répondre à la plainte d'un client, faire une analyse de crédit, vérifier des états financiers, assembler un produit,* etc.). La figure 5.3 illustre un processus. Donc, le processus est un ensemble d'activités et l'activité est un ensemble de tâches.

Figure 5.3 Un processus

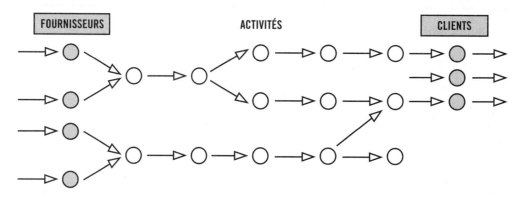

Comment distinguer un processus d'une activité?

La distinction est arbitraire, car la définition de l'activité correspond à celle du processus, et vice versa. Il s'agit d'un concept relatif. Voici un résumé des critères utilisés pour distinguer une *activité* d'un *processus*:

- Un processus peut regrouper des activités provenant de différents services ou divisions.
- Un processus peut être rattaché à l'élément déclencheur d'un ensemble d'activités liées, comme la réaction en chaîne d'un ensemble de dominos.
- Un processus peut être rattaché à un objectif précis auquel on peut relier un client.
- Un processus peut être défini en fonction des fournisseurs.

La figure 5.4 présente les activités comme un ensemble de dominos qui tombent les uns après les autres selon une réaction en chaîne. Un tel ensemble constitue un processus.

Figure 5.4 Le processus: une réaction en chaîne

Théoriquement, on peut déterminer une liste d'activités de deux façons. La première, que nous privilégions, consiste à établir une liste de tâches et à regrouper ces tâches en activités ; il s'agit donc d'aller du plus petit au plus grand. La deuxième prend en compte les divisions de l'entreprise et tente de segmenter ces divisions en un ensemble d'activités ; il s'agit donc d'aller du plus grand au plus petit. La première méthode nous semble plus appropriée pour établir les processus constitués d'un regroupement d'activités qui ne sont pas toutes rattachées à la même unité administrative. La figure 5.5 illustre les relations entre activités, processus et unités administratives. On constate que les processus, tout comme les unités administratives, regroupent des activités, mais pas pour former les mêmes ensembles. On parle parfois de la segmentation de l'entreprise en un ensemble d'unités administratives, comme s'il s'agissait d'un découpage vertical, et de la segmentation de l'entreprise en processus, comme s'il s'agissait d'un découpage horizontal.

Figure 5.5 Relations entre les activités, les processus et les unités administratives

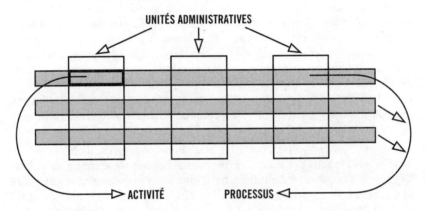

E X E M P L E 1

Dans une faculté ou une école d'administration, les unités administratives correspondent aux services d'enseignement : sciences comptables, économie, méthodes quantitatives, direction et gestion des organisations, gestion des ressources humaines, finances, gestion des opérations et de la production, marketing et système d'information. Les activités correspondent aux cours qui sont offerts. La représentation de cette organisation selon un regroupement des cours par services d'enseignement est un découpage vertical de l'organisation.

Par ailleurs, les processus correspondent aux programmes qui sont offerts : le B.A.A., le M.B.A., les certificats, les diplômes spécialisés, etc. Les cours offerts dans ce type d'établissement peuvent être regroupés par programmes plutôt que par services d'enseignement. La représentation de cette organisation selon un regroupement des cours par programmes est un découpage horizontal de l'organisation.

Le découpage de l'activité (fonctionnement) de l'entreprise selon les processus, les activités et les tâches dépend de l'objectif d'information visé. Par exemple, si l'on poursuit un objectif de réaménagement des processus d'entreprise, on procédera en général à une analyse plus approfondie des tâches et on aura tendance à utiliser une plus grande hiérarchie d'activités : processus, sous-processus, activités et tâches. Par ailleurs, si l'on s'intéresse exclusivement au coût de revient, il est possible d'avoir recours à une hiérarchie d'activités à deux niveaux : processus et activités. Ainsi, pour une même entreprise, on peut considérer plus d'une façon de regrouper les processus, les activités et les tâches.

E X E M P L E   2

Analysons le processus qui, pour un couple sans enfant, consiste à aller à l'épicerie.

Le jeudi soir, après le travail, le couple rentre à la maison et se prépare à sortir pour aller faire des courses. Après avoir vérifié la liste des achats à faire, récupéré les bouteilles consignées, pris le sac à provisions et leur portefeuille, ils se rendent en voiture à l'épicerie. Ils s'arrêtent à un guichet automatique de banque pour retirer de l'argent. Ils doivent alors sortir leur carte de guichet, l'insérer dans la fente, composer leur numéro d'identification personnel, indiquer l'opération et le montant souhaités, prendre les billets, indiquer qu'il n'y a pas d'autres opérations, puis récupérer leur carte et le relevé de l'opération.

À l'épicerie, après avoir rapporté les bouteilles consignées, ils prennent un chariot, font le tour des allées, mettent des articles dans le chariot, etc. Puis ils passent à la caisse, règlent les achats, font livrer la commande à la voiture et donnent un pourboire au commis. De retour chez eux, ils transportent les sacs d'épicerie dans la cuisine, les déballent et rangent les différents articles.

Dans cet exemple, il n'y a qu'un seul processus, celui de faire les courses. Nous avons distingué quatre activités et énuméré une vingtaine de tâches :

Activités	Tâches
Préparatifs	Vérifier les achats à faire
	Prendre la liste des achats à faire
	Prendre le sac à provisions
	Récupérer les bouteilles consignées
	Prendre son portefeuille
Retrait au guichet automatique	Sortir sa carte de guichet
	Insérer sa carte dans la fente
	Composer son numéro d'identification personnel
	Indiquer l'opération souhaitée
	Indiquer le montant souhaité
	Prendre l'argent
	Indiquer qu'il n'y a pas d'autres opérations
	Prendre le relevé de l'opération
	Récupérer sa carte

Activités	Tâches
Épicerie	Rapporter les bouteilles consignées
	Prendre un chariot
	Faire le tour des allées
	Mettre des articles dans le chariot
	Passer à la caisse
	Régler les achats
	Faire livrer la commande à l'auto
	Donner un pourboire
Retour à la maison	Transporter les sacs d'épicerie
	Déballer les sacs d'épicerie
	Ranger les articles

--•

E X E M P L E   3

Considérons le service de comptabilité d'une petite entreprise qui s'occupe uniquement de la gestion des comptes clients et des comptes fournisseurs.

À chaque livraison du courrier, on reçoit par lots des bons de commande de vendeurs qui passent la majeure partie de leur temps sur la route. On s'assure qu'aucun bon ne comporte d'anomalies, par exemple un élément d'information manquant. On enregistre la transaction à l'aide d'un micro-ordinateur, puis le logiciel vérifie certains éléments, comme le numéro du client et sa limite de crédit. Dans le cas d'une anomalie, un employé entreprend la recherche nécessaire et effectue la correction. Les tâches de correction des anomalies dans les bons de commande varient. Selon le type d'anomalie, l'employé peut devoir téléphoner au vendeur, au préposé à l'entrepôt ou même au responsable de l'approbation du crédit. Une fois le bon de commande enregistré, un message électronique est envoyé à l'entrepôt, où le préposé s'occupe de la livraison. Il peut arriver que ce dernier relève une autre anomalie : l'article demandé est un produit de fin de série ou il a été remplacé par un produit équivalent. Le préposé téléphone alors au vendeur, qui n'avait manifestement pas reçu l'information avant de prendre la commande, afin de l'informer du problème ; puis il procède à un changement, voire à l'annulation de la vente s'il y a lieu. Après la livraison de la marchandise, le préposé à l'entrepôt enregistre lui-même la livraison sur un terminal. Cet enregistrement enclenche une facturation automatique pour le client. À la comptabilité, on imprime une fois par mois un sommaire des transactions du mois qui vient de se terminer à l'intention des clients.

Dès que le service de comptabilité reçoit les paiements, un employé procède à la vérification. Il essaie de régler toutes les anomalies relevées avant d'effectuer l'enregistrement de la transaction et de préparer les chèques pour le dépôt.

Les factures et les états de compte des fournisseurs sont également acheminés à la comptabilité. Un employé vérifie les factures reçues en les comparant avec les informations du fichier informatisé des bons de commande et des bons de réception. S'il décèle une anomalie, l'employé essaie de clarifier la situation et procède, s'il y a lieu, à une correction dont il informe le fournisseur. Après la vérification de la facture, l'employé enregistre la transaction.

Les états de compte sont comparés aux soldes du GLG. Après cette vérification, on procède au paiement du solde et à l'enregistrement de la transaction correspondante, ou on rectifie la situation.

Le tableau 5.1 présente la liste des tâches, des activités et des processus de ce service, tels que nous les avons décrits. Nous avons distingué 2 processus, 6 activités et 23 tâches.

Tableau 5.1   Processus, activités et tâches du service de comptabilité

Processus	Activités	Tâches
Vente	Approbation des ventes	Réception des bons de commande
		Vérification
		Enregistrement de la transaction
	Correction des anomalies	Appel téléphonique au vendeur
		Appel téléphonique au préposé de l'entrepôt
		Appel téléphonique au responsable du crédit
		Enregistrement des modifications
	Facturation	Vérification
		Enregistrement de la transaction
		Réception de l'avis de livraison
		Impression de la facture
	Inscription de paiement	Réception du paiement
		Vérification
		Enregistrement de la transaction
		Dépôt du chèque
Achat	Réception et paiement	Réception des factures
		Réception des états de compte
		Vérification
		Paiement
		Enregistrement de la transaction
	Correction	Appel téléphonique au fournisseur
		Appel téléphonique au service des achats
		Appel téléphonique à l'ingénieur

En refaisant l'exercice, il est possible que vous obteniez une liste légèrement différente de la liste présentée ci-dessus, car il n'existe pas une seule et unique façon de décrire la réalisation du travail et de regrouper les tâches en activités et les activités en processus. On peut accepter des variations dans les descriptions et les regroupements effectués, pourvu qu'elles fassent ressortir les deux processus. Par ailleurs, les processus de vente et d'achat regroupent des activités supplémentaires en provenance d'autres services ; nous ne les avons pas incluses ici, car nous n'avons traité que des activités du service de comptabilité. Nous aurions pu également considérer plusieurs activités de correction d'anomalies, soit une pour chaque type d'anomalie. C'est au concepteur que revient le choix de n'en considérer qu'une seule. L'élément le plus important n'est pas le choix des activités, mais la cohérence de ce choix avec les décisions subséquentes concernant la conception du modèle. Par conséquent, une fois le choix arrêté, il faut le respecter au cours des étapes ultérieures.

E X E M P L E   4

Cet exemple est tiré du mémoire de Pascal Balata[1]. Le tableau suivant présente une liste de tâches associées à une activité de réouverture des dossiers de demande et de suivi dans le cadre d'un processus d'analyse du crédit d'une institution financière.

Tâches

1. Tri des enveloppes
2. Ouverture des enveloppes
3. Estampillage des demandes et des suivis
4. Attribution des demandes et des suivis aux conseillers
5. Création d'une fiche informatique
6. Repérage des dossiers dans le système
7. Contrôle de l'existence des intervenants dans le système
8. Contrôle des renseignements manquants
9. Sortie (compte existant) et ouverture (nouveau compte) du dossier
10. Transmission des demandes et des suivis au coordonnateur

ÉTAPE 2 : RATTACHER LES RESSOURCES AUX ACTIVITÉS

La deuxième étape de la mise en œuvre d'une comptabilité par activités, selon la démarche que nous appliquons, consiste à rattacher les ressources aux activités. Cette étape va nous permettre d'établir le coût des activités.

| 1. DRESSER LA LISTE DES ACTIVITÉS |
| 2. RATTACHER LES RESSOURCES AUX ACTIVITÉS |
| 3. DÉFINIR DES CENTRES DE REGROUPEMENT D'ACTIVITÉS |
| 4. ÉTABLIR LA LISTE DES OBJETS DE COÛT |
| 5. RATTACHER LES CENTRES DE REGROUPEMENT AUX OBJETS DE COÛT |

---

1. Pascal Balata, *Les effets de l'analyse coût-valeur des activités sur la gestion du processus de crédit d'une institution financière. Le cas de la Fédération des Caisses Populaires Desjardins du Québec*, École des Hautes Études Commerciales de Montréal, avril 1994, p. 85.

L'inducteur de ressources

Pour rattacher les ressources aux activités, il faut affecter les montants des comptes du GLG aux activités ou encore répartir ces montants entre plusieurs activités, le cas échéant. La répartition se fait sur la base d'un **inducteur de ressources** qui se présente sous la forme d'un pourcentage d'utilisation de cette ressource par une activité. Le tableau 5.2 indique sur quelle base on détermine les inducteurs de ressources.

Tableau 5.2   Base de détermination des inducteurs de ressources

Ressources	Base de détermination	Inducteur
Main-d'œuvre	Estimation du temps	Pourcentage (%)
Matières et fournitures	Estimation de l'utilisation	Pourcentage (%)
Machine et équipement	Estimation de l'utilisation	Pourcentage (%)
Espace	Estimation de la surface ou du volume	Pourcentage (%)

Dans de nombreux cas, il est plus facile de déterminer les coûts des activités consommatrices de ressources au moment où ces coûts sont enregistrés que d'essayer de les répartir plus tard. Il est parfois utile et nécessaire de réviser la liste des comptes du GLG pour affecter aux activités les coûts des ressources consommées au moment où ces coûts sont enregistrés.

L'unité d'œuvre

L'**unité d'œuvre** d'une activité est le principal extrant de cette activité, et l'unité d'œuvre d'un processus est le principal extrant de ce processus. Elle sert à mesurer le volume d'une activité ou d'un processus. Le tableau 5.3 présente des exemples d'unités d'œuvre.

Tableau 5.3   Exemples d'unités d'œuvre

Processus ou activité	Unité d'œuvre
Prendre des commandes	Nombre de commandes
Entreposer des produits	Nombre de jours-produits
Préparer un cours	Nombre d'heures de préparation
Analyser le crédit des clients	Nombre de demandes d'analyse

Lorsque l'on connaît l'unité d'œuvre d'une activité et d'un processus, on peut calculer :

- le coût par unité d'œuvre d'activité ;
- le coût par unité d'œuvre de processus.

Nous résumons au tableau 5.4 les différents calculs se rapportant à ces indices de mesure des processus.

Tableau 5.4   Différents calculs relatifs aux processus

Indice de mesure	Calcul
Coût d'une unité d'œuvre d'activité	Coût de l'activité/Nombre d'unités d'œuvre de l'activité
Coût d'un processus	Somme des coûts des activités composant ce processus
Coût d'une unité d'œuvre de processus	Coût du processus/Nombre d'unités d'œuvre du processus

E X E M P L E 5

Reprenons l'exemple 3 concernant le service de comptabilité d'une petite entreprise qui gère les comptes clients et les comptes fournisseurs. Le tableau 5.1 dresse la liste des 2 processus, 6 activités et 23 tâches.

Nous présentons au tableau 5.5 la liste des unités d'œuvre des deux processus et des six activités ainsi que leurs statistiques annuelles respectives, puis, au tableau 5.6, les statistiques annuelles nécessaires pour calculer le coût de revient des activités et des processus, déterminer leur durée de cycle et estimer leur qualité.

Tableau 5.5 Unités d'œuvre des activités et des processus, et statistiques annuelles correspondantes

Processus/Activité	Unité d'œuvre	Nombre d'unités
Vente	**Commande livrée**	**4 260**
Approbation des ventes	Bon de commande	6 000
Correction des anomalies	Anomalie	1 550
Facturation	Commande livrée	4 260
Inscription paiement	Paiement reçu	4 000
Achat	**Paiement fait**	**2 900**
Réception et paiement	Réception	3 000
Correction	Anomalie	450

Tableau 5.6 Statistiques annuelles relatives aux activités et aux processus

Ressources	Coût
Main-d'œuvre	240 000 $
Fournitures	60 000 $

inducteur de ressources

Activité	Utilisation main-d'œuvre	Utilisation fournitures
Approbation des ventes	10 %	5 %
Correction des anomalies (ventes)	30	35
Facturation	20	30
Inscription paiement reçu	10	5
Réception et paiement fait	10	5
Correction des anomalies (achats)	20	20
Total	**100 %**	**100 %**

Nous avons considéré deux ressources dans cet exemple : la main-d'œuvre et les fournitures. L'inducteur de ces deux ressources est le pourcentage (%) d'utilisation respectif de chacune d'elles. Le tableau 5.7 présente le calcul du coût de revient des six activités, des deux processus ainsi que le coût unitaire des unités d'œuvre des activités et des processus.

Tableau 5.7   Calcul du coût de revient

Processus/Activité	Main-d'œuvre	Fournitures	Coût total
Approbation des ventes	24 000 $	3 000 $	27 000 $
Correction des anomalies (ventes)	72 000	21 000	93 000
Facturation	48 000	18 000	66 000
Inscription paiement reçu	24 000	3 000	27 000
Vente	**168 000 $**	**45 000 $**	**213 000 $**
Réception et paiement	24 000	3 000 $	27 000 $
Correction des anomalies (achats)	48 000	12 000	60 000
Achat	**72 000 $**	**15 000 $**	**87 000 $**
Total vente et achat	**240 000 $**	**60 000 $**	**300 000 $**

Processus/Activité	Unité d'œuvre	Coût	Unités	Coût unitaire
Approbation des ventes	Bon de commande	27 000 $	6 000	4,50 $
Correction des anomalies (ventes)	Anomalie	93 000	1 550	60,00
Facturation	Commande livrée	66 000	4 260	15,49
Inscription paiement reçu	Paiement reçu	27 000	4 000	6,75
Vente	**Commande livrée**	**213 000 $**	**4 260**	**50,00 $**
Réception et paiement	Réception	27 000 $	3 000	9,00 $
Correction des anomalies (achats)	Anomalie	60 000	450	133,33
Achat	**Paiement**	**87 000 $**	**2 900**	**30,00 $**

EXEMPLE 6

Étudions le processus de commande d'un micro-ordinateur par un professeur d'université.

Le tableau 5.8 contient:

- la liste des activités de ce processus;
- la liste des personnes participant à chacune des activités;
- la liste des unités d'œuvre correspondantes;
- le volume relatif à chacune de ces unités d'œuvre.

Nous présentons au tableau 5.9 les statistiques annuelles nécessaires pour calculer le coût de revient des activités de ce processus.

Tableau 5.8   Activités, personnes, unités d'œuvre et volume correspondant

Activité	Personne	Unité d'œuvre	Nombre d'unités
Demande du professeur	Professeur	Demande produite	1
Approbation du directeur du service	Directeur du service	Demande du service	552
Préparation de la demande	Secrétaire	Demande du service	552
Approbation du directeur informatique	Directeur informatique	Demande de l'université	920
Vérification technique	Technicien	Demande de vérification	400
Vérification du fournisseur	Responsable des fournisseurs	Demande de vérification	500
Approbation du directeur financier	Directeur financier	Demande de l'université	1 380
Vérification par la comptabilité	Commis-comptable	Demande de vérification	2 000

Tableau 5.9 Unités d'œuvre des activités et statistiques annuelles correspondantes

Ressources	Coût	Activité	Pourcentage de son temps
Directeurs	100 000 $	Demande du professeur	0,04 %
Professeur	60 000 $	Approbation du directeur du service	10,00 %
Secrétaire	30 000 $	Préparation de la demande	18,46 %
Commis-comptable	30 000 $	Approbation du directeur informatique	20,00 %
Technicien	50 000 $	Vérification technique	100,00 %
Responsable des fournisseurs	40 000 $	Vérification du fournisseur	100,00 %
		Approbation du directeur financier	20,00 %
		Vérification par la comptabilité	100,00 %

Le tableau 5.10 présente le calcul du coût de revient des activités ainsi que le coût unitaire des unités d'œuvre respectives.

Tableau 5.10 Calcul du coût de revient

Activité	Coût	Unité d'œuvre	Nombre d'unités	Coût unitaire
Demande du professeur	26 $	Demande produite	1	26,09 $
Approbation du directeur du service	10 000 $	Demande du service	552	18,12
Préparation de la demande	5 538 $	Demande du service	552	10,03
Approbation du directeur informatique	20 000 $	Demande de l'université	920	21,74
Vérification technique	50 000 $	Demande de vérification	400	125,00
Vérification du fournisseur	40 000 $	Demande de vérification	500	80,00
Approbation du directeur financier	20 000 $	Demande de l'université	1 380	14,49
Vérification par la comptabilité	30 000 $	Demande de vérification	2 000	15,00
Total			1	**310,47 $**

ÉTAPE 3 : DÉFINIR DES CENTRES DE REGROUPEMENT D'ACTIVITÉS

La troisième étape de la mise en œuvre d'une comptabilité par activités consiste à définir des centres de regroupement d'activités.

1. DRESSER LA LISTE DES ACTIVITÉS

2. RATTACHER LES RESSOURCES AUX ACTIVITÉS

3. DÉFINIR DES CENTRES DE REGROUPEMENT D'ACTIVITÉS

4. ÉTABLIR LA LISTE DES OBJETS DE COÛT

5. RATTACHER LES CENTRES DE REGROUPEMENT AUX OBJETS DE COÛT

Un centre de regroupement est un ensemble d'activités qui ont le même inducteur d'activité (ce concept sera défini dans la section suivante).

Dans un modèle où l'on a défini relativement peu d'activités (une dizaine, par exemple), il est possible de passer directement de l'étape 2 à l'étape 4. En effet, on peut dresser une liste des objets de coût, puis rattacher les activités à ces objets sans passer par des centres de regroupement. Cependant, en pratique, on repère souvent plus de 100 activités dans une entreprise. Dans ce cas, il importe de regrouper les activités avant de les rattacher aux produits, sinon le système installé, lequel comprend l'obtention des données, deviendra trop difficile à gérer.

L'inducteur d'activité

L'inducteur d'activité sert à rattacher les centres de regroupement (ou les activités lorsque l'on passe directement de l'étape 2 à l'étape 4) aux produits. Nous distinguons trois types d'inducteur :

1. l'unité d'œuvre ;
2. le déclencheur d'activité ;
3. le facteur de consommation des ressources par les activités.

Nous distinguerons donc trois types de centres de regroupement, chacun étant associé au type d'inducteur choisi. Nous allons maintenant définir chacun de ces types et les commenter. Nous proposerons également les critères de choix d'un inducteur d'activité, car on ne doit utiliser qu'un seul inducteur par activité pour regrouper des activités ou les rattacher aux produits.

L'unité d'œuvre

Dans la section précédente, nous avons défini l'unité d'œuvre d'une activité comme l'unité de mesure du travail de cette activité. Lorsqu'on choisit l'unité d'œuvre comme inducteur d'activité, on regroupe dans un centre toutes les activités dont on peut exprimer l'extrant en fonction de la même unité d'œuvre. Le centre de regroupement correspond dans ce cas à des macroactivités associées à une unité d'œuvre commune. Le coût cumulé des activités de ce centre de regroupement sera alors réparti entre les produits au prorata du nombre d'unités d'œuvre consommées par chacun des produits. Donc, pour que le modèle choisi soit opérationnel, il faut déterminer le nombre d'unités d'œuvre consommées par chacun des produits.

L'unité d'œuvre joue par conséquent le rôle de taux d'imputation des frais généraux de fabrication. Par exemple, si un produit consomme 20 % des unités d'œuvre du centre de regroupement des activités relatives à la gestion des commandes (comme le nombre de commandes reçues), ce produit devra supporter 20 % des coûts des activités destinées à « gérer une commande ».

Le déclencheur d'activité

Nous définissons le **déclencheur d'activité** comme l'élément qui provoque une activité ou une série d'activités (laquelle constitue un processus). Le déclencheur d'une activité ou d'un processus est la cause de cette activité ou de ce processus. Prenons par exemple une activité ou une série d'activités déclenchée par la plainte d'un client. Si 30 % des plaintes se rapportent à un produit particulier, alors ce produit devra supporter 30 % des coûts de cette série d'activités. Lorsqu'on choisit le déclencheur de processus comme inducteur d'activité, on regroupe dans un centre toutes les activités qui ont un déclencheur commun. Le centre de regroupement correspond dans ce cas à un processus. La comptabilité par activités devrait donc plutôt s'appeler comptabilité par processus.

L'utilisation de déclencheurs d'activité comme inducteurs d'activité offre un grand intérêt, car elle permet de déterminer leur impact sur les coûts.

Le facteur de consommation des ressources

Nous définissons le **facteur de consommation des ressources** comme un élément qui influe sur la consommation des ressources par les activités. Par exemple, le nombre de composants d'un modèle ou d'une gamme de produits influera sur les coûts liés à l'activité Gestion des composants. Supposons qu'une entreprise fabrique 3 produits qui ont respectivement 20, 30 et 50 composants et qu'on choisisse le nombre de composants comme inducteur de l'activité Gestion des composants. Ces 3 produits devront donc supporter respectivement 20, 30 et 50 % des coûts de cette dernière activité, quel que soit le nombre de produits assemblés. Lorsqu'on choisit le facteur de consommation des ressources par les activités comme inducteur d'activité, on regroupe dans un centre toutes les activités en fonction d'un facteur de consommation commun. Chaque centre de regroupement représente dans ce cas l'ensemble des activités induites par le facteur choisi.

Tout comme l'utilisation des déclencheurs d'activité, l'utilisation de facteurs de consommation des ressources par les activités comme inducteurs d'activité offre un grand intérêt, car elle permet de déterminer l'impact de ces facteurs sur les coûts. Nous verrons au chapitre 11 comment user de ces informations dans un contexte de réaménagement des processus d'affaires.

Le calcul du coût d'un inducteur d'activité

Le coût unitaire d'un inducteur d'activité est établi de la façon suivante :

$$\frac{\text{Somme des coûts des activités regroupées dans un centre}}{\text{Volume de l'inducteur choisi}}$$

À *propos du choix d'un inducteur d'activité*

Pour une même activité, on peut repérer un déclencheur d'activité, déterminer plus d'une façon de mesurer le travail de l'activité (donc plus d'une unité d'œuvre) et énumérer plus d'un facteur de consommation des ressources par cette activité. On a ainsi le choix entre plusieurs facteurs lorsqu'il s'agit de déterminer un inducteur d'activité.

Nous avons à cet effet arrêté les critères de choix d'un inducteur d'activité. Cette discussion fait intervenir des éléments de gestion. Il nous faut donc nous familiariser dans un premier temps avec la technique de regroupement. Nous allons nous pencher sur des applications dans les exemples 7 et 8, puis nous aborderons la question du choix de l'inducteur d'activité et des critères qui sous-tendent ce choix.

E X E M P L E 7

Soit une entreprise qui fabrique trois gammes de produits :

- une gamme commerciale ;
- une gamme industrielle ;
- une gamme d'accessoires.

Le tableau 5.11 présente le résultat des deux premières étapes de la mise en œuvre d'une comptabilité par activités. Nous avons défini 17 activités et leur coût respectif, les unités d'œuvre correspondantes, le volume de ces unités d'œuvre et leur coût unitaire.

Tableau 5.11 Activités, coûts (en milliers de dollars), unités d'œuvre et coûts unitaires

Activités	Coûts	Unités d'œuvre	Nombre d'unités	Coûts unitaires
Gestion des achats	20 000 $	Unité commandée	356 000	56,18 $
Réception	15 896	Unité reçue	356 000	44,65 $
Opérations estampillage	54 720	Une heure-machine E.	1 440 000	38,00 $
Gestion estampillage	14 400	Une heure-machine E.	1 440 000	10,00 $
Manutention estampillage	9 000	Une heure-machine E.	1 440 000	6,25 $
Mise en course estampillage	13 261	Une mise en course E.	18 000	736,72 $
Opérations assemblage	117 600	Une heure-machine A.	3 360 000	35,00 $
Gestion assemblage	32 400	Une heure-machine A.	3 360 000	9,64 $
Manutention assemblage	42 000	Une heure-machine A.	3 360 000	12,50 $
Mise en course assemblage	40 739	Une mise en course A.	18 000	2 263,28 $
Opérations finition	41 400	Une heure MOF	900 000	46,00 $
Gestion finition	18 000	Une heure MOF	900 000	20,00 $
Manutention finition	21 000	Une heure MOF	900 000	23,33 $
Recherche	200 000	Une heure MOR	250 000	800,00 $
Développement	60 000	Une heure MOD	400 000	150,00 $
Ordonnancement	6 000	Une heure MOO	30 000	200,00 $
Contrôle de la qualité	12 000	Une heure MOCQ	24 000	500,00 $
Total	**718 416 $**			

MOF : main-d'œuvre finition ; MOR : main-d'œuvre recherche ; MOD : main-d'œuvre développement ;
MOO : main-d'œuvre ordonnancement ; MOCQ : main-d'œuvre contrôle de la qualité.

Si l'on détermine les centres de regroupement en fonction des unités d'œuvre définies dans le tableau 5.11, les regroupements seront limités, car il y a beaucoup d'unités d'œuvre distinctes. Imaginez la complexité d'un modèle de comptabilité par activités qui comporte une centaine d'activités (celui-ci n'en comporte que 17). Le tableau 5.12 illustre le regroupement que l'on peut faire à partir des données du tableau 5.11.

Tableau 5.12 Centres de regroupement, coûts (en milliers de dollars) et coûts unitaires des inducteurs d'activité

Centres de regroupement	Coûts	Nombre d'unités	Coûts unitaires
Commandes	35 896 $	356 000	100,83 $
Machines estampillage	78 120	1 440 000	54,25 $
Mises en course	54 000	18 000	3 000,00 $
Machines assemblage	192 000	3 360 000	57,14 $
Main-d'œuvre finition	80 400	900 000	89,33 $
Main-d'œuvre recherche	200 000	250 000	800,00 $
Main-d'œuvre développement	60 000	400 000	150,00 $
Main-d'œuvre ordonnancement	6 000	30 000	200,00 $
Main-d'œuvre contrôle de la qualité	12 000	24 000	500,00 $
Total	**718 416 $**		

Nous obtenons neuf centres de regroupement associés aux unités d'œuvre utilisées comme inducteurs d'activité. Nous avons presque réduit de moitié le nombre d'éléments à rattacher aux produits. Néanmoins, ce modèle demeure relativement complexe. En effet, pour rattacher ces neuf centres de regroupement aux trois gammes de produits, il faut déterminer le nombre d'unités de chacun des inducteurs d'activité choisis se rapportant aux trois gammes de produits. Le tableau 5.13 présente les données nécessaires pour calculer le coût de revient.

Tableau 5.13 Volume des inducteurs d'activité par gamme de produits

Centre de regroupement	Gamme commerciale	Gamme industrielle	Gamme d'accessoires	Total
Nombre de commandes	144 000	104 000	108 000	356 000
Heures-machines estampillage	540 000	900 000		1 440 000
Nombre de mises en course	4 800	2 400	10 800	18 000
Heures-machines assemblage	1 422 000	1 738 000	200 000	3 360 000
Heures de MO finition	300 000	510 000	90 000	900 000
Heures de MO recherche	125 000	106 250	18 750	250 000
Heures de MO développement	200 000	170 000	30 000	400 000
Heures de MO ordonnancement	15 000	3 000	12 000	30 000
Heures de MO contrôle de la qualité	10 000	8 000	6 000	24 000

E X E M P L E 8

Reprenons l'exemple précédent, en utilisant cette fois-ci comme inducteur d'activité pour certaines activités un **facteur de consommation des ressources** plutôt qu'une unité d'œuvre. Le tableau 5.14 présente les inducteurs d'activité choisis, leur volume et leur coût unitaire.

Tableau 5.14   Activités, coûts (en milliers de dollars), inducteurs d'activité et coûts unitaires

Activités	Coûts	Inducteurs	Nombre d'unités	Coûts unitaires
Gestion des achats	20 000 $	Une référence	178 000	112,36 $
Réception	15 896	Une référence	178 000	89,30 $
Opérations estampillage	54 720	Une heure-machine E.	1 440 000	38,00 $
Gestion estampillage	14 400	Une référence	178 000	80,90 $
Manutention estampillage	9 000	Une référence	178 000	50,56 $
Mise en course estampillage	13 261	Un modèle	3 000	4 420,33 $
Opérations assemblage	117 600	Une heure-machine A.	3 360 000	35,00 $
Gestion assemblage	32 400	Une référence	178 000	182,02 $
Manutention assemblage	42 000	Une référence	178 000	235,96 $
Mise en course assemblage	40 739	Un modèle	3 000	13 579,67 $
Opérations finition	41 400	Une heure MOF	900 000	46,00 $
Gestion finition	18 000	Une référence	178 000	101,12 $
Manutention finition	21 000	Une référence	178 000	117,98 $
Recherche	200 000	Une référence	178 000	1 123,60 $
Développement	60 000	Une référence	178 000	337,08 $
Ordonnancement	6 000	Une référence	178 000	33,71 $
Contrôle de la qualité	12 000	Une référence	178 000	67,42 $
Total	**718 416 $**			

Le nombre de références est un facteur de consommation des ressources pour 13 des 17 activités. Nous présentons au tableau 5.15 le regroupement que l'on peut faire à partir des informations du tableau 5.14.

Tableau 5.15   Centres de regroupement, coûts (en milliers de dollars) et coûts unitaires des inducteurs d'activité

Centres de regroupement	Coûts	Nombre d'unités	Coûts unitaires
Références	450 696 $	178 000	2 532,00 $
Machines estampillage	54 720	1 440 000	38,00 $
Machines assemblage	117 600	3 360 000	35,00 $
Main-d'œuvre finition	41 400	900 000	46,00 $
Modèles	54 000	3 000	18 000,00 $
Total	**718 416 $**		

Nous nous retrouvons avec cinq centres de regroupement. Nous avons considérablement réduit le nombre d'éléments à rattacher aux produits (au départ, nous avions 17 activités ; nous avons maintenant 5 centres de regroupement). De plus, en utilisant un facteur de consommation des ressources comme inducteur d'activité d'un centre, nous pouvons dire que ce centre regroupe les activités causées par cet inducteur. Ainsi, le centre associé aux références correspond aux activités causées, en partie du moins, par le nombre de références. Le coût unitaire de 2 532 $ représente le coût moyen des activités ou de l'activité en général causée par une référence additionnelle dans le système de production. Cela signifie que si le nombre de références des divers produits était réduit de 10 %, soit de 17 800 références, on devrait observer une réduction des coûts des activités engendrées par les références, soit une réduction de 45 069 600 $ (17 800 × 2 532 $).

Le tableau 5.16 présente les données nécessaires pour rattacher les centres de regroupement aux produits.

Tableau 5.16 Volume des inducteurs d'activité par gamme de produits

Centre de regroupement	Gamme commerciale	Gamme industrielle	Gamme d'accessoires	Total
Références	72 000	52 000	54 000	178 000 unités
Machines estampillage	540 000	900 000		1 440 000 unités
Machines assemblage	1 422 000	1 738 000	200 000	3 360 000 unités
Main-d'œuvre finition	300 000	510 000	90 000	900 000 unités
Modèles	800	400	1 800	3 000 unités

Le choix d'un inducteur d'activité

Voici la liste des critères permettant de choisir les facteurs qui deviendront les inducteurs d'activité du modèle de comptabilité par activités que nous construisons :

- Mesurabilité et quantifiabilité des facteurs ;
- Disponibilité des données ;
- Facteur de coût ;
- Non-propension à créer de la valeur ;
- Lien avec la stratégie ;
- Susceptibilité d'influer sur le comportement ;
- Contrôlabilité ;
- Actionnement à court terme ;
- Pragmatisme.

On peut donc choisir comme inducteur d'activité une unité d'œuvre, un déclencheur d'activité ou encore un facteur de consommation des ressources par les activités. Le premier critère de choix est la capacité de mesurer et de quantifier le facteur choisi. Plusieurs facteurs peuvent être qualitatifs, comme les facteurs liés à la structure de l'organisation. Ces derniers seront utiles pour élaborer une stratégie de réduction permanente des coûts et, peut-être, établir les tableaux de bord. Toutefois, on ne peut les utiliser comme inducteurs d'activité.

Il va de soi que l'on doit pouvoir obtenir à un coût raisonnable les données relatives au facteur choisi comme inducteur. On doit favoriser les facteurs qui sont des causes de coût, soit les déclencheurs d'activité et les facteurs de consommation de ressources, plutôt que les unités d'œuvre, puisque l'on souhaite non seulement répartir les coûts, mais aussi les expliquer.

Ainsi, on doit favoriser les *inducteurs négatifs* (c'est-à-dire ceux qui ne créent pas de valeur aux yeux des clients) plutôt que les *inducteurs positifs* (c'est-à-dire ceux qui créent de la valeur aux yeux des clients). Par exemple, le *nombre de modèles,* qui est un facteur de consommation des ressources d'une activité de développement des produits, constitue aussi un facteur positif, car un modèle additionnel représente une valeur aux yeux du client. Par contre, le *nombre de plaintes,* qui est également un facteur de consommation des ressources d'une activité de développement des produits, constitue un facteur négatif, car une plainte additionnelle n'a pas de valeur aux yeux du client. Le calcul d'un coût moyen par plainte peut alors inciter l'entreprise à prendre les moyens de réduire les plaintes.

Nous devons favoriser le choix d'un facteur ayant un lien avec la stratégie élaborée et pouvant influer sur le comportement des gestionnaires afin de favoriser l'atteinte des objectifs fixés par la direction. Ces raisons deviendront évidentes lorsque nous aborderons la gestion dans une perspective d'orientation et d'apprentissage au chapitre 11.

Enfin, il est préférable de choisir un facteur contrôlable, c'est-à-dire sur lequel on peut influer et qui nous permet donc de passer à l'action. Mieux encore, il est préférable de choisir un facteur sur lequel on peut exercer une action à court terme. Il ne faut pas oublier d'être pragmatique. On favorisera, selon ce dernier critère, le choix d'un petit nombre d'inducteurs différents, soit un maximum de 10 inducteurs différents, et de préférence environ 5 inducteurs.

E X E M P L E   9

Reprenons les données de l'exemple 7. Nous avons reproduit au tableau 5.17 une matrice des activités (axe horizontal) et des facteurs inducteurs d'activité potentiels (axe vertical). Nous avons illustré notre choix en cochant, pour chaque activité, l'inducteur privilégié selon les circonstances.

Nous avons privilégié le nombre de références par rapport à tout autre inducteur possible parce que cet inducteur répond à tous les critères de notre liste. Nous avons favorisé le nombre de modèles par rapport au nombre de lots et de devis uniquement en raison de la disponibilité des données (donc par pragmatisme), car nous aurions tout aussi bien pu choisir l'un ou l'autre de ces inducteurs. Enfin, nous avons privilégié la durée de cycle mesurée en temps par rapport au nombre de modifications, car l'entreprise vise à réduire le nombre de modifications à zéro. Nous avons également favorisé cet inducteur par rapport à la complexité, car ce dernier facteur est plus difficilement mesurable.

Tableau 5.17 Matrice des activités et des inducteurs d'activité

Activité \ Inducteurs	Certification fournisseur	Références	Lots	Déplacements	Devis	Modifications	Modèles	Durée du cycle	Complexité
Gestion des achats		X			X		X		
Réception	X	X			X		X		X
Opérations estampillage						X		X	X
Gestion estampillage		X	X		X	X	X		X
Manutention estampillage		X		X					
Mise en course estampillage			X		X		X		
Opérations assemblage						X		X	X
Gestion assemblage		X	X		X	X	X		X
Manutention assemblage		X		X					
Mise en course assemblage			X		X		X		
Opérations finition						X		X	X
Gestion finition		X	X		X	X	X		X
Manutention finition		X		X					
Recherche		X			X	X	X		X
Développement		X			X	X	X		X
Ordonnancement		X			X	X	X		X
Contrôle de la qualité		X			X	X	X		X

ÉTAPE 4 : ÉTABLIR LA LISTE DES OBJETS DE COÛT

Les trois premières étapes de la comptabilité par activités nous permettent de calculer le coût des centres de regroupement et le coût unitaire des inducteurs d'activité respectifs. Si nous voulons calculer le coût de revient des produits et services, nous devons effectuer deux autres étapes.

La **quatrième étape** de la mise en œuvre d'une comptabilité par activités consiste à établir la liste des objets de coût.

> 1. DRESSER LA LISTE DES ACTIVITÉS

> 2. RATTACHER LES RESSOURCES AUX ACTIVITÉS

> 3. DÉFINIR DES CENTRES DE REGROUPEMENT D'ACTIVITÉS

> 4. ÉTABLIR LA LISTE DES OBJETS DE COÛT

> 5. RATTACHER LES CENTRES DE REGROUPEMENT AUX OBJETS DE COÛT

Les objets de coût sont généralement les produits et les services de l'entreprise. En principe, il n'est pas difficile de dresser cette liste puisque l'entreprise possède toujours un fichier comprenant l'inventaire de ses produits. Cependant, s'il y a un très grand nombre de produits (certaines entreprises en ont des milliers), cette situation peut mener à un système extrêmement complexe dont la mise en application et la mise à jour régulière s'avèrent très coûteuses. Il peut donc être utile de regrouper les produits et de calculer le coût moyen d'une unité d'une gamme de produits. Par contre, il ne faut regrouper que des produits comparables sur le plan de la composition, de la qualité, de la quantité et de la valeur des ressources utilisées ainsi que sur le plan du mode de production et des activités de soutien consommées.

On peut également définir comme objet de coût, les clients, les fournisseurs, un créneau commercial, etc.

ÉTAPE 5 : RATTACHER LES CENTRES DE REGROUPEMENT AUX OBJETS DE COÛT

La cinquième étape de la mise en œuvre d'une comptabilité par activités consiste à rattacher les centres de regroupement aux objets de coût.

1. DRESSER LA LISTE DES ACTIVITÉS

2. RATTACHER LES RESSOURCES AUX ACTIVITÉS

3. DÉFINIR DES CENTRES DE REGROUPEMENT D'ACTIVITÉS

4. ÉTABLIR LA LISTE DES OBJETS DE COÛT

5. RATTACHER LES CENTRES DE REGROUPEMENT AUX OBJETS DE COÛT

Les centres de regroupement sont rattachés aux objets de coût à l'aide des inducteurs d'activité choisis. Comme nous l'avons mentionné précédemment, il est possible de rattacher directement les activités aux objets de coût lorsqu'il y a un petit nombre d'activités, et ce sans passer par les centres de regroupement. Les exemples 10, 11 et 12 illustrent ce cas.

E X E M P L E   1 0

Une entreprise manufacturière, l'entreprise ABC inc., assemble trois gammes de produits : la gamme A, la gamme B et la gamme C. Chaque produit de la gamme A comporte un composant fait sur mesure, chaque produit de la gamme B en comporte trois et chaque produit de la gamme C en comporte cinq.

Nous présentons au tableau 5.18 :

- la liste de six activités importantes ;
- le coût de chacune de ces six activités ;
- l'unité d'œuvre choisie pour chacune de ces activités ;
- le volume de chacune de ces unités d'œuvre ;
- le coût unitaire de ces unités d'œuvre.

Ces données sont le résultat des deux premières étapes de la marche à suivre que nous proposons en vue de mettre en application un système de comptabilité par activités.

Tableau 5.18 Coût des activités et inducteurs d'activité correspondants

Activité	Coût	Unité d'œuvre	Nombre d'unités	Coût unitaire
Gestion des achats	830 000 $	Unité commandée	50 000	16,60 $
Achat des pièces centrales	850 000	Unité pièce centrale	17 000	50,00
Achat des composants	660 000	Unité composant	33 000	20,00
Gestion des composants	660 000	Unité composant	33 000	20,00
Assemblage	1 149 000	Heures main-d'œuvre	19 150	60,00
Vente	1 279 000	Unité vendue	17 000	75,24
Total	**5 428 000 $**	**Unité vendue**	**17 000**	**319,29 $**

Nous allons maintenant rattacher le coût des activités aux trois gammes de produits en utilisant comme inducteurs d'activité les unités d'œuvre définies au tableau 5.18. Nous présentons au tableau 5.19 les statistiques d'utilisation des unités d'œuvre pour chacune des trois gammes de produits. Ces statistiques sont essentielles afin d'établir la répartition des coûts des activités entre les trois gammes de produits.

Tableau 5.19 Nombre d'unités d'œuvre par gamme de produits

Activité	Gamme A	Gamme B	Gamme C	Total
Gestion des achats	20 000	24 000	6 000	**50 000**
Achat des pièces centrales	10 000	6 000	1 000	**17 000**
Achat des composants	10 000	18 000	5 000	**33 000**
Gestion des composants	10 000	18 000	5 000	**33 000**
Assemblage	10 000	7 500	1 650	**19 150**
Vente	10 000	6 000	1 000	**17 000**

Nous présentons au tableau 5.20 le coût de revient détaillé de chacune des trois gammes de produits en utilisant les unités d'œuvre comme inducteurs d'activité. Ce résultat nous donne un premier modèle de la comptabilité par activités. Nous pourrions en construire d'autres.

Tableau 5.20 Coût de revient par activités : un premier modèle

Activité	Gamme A	Gamme B	Gamme C	Total
Gestion des achats	332 000 $	398 400 $	99 600 $	**830 000 $**
Achat des pièces centrales	500 000	300 000	50 000	**850 000**
Achat des composants	200 000	360 000	100 000	**660 000**
Gestion des composants	200 000	360 000	100 000	**660 000**
Assemblage	600 000	450 000	99 000	**1 149 000**
Vente	752 353	451 412	75 235	**1 279 000**
Coût total	**2 584 353 $**	**2 319 812 $**	**523 835 $**	**5 428 000 $**
Nombre d'unités vendues	10 000	6 000	1 000	**17 000**
Coût unitaire	**258,44 $**	**386,64 $**	**523,84 $**	**319,29 $**

E X E M P L E   1 1

Reprenons l'exemple précédent. Cette fois-ci, au lieu d'utiliser les unités d'œuvre comme inducteurs d'activité, nous allons utiliser des facteurs de consommation des ressources pour certaines activités. Nous aurons donc recours aux facteurs de consommation des ressources dont la liste est fournie au tableau 5.21. Nous y présentons :

- la liste de six activités principales ;
- le coût de chacune de ces six activités ;
- l'inducteur d'activité choisi pour chacune de ces activités ;
- le volume de chacun de ces inducteurs ;
- le coût unitaire de chacun de ces inducteurs.

Tableau 5.21 Coût des activités et inducteurs d'activité correspondants

Activité	Coût	Unité d'œuvre	Nombre d'unités	Coût unitaire
Gestion des achats	830 000 $	Un bon d'achat	8 905	93,21 $
Achat des pièces centrales	850 000	Unité pièce centrale	17 000	50,00
Achat des composants	660 000	Unité composant	33 000	20,00
Gestion des composants	660 000	Unité composant	33 000	20,00
Assemblage	1 149 000	Un lot	500	2 298,00
Vente	1 279 000	Une commande client	8 405	152,17
Total	**5 428 000 $**	**Unité vendue**	**17 000**	**319,29 $**

Nous allons maintenant rattacher le coût des activités aux trois gammes de produits en utilisant comme inducteurs d'activité les facteurs de consommation des ressources définis au tableau 5.21. Deux de ces facteurs sont identiques aux unités d'œuvre définies dans l'exemple 8. Nous présentons au tableau 5.22 les statistiques d'utilisation de ces nouveaux inducteurs d'activité pour les trois gammes de produits.

▨ Tableau 5.22 Volume des inducteurs d'activité par gamme de produits

Centre de regroupement	Gamme commerciale	Gamme industrielle	Gamme d'accessoires	Total
Gestion des achats	4 670	3 810	425	8 905 unités
Achat des pièces centrales	10 000	6 000	1 000	17 000 unités
Achat des composants	10 000	18 000	5 000	33 000 unités
Gestion des composants	10 000	18 000	5 000	33 000 unités
Assemblage	250	150	100	500 unités
Vente	4 420	3 660	325	8 405 unités

Le tableau 5.23 présente le coût de revient détaillé de chacune des trois gammes de produits en utilisant les inducteurs d'activité définis au tableau 5.21 et dont les statistiques apparaissent au tableau 5.22. Ce résultat constitue un deuxième modèle de la comptabilité par activités.

▨ Tableau 5.23 Coût de revient par activités : un deuxième modèle

Activité	Gamme A	Gamme B	Gamme C	Total
Gestion des achats	435 272 $	355 115 $	39 613 $	830 000 $
Achat des pièces centrales	500 000	300 000	50 000	850 000
Achat des composants	200 000	360 000	100 000	660 000
Gestion des composants	200 000	360 000	100 000	660 000
Assemblage	574 500	344 700	229 800	1 149 000
Vente	672 597	556 947	49 456	1 279 000
Total	**2 582 370 $**	**2 276 762 $**	**568 868 $**	**5 428 000 $**
Coût unitaire	**258,24 $**	**379,46 $**	**568,87 $**	**319,29 $**

E X E M P L E   1 2

Reprenons l'exemple précédent, mais supposons que les commandes ne sont pas toutes homogènes. Il y a des commandes de 1 unité, des commandes de 10 unités identiques et des commandes de 100 unités identiques. Le tableau 5.24 présente les informations relatives au nombre de commandes de chaque type.

▨ Tableau 5.24 Nombre et type de commandes par gamme de produits

Commandes	Gamme A	Gamme B	Gamme C	Total
Commandes de 1 unité	4 000	3 500	300	7 800
Commandes de 10 unités	400	150	20	570
Commandes de 100 unités	20	10	5	35
Nombre total de commandes	4 420	3 660	325	8 405

Nous avons calculé au tableau 5.21 un coût moyen de 152,17 $ par commande, obtenu en divisant 1 279 000 $ de l'activité Gestion des ventes par

8 405 commandes. Il faut montrer que chaque commande coûte 152,17 $, qu'elle soit de 1 ou de 100 unités. Nous présentons au tableau 5.25 le calcul du coût de revient unitaire par gamme de produits en excluant les coûts de l'activité Vente. Le tableau 5.26 présente le coût unitaire par type de commande et par gamme de produits, et inclut donc les coûts de l'activité Vente.

Tableau 5.25 Coût de revient par gamme de produits excluant les coûts de l'activité Vente

Activité	Gamme A	Gamme B	Gamme C	Total
Gestion des achats	435 272 $	355 115 $	39 613 $	830 000 $
Achat des pièces centrales	500 000	300 000	50 000	850 000
Achat des composants	200 000	360 000	100 000	660 000
Gestion des composants	200 000	360 000	100 000	660 000
Assemblage	574 500	344 700	229 800	1 149 000
Total	1 909 772 $	1 719 815 $	519 413 $	4 149 000 $
Coût unitaire (excluant les coûts de vente)	190,98 $	286,64 $	519,41 $	244,06 $

Tableau 5.26 Coût de revient par gamme de produits et par type de commande

Coût unitaire (incluant les coûts de vente)	Gamme A	Gamme B	Gamme C
Commandes de 1 unité	343,15 $	438,81 $	671,58 $
Commandes de 10 unités	206,19 $	301,85 $	534,63 $
Commandes de 100 unités	192,50 $	288,16 $	520,93 $

E X E M P L E   1 3

Reprenons l'exemple 7. Nous pouvons obtenir les résultats du tableau 5.27 à partir des données des tableaux 5.12 et 5.13.

Tableau 5.27 Coût de revient par activités

Centre de regroupement	Gamme commerciale	Gamme industrielle	Gamme d'accessoires	Total
Nombre de commandes	14 519 730 $	10 486 472 $	10 889 798 $	35 896 000 $
Heures-machines estampillage	29 295 000	48 825 000		78 120 000
Nombre de mises en course	14 400 000	7 200 000	32 400 000	54 000 000
Heures-machines assemblage	81 257 143	99 314 286	11 428 571	192 000 000
Heures de MO finition	26 800 000	45 560 000	8 040 000	80 400 000
Heures de MO recherche	100 000 000	85 000 000	15 000 000	200 000 000
Heures de MO développement	30 000 000	25 500 000	4 500 000	60 000 000
Heures de MO ordonnancement	3 000 000	600 000	2 400 000	6 000 000
Heures de MO contrôle de la qualité	5 000 000	4 000 000	3 000 000	12 000 000
Coût total	304 271 873 $	326 485 758 $	87 658 369 $	718 416 000 $
Nombre d'unités	1 500 000	500 000	2 800 000	
Coût unitaire	202,85 $	652,97 $	31,31 $	

E X E M P L E   1 4

Reprenons l'exemple 8. Nous pouvons obtenir le résultat du tableau 5.28 à partir des données des tableaux 5.15 et 5.16.

Tableau 5.28 Coût de revient par activités

Centre de regroupement	Gamme commerciale	Gamme industrielle	Gamme d'accessoires	Total
Références	182 304 000 $	131 664 000 $	136 728 000 $	450 696 000 $
Machines estampillage	20 520 000	34 200 000	0	54 720 000
Machines assemblage	49 770 000	60 830 000	7 000 000	117 600 000
Main-d'œuvre finition	13 800 000	23 460 000	4 140 000	41 400 000
Modèles	14 400 000	7 200 000	32 400 000	54 000 000
Coût total	**280 794 000 $**	**257 354 000 $**	**180 268 000 $**	**718 416 000 $**
Nombre d'unités	1 500 000	500 000	2 800 000	
Coût unitaire	**187,20 $**	**514,71 $**	**64,38 $**	

DES INFORMATIONS POUR LA GESTION

La comptabilité par activités est particulièrement bien adaptée aux entreprises du secteur manufacturier, dont les frais généraux sont élevés, ainsi qu'aux entreprises de services, parce qu'elle permet de calculer le coût de revient de toutes les activités de l'entreprise.

De plus, la comptabilité par activités permet de produire des informations utiles pour la réduction des coûts en fournissant des données sur les inducteurs de coûts. Ces informations mènent à la gestion par activités ou au réaménagement des processus d'affaires, que nous étudierons au chapitre 11.

Q U E S T I O N S   D E   R É V I S I O N

1. Quel est l'objectif du modèle de la comptabilité des ressources ?

2. Quel est le principe de la comptabilité par activités ?

3. Qu'est-ce qu'une activité ? *Ensemble de tâche*

4. Qu'est-ce qu'un processus ?

5. Selon quels critères distingue-t-on les activités des processus ?

6. Décrivez les relations entre les processus et les unités administratives.

7. Décrivez brièvement les deux premières étapes de la marche à suivre pour mettre en œuvre un système de comptabilité par activités.

8. Définissez l'unité d'œuvre et donnez-en un exemple.

9. Définissez l'inducteur d'activité.

10. Définissez le déclencheur d'activité et donnez-en un exemple.

11. Dans quel but utilise-t-on un déclencheur d'activité comme inducteur d'activité?

12. Définissez le facteur de consommation des ressources par les activités et donnez-en un exemple.

13. Dans quel but utilise-t-on un facteur de consommation des ressources comme inducteur d'activité?

14. Pourquoi regroupe-t-on les activités en centres de regroupement?

15. Nommez les critères de choix des inducteurs d'activité.

16. Définissez l'inducteur positif et l'inducteur négatif et donnez un exemple de chacun.

17. Pourquoi choisir un facteur de consommation contrôlable comme inducteur d'activité?

18. Quel rôle joue le pragmatisme dans le choix d'un inducteur d'activité?

19. Interprétez le calcul suivant:

$$\left\{ \frac{\text{Somme des coûts des activités regroupées dans un centre}}{\text{Volume de l'inducteur choisi}} \right\}$$

20. Dites brièvement comment on doit répartir entre les produits les coûts accumulés dans un centre de regroupement.

E X E R C I C E S

● Exercice 5.1   Coût de revient par activités

L'entreprise manufacturière MJL ltée fabrique trois produits. Ses activités se déroulent exclusivement à l'intérieur d'un atelier. Tous ses produits suivent un parcours similaire à l'intérieur de cet atelier. On établit des coûts standard complets pour chacun des trois produits. On affecte directement aux produits les coûts des matières premières et de la main-d'œuvre directe. On impute aux produits les frais généraux de fabrication sur la base du coût standard de la main-d'œuvre directe. On considère les frais de vente et d'administration comme des frais de la période et on ne les répartit pas entre les produits.

Voici le budget de MJL ltée pour le prochain exercice:

Budget de MJL ltée pour le prochain exercice financier

Ventes	3 832 600 $
Coût des produits vendus	
Matières premières	680 000
Main-d'œuvre directe	215 000
Frais généraux de fabrication	1 703 000
	2 598 000 $
Bénéfice brut	1 234 600 $
Frais de vente et d'administration	624 000
Bénéfice net	610 600 $

La fiche de coût de revient standard des produits est la suivante :

Coût de revient standard

	Produit A	Produit B	Produit C
Matières premières	20,00 $	30,00 $	10,00 $
Main-d'œuvre directe	10,00	6,67	5,00 *en fonction MOD*
Frais généraux de fabrication	79,21	52,81	39,60
Total	109,21 $	89,47 $	54,60 $

Le tableau suivant résume l'analyse des activités d'exploitation :

Activité	Unité d'œuvre	Produit A	Produit B	Produit C	Total
Production	Unité produite	10 000	15 000	3 000	28 000
Utilisation des machines	Heure-machine	5 000	12 000	3 000	20 000
Gestion des composants	Composant	50 000	90 000	30 000	170 000
Mise en course	Mise en course	8	10	12	30
Ingénierie	Heure travaillée	2 500	3 500	4 000	10 000
Emballage	Unité livrée	100	500	2 000	2 600

Une analyse des coûts de ces activités a permis de déterminer la répartition suivante des frais généraux de fabrication :

Activité	Coûts
Utilisation des machines	700 000 $
Gestion des composants	300 000
Mise en course	3 000
Ingénierie	500 000
Emballage	200 000
Total	1 703 000 $

FGF

Quant aux frais de vente et d'administration, mis à part un montant équivalent à 10 % des frais qui sont particuliers au produit C, on devrait effectuer une analyse des activités pour pouvoir les définir et espérer par la suite les rattacher aux produits.

● **Travail à faire**

1. Calculez le coût de revient des produits A, B et C selon la comptabilité par activités.

2. Proposez une stratégie de réduction des coûts.

● **Exercice 5.2   Activités et productivité**

Une division transforme deux matières premières (X, qui coûte 1 $/kg, et Y, qui coûte 2 $/kg) en les mélangeant afin d'obtenir une pâte qu'elle revend à une autre division. On peut faire varier la proportion de l'une et l'autre de ces matières sans altérer la qualité de la pâte. Toutefois, on doit traiter la matière première X, qui coûte moins cher à l'achat que la matière première Y, avant de l'ajouter au mélange. Le tableau suivant présente les quantités de matières premières utilisées de même que les coûts d'exploitation des années 1992 et 1994.

Quantités

	1992	1994
Matière première X (en kg)	12 880 000	9 840 000
Matière première Y (en kg)	3 240 000	10 080 000
Total des matières premières (en kg)	**16 120 000**	**19 920 000**

Coûts	1992	1994
Main-d'œuvre directe	1 257 900 $	1 031 100 $
Frais généraux de la division	2 680 620	2 485 320
Total	**3 938 520 $**	**3 516 420 $**

Le contrôleur de la division et celui du siège social ne s'entendent pas sur l'interprétation de ces résultats. Le contrôleur du siège social prétend que la productivité de la division a diminué puisque le taux des frais généraux de la division sur le coût de la main-d'œuvre directe s'est accru entre 1992 et 1994, passant de 2,13 à 2,41 $ par dollar ($) de main-d'œuvre directe. Le contrôleur de la division soutient au contraire que la productivité s'est accrue puisque, en 1994, on a transformé 19,32 kg de matières premières en moyenne par dollar ($) de main-d'œuvre directe au lieu de 12,82 kg, soit une augmentation substantielle par rapport à 1992.

	1992	1994
Frais généraux/Main-d'œuvre directe	2,13 $/1 $	2,41$/1 $
Matières premières/Main-d'œuvre directe	12,82 kg/1 $	19,32kg/1 $

● Travail à faire

1. Dites qui, du contrôleur de la division ou de celui du siège social, a raison. Expliquez pourquoi.

2. Dites comment la direction devrait évaluer la productivité.

● Exercice 5.3   Coût de revient par activités et prix de vente

Une entreprise québécoise, SOL ltée, fabrique un produit qu'elle distribue en Europe par l'intermédiaire d'un grossiste à qui elle consent une commission de 10 % sur son prix. L'entreprise vend actuellement son produit 10 $ au grossiste, qui le revend 11 $ aux détaillants européens. Le grossiste, qui assume les frais de mise en marché, de publicité et de distribution en Europe, affirme qu'il aura de plus en plus de difficulté à distribuer ce produit, car une entreprise belge offre depuis peu un produit équivalent à 8 $, soit 3 $ de moins que le produit québécois. À moins que l'entreprise ne révise son prix de vente au grossiste, elle risque de voir chuter ses exportations vers l'Europe, qui constituent 50 % de son chiffre d'affaires. L'état des résultats de SOL ltée est le suivant :

SOL ltée
État des résultats
pour l'exercice se terminant le 31 décembre 1995

Ventes	56 845 000 $
Coût des produits vendus	18 350 000
Bénéfice brut	**38 495 000 $**
Frais généraux	30 045 750
Bénéfice net	**8 449 250 $**

Une analyse des frais généraux, qui représentent 60 % des coûts totaux, nous a révélé les postes suivants :

Activités liées aux frais généraux

Administration	5 200 000 $ ~~50%~~
Finance et contrôle	3 270 000
Mise en marché et publicité	6 990 500
Entreposage et livraison intérieure	4 233 000
Livraison des produits exportés	810 000
Commissions sur les exportations	2 842 250
Recherche et tests	6 700 000
Total	**30 045 750 $**

Au maximum 50 % des frais d'administration sont liés à l'exportation.

● **Travail à faire**

L'entreprise devrait-elle baisser son prix de vente au grossiste à 7 $ pour concurrencer l'entreprise belge ? Justifiez votre réponse.

● **Exercice 5.4   Coût de revient par activités et rentabilité**

L'entreprise Électro ltée assemble et vend des plinthes électriques ordinaires. La rentabilité de l'entreprise a fortement diminué depuis deux ans. Or, avec la mondialisation des marchés et le libre-échange à l'échelle de l'Amérique du Nord, le prix de vente demeure un facteur important dans la décision d'achat du consommateur.

Le pourcentage de bénéfice net de l'entreprise a chuté à 5 % au 31 décembre 1995 pour la quatrième année consécutive. En 1991, il était de 16,4 %. Le tableau suivant présente l'état des résultats au 31 décembre 1995.

Électro ltée
État des résultats
pour l'exercice se terminant le 31 décembre 1995

Ventes	**312 580 000 $**	**100,00 %**
Coût des produits vendus	166 300 000	53,20
Bénéfice brut	**146 280 000 $**	**46,80 %**
Frais de vente	90 000 000 $	28,79 %
Frais d'administration	26 660 000	8,53
Frais de financement	14 000 000	4,48
	130 660 000	41,80
Bénéfice net	**15 620 000 $**	**5,00 %**

Le système actuel de calcul du coût de revient de l'entreprise est relativement simple. Il est basé sur la méthode selon une analyse d'équivalence (voir le chapitre 3). Les procédés de fabrication sont relativement homogènes, ce qui permet l'établissement d'équivalences entre les produits relativement aux coûts directs. Le tableau suivant établit la production de l'année 1995 en unités équivalentes.

Famille de produits

	A	B	C	D	E	Total
Unités produites	1 583 000	600 000	1 020 000	680 000	700 000	
Unité d'équivalence	1	1,6	2	2,4	3	
Unités équivalentes	1 583 000	960 000	2 040 000	1 632 000	2 100 000	8 315 000

Voici ce qu'on obtient en calculant le coût de revient unitaire à partir des données du tableau précédent :

Coûts des produits vendus	166 300 000 $
Nombre d'unités équivalentes	8 315 000
Coût par unité équivalente	20 $

Famille de produits

	A	B	C	D	E
Unité d'équivalence	1	1,6	2	2,4	3
Coût par unité équivalente	20 $	20 $	20 $	20 $	20 $
Coût unitaire	20 $	32 $	40 $	48 $	60 $

Analyse des activités indirectes

Même si le produit est homogène pour ce qui est des activités d'assemblage, il ne l'est pas quant aux activités dites indirectes, soit les activités de logistique et de soutien. Ainsi, le moment, la quantité, l'auteur et l'endroit de la commande sont autant de facteurs qui influent sur les frais de vente, les frais généraux de fabrication et les frais d'administration.

Les activités liées à la fabrication

Chaque année en octobre, l'entreprise participe à plusieurs foires commerciales où elle expose ses produits et remplit son carnet de commande pour le printemps suivant. À partir de ces commandes, elle établit son programme de production pour l'hiver. Toute commande passée après le 1er janvier perturbe l'horaire de production et doit être produite dans un lot spécial. En 1995, 831 500 des 8 315 000 unités équivalentes ont été produites en commandes spéciales à un coût additionnel de 10 $ par unité équivalente. Ce coût est inclus dans le coût des produits vendus.

Les activités liées à la vente

L'entreprise vend à des groupements d'acheteurs, comme le groupe RONA, et à des clients particuliers. Les groupements exigent en moyenne une réduction additionnelle de 5 % sur le montant de leurs commandes. L'expérience de crédit de ces groupements est excellente, alors que les créances douteuses ont totalisé 6 % du montant des ventes aux clients particuliers l'année précédente, outre le travail additionnel de la comptabilité qui doit traiter avec plusieurs petits clients plutôt qu'avec un seul client important. En tout, 3 779 895 unités équivalentes ont été exportées et 70 % des unités équivalentes ont été vendues aux groupements.

Par ailleurs, l'entreprise doit assumer des frais additionnels pour les produits qu'elle exporte. Voici les coûts liés aux activités de vente :

Frais de vente	Montant
Activités communes	16 630 000 $
Activités liées aux exportations	56 698 425
Réductions accordées aux groupements	11 058 950
Mauvaises créances des clients particuliers	5 612 625
Total	**90 000 000 $**

Les activités liées à l'administration

On a établi que la gestion d'une commande coûte 50 $, quel que soit le nombre d'unités de la commande. Ainsi, une unité coûte en moyenne 1 $ pour une commande de 50 unités et 5 $ pour une commande de 10 unités. On a établi que la gestion des commandes représente 10 % des frais totaux d'administration.

Travail à faire

1. Indiquez à la direction de l'entreprise les produits non rentables.
2. Proposez à la direction des mesures susceptibles d'améliorer la rentabilité des produits non rentables.

Exercice 5.5 Comptabilité par activités et stratégie

Ventilation ltée assemble des ventilateurs depuis une vingtaine d'années. À l'origine, l'entreprise ne fabriquait qu'une seule gamme de produits, la gamme standard. Cette gamme comporte essentiellement cinq modèles vendus au détail dans les quincailleries. Il y a cinq ans, l'entreprise lançait une deuxième gamme de produits, la gamme technique. Destinée au secteur résidentiel, cette gamme comporte aujourd'hui dix modèles qui sont vendus directement aux entrepreneurs en construction. Il y a deux ans, l'entreprise lançait la gamme sur mesure. Destinés au secteur commercial, ces modèles sont fabriqués en fonction de la dimension et des caractéristiques de l'immeuble où ils seront installés. Par ailleurs, l'entreprise agit aussi comme distributeur exclusif de hottes importées de Suède, avec l'intention de les assembler un jour lorsque l'entreprise aura maîtrisé la mise en marché de ces produits.

Au cours du dernier exercice financier, Ventilation ltée a réalisé un bénéfice net de 1 695 000 $ sur un chiffre d'affaires de 120 000 000 $, soit 1,41 %. Il s'agit, selon la présidente, d'un résultat décevant.

L'état des résultats sectoriels est le suivant :

Ventilation ltée
Résultats sectoriels
pour l'exercice se terminant le 31 décembre 1995

	Gamme standard	Gamme technique	Gamme sur mesure	Importation de hottes	Total
Ventes	35 000 000 $	45 000 000 $	20 000 000 $	20 000 000 $	120 000 000 $
Coûts variables					
Achats de hottes				10 000 000 $	10 000 000 $
Matières premières	3 800 000 $	6 500 000 $	2 500 000 $		12 800 000
Main-d'œuvre directe	4 000 000	1 500 000	1 000 000		6 500 000
Frais généraux de fabrication	27 080 000	10 155 000	6 770 000		44 005 000
Frais généraux de vente	525 000	675 000	300 000	300 000	1 800 000
	35 605 000 $	18 830 000 $	10 300 000 $	10 300 000 $	75 105 000 $
Marge sur coûts variables	−605 000 $	26 170 000 $	9 430 000 $	9 700 000 $	44 895 000 $
Coûts fixes					
Frais généraux de fabrication					26 400 000 $
Frais généraux de vente					10 700 000
Frais généraux d'administration					6 100 000
					43 000 000 $
Bénéfice net					1 695 000 $

À l'aide d'une régression linéaire, on a déterminé le montant des frais généraux de fabrication variables, soit 6,77 $ par dollar ($) de main-d'œuvre directe. De même, on a déterminé que les frais généraux variables de vente représentaient 1,5 % du montant des ventes. On n'a pas encore tenté de répartir les frais généraux fixes entre les gammes de produits, mais, en ce qui concerne l'évaluation des stocks, l'entreprise utilise un taux d'imputation des frais généraux fixes et variables combinés de 10,83 $ par dollar ($) de main-d'œuvre directe.

Analyse de la production

Les statistiques de la production au cours du dernier exercice sont les suivantes :

Statistiques	Gamme standard	Gamme technique	Gamme sur mesure	Total
Nombre de modèles	5	10	22	37
Taille moyenne des lots	1 000	250	5	
Nombre de lots produits	50	100	500	650
Indice de complexité des produits	15 %	50 %	35 %	
Heures de mise en course	3	10	1	
Nombre moyen de composants	5	8	4	
Nombre d'heures-machine	275	520	85	880

Le tableau suivant présente l'analyse des activités de fabrication et le rattachement des ressources à ces activités :

Activités	Coûts
Achat, réception et entreposage des matières premières	13 000 000 $
Mise en course	330 000
Supervision et autres activités de la main-d'œuvre indirecte	8 975 000
Inspection et contrôle de la qualité	8 525 000
Ingénierie, conception et développement des produits	27 000 000
Utilisation des équipements (dotation à l'amortissement cumulé)	6 000 000
Assurances	850 000
Utilisation de l'énergie, chauffage et force motrice	5 000 000
Entretien de l'équipement, maintenance	725 000
Total	70 405 000 $

Le nombre de commandes est un facteur de consommation des ressources de l'activité Achat, réception et entreposage des matières premières. Le service des achats effectue une commande de matières premières par composant et par lot.

Chaque lot déclenche une mise en course.

La main-d'œuvre indirecte varie en fonction du nombre d'unités fabriquées.

Le contrôle de la qualité coûte 1 100 $ pour chaque tranche de 100 unités fabriquées.

L'indice de complexité des produits reflète le temps nécessaire pour compléter les devis, s'assurer du respect des spécifications, etc. Il représente la consommation des ressources de l'activité Ingénierie, conception et développement des produits.

La consommation des autres activités est proportionnelle au nombre d'heures-machine.

Analyse des activités de vente et d'administration

On a établi que 4 700 000 des 12 500 000 $ de frais engagés en 1995 ont servi à la distribution des hottes. Les autres activités sont communes aux autres produits de l'entreprise.

On a établi que 100 000 $ des frais d'administration étaient attribuables à la distribution des hottes, les autres activités étant communes aux autres produits.

● Travail à faire

1. Proposez à la présidente un système de comptabilité par activités.
2. Faites-lui des suggestions quant à la gestion stratégique et opérationnelle ; elles devraient la convaincre des bienfaits d'une comptabilité par activités.

● Exercice 5.6   Coût de revient par commande[2]

FSM ltée assemble deux gammes de produits, une gamme de produits standard et une gamme de produits faits sur mesure. Devant la faible rentabilité affichée par l'entreprise il y a deux ans, la direction lançait la gamme de produits faits sur mesure. L'usine fonctionne à pleine capacité. On doit reporter des commandes mais on ne constate toujours pas de bénéfices. Voici l'état des résultats pour le dernier exercice :

FSM ltée
État des résultats
pour l'exercice se terminant le 31 décembre 1995

Ventes	100 200 000 $	
Coûts de fabrication		
Matières premières	30 000 000 $	30 % des coûts
Main-d'œuvre directe	10 000 000	10 % des coûts
Frais généraux de fabrication	27 000 000	27 % des coûts
	67 000 000 $	67 % des coûts
Bénéfice brut	33 200 000 $	
Frais généraux de vente et d'administration	33 000 000	33 % des coûts
Bénéfice net	**200 000 $**	

Les frais généraux de vente et d'administration se sont particulièrement accrus au cours des deux dernières années. Le contrôleur décide donc d'analyser les activités de vente et d'administration. Ce faisant, il détermine que 8 000 000 des 33 000 000 $ de frais généraux de vente et d'administration concernent diverses activités liées à la gestion des commandes. L'entreprise a reçu au cours de la dernière année 32 000 commandes qui se répartissent comme suit :

Commande de	Total des commandes	Total des unités
1 unité	10 780	10 780
2 à 5 unités	17 920	62 720
6 à 100 unités	3 100	46 500
plus de 100 unités	200	80 000
Total	**32 000**	**200 000**

Ces commandes totalisent 200 000 unités. Comme toutes les unités sont équivalentes relativement aux matières premières et à la main-d'œuvre directe consommées, l'entreprise n'a pas de système de calcul du coût de revient. Elle estime le coût de revient de ses produits en divisant le coût total par le nombre total d'unités assemblées, ce qui donne une moyenne de 500 $ par unité.

---

2. Ce problème est inspiré de l'étude de cas *Siemens Electric Motor Works (A) and (B) combined*, rédigée par Karen Hooper Wruck et Robin Cooper, Harvard Business School, 1989.

● **Travail à faire**

Calculez le coût de revient d'une commande de 1 unité, de 10 unités et de 100 unités selon une comptabilité par activités.

● **Exercice 5.7   Imputation et influence sur le comportement[3]**

Les frais généraux de fabrication d'une entreprise s'élèvent à 90 000 $. Cette entreprise assemble deux produits distincts, soit P et Q, qui présentent les statistiques suivantes :

	Produit P	Produit Q
Coût de la main-d'œuvre directe par unité	50 $	100 $
Nombre d'unités assemblées	100 000	200 000
Nombre de composants par unité	1 de type A	2 de type B
	1 de type B	1 de type C

Hypothèse H1 : Les frais généraux de fabrication sont imputés selon le coût de la main-d'œuvre directe.

Hypothèse H2 : Les frais généraux de fabrication sont imputés selon le nombre total d'unités assemblées.

Hypothèse H3 : Les frais généraux de fabrication sont imputés selon le type de composant, soit 30 000 $ par type de composant, répartis ensuite selon le nombre d'unités de chacun des 3 types de composant.

90 000

● **Travail à faire**

1. Calculez le montant des frais généraux de fabrication imputés à chacun des produits P et Q, selon chacune des hypothèses H1, H2 et H3.

2. Commentez l'impact de la méthode d'imputation sur le comportement des concepteurs de produits dans une perspective de réduction des coûts.

● **Exercice 5.8   Comptabilité par activités d'une coopérative agroalimentaire[4]**

Lilait est une division d'une coopérative agroalimentaire canadienne spécialisée dans la transformation du lait en fromage. Malgré des décisions de rationalisation, la division n'a pas enregistré les résultats espérés au cours du dernier exercice. Elle décide donc de commander une étude de rentabilité de ses produits.

---

3. Ce problème est inspiré de l'étude de cas *Tektronix : Portable Instruments Division (A),* rédigée par Robin Cooper et Peter B. B. Turney, Harvard Business School, 1988.

4. Ce problème est inspiré d'une étude réalisée par Aminata Djibril Dialo, *Esquisse d'un modèle de comptabilité par activités dans une entreprise de transformation du lait,* Travail dirigé, École des Hautes Études Commerciales de Montréal, mars 1994.

Le graphique suivant illustre les quatre principales ressources utilisées, soit :

Main-d'œuvre	4 425 000 $
Matières premières (lait)	2 500 000 $
Matières premières (emballage)	500 000 $
Frais généraux	2 575 000 $

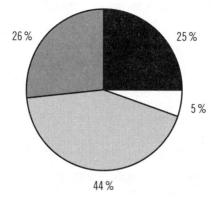

Ces 10 000 000 $ de ressources utilisées annuellement sont regroupés par fonction comme suit :

Exploitation	5 200 000 $
Marketing	770 000 $
Ventes	1 200 000 $
Administration et finance	1 030 000 $
Distribution	1 800 000 $

L'analyse des activités de ces 5 unités administratives a permis de définir les 18 activités suivantes :

Unité administrative	Activité
Exploitation	Production de fromage
	Contrôle de la qualité
	Gestion du personnel de l'usine
	Établissement du plan de production
Marketing	Fixation des prix
	Positionnement du produit
	Mise en œuvre des promotions
	Gestion des emballages
Ventes	Orientation et suivi du personnel
	Formation sur les techniques de vente
	Rédaction des documents de travail
	Analyse hebdomadaire
Administration et finance	Établissement des états financiers
	Détermination du coût de revient des produits
	Crédit, facturation et encaissements
Distribution	Collecte et emballage des commandes
	Livraisons
	Gestion des stocks

Le contrôleur a procédé au rattachement des ressources aux 18 activités. Le tableau suivant présente les coûts des 18 activités à la suite de ce rapprochement :

Activité	Matières premières-lait	Matières premières-emballage	Main-d'œuvre	Frais généraux	Total
Production de fromage	2 500 000 $	500 000 $	640 000 $	576 000 $	4 216 000 $
Contrôle de la qualité			140 000	192 000	332 000
Gestion du personnel de l'usine			160 000	144 000	304 000
Établissement du plan de production			60 000	288 000	348 000
Fixation des prix			30 000	78 500	108 500
Positionnement du produit			120 000	161 000	281 000
Mise en œuvre des promotions			45 000	147 250	192 250
Gestion des emballages			30 000	158 250	188 250
Orientation et suivi du personnel			285 000	72 500	357 500
Formation sur les techniques de vente			380 000	92 500	472 500
Rédaction des documents de travail			142 500	42 500	185 000
Analyse hebdomadaire			142 500	42 500	185 000
Établissement des états financiers			450 000	58 000	508 000
Détermination du coût de revient			135 000	27 000	162 000
Crédit, facturation et encaissements			315 000	45 000	360 000
Collecte et emballage des commandes			607 500	215 000	822 500
Livraisons			540 000	135 000	675 000
Gestion des stocks			202 500	100 000	302 500
Total	**2 500 000 $**	**500 000 $**	**4 425 000 $**	**2 575 000 $**	**10 000 000 $**

Par la suite, le contrôleur a procédé à une analyse des activités afin de déterminer les unités d'œuvre, les déclencheurs d'activité et les facteurs de consommation des ressources en général. Le tableau suivant présente les principaux résultats de cette analyse.

Activité	Unité d'œuvre	Déclencheur	Autre inducteur
Production de fromage	Quantité (en kg)	Ordre de fabrication	
Contrôle de la qualité	Temps (en heures)	Politique interne	Quantité (en unités)
Gestion du personnel de l'usine	Temps (heures)	Politique interne	
Établissement du plan de production	Plans (nombre)	Début d'une journée	Produits (nombre)
Fixation des prix	Produits (nombre)	Début d'une semaine	
Positionnement du produit	Montant budgété	Budget accordé	Produits (nombre)
Mise en œuvre des promotions	Montant budgété	Budget accordé	Produits (nombre)
Gestion des emballages	Quantité (en unités)	Budget accordé	
Orientation et suivi du personnel	Clients (nombre)	Politique de vente	
Formation sur les techniques de vente	Rencontre avec un client	Politique de vente	Clients (nombre)
Rédaction des documents de travail	Pages (nombre)	Demande de rapport	
Analyse hebdomadaire	Temps (en heures)	Début d'une semaine	Produits (nombre)
Établissement des états financiers	Contrôles (nombre)	Fin d'un trimestre	
Détermination du coût de revient	Temps (en heures)	Décision du contrôleur	Produits (nombre)
Crédit, facturation et encaissements	Clients (nombre)	Politique de crédit	
Collecte et emballage des commandes	Commandes (nombre)	Commande	
Livraisons	Commandes (nombre)	Commande	
Gestion des stocks	Produits (nombre)	Politique des stocks	

Voici enfin les statistiques nécessaires à la mise en place d'une comptabilité par activités :

Indicateur	Montant
Nombre de kg	602 800
Heures de main-d'œuvre (contrôle de la qualité)	2 800
Heures de main-d'œuvre (gestion du personnel)	4 000
Nombre de plans de production	600
Nombre de produits	140
Montant budgété (positionnement du produit)	280 000
Montant budgété (mise en œuvre des promotions)	190 000
Nombre d'unités emballées	830 500
Nombre de clients	340
Nombre de pages de rapport	5 300
Heures de main-d'œuvre (analyse hebdomadaire)	2 375
Nombre de contrôles	830
Heures de main-d'œuvre (détermination du coût de revient)	2 250
Nombre de commandes	32 000

Comme l'indique le tableau précédent sous la rubrique Nombre de produits, l'entreprise offre 140 variétés de fromage. Ces 140 variétés représentent 3 familles de produits qui se distinguent par les activités qu'elles requièrent. Le tableau suivant reprend les statistiques du tableau précédent par famille de produits :

Indicateur	Famille de produits A	B	C	Total
Nombre de kg	298 200	184 000	120 600	602 800
Heures de main-d'œuvre (contrôle de la qualité)	1 000	1 000	800	2 800
Heures de main-d'œuvre (gestion du personnel)	1 400	1 400	1 200	4 000
Nombre de plans de production	200	200	200	600
Nombre de produits	40	40	60	140
Montant budgété (positionnement du produit)	100 000	90 000	90 000	280 000
Montant budgété (mise en œuvre des promotions)	70 000	60 000	60 000	190 000
Nombre d'unités emballées	298 200	291 100	241 200	830 500
Nombre de clients	100	120	120	340
Nombre de pages de rapport	1 500	1 800	2 000	5 300
Heures de main-d'œuvre (analyse hebdomadaire)	700	675	1 000	2 375
Nombre de contrôles	275	275	280	830
Heures de main-d'œuvre (détermination du coût de revient)	750	750	750	2 250
Nombre de commandes	10 000	8 000	14 000	32 000

● Travail à faire

1. Établissez des centres de regroupement des activités.

2. Calculez le coût de revient moyen d'un kilogramme de fromage pour chacune des familles de produits.

3. Commentez brièvement l'information apportée par la comptabilité par activités dans ce cas.

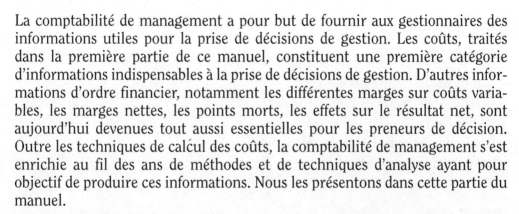

Partie 2

LES DÉCISIONS

La comptabilité de management a pour but de fournir aux gestionnaires des informations utiles pour la prise de décisions de gestion. Les coûts, traités dans la première partie de ce manuel, constituent une première catégorie d'informations indispensables à la prise de décisions de gestion. D'autres informations d'ordre financier, notamment les différentes marges sur coûts variables, les marges nettes, les points morts, les effets sur le résultat net, sont aujourd'hui devenues tout aussi essentielles pour les preneurs de décision. Outre les techniques de calcul des coûts, la comptabilité de management s'est enrichie au fil des ans de méthodes et de techniques d'analyse ayant pour objectif de produire ces informations. Nous les présentons dans cette partie du manuel.

En guise d'introduction au chapitre 6 nous proposons une classification des décisions de gestion. Le chapitre présente ensuite les différentes marges sur coûts variables ainsi que la méthode des coûts variables qui permet de les obtenir, puis les marges nettes et la méthode des coûts spécifiques qui leur est associée. Enfin, le chapitre 6 illustre comment on peut utiliser ces différentes marges pour évaluer des propositions selon une approche globale et selon une approche différentielle.

Le chapitre 7 présente les informations utiles aux décisions liées au volume d'activité, notamment le point mort, la marge de sécurité et les effets sur le bénéfice découlant de modifications de la structure de coût. Il présente le modèle coût-volume-bénéfice, un modèle de comportement des coûts, et l'analyse qui lui est particulière. D'abord destinée à étudier l'effet des variations du volume d'activité sur le bénéfice, cette analyse se révèle particulièrement utile pour la prise de décisions influant de manière permanente sur la structure des coûts, notamment les investissements immobiliers et technologiques.

En plus des informations utiles aux décisions *ad hoc,* la comptabilité de management produit des informations destinées à la gestion proprement dite, c'est-à-dire à la planification, à la direction et au contrôle. Nous traiterons de cette troisième catégorie d'informations dans la dernière partie de ce manuel.

Chapitre 6

L'ÉVALUATION
DE PROPOSITIONS

OBJECTIFS DU CHAPITRE

- Énumérer les catégories de décisions de gestion.
- Définir les différentes marges.
- Décrire la méthode des coûts variables.
- Définir la marge nette.
- Décrire la méthode des coûts spécifiques.
- Faire l'évaluation de propositions.

SOMMAIRE

Comme nous l'avons souligné dans la première partie de ce manuel, la comptabilité de management a pour objectif d'aider les gestionnaires à concrétiser la mission de l'entreprise de la manière la plus efficace possible. À cet effet, la comptabilité de management produit de l'information sur les coûts, de l'information pour la prise de décisions et de l'information pour la gestion proprement dite. Nous nous pencherons dans ce chapitre sur l'information destinée à l'évaluation de propositions, qui regroupe tout un ensemble de décisions de gestion.

Nous allons d'abord proposer une classification des décisions de gestion. Nous présenterons ensuite les différentes marges sur coûts variables, y compris la marge par unité d'un facteur de production, ainsi que la méthode des coûts variables qui permet de dégager ces marges. Nous étudierons également les marges nettes et la méthode des coûts spécifiques qui permet de les obtenir. Nous conclurons ce chapitre en analysant l'évaluation de propositions selon une approche globale et selon une approche différentielle. Nous illustrerons ainsi l'utilisation des différentes marges dans la prise de décision.

LES DÉCISIONS DE GESTION

La classification traditionnelle des décisions de gestion en décisions à court terme et à long terme épouse parfaitement le modèle de l'entreprise perçue comme une boîte noire pourvue d'un cadre physique, administratif et opérationnel ainsi que de moyens techniques et de services auxiliaires que l'on appelle *ressources de structure*. La figure 6.1 illustre ce modèle.

Figure 6.1 Modèle de l'entreprise

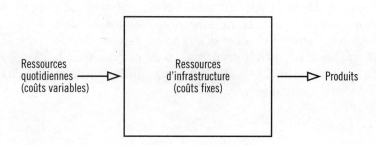

On construit la boîte noire grâce à l'acquisition de ressources à long terme. Une fois cette boîte déterminée, c'est-à-dire l'infrastructure fixée, il faut optimiser le rendement à court terme. On distingue donc:

- les décisions à long terme, dont l'objectif est l'acquisition de ressources de structure;
- les décisions à court terme, dont l'objectif est l'optimisation du rendement des ressources consommées quotidiennement.

La catégorie des décisions à court terme comprend les décisions relatives à l'acquisition de ressources quotidiennement accessibles, comme les matières premières, les fournitures et la main-d'œuvre, et les décisions relatives à l'utilisation accrue des actifs immobilisés. Nous retrouvons dans cette catégorie l'ensemble des «décisions-réactions» (ainsi appelées parce qu'elles se produisent en réaction à certains événements non prévus), telles que:

- la décision de fabriquer ou d'acheter, à la suite d'un changement imprévu dans la production ou dans les conditions du marché;
- la décision d'accepter ou de rejeter une commande ou un contrat *ad hoc*;
- la décision de continuer ou de cesser la fabrication d'un produit qui ne semble plus rentable.

De telles décisions, bien qu'elles n'exigent aucun financement à long terme, peuvent avoir des répercussions pendant plusieurs années. Elles ont donc une grande importance stratégique, et le qualificatif «à court terme» ne les décrit pas adéquatement.

Les décisions dites à long terme visent une acquisition majeure d'immobilisations, et requièrent de ce fait un financement à long terme. Les informations sur les coûts ne suffisent pas pour décider d'un investissement de ce type, car au-delà de l'impact fiscal de l'investissement il faut évaluer les conditions de financement.

De manière traditionnelle, les manuels de comptabilité de gestion traitent des décisions à court terme et des décisions à long terme. Mais, on le voit, ces deux expressions ne correspondent plus vraiment à la réalité. En effet, dans un contexte de mondialisation des marchés, de compétitivité accrue des entreprises, d'évolution technologique de plus en plus rapide et de cycle de vie des produits et de l'équipement de plus en plus court, le qualificatif «à long terme» n'est plus guère approprié. En outre, certaines décisions à court terme *typiques* découlent aujourd'hui de l'informatisation accrue des décisions opérationnelles et ne font plus l'objet de véritables décisions *ad hoc*. Pour toutes ces raisons, nous proposons donc ici une nouvelle classification en trois catégories des décisions de gestion: les décisions d'évaluation de propositions (dont nous traitons dans le présent chapitre), les décisions liées au volume d'activité (chapitre 7) et les décisions requérant un financement (que nous n'abordons pas dans ce manuel).

LA MARGE SUR COÛTS VARIABLES

Dans la prise de décisions, on distingue les coûts variables des coûts fixes et on dégage différentes marges, notamment la **marge sur coûts variables**. Outre la marge sur coûts variables proprement dite (tenant compte de tous les coûts variables), ce groupe de marges comprend la marge à la fabrication, la marge à la distribution et la marge par unité d'un facteur de production.

On définit la marge sur coûts variables comme le revenu (variable) moins l'ensemble des coûts variables. La figure 6.2 illustre ce concept.

Figure 6.2 Marge sur coûts variables

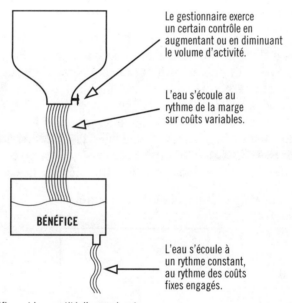

Le gestionnaire exerce un certain contrôle en augmentant ou en diminuant le volume d'activité.

L'eau s'écoule au rythme de la marge sur coûts variables.

BÉNÉFICE

L'eau s'écoule à un rythme constant, au rythme des coûts fixes engagés.

Le bénéfice est la quantité d'eau qui reste à la fin d'un exercice financier.

La marge sur coûts variables représente le montant disponible pour couvrir les coûts fixes et réaliser un bénéfice. Nous pourrions préciser l'illustration de la figure 6.2 en distinguant les coûts fixes propres à un produit des coûts fixes communs. Dans ce cas, la marge sur coûts variables d'un produit devient le montant disponible pour couvrir les coûts fixes propres à ce produit, participer à la couverture des coûts fixes communs et, s'il reste un excédent, réaliser un bénéfice.

Le revenu marginal est souvent assimilé au prix unitaire moyen ou au revenu variable moyen. De même, le coût marginal peut être assimilé au coût variable moyen et la contribution marginale à la marge sur coûts variables.

Marge sur coûts variables = Revenu variable – Coûts variables

Contribution marginale = Revenu de la dernière – Coût de la dernière
unité produite   unité produite

Selon la nature des coûts considérés, on distinguera la marge à la fabrication (revenu variable moins coûts variables de fabrication) de la marge à la distribution (marge à la fabrication moins coûts variables de distribution).

L'intérêt de la marge sur coûts variables

L'importance accordée à la marge sur coûts variables peut s'expliquer par le modèle de l'*entreprise-machine*[1] ou de la *boîte noire*. Selon ce modèle, l'organisme est composé d'immobilisations et de personnes qu'il faut faire agir et dont il faut optimiser le rendement. Dans les analyses ultérieures, nous chercherons à déterminer la façon d'accroître au maximum le profit produit par cette machine.

Dans ce contexte, on recueille des informations sur les décisions en mesurant tout ce qui entre et sort de la boîte à la suite d'une décision donnée. Puisque les coûts entrent dans la boîte et que les revenus en sortent (les coûts fixes étant souvent engagés *a priori* parce qu'ils sont les *coûts d'existence* de la boîte), l'objectif d'information par rapport aux décisions d'évaluation de propositions ou aux décisions liées au volume d'activité consiste alors à mesurer des revenus et des coûts variables, lesquels sont souvent exprimés sous la forme d'une marge sur coûts variables. Ces éléments variables sont les seuls éléments contrôlables dans ce cas. Nous illustrons cette notion à la figure 6.3. Les coûts fixes (de structure) sont incontrôlables pour cette catégorie de décisions.

Figure 6.3   Marge sur coûts variables contrôlables

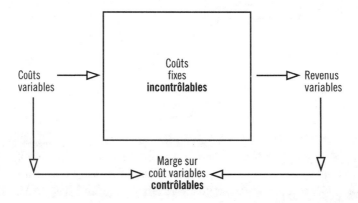

---

1. Cette métaphore de la machine a été brillamment présentée par Gareth Morgan dans *Images de l'organisation,* Éditions Eska, 1990. Quant à la métaphore de la boîte noire, elle apparaît dans plusieurs ouvrages sur les méthodes quantitatives.

EXEMPLE 1

Le tableau suivant présente l'état des résultats de l'entreprise XYZ ltée.

Entreprise XYZ ltée
État des résultats
pour l'exercice terminé le 31 décembre 1995

	Total	À l'unité
Ventes (800 000 unités)	16 000 000 $	20,00 $
Coût des produits vendus	9 600 000	12,00
Bénéfice brut	**6 400 000 $**	**8,00 $**
Frais de vente et d'administration	5 120 000	6,40
Bénéfice net	**1 280 000 $**	**1,60 $**

La direction de l'entreprise se demande si elle doit accepter une commande additionnelle de 20 000 unités pour laquelle le client demande une remise de 20 % sur le prix régulier. Ainsi, son prix de vente serait de 16 $ l'unité plutôt que de 20 $ l'unité. Nous supposons que l'entreprise a la capacité de production nécessaire pour exécuter cette commande, qu'aucun des éléments de coût engagés ne serait touché et que cette commande n'aurait aucun effet sur les commandes régulières.

Dans ce cas, la décision doit être dictée par la valeur de la marge sur coûts variables. Nous allons poser deux hypothèses :

Hypothèse 1 : Tous les coûts (9 600 000 $ et 5 120 000 $) sont fixes.

La direction doit accepter la commande spéciale, car la marge sur coûts variables de chaque unité vendue sera de 16 $.

Hypothèse 2 : Tous les coûts (9 600 000 $ et 5 120 000 $) sont variables.

La direction doit refuser la commande spéciale, car la marge sur coûts variables de chaque unité vendue au prix de 20 $ sera de 1,60 $, tandis qu'elle sera négative, soit de −2,40 $, au prix de 16 $.

Nous considérons que l'entreprise aurait intérêt à accepter la commande, pourvu que la marge sur coûts variables soit supérieure de 4 $ au prix de vente de 20 $.

LA MARGE PAR UNITÉ D'UN FACTEUR DE PRODUCTION

Les marges sur coûts variables, qu'il s'agisse de marge à la fabrication ou de marge à la distribution, peuvent également s'exprimer en fonction des facteurs de production. Prenons par exemple la marge sur coûts variables d'un produit valant 24 $. Si ce produit requiert 2 kg de matières premières, 30 minutes de main-d'œuvre directe et 15 minutes d'une machine spécialisée, on peut dire que ce produit rapporte **en moyenne 12 $ par kg de matières premières, 48 $ par heure de main-d'œuvre directe et 96 $ par heure de machine spécialisée**.

La marge par unité d'un facteur de production est un concept intéressant et même primordial lorsque plusieurs facteurs de production posent des contraintes. Considérons deux produits X et Y qui passent par le même atelier. Le produit X a une marge sur coûts variables de 24 $ et le produit Y, une marge sur coûts variables de 10 $. Si l'on doit refuser une commande de l'un ou l'autre de ces produits parce que l'atelier fonctionne à pleine capacité, doit-on nécessairement privilégier la production du produit X parce que sa marge sur coûts variables est plus élevée? La réponse est non, car on doit tenir compte du temps moyen requis par chacun des produits de cet atelier. En effet, si 2 unités de X passent par cet atelier à l'heure (temps moyen requis de 30 minutes par unité), la marge sur coûts variables moyenne à l'heure de cet atelier est de 48 $/heure lorsqu'on n'y fabrique que le produit X. Si 60 unités de Y passent par cet atelier à l'heure (temps requis de 1 minute par unité), la marge sur coûts variables moyenne à l'heure de cet atelier est de 600 $/heure lorsqu'on n'y fabrique que le produit Y.

E X E M P L E   2

Trois produits, P1, P2 et P3, sont assemblés dans le même atelier. L'entreprise a des commandes excédentaires qui exigeront au total 1 000 heures de travail de plus que la capacité de cet atelier. Connaissant la marge sur coûts variables de chacun des trois produits et connaissant le temps d'assemblage requis pour chacun d'eux, quel sera l'ordre de priorité de l'assemblage des produits? Le tableau suivant résume les données nécessaires pour faire ce choix:

	P1	P2	P3
Marge sur coûts variables	12 $	18 $	30 $
Nombre de produits à l'heure	4	6	1
Marge sur coûts variables par heure	48 $	108 $	30 $
Marge sur coûts variables par 1 000 heures	48 000 $	108 000 $	30 000 $

L'entreprise devrait choisir d'assembler le produit P2, le produit P1 puis, si la capacité le permet, le produit P3. Cet ordre de priorité relève de la marge sur coûts variables par heure, P2 rapportant 108 $ l'heure, P1 rapportant 48 $ l'heure et P3 ne rapportant que 30 $ l'heure, même si sa marge sur coûts variables est supérieure à celle des deux autres produits.

--•

LA MÉTHODE DES COÛTS VARIABLES

La méthode des coûts variables est essentiellement une façon différente de présenter les informations fournies aux tiers selon la méthode du coût complet. Toutefois, au contraire de cette dernière, elle met en évidence les coûts variables et les différentes marges sur coûts variables. Les informations retenues grâce à la méthode du coût complet sont souvent trop globales et ne permettent pas de déduire le comportement des coûts dans les situations où l'on doit prendre des décisions.

Par ailleurs, lorsqu'elle est utilisée pour présenter les résultats financiers, la méthode des coûts variables a des implications particulières, notamment sur l'évaluation des stocks.

L'évaluation des stocks

Lorsqu'on utilise la méthode des coûts variables, on évalue les stocks selon le coût variable de fabrication. Implicitement, on considère les charges fixes de fabrication comme des coûts de la période. Rappelons que, selon la méthode du coût complet, la portion des frais fixes incluse dans les stocks de clôture devient une charge dans l'exercice suivant, en supposant qu'on y a vendu les stocks. Nous illustrons ce phénomène à la figure 6.4.

Figure 6.4 Cheminement des coûts de fabrication

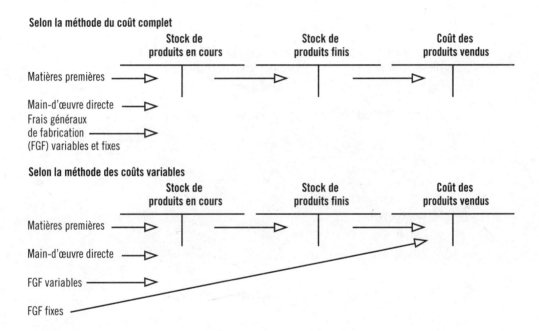

Selon la méthode du coût complet, la direction d'une entreprise peut reporter une portion des charges fixes de fabrication à l'exercice suivant, en augmentant le coût des stocks de clôture. Par contre, elle doit absorber ces coûts reportés l'année suivante.

Selon la méthode des coûts variables, l'entreprise ne peut pas reporter les charges fixes de fabrication, car elles ne sont pas incluses dans les stocks. Elle doit les considérer comme des frais de la période directement débités du coût des produits vendus. Cette méthode de comptabilisation des stocks n'est généralement pas acceptée au Canada pour présenter les états financiers. Elle nous intéresse ici uniquement parce qu'elle nous permet de connaître les différentes marges pour la prise de décision.

EXEMPLE 3

Une entreprise fabrique un seul produit. Ses prévisions quant à la fabrication et à la vente de 10 000 unités pour un mois donné sont les suivantes :

Matières premières	50 000 $
Main-d'œuvre directe (variable)	60 000 $
Frais généraux de fabrication	60 000 $
Frais de vente et d'administration	35 000 $
Prix de vente	25 $ l'unité

Une analyse des frais généraux de fabrication ainsi que des frais de vente et d'administration en vue de déterminer la partie fixe et la partie variable de ces frais a donné les résultats suivants pour le mois :

Frais fixes de fabrication	30 000 $
Frais fixes de vente et d'administration	25 000 $

Voici l'état des résultats pour ce mois selon la méthode du coût complet et l'état des résultats selon la méthode des coûts variables, en supposant qu'il n'y a pas de variations dans le niveau des stocks.

État des résultats selon la méthode du coût complet

Ventes		250 000 $
Coût des ventes		
Matières premières	50 000 $	
Main-d'œuvre directe	60 000 $	
Frais généraux de fabrication	60 000 $	170 000
Bénéfice brut		**80 000 $**
Frais de vente et d'administration		35 000
Bénéfice net		**45 000 $**

État des résultats selon la méthode des coûts variables

Ventes		250 000 $
Coût variables		
Fabrication		
Matières premières	50 000 $	
Main-d'œuvre directe	60 000 $	
Frais généraux de fabrication	30 000 $	140 000
Marge à la fabrication		**110 000 $**
Vente et administration		10 000
Marge sur coûts variables		**100 000 $**
Coûts fixes		
Fabrication	30 000 $	
Vente et administration	25 000 $	55 000 $
Bénéfice net		**45 000 $**

La méthode des coûts variables a pour avantage de donner un aperçu de l'impact d'une variation de volume sur le bénéfice. Toutefois, il est ici plus utile de calculer la marge sur coûts variables unitaires, car elle nous permet de visualiser très rapidement le bénéfice net selon différentes hypothèses de volume. C'est ce que nous illustrons dans le tableau suivant.

Marge sur coûts variables unitaires et bénéfice net selon différents volumes

Prix de vente à l'unité		25 $
Coûts variables		
Matières premières	5 $	
Main-d'œuvre directe	6 $	
Frais généraux de fabrication	3 $	
Vente et administration	1 $	15
Contribution marginale unitaire		**10 $**
Si l'on vend 8 000 unités, le résultat net sera le suivant :		
Marge sur coûts variables : 8 000 × 10 $		80 000 $
Moins : Coûts fixes		55 000
Bénéfice net		25 000 $
Si l'on vend 12 000 unités, le résultat net sera le suivant :		
Marge sur coûts variables : 12 000 × 10 $		120 000 $
Moins : Coûts fixes		55 000
Bénéfice net		65 000 $

--●

E X E M P L E   4

L'entreprise ABR ltée fabrique un seul produit. Une analyse a fait ressortir les données suivantes :

Données relatives aux activités de l'entreprise ABR ltée

Prix de vente	200 $	
Coûts variables unitaires		
Matières premières	50 $	
Main-d'œuvre directe	15 $	
Frais généraux de fabrication	15 $	80 $
Vente et administration		20
Marge sur coûts variables unitaires		**100 $**
Coûts fixes		
Fabrication		600 000 $
Vente et administration		400 000
		1 000 000 $

	Exercice 1	Exercice 2
Fabrication (en unités)	10 000	10 000
Ventes (en unités)	7 000	12 000

Étudions l'état des résultats de l'entreprise pour l'exercice 1 et l'exercice 2 (en milliers de dollars).

État des résultats de l'exercice 1

	Méthode du coût complet	Méthode des coûts variables
Ventes	1 400 $	1 400 $
Coût des produits vendus		
Stock au début	0 $	0 $
Fabrication		
Matières premières	500	500 $
Main-d'œuvre directe	150	150
Frais généraux		
Frais variables	150	150
Frais fixes	600	
	1 400 $	800 $
Stock de clôture		
(3 000 unités à 140 $ l'unité)	420 $	
(3 000 unités à 80 $ l'unité)		240 $
	980 $	560 $
Bénéfice brut	420 $	
Marge à la fabrication		840 $
Frais variables de vente et d'administration	140 $	140
Marge sur coûts variables		700 $
Frais fixes		
Fabrication		600 $
Vente et administration	400	400
	540 $	1 000 $
Bénéfice net (perte nette)	−120 $	−300 $

État des résultats de l'exercice 2

	Méthode du coût complet	Méthode des coûts variables
Ventes	2 400 $	2 400 $
Coût des produits vendus		
Stock au début	420 $	240 $
Fabrication		
Matières premières	500	500
Main-d'œuvre directe	150	150
Frais généraux		
Frais variables	150	150
Frais fixes	600	
	1 820 $	1 040 $
Stock de clôture		
(1 000 unités à 140 $ l'unité)	140 $	
(1 000 unités à 80 $ l'unité)		80 $
	1 680 $	960 $
Bénéfice brut	**720 $**	
Marge à la fabrication		**1 440 $**
Frais variables de vente et d'administration	240 $	240
Marge sur coûts variables		**1 200 $**
Frais fixes		
Fabrication		600 $
Vente et administration	400	400
	640 $	1 000 $
Bénéfice net (perte nette)	**80 $**	**200 $**

Cet exemple illustre le report d'une portion des coûts fixes de fabrication par l'intermédiaire des stocks de clôture d'un exercice à l'exercice suivant, ce qui ne se fait pas dans la méthode des coûts variables. Ainsi, pendant l'exercice 1, l'entreprise ABR ltée a engagé 600 000 $ de frais fixes de fabrication. Selon la méthode des coûts variables, on considère ces frais comme les charges de la période, alors que selon la méthode du coût complet, la somme de 180 000 $, soit 3 000 unités à 60 $, est reportée à l'exercice 2 par l'intermédiaire du stock de clôture de l'exercice 1. Par contre, pendant l'exercice 2, toujours selon la méthode du coût complet, l'entreprise devra considérer ces 180 000 $ comme des charges de l'exercice. Elle pourra par ailleurs reporter à l'exercice 3 une portion des coûts fixes de fabrication engagés dans l'exercice 2 qui totalisent également 600 000 $. La portion ainsi reportée à la fin de l'exercice 2 est de 60 000 $, soit 1 000 unités à 60 $. Selon la méthode des coûts variables, les frais généraux fixes de fabrication engagés durant un exercice ne sont pas reportés à l'exercice suivant.

LA MARGE NETTE

La **marge nette** d'un produit est égale aux revenus engendrés par ce produit moins l'ensemble des coûts qui lui sont propres, c'est-à-dire :

Marge nette = Marge sur coûts variables spécifiques − Coûts fixes spécifiques

La marge nette représente l'apport de ce produit à la couverture des coûts fixes communs et au résultat. On peut parler de la marge nette d'une division, d'un atelier, d'une machine ou d'une activité. Nous illustrons cette notion à la figure 6.5.

Figure 6.5 Marge nette et coûts fixes communs

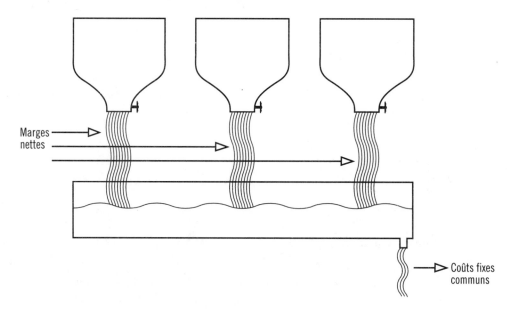

E X E M P L E 5

Une entreprise possède trois usines et un siège social, pour lesquels on a pu déterminer les coûts fixes et les coûts variables. Nous présentons au tableau suivant les données d'un exercice en faisant ressortir la marge sur coûts variables et la marge nette de chaque unité administrative.

Coûts, marge sur coûts variables et marge nette

	Usine 1	Usine 2	Usine 3	Siège social	Total
Chiffre d'affaires	1 000 000 $	2 000 000 $	3 000 000 $		6 000 000 $
Coûts variables	400 000	800 000	1 200 000		2 400 000
Marge sur coûts variables	**600 000 $**	**1 200 000 $**	**1 800 000 $**		**3 600 000 $**
Coûts fixes	400 000	500 000	1 400 000	1 200 000 $	3 500 000
Marge nette	**200 000 $**	**700 000 $**	**400 000 $**	**−1 200 000 $**	**100 000 $**

Nous distinguons quatre marges sur coûts variables, une pour chacune des trois usines et une pour l'entreprise. Le siège social ne produit pas de marge sur coûts variables parce qu'il ne rapporte pas de revenus et qu'on ne peut pas lui imputer de coûts variables. Nous retrouvons donc cinq marges nettes, soit une pour chacune des trois usines, une pour le siège social et une pour l'entreprise. Il est intéressant de visualiser les flux monétaires de l'entreprise à l'aide des marges sur coûts variables et des marges nettes. Nous avons reproduit ces flux à la figure 6.6.

Figure 6.6 Visualisation des marges sur coûts variables et des marges nettes

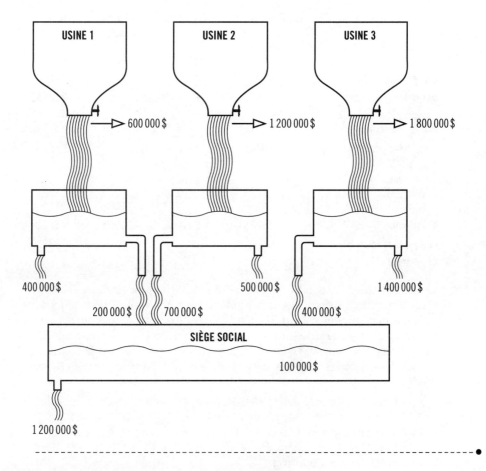

LA MÉTHODE DES COÛTS SPÉCIFIQUES

La méthode des coûts spécifiques s'applique à faire ressortir, dans la présentation des résultats, tous les coûts, fixes ou variables, engagés par un objet de coût, habituellement un produit, une gamme de produits, un service ou une gamme de services. Cette méthode consiste donc à dégager la marge nette de chaque objet de coût. Elle apparaît dans ce sens comme un prolongement de la méthode des coûts variables, car il s'agit de soustraire de la marge sur coûts variables de chaque objet de coût les coûts fixes spécifiques à cet objet de coût.

E X E M P L E   6

Une entreprise fabrique deux gammes de produits. Le tableau qui suit présente l'état des résultats selon la méthode des coûts spécifiques.

	Produit P1	Produit P2	Adminis-tration	Total
Ventes	6 900 $	20 100 $		27 000 $
Charges variables de fabrication	4 100	10 700		14 800
Marge à la fabrication	**2 800 $**	**9 400 $**		**12 200 $**
Charges variables de vente et d'administration	480	1 930		2 410
Marge à la distribution	**2 320 $**	**7 470 $**		**9 790 $**
Charges spécifiques (Fixes)				
Fabrication	1 300 $	1 500 $		2 800 $
Vente	100	200		300
Administration			2 600 $	2 600
Marge nette	**920 $**	**5 770 $**	**−2 600 $**	**4 090 $**
Charges fixes communes				1 980
Résultat net				**2 110 $**

La marge nette du produit P1 est de 920 $ et celle du produit P2 de 5 770 $. C'est la marge de chacun des deux produits qui sert à couvrir les 2 600 $ de frais d'administration et les 1 980 $ de charges fixes communes correspondant à des charges de structure et à des frais de financement des immobilisations de cette entreprise. La contribution nette d'un produit est le montant que perdrait l'entreprise si elle décidait de mettre fin à la production de ce produit.

Ces informations sont cruciales ; en effet, un état des résultats dans lequel les 4 580 $ de charges communes (soit les charges d'administration de 2 600 $ et les charges fixes communes de 1 980 $) auraient été répartis entre les produits P1 et P2 pourrait laisser croire que le produit P1 est déficitaire alors que sa marge nette est positive.

LE LIEN AVEC LA COMPTABILITÉ PAR CENTRES DE RESPONSABILITÉ

La comptabilité par centres de responsabilité consiste à rattacher à des unités administratives, appelées centres de coût, centres de profit ou encore centres d'investissement, les coûts et les revenus qui leur sont propres. Ainsi, dans l'exemple précédent, les trois usines sont des centres de profit et le siège social est un centre de coûts. Nous étudierons au chapitre 12 la gestion par centres de responsabilité. Nous nous contentons ici de souligner le lien étroit qui existe entre la méthode des coûts spécifiques et la comptabilité par centres de responsabilité. Abordons maintenant l'évaluation de propositions selon la méthode des coûts spécifiques.

L'ÉVALUATION DE PROPOSITIONS

L'évaluation de propositions se présente sous la forme d'un choix entre deux propositions ou plus. Le rôle de l'analyste consiste à déterminer et à mesurer les facteurs quantitatifs et qualitatifs associés aux différents choix. Les informations ainsi obtenues permettront au décideur de mieux évaluer l'importance relative de chaque catégorie de facteurs. Par exemple, si deux propositions semblent procurer les mêmes bénéfices, les facteurs qualitatifs se révéleront vraisemblablement décisifs. Par contre, si les bénéfices calculés relativement à une proposition sont nettement supérieurs à ceux calculés dans le cas d'une autre proposition, le décideur devra déterminer si les facteurs qualitatifs peuvent compenser le manque à gagner qui accompagne ce choix.

L'APPROCHE GLOBALE ET L'APPROCHE DIFFÉRENTIELLE

Devant un ensemble de propositions, on peut utiliser une analyse globale ou une analyse différentielle. L'**analyse globale** fait ressortir, dans le cas d'une alternative, les revenus totaux et les charges totales de chacune des deux options et, dans le cas d'un choix multiple, les revenus totaux et les charges totales de chacune des propositions. L'**analyse différentielle** fait ressortir chacun des éléments de revenus et de coûts touchés par une décision, par rapport à une situation particulière. Souvent cette situation est le *statu quo*. La somme des différences représente alors le résultat net différentiel de chacune des propositions par rapport à la situation qui sert de base de comparaison.

Étant donné qu'elle n'exige pas le calcul de la somme des coûts qui ne sont pas touchés par la décision, l'analyse différentielle permet de déterminer beaucoup plus rapidement que l'analyse globale l'impact d'une variation du niveau d'activité sur les résultats.

EXEMPLE 7

Une entreprise désire évaluer une proposition en vue de modifier son processus de fabrication. Actuellement, cette entreprise fabrique 80 000 unités d'un seul produit. Nous présentons ci-dessous une analyse globale puis une analyse différentielle de la proposition.

Analyse globale de la proposition

	Statu quo	Projet
Prix de vente	50,00 $	50,00 $
Coût de fabrication		
Matières premières (5 kg à 2 $/kg)	10,00 $	10,00 $
Main-d'œuvre directe (2 h à 6 $/h)	12,00	9,00
Autres charges		
variables (2 h à 4 $/h)	8,00	6,00
fixes (2 h à 2,25 $/h)	4,50	4,50
	34,50 $	29,50 $
Résultat brut unitaire	**15,50 $**	**20,50 $**
Charges de vente		
variables (10 % du prix de vente)	5,00 $	5,00 $
fixes	2,50 $	2,50 $
	7,50 $	7,50 $
Résultat net unitaire	**8,00 $**	**13,00 $**
Résultat net au niveau de 80 000 unités	640 000 $	1 040 000 $

Analyse différentielle de la proposition

Économie de main-d'œuvre (0,5 h à 6 $/h)	3 $
Économie de frais généraux (0,5 h à 4 $/h)	2
Économie totale	**5 $**
Augmentation du résultat net	
à 80 000 unités	400 000 $
à 50 000 unités	250 000 $
à 60 000 unités	300 000 $
à 70 000 unités	350 000 $
à 90 000 unités	450 000 $

Comme on le voit, l'analyse différentielle permet de déterminer rapidement l'économie réalisée à différents niveaux d'activité. L'analyse globale exigerait de calculer les coûts fixes unitaires à tous les niveaux d'activité différents de 80 000 unités.

LE PIÈGE DES CHARGES FIXES

L'analyse différentielle comporte un piège, relatif à l'utilisation des coûts unitaires. Les coûts unitaires proviennent d'une répartition de coûts en partie fixes et sont par conséquent conditionnels à un niveau d'activité donné. Si le coût unitaire était un coût variable, l'analyse différentielle ne présenterait pas d'embûches. Toutefois, mis à part les coûts des matières premières qui sont strictement variables, on ne retrouve presque plus d'activités où le comportement des coûts est totalement variable. En général, les coûts des activités sont fixes à l'intérieur d'un segment significatif, qui peut varier d'une activité à l'autre. Le coût unitaire obtenu pour une activité provient d'une répartition du coût total au prorata du volume de cette activité. Il faut donc éviter de considérer le coût unitaire comme un coût variable, ce qui nous ferait tomber dans ce qu'on appelle le *piège des charges fixes*.

E X E M P L E   8

Soit une activité de *gestion des achats* dont le coût annuel est de 830 000 $ pour un volume d'activité de 8 830 achats, c'est-à-dire une moyenne de 94 $ par achat. Peut-on dire qu'une commande nécessitant 100 achats coûtera 9 400 $?

Une analyse des ressources consommées par l'activité de *gestion des achats* nous indique qu'aucun des éléments de coûts dont la somme totalise 830 000 $ n'est strictement variable. Certains éléments sont fixes, comme l'amortissement et la portion des taxes rattachés aux immobilisations, mais la plupart des coûts sont de type mixte (ils demeurent constants à certains niveaux d'activité et varient à d'autres niveaux). On ne doit donc pas considérer la somme de 94 $ comme un coût variable à court terme. Toutefois, dans une perspective à long terme, c'est la moyenne généralement considérée si l'activité continue à être exercée de la même façon.

--●

LES INFORMATIONS POUR L'ÉVALUATION DE PROPOSITIONS

La marge sur coûts variables et la marge nette sont des informations auxquelles les gestionnaires ont toujours accordé une grande importance. À l'heure actuelle, ces informations posent deux problèmes.

D'une part, le fait qu'il n'y ait presque plus d'éléments de coût strictement variables (à part les matières premières) rend impossible le calcul d'une marge sur coûts variables significative. Les gestionnaires savent qu'il n'y a plus de coûts variables et que tous les coûts sont fixes à court terme, principalement parce que la main-d'œuvre directe n'est plus engagée à l'heure. Ils se méfient des analyses de coûts basées sur la distinction entre coûts fixes et coûts variables. Malgré tout, comme ces analyses sont simples sur le plan de la logique, elles pourront s'avérer utiles si on sait les intégrer à des analyses d'activité, de causes d'activité et de réaménagement des processus d'entreprise.

D'autre part, il peut être dommageable de négliger l'analyse qualitative des propositions soumises, notamment l'impact d'une décision sur le comportement des fournisseurs et des consommateurs.

E X E M P L E 9

Au moment où un avion est prêt à décoller, le coût marginal de chaque place est minimal. Il correspond au coût du repas servi à bord.

Cependant, il a été prouvé que, si le transporteur décide d'offrir une réduction sur les places disponibles aux passagers en attente 15 minutes avant le départ, le nombre de voyageurs en attente augmente vite et nuit à long terme à la rentabilité de l'entreprise.

Les analyses quantitatives centrées sur la détermination des diverses marges sur coûts variables et marges nettes peuvent et doivent être utilisées uniquement dans le cadre d'une analyse stratégique qualitative pour l'évaluation de propositions.

Q U E S T I O N S   D E   R É V I S I O N

1. Pourquoi la classification traditionnelle distinguant les décisions à court terme et les décisions à long terme est-elle de plus en plus difficile à utiliser?

2. Quelle classification propose-t-on ici?

3. Pourquoi dit-on que la marge sur coûts variables est contrôlable et que les coûts fixes ne le sont pas? Sur quelles hypothèses appuyez-vous votre réponse?

4. Définissez la marge nette.

5. Définissez la marge par unité d'un facteur de production.

6. Dans quelles situations la marge par unité d'un facteur de production est-elle significative pour la décision?

7. Quelles informations additionnelles la méthode des coûts variables fournit-elle?

8. Décrivez l'impact de la méthode des coûts variables sur l'évaluation des stocks.

9. Quelles informations additionnelles la méthode des coûts spécifiques fournit-elle?

10. Quel est le lien entre la méthode des coûts spécifiques et la comptabilité par centres de responsabilité?

11. Quel est l'avantage de l'approche différentielle par rapport à l'approche globale?

12. Décrivez le piège des charges fixes.

13. Pourquoi est-il important de situer les analyses quantitatives dans le cadre plus large d'analyses stratégiques qualitatives?

E X E R C I C E S

● **Exercice 6.1   Méthode du coût complet et méthode des coûts variables**

Une entreprise fabrique sur commande un seul produit. Elle n'a donc pas de stock de produits finis. La main-d'œuvre directe est engagée par contrats d'un an et un employé ne peut être congédié avant la fin de son contrat. Néanmoins, on estime qu'une unité de produit fini requiert en moyenne 30 minutes de main-d'œuvre directe.

Le tableau suivant présente les résultats de la dernière année financière :

Ventes (144 000 unités)	6 480 000 $
Matières premières	10 $ l'unité
Main-d'œuvre directe	864 000 $
Frais généraux de fabrication dont 20 % sont variables	1 008 000 $
Frais de vente dont la commission aux vendeurs	1 152 000 $ 324 000 $
Frais d'administration	576 000 $
Frais de financement	288 000 $

À cause de l'instabilité de la demande dans son secteur, l'entreprise étudie la possibilité d'offrir à son personnel des contrats à l'heure plutôt que des contrats annuels. Elle leur offrirait 20 $ l'heure.

● Travail à faire

1. Présentez l'état des résultats selon la méthode du coût complet et selon la méthode des coûts variables.
2. Si l'entreprise fabrique 132 000 unités seulement l'an prochain, quel bénéfice prévoit-elle réaliser ?
3. Si l'entreprise opte pour la politique de rémunération à l'heure plutôt que pour le contrat annuel, quel sera l'impact sur le bénéfice prévu l'an prochain ?
4. Commentez brièvement les avantages et les inconvénients du contrat annuel par rapport à ceux de la rémunération à l'heure.

● Exercice 6.2   Effet d'un accroissement de stock sur le résultat net

Le résultat net de neuf mois d'exploitation indique que l'entreprise VWX se dirige vers un résultat net négatif à la fin de l'exercice. La directrice générale décide alors de doubler la production initialement prévue pour le dernier trimestre, dans le but d'améliorer le résultat net de fin d'exercice. L'entreprise utilise la méthode du coût complet pour établir le résultat net.

Voici l'état des résultats après 9 mois et les prévisions pour 12 mois :

	Résultats 9 mois	Prévisions 12 mois
Ventes	11 520 000 $	15 360 000 $
Coût des ventes		
Stock du début (50 $ l'unité)	500 000 $	500 000 $
Matières premières	1 958 400	2 611 200
Main-d'œuvre directe	1 305 600	1 740 800
Frais généraux de fabrication	4 896 000	6 528 000
	8 660 000 $	11 380 000 $
(Stock de la fin)	−500 000	−500 000
	8 160 000 $	10 880 000 $
Bénéfice brut	**3 360 000 $**	**4 480 000 $**
Frais de vente et d'administration	3 378 240	4 504 320
Résultat net	**−18 240 $**	**−24 320 $**

5440 000x

Voici le plan de production pour le dernier trimestre, qui a servi à établir les prévisions précédentes :

	À ce jour	Dernier trimestre	Total
Plan initial (en unités)	163 200	54 400	217 600
Plan révisé (en unités)	163 200	108 800	272 000

Le coût des matières premières et celui de la main-d'œuvre directe sont variables. Les frais généraux de fabrication fixes annuels sont de 5 440 000 $.

● **Travail à faire**

1. Quel résultat net prévoit-on si la directrice générale met en œuvre son projet de doubler la production initialement prévue au cours du dernier trimestre ?
2. Commentez brièvement les effets du projet de la directrice générale.
3. Commentez les résultats si on les présentait selon la méthode des coûts variables.

● **Exercice 6.3   Effet d'une diminution de stock sur le résultat net**

Voici l'état des résultats d'une entreprise selon la méthode du coût complet :

	Résultats
Ventes	23 011 200 $ *326 400 y*
Coût des ventes	
Stock du début	750 000 $
Matières premières	4 896 000
Main-d'œuvre directe	3 264 000
Frais généraux de fabrication	10 608 000
	19 518 000 $ *Fixe 6 528 000*
(Stock de la fin)	−4 443 600 *= 96 000 y*
	15 074 400 $
Bénéfice brut	**7 936 800 $**
Frais de vente et d'administration	6 756 480
Résultat net	**1 180 320 $**

Le coût des matières premières et celui de la main-d'œuvre directe sont variables. Les frais généraux fixes annuels sont de 6 528 000 $.

L'entreprise montre un bénéfice net de 1 180 320 $, ce qui est satisfaisant. Cependant, le stock de la fin de produits finis est très élevé, soit 4 443 600 $. Ce montant équivaut à 96 600 unités, soit un taux de rotation des stocks de 3,379 si l'on considère des ventes de 326 400 unités. Le directeur général décide donc de ramener le niveau du stock de produits finis à 15 000. Si l'on suppose qu'il n'y a pas d'augmentation des prix et que le niveau des ventes reste le même, voici le budget de cette entreprise pour l'année prochaine :

	Prévisions
Ventes	23 011 200 $
Coût des ventes	
Stock du début	4 443 600 $
Matières premières	2 937 600
Main-d'œuvre directe	1 958 400
Frais généraux de fabrication	8 976 000
	18 315 600 $
(Stock de la fin)	−850 000
	17 465 600 $
Bénéfice brut	**5 545 600 $**
Frais de vente et d'administration	6 756 480
Résultat net	**−1 210 880 $**

Ce piètre résultat n'est guère encourageant. Le directeur général se dit qu'il ferait mieux de ne pas réduire les stocks et que les avantages de l'*entreprise sans stocks* ne sont certainement pas financiers.

Travail à faire

1. Quel résultat prévoit-on si le directeur général décide de maintenir les stocks au niveau initial de 96 600 unités ?

2. Calculez le résultat net de l'exercice qui vient de se terminer et celui de l'an prochain selon la méthode des coûts variables en supposant que le niveau des stocks est ramené à 15 000 unités à la fin du prochain exercice.

3. Expliquez au directeur général pourquoi il obtiendrait un si mauvais résultat s'il ramenait le stock de produits finis à 15 000 unités.

Exercice 6.4 Décision touchant la marge sur coûts variables

Une jeune comptable décide de quitter le cabinet conseil pour lequel elle travaille depuis qu'elle a terminé ses études, il y a cinq ans. Elle met sur pied son propre cabinet de consultation en comptabilité de management.

Elle compte sur un contrat de 1 600 heures totalisant 240 000 $ d'honoraires, qu'elle obtiendra dès la semaine suivante, et sur deux autres contrats de moindre importance totalisant 1 400 heures d'ici à 6 mois. Elle prévoit des frais fixes de 91 000 $ par an répartis comme suit :

Secrétariat	30 000 $
Loyer	24 000
Taxes et assurances	4 000
Informatique	20 000
Fournitures	6 000
Téléphone	1 800
Électricité	2 200
Divers	3 000
	91 000 $

Pour chacun des contrats, elle devra faire appel aux services d'un analyste qu'elle peut embaucher au tarif de 30 $ l'heure ou de 80 000 $ par an. Le contrat annuel équivaut à 1 920 heures.

● Travail à faire

Conseillez cette jeune comptable (chiffres à l'appui) quant à la façon de faire appel aux services d'un analyste chevronné.

● Exercice 6.5   Marge par unité d'un facteur de production

Une entreprise fabrique deux produits, M et N, qui utilisent une même machine respectivement 10 minutes et 20 minutes. Le comptable de l'entreprise détaille comme suit le résultat brut unitaire de chaque produit.

	Produit	
	M	N
Prix de vente	40 $	30 $
Coût de fabrication		
Matières premières	6 $	2 $
Main-d'œuvre directe	12	4
Frais généraux variables	6	2
Frais généraux fixes	8	2
	32 $	10 $
Résultat brut	8 $	20 $

● Travail à faire

1. Quel produit cette entreprise devrait-elle fabriquer si elle dispose d'une capacité excédentaire pour la machine ?

2. Quel produit cette entreprise devrait-elle fabriquer si elle ne dispose d'aucune capacité excédentaire pour la machine ?

● Exercice 6.6   Marge par unité d'un facteur de production et décisions

Un fabricant de jouets estime que, pour répondre aux demandes de ses clients réguliers, il doit produire les quantités suivantes aux prix proposés :

Jouet	Nombre d'unités	Prix de vente
A	40 000	24,00 $
B	36 000	11,60 $
C	30 000	39,60 $
D	25 000	20,00 $
E	300 000	13,60 $

Voici le budget de production pour les matières premières et la main-d'œuvre directe :

Jouet	Matières premières	Main-d'œuvre directe
A	5,60 $	6,40 $
B	2,80 $	4,00 $
C	10,76 $	11,20 $
D	4,00 $	8,00 $
E	2,40 $	3,20 $

La main-d'œuvre directe est payée 16 $ l'heure. De plus, on estime que les frais généraux de fabrication variables représentent 25 % du coût de la main-d'œuvre directe. Les frais généraux de fabrication fixes totalisent 400 000 $ par an.

De nouveaux clients présentent à l'entreprise les commandes additionnelles suivantes :

Jouet	Commandes additionnelles (en unités)
A	10 000
B	6 000
C	8 000
D	15 000
E	25 000

Le directeur général doit faire un choix parmi les commandes additionnelles, car elles vont au-delà de la capacité de l'entreprise qui est de 131 000 heures de main-d'œuvre directe. Il doit en priorité remplir les commandes régulières.

● **Travail à faire**

1. Calculez la marge sur coûts variables de chaque produit.

2. Calculez la marge sur coûts variables par heure de main-d'œuvre directe.

3. Quelles commandes additionnelles l'entreprise doit-elle accepter ?

● **Exercice 6.7**

Une entreprise fabrique deux produits qu'elle vend dans trois régions. Le tableau suivant présente les résultats du dernier exercice. Les frais généraux de fabrication, de vente et d'administation sont répartis entre les deux produits au prorata du nombre d'unités vendues, qui est de 240 000 pour le produit A et de 180 000 pour le produit B.

2400000   180 000

	Produit A	Produit B	Total
Ventes	14 400 000 $	9 000 000 $	23 400 000 $
Coût des produits vendus			
Matières premières	2 880 000 $	1 980 000 $	4 860 000 $
Main-d'œuvre directe	1 920 000	1 440 000	3 360 000
Frais généraux de fabrication	2 331 429	1 568 571	3 900 000
	7 131 429 $	4 988 571 $	12 120 000 $
Bénéfice brut	7 268 571 $	4 011 429 $	11 280 000 $
Frais de vente	4 645 714 $	2 494 286 $	7 140 000 $
Frais d'administration	1 988 571	1 131 429	3 120 000
	6 634 286 $	3 625 714 $	10 260 000 $
Bénéfice net	497 143 $	1 362 857 $	1 020 000 $

La directrice de la région 1 n'est pas satisfaite, car elle croit que son personnel a particulièrement bien contrôlé les frais de vente et d'administration propres à sa région. Elle réclame une présentation des résultats qui tienne compte des coûts spécifiques de chaque produit et de chaque région.

À cet effet, le contrôleur du siège social a réuni les données suivantes :

	Produit A	Produit B
Frais généraux de fabrication variables unitaires	5 $	6 $
Frais de vente variables unitaires	6 $	5 $
Frais généraux de fabrication fixes spécifiques	960 000 $	360 000 $

	Produit A			Produit B		
	Région 1	Région 2	Région 3	Région 1	Région 2	Région 3
Nombre d'unités vendues	84 000	96 000	60 000	54 000	81 000	45 000
Frais de vente spécifiques	630 000 $	630 000 $	1 260 000 $	216 000 $	216 000 $	648 000 $
Frais d'administration spécifiques	240 000 $	240 000 $	480 000 $	72 000 $	72 000 $	216 000 $

Il n'y a pas de frais d'administration variables.

Travail à faire

1. Dressez un état des résultats montrant la marge nette unitaire.
2. Commentez brièvement la rentabilité des deux produits dans chacune des trois régions.

Exercice 6.8   Coûts spécifiques et marges nettes

À l'université de Ville-Marie, située dans la ville du même nom, le service de santé est divisé en plusieurs sections : laboratoire, physiothérapie, médecine sportive, etc. Il fonctionne indépendamment de l'université, comme une unité administrative sans but lucratif.

Actuellement, le service de santé est réservé aux étudiants et aux membres du personnel de l'université. Devant les compressions budgétaires qui s'annoncent, le directeur du laboratoire, dont l'équipement est nettement sous-utilisé, songe à élargir sa clientèle et à offrir ses services à des cliniques privées. À cet effet, il commande deux études, une sur les prix du marché et une sur les coûts. Voici les résultats de ces deux études.

On a divisé les différentes analyses effectuées par le laboratoire en huit familles qui se distinguent par la consommation de ressources : utilisation de fournitures et d'équipement et main-d'œuvre. Les analyses des familles A1 à A5 sont effectuées à l'aide d'appareils et, de ce fait, sont largement automatisées, alors que les familles A6 à A8 ne le sont pas.

Le tableau suivant présente les prix du service de santé et les prix moyens des cliniques privées pour un service équivalent.

Famille d'analyses	A1	A2	A3	A4	A5	A6	A7	A8
Prix du service de santé	12 $	7 $	6 $	10 $	20 $	18 $	8 $	5 $
Prix du marché	25 $	15 $	9 $	22 $	35 $	26 $	12 $	10 $

Cette étude démontre que les prix demandés aux étudiants et aux membres du personnel de l'université sont nettement inférieurs à ceux des cliniques privées, ce qui est conforme à la mission du service de santé.

Le tableau suivant présente un sommaire de l'étude sur les coûts spécifiques à chaque famille d'analyses :

	Familles d'analyses								
	A1	A2	A3	A4	A5	A6	A7	A8	Total
Niveau 1									
Nombre d'analyses	2 433	439	2 322	134	1 506	2 531	2 791	2 755	14 911
Coûts spécifiques	24 671 $	5 729 $	9 172 $	635 $	26 837 $	14 832 $	7 061 $	12 150 $	101 086 $
Niveau 2									
Nombre d'analyses	6 326	1 141	6 037	348	3 916	6 581	7 257	7 163	38 769
Coûts spécifiques	27 707 $	6 198 $	11 229 $	742 $	32 695 $	38 562 $	18 359 $	31 589 $	167 082 $
Niveau 3									
Nombre d'analyses	9 732	1 756	9 288	536	6 024	10 124	11 164	11 020	59 644
Coûts spécifiques	30 753 $	6 655 $	13 282 $	847 $	38 554 $	59 327 $	28 245 $	48 598 $	226 260 $

Nous retrouvons dans ce tableau 3 niveaux d'activité totalisant respectivement 14 911, 38 769 et 59 644 analyses. Le niveau 1, de 14 911, correspond au niveau actuel d'activité et il équivaut à 25 % de la capacité du laboratoire. Les autres niveaux d'activité correspondent à des niveaux hypothétiques, le niveau 2 représentant 2,6 fois le niveau actuel et le niveau 3 constituant 4 fois le niveau actuel, soit 100 % de la capacité estimée.

Les coûts spécifiques comprennent essentiellement les coûts des fournitures, de la main-d'œuvre et de l'utilisation des appareils. Pour les analyses automatisées (familles A1 à A5), ces coûts augmentent selon le niveau d'activité, mais de façon décroissante, car les appareils permettent des économies d'échelle substantielles. Par contre, les coûts liés aux familles A6, A7 et A8, qui n'utilisent pas d'appareils, sont proportionnels au niveau d'activité.

Le tableau suivant présente un sommaire de l'étude sur les coûts communs :

Niveau 1

Nombre d'analyses	14 911
Coûts communs	47 417 $

Niveau 2

Nombre d'analyses	38 769
Coûts communs	54 664 $

Niveau 3

Nombre d'analyses	59 644
Coûts communs	61 433 $

● **Travail à faire**

1. Calculez la marge nette unitaire de chacune des familles d'analyses aux différents niveaux d'activité.

2. Proposez au directeur (chiffres à l'appui) un projet lui permettant d'améliorer le rendement du laboratoire.

● **Exercice 6.9   Modification d'activités et analyse différentielle**

Une entreprise fabrique un seul produit. Le service d'ingénierie étudie la possibilité de modifier le système d'attachement des matrices aux machines et d'offrir périodiquement aux employés visés une formation sur l'attachement et la maintenance des matrices. Les analyses démontrent que les modifications envisagées auront pour effet :

- de réduire de 70 % le temps de mise en course ;
- de diminuer le nombre de rejets de 50 % ;
- de diminuer les stocks de produits finis de 60 % ;
- d'accroître les heures de formation des employés de 20 % ;
- d'accroître les autres frais généraux de 5 %.

Voici un sommaire des coûts du dernier exercice :

Activité	Montant	Unité d'œuvre
Achat de matières premières	16 580 000 $	le kilogramme
Main-d'œuvre directe	8 940 000	l'heure de main-d'œuvre directe
Achat, réception des matières premières	2 712 000	la commande de matières premières
Mise en course	1 440 000	l'heure de mise en course
Supervision et gestion de la fabrication	1 120 000	le nombre d'employés supervisés
Rejets de produits non conformes	1 924 000	le nombre de rejets
Utilisation de l'énergie et force motrice	764 000	le nombre d'heures-machine
Formation des employés	120 000	le nombre d'heures de formation
Autres frais généraux	1 748 000	aucune
	35 348 000 $	

Tous les coûts des activités sont proportionnels au nombre de chaque unité d'œuvre pour un intervalle de production donné variant de plus ou moins 15 % du niveau atteint au cours du dernier exercice.

● **Travail à faire**

Évaluez l'effet du projet étudié sur les coûts.

● **Exercice 6.10   Marge nette et frais fixes**

L'entreprise Nikelle est spécialisée dans le conditionnement sous vide et la distribution de viande fumée. Elle offre présentement deux produits, un produit composé de 4 sachets de 400 g de viande fumée et un produit composé de 2 sachets de 1 kg de viande fumée. Le prix de ces 2 produits pour le consommateur est le même, soit 5 $. L'entreprise décide de lancer un nouveau produit composé de 2 repas complets constitués chacun d'un sachet de 450 g de viande fumée et de 550 g de légumes. Le directeur du marketing prétend qu'on ne peut demander plus de 5 $ l'unité si l'on veut assurer le succès commercial de ce nouveau produit. Selon le contrôleur, le prix de ce nouveau produit doit toutefois être fixé à 6 $ l'unité si l'on veut faire un profit. Après tout, un repas complet n'a-t-il pas plus de valeur aux yeux du client qu'un simple sachet de viande fumée?

Voici un sommaire de l'analyse des coûts du contrôleur:

	Viande fumée et légumes 2 repas de 1 kg	Viande fumée 2 sachets de 1 kg	Viande fumée 4 sachets de 400 g
Prix payé par le consommateur	6,00 $	5,00 $	5,00 $
Marge du détaillant (20 % de son coût)	1,00	0,83	0,83
Coût du détaillant	5,00 $	4,17 $	4,17 $
Matières premières (viande fumée)	0,80 $	2,00 $	1,60 $
Matières premières (légumes)	1,00		
Matières premières (emballage)	0,20	0,20	0,40
Main-d'œuvre directe	0,20	0,20	0,20
Transport et entreposage	0,40	0,40	0,40
Total des coûts variables	2,60 $	2,80 $	2,60 $
Marge sur coûts variables	2,40 $	1,37 $	1,57 $
Frais de production fixes	1,40 $	0,80 $	0,90 $
Autres frais de production fixes	0,60	0,20	0,30
Frais d'administration fixes	0,20	0,20	0,20
Total coûts fixes	2,20 $	1,20 $	1,40 $
Profit	0,20 $	0,17 $	0,17 $

Les coûts fixes unitaires du repas ont été calculés pour un niveau de 200 000 unités produites et vendues. Les frais de production fixes ont été estimés à 280 000 $, dont 140 000 $ sont spécifiques à ce produit. Les autres frais de production fixes ont été estimés à 120 000 $, dont 80 000 $ sont spécifiques à ce produit. Les frais d'administration sont communs aux trois produits.

● **Travail à faire**

1. Calculez la marge nette du produit proposé à 100 000, 200 000 et 300 000 unités produites et vendues, et pour un prix au consommateur de 6 $ et de 5 $.

2. Commentez brièvement les hypothèses relatives aux frais fixes qui sont inhérentes au tableau d'analyse des coûts du contrôleur.

Chapitre 7

LES DÉCISIONS LIÉES
AU VOLUME D'ACTIVITÉ

OBJECTIFS DU CHAPITRE

- Analyser les décisions liées au volume d'activité.
- Effectuer l'analyse CVB de différentes situations.
- Calculer, à l'aide de l'analyse CVB, le point mort, la marge de sécurité et le bénéfice potentiel d'une situation donnée.
- Illustrer les résultats de l'analyse CVB sur un graphique.
- Déterminer l'impact sur le bénéfice d'une modification de la structure des coûts ou d'une variation du niveau d'activité.
- Estimer l'apport de l'analyse CVB par l'évaluation de projets d'investissement.
- Généraliser l'analyse CVB.

SOMMAIRE

Dans ce chapitre, nous présentons l'analyse des décisions de gestion liées au volume d'activité. Nous décrivons le modèle coût-volume-bénéfice (CVB), qui est largement utilisé pour analyser l'impact du volume d'activité sur le bénéfice ainsi que pour calculer le point mort. Le point mort est le niveau d'activité au-delà duquel l'entreprise commence à réaliser des bénéfices. Souvent présenté dans le cadre des décisions à court terme, le modèle CVB s'avère également utile pour évaluer les projets d'investissement. Enfin, dans la mesure où tous les coûts sont variables par rapport à un point de repère donné, nous allons montrer comment généraliser l'utilisation de ce modèle et l'intégrer à l'analyse des activités.

LE MODÈLE COÛT-VOLUME-BÉNÉFICE

Le modèle coût-volume-bénéfice repose sur les prémisses suivantes :

1. Le **revenu total** peut être décrit à l'aide de l'équation suivante :

$$y' = b'x$$

où y' décrit le revenu total, b' le revenu unitaire ou le prix unitaire, et x le nombre d'unités vendues.

2. Le **coût total** peut être décrit à l'aide de l'équation suivante :

$$y = a + bx$$

où y décrit le coût total, a le coût fixe, b le coût variable, et x le nombre d'unités traitées.

De ces deux équations, nous pouvons dégager le **résultat** (bénéfice ou perte) à l'aide de l'équation suivante :

$$y' - y = b'x - (a + bx)$$
$$\pi = (b' - b)\,x - a$$

où π décrit le résultat, $(b' - b)$ la marge sur coûts variables unitaire, x le nombre d'unités traitées (et vendues), et a le coût fixe.

La figure 7.1 illustre le modèle CVB.

Figure 7.1 Modèle CVB

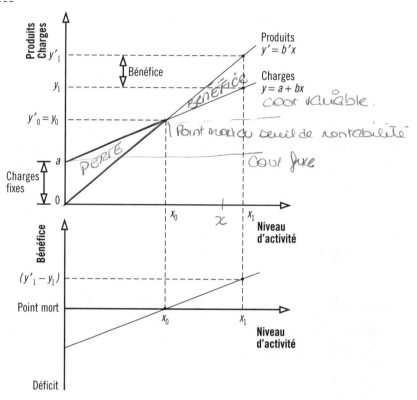

L'axe des abcisses représente le niveau d'activité mesuré par la variable x, générale-ment le nombre d'unités traitées. L'axe des ordonnées représente le montant d'argent en dollars ($), soit le revenu (variable y'), soit le coût (variable y). Le résultat π corres-pond à la différence des valeurs prises par les deux variables y' et y. Il correspond à l'axe des ordonnées sur le graphique du bas.

Si ce graphique est quelquefois appelé graphique du point mort, c'est que celui-ci y occupe une place centrale. Cependant, le graphique illustre l'ensemble des résultats possibles, exprimés en bénéfices ou en pertes à divers niveaux d'activité. Le point mort n'est qu'un des résultats possibles, qui est associé à un niveau d'activité bien déter-miné. Il correspond au point où les deux droites se coupent.

Sous le niveau d'activité correspondant au point mort se trouve la zone de perte, soit l'ensemble des niveaux d'activité (valeurs de x) où le revenu est inférieur au coût : zone où $y' < y$. Au-dessus du niveau d'activité correspondant au point mort se trouve la zone de bénéfice, soit l'ensemble des niveaux d'activité (valeurs de x) où le revenu est supérieur au coût : zone où $y' > y$.

Deux autres données, la **marge de sécurité** et le **bénéfice potentiel**, présentent égale-ment un intérêt pour les décideurs. On définit la **marge de sécurité** comme la différence entre le niveau d'activité atteint ou que l'on prévoit atteindre et le niveau d'activité au point mort. Elle indique la diminution du niveau d'activité qu'on pourrait absorber sans subir de perte.

On définit le **bénéfice potentiel** comme la cible de bénéfice maximal lorsque l'entreprise fonctionne à pleine capacité.

E X E M P L E   1

Une entreprise offre un seul produit dont le prix moyen est de 3,25 $ l'unité. La droite de revenu total $y' = 3,25x$, où 3,25 représente le prix et x le nombre d'unités vendues. Cette entreprise supporte des coûts fixes de 5 000 $ par année et estime son coût variable moyen à 2 $ l'unité. Sa droite de coût total s'exprime donc par l'équation $y = 5\,000 + 2x$. La figure 7.2 illustre ces deux droites.

Figure 7.2 Modèle CVB

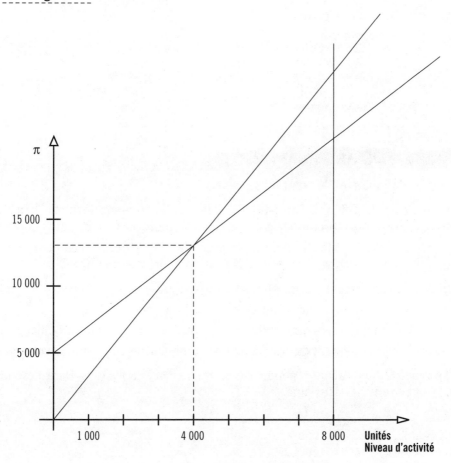

La différence $y' - y$, soit $1{,}25x - 5\,000$, indique le bénéfice prévu si $1{,}25x > 5\,000$, ou le déficit prévu si $1{,}25x < 5\,000$, $1{,}25x$ représentant la marge sur coûts variables unitaire.

Le point mort en unités fabriquées x_0 est égal à 4 000 unités, soit 5 000/1,25, et, en dollars de ventes, y'_0 est égal à 13 000 $, soit 4 000 unités à 3,25 $.

Si l'entreprise prévoit fabriquer et vendre 5 000 unités, la marge de sécurité sera de 1 000 unités ou de 3 250 $. Il faut noter qu'on a supposé que le nombre d'unités vendues était égal au nombre d'unités fabriquées. Si la capacité de l'entreprise est établie à 8 000 unités, le bénéfice potentiel sera de 5 000 $. Le tableau 7.1 résume les principaux résultats d'une analyse CVB.

Tableau 7.1   Résultats de l'analyse CVB

Frais fixes	5 000 $
Marge sur coûts variables unitaire	1,25 $
Point mort	4 000 unités
Marge de sécurité	
pour 5 000 unités	1 000 unités
pour 6 000 unités	2 000 unités
Bénéfice prévu	
pour 4 000 unités	0
pour 5 000 unités	1 250 $
pour 7 000 unités	3 750 $
Capacité maximale	8 000 unités
Bénéfice potentiel	5 000 $

LES OBJECTIFS DE L'ANALYSE CVB

Les objectifs de l'analyse CVB sont les suivants :

1. Prévoir l'effet de différents niveaux d'activité sur le comportement du bénéfice, dans le cadre d'une structure de coûts et d'une combinaison de produits données.

2. Prévoir l'effet des modifications de la structure de coûts et/ou de la combinaison de produits à différents niveaux d'activité, sur le comportement du bénéfice.

Il s'agit en fait de répondre aux questions suivantes :

- Quel sera le comportement du résultat π si le niveau d'activité varie ?
- Quel sera le comportement du résultat π si la structure de coûts est modifiée ?
- Quel sera le comportement du résultat π si la combinaison de produits évolue ?

Dans l'exemple 1, nous avons répondu à la première de ces questions. Dans l'exemple 2, nous répondrons à la deuxième.

E X E M P L E   2

Reprenons le premier exemple en supposant que le directeur de l'entreprise étudie la possibilité d'employer une nouvelle technique. Grâce à cette technique de pointe, il serait en mesure d'abaisser le coût variable de fabrication en le faisant passer de 2 $ à 1 $ et, en même temps, d'augmenter la capacité de production à 12 000 unités par année. Cependant, le montant des frais fixes passerait de 5 000 $ à 10 000 $. Le tableau 7.2 résume les informations décrivant le comportement du bénéfice en fonction de la nouvelle technique.

Tableau 7.2   Résultats de l'analyse CVB

	Statu quo	Nouvelle technique
Frais fixes	5 000 $	10 000 $
Marge sur coûts variables unitaire	1,25 $	2,25 $
Point mort	4 000 unités	4 444 unités
Marge de sécurité		
pour 5 000 unités	1 000 unités	556 unités
pour 6 000 unités	2 000 unités	1 556 unités
Bénéfice prévu		
pour 4 000 unités	0	−999 $
pour 5 000 unités	1 250 $	1 251 $
pour 7 000 unités	3 750 $	5 751 $
Capacité maximale	8 000 unités	12 000 unités
Bénéfice potentiel	5 000 $	17 001 $

La lecture de ce tableau nous amène à aborder la question de l'utilisation des résultats de l'analyse CVB. Il est évident que la nouvelle technique comporte davantage de risques si la demande est sujette à des fluctuations, mais le potentiel de bénéfice est beaucoup plus grand. Ainsi, il faudrait fabriquer et vendre au moins 4 444 unités, plutôt que 4 000, pour couvrir les obligations (fixes), mais, au-dessus de ce niveau, chaque unité rapporterait 2,25 $ au lieu de 1,25 $. Si le marché peut absorber une offre additionnelle ou si l'entreprise est en position de gagner une part du marché de ses concurrents, la nouvelle technique présente un potentiel de bénéfice plus grand.

L'UTILISATION DE L'ANALYSE CVB LORSQU'ON A PLUSIEURS VARIABLES

Si une entreprise fabrique plusieurs produits vendus à des prix différents ou ayant des coûts variables différents, c'est-à-dire qui produisent diverses marges sur coûts variables, il existe une façon d'étendre l'analyse CVB. Il s'agit de mesurer le niveau d'activité à l'aide d'une unité équivalente (ou unité d'œuvre), par exemple le nombre d'heures de main-d'œuvre ou la quantité de matières premières utilisées. Il faudra alors exprimer tous les produits en fonction de l'unité équivalente choisie. De plus, on devra établir le revenu unitaire, soit le coût variable unitaire, donc la marge sur coûts variables unitaire de l'unité équivalente choisie.

E X E M P L E   3

Pour l'exercice en cours, le budget de l'entreprise ABC ltée prévoit les montants suivants :

Produits	5 440 000 $
Charges variables	2 400 000 $
Charges fixes	1 995 000 $
Main-d'œuvre	3 000 000 heures

Cette entreprise fabrique et vend une cinquantaine de produits dont les prix de vente varient de 0,30 $ à 60 $. Le tableau 7.3 présente des prévisions de marges sur coûts variables converties en marges à l'heure.

Tableau 7.3   Statistiques de coûts de quelques produits

Produit	Prix	Coût variable unitaire	Marge unitaire	Temps de main-d'œuvre	Marge à l'heure
1	5 $	2 $	3 $	0,5	6,00 $
2	9 $	4 $	5 $	0,8	6,25 $
3	30 $	10 $	20 $	1,25	16,00 $
4	48 $	18 $	30 $	3	10,00 $
5	3 $	1 $	2 $	0,4	5,00 $
6	36 $	12 $	24 $	2	12,00 $
7	7 $	3 $	4 $	0,4	10,00 $
Moyenne/heure	18 $	8 $	10 $	1	10,00 $

moyenne pondérée

Le point mort est de 199 500 heures, soit 1 995 000 $/10 $.

La marge de sécurité pour les 300 000 heures prévues est de 100 500 heures. Ce montant correspond à 5 200 000 $ de ventes, soit une marge totale sur coûts variables de 3 000 000 $, ou encore un bénéfice de 1 005 000 $. La figure 7.3 illustre ce résultat.

Il faut noter que le point mort de 199 500 heures a été obtenu à partir d'une marge moyenne à l'heure. On ne peut donc pas le convertir en nombre de produits, car aucun produit n'engendre une marge sur coûts variables identique à l'heure.

Figure 7.3 Modèle CVB

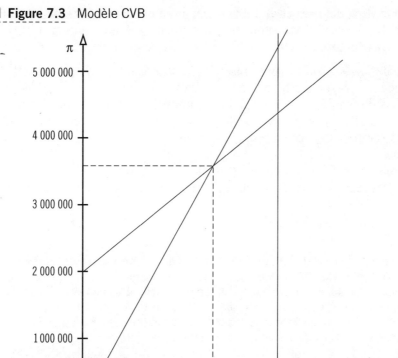

L'ÉVALUATION DES PROJETS D'INVESTISSEMENT

On peut définir l'investissement comme l'utilisation de ressources financières importantes pour acquérir des biens et des services en espérant en tirer des avantages pendant plusieurs années.

Cette définition de l'investissement traduit le point de vue financier et comptable traditionnel. Selon cette définition, on évalue un projet d'investissement en cherchant à mesurer les ressources consenties d'une part et les avantages qu'on espère en retirer d'autre part. Cette mesure prend la forme d'un taux de rendement (nominal ou interne), d'un délai de récupération ou d'une valeur nette actualisée.

Dans ce chapitre, nous présentons un projet d'investissement, comme le réaménagement de l'infrastructure des coûts de l'entreprise, qui modifie de manière permanente la proportion de coûts fixes et de coûts variables, ainsi que la capacité de production de revenus. De ce point de vue, nous sommes amenés à évaluer l'impact de l'investissement sur la structure des coûts et sur la capacité de produire des bénéfices.

Si le taux de rendement est une information intéressante, il est souvent entaché d'incertitude, car il est conditionnel à la réalisation d'hypothèses de flux de revenus et de coûts dans le temps. Il est donc peu utile pour le décideur lorsque les hypothèses ne sont pas fondées. Par contre, l'analyse CVB permet de traiter distinctement les coûts et les revenus. Cela constitue un avantage, puisque les coûts sont relativement certains alors que les revenus sont souvent incertains. L'analyse CVB fournit des points de repère relativement valides et fiables pour le décideur. Ces informations lui permettent souvent d'évaluer de manière plus concrète le risque que présente un projet.

E X E M P L E   4

La station de ski alpin Val Saint-Côme dans Lanaudière a ouvert ses portes en décembre 1979. Elle ne possédait en cette première saison qu'un seul remonte-pente, ce qui correspondait à une capacité d'accueil de 300 skieurs par jour. Dès l'année suivante, la direction installait un télésiège triple, agrandissait le restaurant et se dotait d'un nouvel équipement de damage des pistes. La capacité de la station passa à 900 skieurs par jour.

À la fin de la saison 1984, les ventes de la station depuis son ouverture se présentaient ainsi :

Année	Skieurs-visites[1]
1980	7 082
1981	16 005
1982	26 514
1983	12 609
1984	35 815

En 1981, la saison s'était terminée en fait le 15 février tellement il avait fait chaud durant les deux dernières semaines de ce mois. En 1983, la saison n'avait jamais démarré tellement il avait plu durant les vacances de Noël : la station de ski Val Saint-Côme n'avait ouvert ses portes que le 15 janvier, et une station comme Mont Sainte-Anne n'avait réalisé cette année-là que 30 % de son chiffre d'affaires normal. En tenant compte des raisons des piètres résultats de ces deux années et du succès de la saison 1984, la direction devait évaluer deux importants projets d'investissement durant l'été et l'automne 1984, le projet A et le projet B, dont voici une description sommaire :

---

1. Un skieur-visite correspond à une journée de ski par skieur. Ainsi, un skieur qui vient pratiquer son sport 10 jours en une saison produira 10 skieurs-visites.

	Projet A	Projet B
Description	Amélioration du système de fabrication de neige artificielle et de l'équipement de damage des pistes	Amélioration du système de fabrication de neige artificielle et de l'équipement de damage des pistes, plus ajout d'un télésiège quadruple et agrandissement du restaurant
Augmentation annuelle des charges fixes	54 000 $	154 000 $
Augmentation annuelle de la capacité	3 000 skieurs-visites	35 000 skieurs-visites

L'augmentation de la capacité de 3 000 skieurs-visites associée au projet A est théorique. En effet, elle provient du fait qu'on pourrait ouvrir plus tôt dans la saison un plus grand nombre de pistes et fermer la station plus tard. La capacité des remontées mécaniques n'est pas modifiée par ce projet. L'augmentation de la capacité de 35 000 skieurs-visites associée au projet B provient principalement de l'ajout d'un télésiège quadruple. Grâce à ce projet, la capacité passerait de 900 à 1 700 skieurs par jour.

Dans tous les cas (*statu quo*, projet A et projet B), les revenus variables et les coûts variables étaient estimés pour la saison suivante à 16 $ et à 4 $ respectivement par visite, soit une marge sur coûts variables unitaire de 12 $. Les charges fixes prévues selon le *statu quo* étaient de 426 000 $. Nous présentons au tableau 7.4 les résultats d'une analyse CVB.

▨ Tableau 7.4 Résultats d'une analyse CVB

	Statu quo	Projet A	Projet B
Capacité	40 000 skieurs-visites	43 000 skieurs-visites	75 000 skieurs-visites
Charges fixes	426 000 $	480 000 $	580 000 $
Point mort	35 500 skieurs-visites	40 000 skieurs-visites	48 333 skieurs-visites
Bénéfice espéré			
à 40 000 skieurs-visites	54 000 $	0 $	−100 000 $
à 45 000 skieurs-visites	114 000 $	60 000 $	−40 000 $
à 50 000 skieurs-visites	impossible	impossible	20 000 $
à 55 000 skieurs-visites	impossible	impossible	80 000 $
à 60 000 skieurs-visites	impossible	impossible	140 000 $
à 75 000 skieurs-visites	impossible	impossible	320 000 $

La figure 7.4 illustre ces résultats.

Voici les conclusions que la direction a tirées de l'analyse CVB.

Le *statu quo*

À long terme, l'entreprise ne pouvait espérer plus de 54 000 $ de bénéfices par an en moyenne. Au cours d'une saison exceptionnelle, on aurait pu réaliser un bénéfice de 100 000 $, ce qui constituait quand même un bien faible taux de rendement compte tenu de l'actif net de 2 millions de dollars à l'époque. Quoique moins vulnérable aux caprices de la température qu'en 1981 et 1983, l'entreprise avait au minimum besoin de la protection supplémentaire offerte par le projet A.

Figure 7.4 Résultats de l'analyse CVB

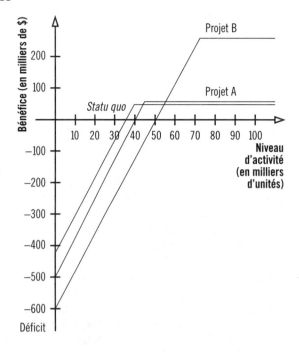

Le projet A

Ce projet constituait essentiellement une assurance-neige. En améliorant substantiellement le système de fortune installé l'année précédente, on pouvait fabriquer suffisamment de neige pour éviter que les pistes ne se découvrent, même à la suite d'un dégel de plusieurs jours. La direction espérait également pouvoir couvrir l'ensemble des pistes plus tôt et offrir au cours de toute la saison des conditions de ski supérieures à celles de 1984. Cependant, il apparaissait évident que la mise en œuvre du projet A ne produirait pas plus de bénéfices que le *statu quo*.

Le projet B

Les résultats de l'analyse suggéraient que le projet B était nettement le plus risqué des deux: augmentation des charges fixes de 154 000 $ et accroissement du point mort à près de 50 000 visites. En supposant une augmentation de 10 000 visites, soit une hausse de près de 30 % en regard de l'année 1984 (jugée excellente), l'entreprise perdrait de l'argent en 1985.

Cependant, dans une perspective à long terme, il semblait que ce projet représentait la seule façon de réaliser un jour des bénéfices intéressants. Pour y arriver, il faudrait cependant doubler l'achalandage de 35 500 skieurs-visites, obtenu en 1984.

La direction a donc opté pour le projet B. Elle se fixait comme objectif d'accueillir 50 000 skieurs-visites en 1985 et 60 000 l'année suivante. Ces objectifs lui paraissaient tout à fait réalistes compte tenu de la visibilité additionnelle que lui procureraient ce nouvel investissement et le fait d'être une des deux premières stations de ski au Canada à être dotée d'un télésiège quadruple. La direction adoptait ce projet avec un plan de marketing et de publicité visant à atteindre les objectifs qu'elle s'était fixés.

Dès 1985, Val Saint-Côme a accueilli environ 65 000 skieurs-visites.

Selon les membres de la direction, l'analyse CVB a été extrêmement utile non seulement pour décider de ce qu'ils allaient faire, mais aussi pour se fixer des objectifs et se stimuler au cours de la planification. Ils n'ont pas fait d'analyse traditionnelle autre que des budgets de caisse essentiels pour obtenir une saine gestion de la trésorerie (sujet qui sera traité au chapitre 8) et pour assurer le prêteur de leur capacité à le rembourser. Toute autre analyse fondée sur des prévisions de flux monétaires leur paraissait très hypothétique et ne les aidait en rien à prendre leur décision.

--•

E X E M P L E   5

Une PME manufacturière de Joliette réalise depuis 3 ans un chiffre d'affaires d'environ 15 millions de dollars par an avec un bénéfice de 1 million de dollars.

Cette entreprise fabrique une cinquantaine de produits différents. La main-d'œuvre directe occupe une place importante. Le niveau d'activité actuel correspond à environ 500 000 heures d'activité, ce qui signifie un revenu moyen de 30 $ l'heure. Le coût variable moyen à l'heure n'est que de 15 $, dont 5 $ représentent le coût des matières premières. Les charges fixes sont de 6,5 millions de dollars par an.

L'entreprise est rentable, estime M. Lépine, son unique propriétaire, mais le demeurera-t-elle face à la concurrence envahissante et au libre-échange ?

Lors d'une exposition, il rencontre un vendeur d'équipement qui lui propose de révolutionner ses méthodes d'exploitation. Il lui suggère de robotiser son atelier afin de le rendre plus efficace, plus efficient, d'assurer une meilleure qualité et de réduire les délais. Ce réaménagement de l'atelier aurait également pour effet de changer de manière permanente la structure des coûts de l'entreprise : les charges fixes annuelles doubleraient, passant de 6,5 millions à 13 millions de dollars, et les charges variables seraient coupées des deux tiers, passant de 15 $ à 5 $ l'heure. Supposons que la productivité (exprimée en heures) est la même.

Après bien des hésitations et à cause des pressions du vendeur, M. Lépine accepte de commander une étude du projet auprès d'un conseiller en gestion. Ce dernier opte pour une analyse CVB, dont voici les résultats.

	Statu quo	Projet
Charges fixes	6 500 000 $	13 000 000 $
Marge sur coûts variables/heure	15 $	25 $
Marge sur coûts variables/$ de ventes	0,50 $	0,8333... $
Point mort (heures d'activité)	433 333	520 000
Point mort ($ de ventes)	13 000 000 $	15 600 000 $
Bénéfice		
à 15 millions de ventes	1 000 000 $	−500 000 $
à 16 millions de ventes	1 500 000 $	333 333 $
à 18 millions de ventes	impossible	2 000 000 $
à 20 millions de ventes	impossible	3 666 667 $
à 50 millions de ventes	impossible	28 666 667 $

La figure 7.5 illustre ces résultats.

Figure 7.5 Résultats de l'analyse CVB

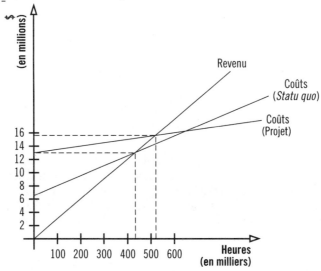

La proposition du vendeur semble intéressante, car elle présente un potentiel accru sur le plan des bénéfices.

Le point mort lié au *statu quo* est moins élevé que le point mort associé au réaménagement de l'atelier, mais des efforts de vente bien modestes ont permis de réaliser des ventes de 15 millions de dollars l'année précédente. Toutefois, le passé n'est pas garant de l'avenir. La possibilité d'obtenir un meilleur rendement, de réduire les délais et d'assurer la qualité semble constituer la meilleure protection contre la concurrence. Par ailleurs, on dit qu'il y a un potentiel d'accroissement du marché. Il s'agit donc de savoir si M. Lépine souhaite exploiter ce potentiel. Sur le plan de l'analyse économique, il fait face à une occasion d'affaires des plus alléchantes. Cependant, il ne pourra plus jamais revenir en arrière s'il s'engage dans ce projet.

UNE GÉNÉRALISATION DE L'ANALYSE COÛT-VOLUME-BÉNÉFICE

Nous avons vu au chapitre 5 que, à la limite, tous les coûts sont variables par rapport à un point de repère. Certains coûts varient par lots, d'autres par produits, d'autres par clients, d'autres par fournisseurs. Il existe donc une multitude de points morts (ou points critiques) dans l'entreprise.

E X E M P L E   6

Une entreprise du secteur de l'électronique paie en moyenne 40 000 $ pour certifier annuellement un de ses fournisseurs pour la qualité.

La direction de l'entreprise se demande si elle doit garder deux fournisseurs ou bien se limiter à un seul fournisseur, compte tenu que ses achats totalisent 300 000 $ par an.

Pour certifier un fournisseur, l'entreprise doit débourser 13,33 % du montant de ses achats, soit 40 000 $/300 000 $. Compte tenu des autres frais de gestion, la direction devrait établir une relation de partenariat avec un seul fournisseur et se concentrer sur ses achats, à moins qu'elle ne réalise des économies supérieures à 13,33 %.

E X E M P L E   7

Un magasin de meubles débourse en moyenne 75 $ par livraison. Il réalise en moyenne 20 % de marge nette sur ses ventes. La direction vient d'adopter une politique offrant la livraison gratuite à ses clients pour tout achat de plus de 4 000 $.

Cette politique est raisonnable puisque le point mort d'une livraison est de 375 $, soit

$$0,2y = 75 \ \$,$$
$$\text{soit } y = 375 \ \$.$$

Q U E S T I O N S   D E   R É V I S I O N

1. Qu'entend-on par volume?

2. Qu'entend-on par niveau d'activité?

3. Définissez la marge de sécurité.

4. Définissez le bénéfice potentiel.

5. Énumérez les objectifs de l'analyse CVB.

6. Décrivez le risque évalué à l'aide du modèle CVB.

7. Comment peut-on utiliser le modèle CVB lorsqu'on a plusieurs produits?

8. Commentez l'utilité de l'analyse CVB pour évaluer les projets d'investissement.

EXERCICES

● **Exercice 7.1   Nouvel équipement manufacturier et effet sur le bénéfice**

En raison de la pression exercée par la concurrence et de la diminution du taux de béné-fice net au cours des dernières années, le directeur général d'une PME manufacturière envisage de mettre en place un nouvel équipement de pointe afin d'accroître sa produc-tivité. Cet équipement aurait pour effet :

1. de diminuer de 50 % le temps moyen de main-d'œuvre directe par unité ;

2. de réduire des deux tiers le délai de fabrication, ce qui permettrait de réduire d'autant les stocks de produits finis ainsi que l'espace requis pour les entreposer ;

3. de quadrupler la capacité de production, qui est actuellement de 1 000 000 d'unités par an ;

4. d'éliminer des activités de manutention des produits en cours représentant 60 % du montant des frais généraux de fabrication variables.

Par ailleurs, les frais généraux de fabrication fixes de même que les frais généraux attri-buables aux machines doubleront.

Voici un sommaire des résultats du dernier exercice :

	1995
Ventes	54 690 000 $
Coût des produits vendus	
Matières premières	10 938 000 $
Main-d'œuvre directe	16 407 000
Frais généraux liés aux stocks	5 469 000
Frais généraux liés aux machines	3 190 250
Frais généraux de fabrication variables	2 734 500
Frais généraux de fabrication fixes	1 823 000
	40 561 750 $
Bénéfice brut	**14 128 250 $**
Frais de vente et d'administration	
variables	3 646 000 $
fixes	6 380 500
	10 026 500 $
Bénéfice net	**4 101 750 $**

[annotation manuscrite : ⟩ Fixes]

Le tableau suivant présente l'évolution des ventes et du bénéfice au cours des cinq der-nières années.

	1991	1992	1993	1994	1995
Ventes (en unités)	789 600	863 800	854 300	897 200	911 500
Ventes (en dollars)	41 059 200 $	46 645 200 $	49 549 400 $	52 037 600 $	54 690 000 $
Bénéfice	5 748 288 $	5 130 972 $	4 707 193 $	4 423 196 $	4 101 750 $

● **Travail à faire**

1. Faites une analyse coût-volume-bénéfice.

2. Faites une recommandation au directeur général concernant la mise en place d'un équipement de pointe.

● **Exercice 7.2   Sous-traitance et effet sur la structure de coûts**

Voici un sommaire des résultats d'un bureau d'ingénieurs-conseil pour l'exercice se terminant le 31 décembre 1995.

Honoraires professionnels	114 720 000 $
Salaires des administrateurs	12 600 000 $
Salaires des professionnels	37 500 000
Salaires du personnel de soutien	3 375 000
Sous-traitance (honoraires)	18 880 000 *variable*
Frais de déplacement et de représentation	15 296 000 *variable*
Frais généraux d'administration	13 500 000
	101 151 000 $
Bénéfice net	**13 569 000 $**

Le montant d'honoraires de 114 720 000 $ représente des contrats totalisant 764 800 heures-personnes. La dernière année a été particulièrement difficile à cause de la récession qui, selon les économistes, n'est pas tout à fait terminée. Le bureau prévoit une diminution des contrats de 50 % pour l'an prochain.

La directrice générale envisage de ne pas renouveler le contrat annuel de 120 des 300 ingénieurs du bureau et de leur offrir de travailler comme pigistes au taux horaire de 100 $. Actuellement, un ingénieur coûte en moyenne 125 000 $ par an, avantages sociaux inclus. Du même coup, le bureau ne renouvellerait pas son loyer dans une tour du centre-ville et économiserait un montant de 8 000 000 $ en frais généraux d'administration. Il économiserait également 1 500 000 $ en salaires versés au personnel de soutien. Actuellement, tous les postes de charges sont fixes sauf celui de la sous-traitance, qui coûte en moyenne 100 $ l'heure sous-traitée, et celui des frais de déplacement et de représentation, qui sont proportionnels aux honoraires perçus.

● **Travail à faire**

1. Faites une analyse coût-volume-bénéfice visant à éclairer la décision à prendre et illustrez à l'aide d'un graphique.

2. Faites des suggestions visant à réduire la vulnérabilité de l'entreprise face à des variations du nombre d'heures de contrat.

● **Exercice 7.3   Comptabilité par activités et analyse coût-volume-bénéfice**

Le contrôleur de l'entreprise ABC ltée étudie les premiers résultats annuels établis au moyen de la comptabilité par activités. Voici un tableau montrant ces résultats ainsi que les inducteurs d'activité utilisés pour effectuer le rapprochement entre les coûts des activités et les produits.

Activités de l'usine	Coûts	Inducteurs	Unités de l'inducteur
Achat et réception	2 650 234 $	Une commande	4 320
Mise en course	1 669 815	Un lot	450
Fabrication	35 481 600	Une unité produite	1 056 000
Supervision	2 070 800	Un employé	248
Contrôle de la qualité	2 844 900	Un lot	450
Conception et développement	2 452 800	Un nouveau produit	12
Entretien, maintenance	641 932	Une heure-machine	16 380
Total	47 812 081 $		

Voici la fiche du coût de revient standard établi selon une analyse comparative de l'industrie.

	Coût standard par unité produite
Achat et réception	0,50 $
Mise en course	0,50
Fabrication	34,00
Supervision	0,50
Contrôle de la qualité	1,00
Conception et développement	3,00
Entretien, maintenance	0,50
	40,00 $

● Travail à faire

1. En supposant que le coût par commande de l'activité Achat et réception ne varie pas selon le nombre d'unités produites, calculez combien d'unités par commande il faut pour que le coût moyen de cette activité soit égal ou inférieur à 0,50 $ par unité produite.

2. En supposant que le coût par lot de l'activité Mise en course ne varie pas selon le nombre d'unités produites, calculez combien d'unités par lot il faut pour que le coût moyen de cette activité soit égal ou inférieur à 0,50 $ par unité produite.

3. Faites au contrôleur des suggestions (chiffres à l'appui) qui l'aideront à atteindre la cible du coût standard de 40 $ par unité produite.

● Exercice 7.4   Calcul du point mort à deux dimensions

Dans l'école d'administration d'une université, un professeur coûte en moyenne 72 000 $ par année, avantages sociaux inclus. Il passe 180 heures en classe et consacre le reste de son temps à la direction d'étudiants, à la recherche et au développement pédagogique. L'école engage 4 800 000 $ de frais fixes liés aux immobilisations (taxes, assurances, chauffage, entretien, équipement informatique et audiovisuel, etc.), peu importe le temps d'utilisation des salles. Elle compte 40 salles de cours de superficie égale.

Par ailleurs, chaque étudiant rapporte en moyenne à l'université 40 $ par heure passée en classe, y compris le financement du gouvernement.

Travail à faire

1. Calculez le nombre d'étudiants par classe si l'on suppose que chaque salle de cours est utilisée 10 heures par jour, 5 jours par semaine, 30 semaines par année.

2. Calculez le nombre d'heures requis d'utilisation de chaque salle de cours pour équilibrer les revenus et les charges, si l'on suppose

   a) une moyenne de 20 étudiants par classe ;
   b) une moyenne de 15 étudiants par classe.

3. Suggérez à la direction des moyens d'équilibrer son budget.

Exercice 7.5   Prix de vente et analyse coût-volume-bénéfice

À la suite d'une étude de marché et d'une analyse des coûts unitaires, le contrôleur du Restaurant de chez nous évalue différentes stratégies de prix pour le repas du midi.

Voici les résultats de son analyse des coûts pour un nombre prévu de 62 400 repas par an :

Prix payé par le consommateur	**5,95 $** — 4.95
Taxes payées par le consommateur (13 %)	0,68 $
Prix du repas avant taxes	**5,27 $** 4.38
Marge du restaurateur (10 %)	0,48 $
Coût du restaurateur	4,79 $ 3.98
Matières premières	0,80 $
Main-d'œuvre directe	0,30
Frais généraux variables	0,20
Total des coûts variables	**1,30 $**
Frais de fabrication fixes	1,20 $
Frais d'administration fixes	1,90
Autres frais fixes	0,39
Total des coûts fixes	**3,49 $**

Travail à faire

1. L'étude de marché indique que le contrôleur pourrait accroître substantiellement le nombre de repas servis annuellement s'il ramenait le prix payé par le consommateur à 4,95 $. Combien de repas de plus devrait-on servir annuellement pour réaliser la même marge de bénéfice, soit 10 % ?

2. Le gouvernement vient d'annoncer que les taxes sur les repas passeront de 13 % à 15 % à compter du 1er avril prochain. Combien de repas de plus devra-t-on alors servir annuellement pour réaliser la même marge de bénéfice, soit 10 %, tout en maintenant le prix payé par le consommateur à 5,95 $?

• Exercice 7.6   Choix de projets d'investissement

Fondée il y a trois ans, une entreprise fabrique et assemble plusieurs produits de quincaillerie. Ses ventes n'ont pas cessé de croître, comme le montrent les statistiques de vente suivantes:

1992	1 160 000 $
1993	1 760 000 $
1994	2 560 000 $

Toutes les ventes se font au comptant, l'entreprise est presque totalement robotisée et la main-d'œuvre est un coût fixe. Voici des données prévisionnelles relatives au budget de l'année 1995:

Revenu unitaire moyen	32 $
Coût variable moyen par unité	8 $
Coûts fixes (excluant la dotation à l'amortissement)	852 000 $
Remboursement de capital (fixe pour encore 7 ans)	254 000 $

La direction prévoit que la demande sera de 87 500 unités en 1995, ce qui nécessiterait 43 750 heures-machine. Cependant, la capacité pratique n'est que de 40 000 heures-machine. C'est ce qui explique l'étude des deux projets d'investissement suivants:

Le projet A suppose:

- une augmentation de la capacité pratique de 40 000 heures-machine;
- une augmentation des coûts d'exploitation fixes de 892 000 $, incluant la main-d'œuvre mais excluant la dotation à l'amortissement;
- une augmentation du remboursement de capital sur les divers emprunts de 220 800 $ pour les 10 prochaines années.

Le coût variable unitaire demeure le même.

Le projet B suppose:

- une augmentation de la capacité pratique de 10 000 heures-machine;
- une augmentation des coûts d'exploitation fixes de 208 000 $, incluant la main-d'œuvre mais excluant la dotation à l'amortissement;
- une augmentation du remboursement de capital sur les divers emprunts de 53 600 $ pour les 10 prochaines années.

Le coût variable unitaire demeure le même.

Les deux projets sont tout à fait indépendants l'un de l'autre, et la réalisation du projet B dans un premier temps ne permettrait pas d'économiser plus tard sur la réalisation du projet A.

◉ Travail à faire

Faites une analyse coût-volume-bénéfice des deux projets et soumettez vos recommandations quant à la décision à prendre.

Note: Dans ce problème, nous suggérons de considérer le point mort à l'égard des rentrées et des sorties de fonds plutôt que des revenus et des coûts proprement dits.

● **Exercice 7.7   Édition et point mort**

Un éditeur vient d'engager les frais suivants relativement à un nouveau manuel :

Révision	3 000 $
Mise en page	5 000 $
Impression et assemblage (coûts fixes)	8 000 $
Publicité	2 000 $
Impression et assemblage (coûts variables)	1,80 $ par livre
Entreposage (coûts variables)	1,00 $ par an, par livre non vendu

Les frais de révision ne sont engagés qu'une seule fois alors que les frais d'impression et d'assemblage de même que les frais de publicité sont engagés à chaque commande d'impression.

L'auteur est rémunéré par une commission représentant 10 % du prix de détail. Le détaillant réalise une commission de 10 % du prix du grossiste et le grossiste, une commission de 10 % du prix de l'éditeur. De plus, les vendeurs consacreront à la mise en marché de ce livre un nombre d'heures représentant 2 000 $ de leur salaire annuel.

Supposez que la demande, estimée à 1 000 livres par an, est uniforme.

● **Travail à faire**

1. Calculez le point mort si le prix de détail est fixé pour une première impression

    a) à 19,95 $;
    b) à 24,95 $.

2. Calculez le point mort si le prix de détail est fixé pour une réimpression

    a) à 19,95 $;
    b) à 24,95 $.

● **Exercice 7.8   Point mort spécifique et point mort global**

Une entreprise fabrique et assemble plusieurs produits regroupés en cinq familles, soit F1, F2, F3, F4 et F5. Voici un sommaire des résultats du dernier exercice :

	Familles de produits				
	F1	**F2**	**F3**	**F4**	**F5**
Ventes	2 247 660 $	3 241 000 $	3 141 800 $	1 463 400 $	3 237 600 $
Nombre de produits	124 870	231 500	136 600	97 560	170 400
Prix moyen de vente	18,00 $	14,00 $	23,00 $	15,00 $	19,00 $
Nombre d'heures de main-d'œuvre	62 435	92 600	136 600	68 292	136 320
Coût variable moyen unitaire	6,50 $	7,20 $	5,75 $	6,00 $	9,10 $
Coûts fixes spécifiques	460 000 $	350 000 $	637 900 $	243 000 $	653 800 $
Coûts communs (répartis au prorata des ventes)	719 510 $	1 037 493 $	1 005 737 $	468 456 $	1 036 404 $

● **Travail à faire**

1. Calculez le point mort spécifique de chacune des familles de produits.

2. Calculez le point mort global de l'entreprise en heures de main-d'œuvre.

● **Exercice 7.9   Point mort et projet d'investissement**

Voici l'état des résultats de l'entreprise XYZ ltée pour le dernier exercice financier :

XYZ ltée
État des résultats
pour l'exercice se terminant le 31 décembre 1995

Ventes	**71 947 600 $**
Coût des produits vendus	
Matières premières	18 249 000 $
Main-d'œuvre directe	15 000 000
Frais généraux de fabrication	8 900 000
	42 149 000 $
Bénéfice brut	**29 798 600 $**
Frais de vente et d'administration	25 868 000
Bénéfice net	**3 930 600 $**
Pourcentage de bénéfice net (%)	5,46 %

Malgré la récession, l'entreprise fonctionne bien, comme en témoignent ses 71 millions de chiffre d'affaires et presque 4 millions de bénéfices. Toutefois, le pourcentage de bénéfice est faible si on le compare au taux d'intérêt de 9 % sur les obligations du gouvernement. L'entreprise est innovatrice et elle détient 60 % des ventes d'un marché national relativement restreint. Pour accroître son potentiel de vente, elle étudie la possibilité de développer une activité d'exportation.

Le gouvernement, désirant combattre la récession et plus particulièrement le chômage, annonce alors un programme de subventions à la création d'emplois : il défraiera jusqu'à 80 % de certains investissements selon un calcul basé sur le nombre d'emplois permanents créés. Afin de bénéficier de ce programme, l'entreprise XYZ ltée élabore un projet de 7 500 000 $ permettant de créer 50 emplois permanents. Pour que ces emplois soient considérés comme permanents, l'entreprise ne peut réduire son personnel au cours des 3 prochaines années sans voir la portion de la subvention de 6 millions de dollars, soit 80 % de 7,5 millions, être réduite en proportion.

Effet du projet sur les coûts d'exploitation

Création de 50 emplois	1 500 000 $
(30 000 $ chacun y compris les avantages sociaux)	
Autres charges fixes	400 000
Total	**1 900 000 $**

● **Travail à faire**

1. Calculez le point mort du projet.
2. Commentez brièvement l'intérêt de ce projet pour l'entreprise.

Partie 3

LA GESTION

Comme son nom l'indique, la comptabilité de management concerne la gestion. À l'aube du XXIe siècle, dans un contexte de mondialisation marqué par la compétitivité accrue des entreprises, par la restructuration organisationnelle ainsi que les techniques de pointe et les autoroutes électroniques, la comptabilité de management est appelée à jouer un rôle crucial dans la planification, le contrôle et l'évaluation de la performance.

Le chapitre 8 présente la gestion de la trésorerie. La planification et le contrôle des flux monétaires constituent les applications les plus concrètes et les plus universelles du budget, et ce chapitre permet donc d'initier les lecteurs aux rôles de contrôleur et de trésorier.

Le chapitre 9 aborde le budget comme outil de planification, de contrôle et d'évaluation de la performance, et comme moyen de financement. Nous y définissons un cadre d'étude du budget et des techniques qui s'y rapportent, thèmes qui seront développés dans les trois derniers chapitres de cette partie.

Le chapitre 10 traite la planification et le contrôle selon une approche axée sur le commandement et la surveillance. Le budget permet à la fois de transmettre les plans de la direction à l'ensemble des unités administratives, de coordonner les unités entre elles et de surveiller l'exécution des plans par le biais de l'analyse des écarts budgétaires.

Le chapitre 11 aborde la planification et le contrôle selon une approche axée sur l'orientation et l'apprentissage. Le budget et la gestion par activités deviennent des outils d'apprentissage en représentant les processus d'affaires et en modélisant le comportement des coûts de ces processus.

Le chapitre 12 présente l'évaluation de la performance.

Chapitre 8

LA GESTION
DE LA TRÉSORERIE

OBJECTIFS DU CHAPITRE

- Décrire la gestion de la trésorerie.
- Comprendre le cycle des mouvements de trésorerie.
- Expliquer le budget de caisse.
- Dresser un budget de caisse.
- Simuler la gestion de la trésorerie.
- Mettre en application le contrôle de la trésorerie.

SOMMAIRE

- LA GESTION DE LA TRÉSORERIE
    - Le cycle des mouvements de trésorerie
    - Les volets planification et contrôle

- LE BUDGET DE CAISSE : UN OUTIL DE PLANIFICATION
    - Les règles du budget de caisse
    - La marche à suivre pour établir le budget de caisse

- LE CONTRÔLE DE LA TRÉSORERIE
    - Le suivi du budget
    - Le suivi des comptes clients
    - Le suivi des comptes fournisseurs
    - Le suivi de la marge de crédit
    - Le suivi du taux de change

- LA PLANIFICATION, LE MAINTIEN ET LA FRUCTIFICATION
  DES LIQUIDITÉS

LA GESTION DE LA TRÉSORERIE

La gestion de la trésorerie concerne la *planification* et le *contrôle des flux monétaires*. Le principal objectif est de s'assurer de toujours avoir de l'argent en caisse. Le deuxième objectif est de veiller à faire fructifier les montants en caisse, même pour un court laps de temps. Essentiellement, la **gestion de la trésorerie** «consiste à équilibrer les rentrées et les sorties de fonds de telle manière que l'entreprise puisse s'acquitter de ses obligations à temps et que tout excédent de fonds soit placé de façon à produire des revenus[1]». On peut équilibrer les rentrées et les sorties de fonds en couvrant un déficit temporaire par un emprunt temporaire. Habituellement, on ne considère que le financement à court terme dans le cadre de la gestion de la trésorerie.

Les principales tâches liées à la gestion de la trésorerie et assumées par le trésorier (que nous avons représenté par un banquier au chapitre 1) sont :

- les dépôts ;
- la perception des comptes clients ;
- le paiement des comptes fournisseurs ;
- le paiement des salaires et autres comptes ;
- les placements à court terme et à long terme ;
- les emprunts à court terme et à long terme ;
- les assurances.

Qu'il s'agisse d'une petite entreprise individuelle ou d'une grande multinationale, d'une société fermée ou d'une société ouverte, d'un organisme sans but lucratif, d'une entreprise paragouvernementale ou même d'un gouvernement, toutes les entreprises doivent gérer leurs flux monétaires.

LE CYCLE DES MOUVEMENTS DE TRÉSORERIE

La gestion de la trésorerie est étroitement liée au cycle des mouvements de trésorerie, illustré à la figure 8.1.

---

1. La Société des comptables en management du Canada, *Politique de comptabilité de management n° 5, La gestion de la trésorerie*, 1986, p. 5-2.

Figure 8.1 Cycle des mouvements de trésorerie

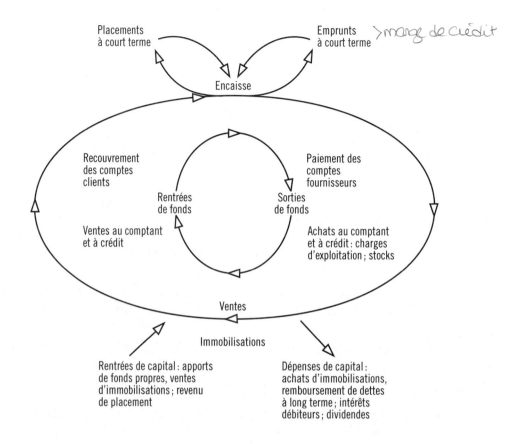

Source : Adapté de la Société des comptables en management du Canada, *Politique de comptabilité de management n° 5, La gestion de la trésorerie*, 1986, p. 5-4.

D'un côté il y a les rentrées de fonds, de l'autre les sorties de fonds. On peut distinguer quatre cycles de mouvements : deux concernant des mouvements temporaires de fonds dans la partie supérieure de la figure et deux concernant des mouvements permanents de fonds dans la partie inférieure de la figure. Les mouvements permanents comprennent un cycle long associé à l'acquisition de l'infrastructure de l'entreprise, notamment les immobilisations, et un cycle court associé à l'activité commerciale proprement dite. Les mouvements temporaires comprennent les placements à court terme d'une part et les emprunts à court terme d'autre part.

LES VOLETS PLANIFICATION ET CONTRÔLE

La gestion de la trésorerie comporte deux volets : le volet planification et le volet contrôle.

Le volet **planification** comprend :

- la prévision des rentrées et des sorties de fonds, les recettes et les débours ;
- les décisions de *placement* à court terme, lorsqu'il y a un surplus d'encaisse prévu ;
- les décisions d'*emprunt* à court terme, lorsqu'il y a un déficit d'encaisse prévu ;
- l'étude de l'impact sur les flux monétaires de la politique d'achat et de paiement (qui concerne les comptes fournisseurs) et de la politique de crédit (qui concerne les comptes clients).

La planification est d'autant plus importante que l'entreprise est exposée à des variations périodiques des flux monétaires. Par exemple, les entreprises qui ont des activités saisonnières encaissent des montants d'argent élevés pendant quelques mois, mais doivent régler certaines charges tout au long de l'année. De nombreux commerces réalisent la moitié de leur chiffre d'affaires avant les fêtes de fin d'année, soit en novembre et en décembre. Plusieurs stations de ski au Québec gagnent le tiers de leurs revenus durant la dernière semaine de décembre et la première semaine de janvier. D'autres entreprises utilisent, pour gonfler leurs ventes, une politique de crédit accompagnée du slogan : «Achetez maintenant et payez dans six mois». Par ailleurs, les entreprises ont la possibilité de vendre ces dettes à des entreprises du secteur des services financiers.

Le volet **contrôle** comprend :

- l'exécution (encaissement des ventes, recouvrement des comptes clients, paiement des comptes fournisseurs, placements à court terme, emprunts à court terme) ;
- le suivi des prévisions, soit essentiellement la comparaison des résultats avec les prévisions sur une base continue et, dans le cas où il y a déviation par rapport à ces prévisions, l'anticipation des actions appropriées ;
- le suivi et la vérification des comptes clients et des comptes fournisseurs ;
- le suivi de la marge de crédit ;
- le suivi des taux de change.

E X E M P L E   1

Éric, étudiant au cégep, a préparé sur un tableur ses prévisions de recettes et de débours pour la prochaine année. Il a choisi la période du 1er août au 31 juillet pour deux raisons : c'est en juillet qu'il planifie sa prochaine année d'études et qu'il négocie avec son père son allocation mensuelle pour l'année à venir. En fait, le mois de juillet constitue une interruption normale dans son cycle d'activité. Le tableau 8.1 présente les prévisions d'Éric.

Tableau 8.1 Prévisions des flux monétaires d'Éric par période de deux mois

	Août, septembre	Octobre, novembre	Décembre, janvier	Février, mars	Avril, mai	Juin, juillet	Sommaire annuel
Solde du début	1 300 $	960 $	290 $	380 $	170 $	−450 $	1 300 $
Recettes							
Travail	800 $	200 $	400 $	400 $		1 600 $	3 400 $
Cadeaux			300			200	500
Allocation	1 150	1 150	1 150	1 150	1 150 $	1 150	6 900
Total	**1 950 $**	**1 350 $**	**1 850 $**	**1 550 $**	**1 150 $**	**2 950 $**	**10 800 $**
Débours							
Loyer	800 $	800 $	800 $	800 $	800 $	800 $	4 800 $
Services publics	150	200	400	400	250	150	1 550
Repas	400	400	400	400	400	400	2 400
Vêtements	400	500			200		1 100
Loisirs	120	80	120	120	80	160	680
Divers	420	40	40	40	40		580
Total	**2 290 $**	**2 020 $**	**1 760 $**	**1 760 $**	**1 770 $**	**1 510 $**	**11 110 $**
Solde à la fin	**960 $**	**290 $**	**380 $**	**170 $**	**−450 $**	**990 $**	**990 $**

Les prévisions sont établies par période de deux mois. Le solde est négatif au 31 mai ; il est temps que la session se termine et qu'Éric recommence à travailler. S'il ne peut pas travailler, il devra, afin de boucler son budget, demander à son père une augmentation de son allocation mensuelle, ou bien renoncer à certains loisirs ou essayer de trouver un appartement au loyer moins élevé.

Dans ce cas, la gestion de la trésorerie consiste à établir des prévisions et à planifier dès maintenant les mesures à prendre pour ne pas manquer d'argent pendant l'année.

E X E M P L E   2

Mario Dupin, directeur financier du Centre de ski Mont Agne, a préparé sur un tableur ses prévisions de recettes et de débours pour la prochaine année. Il a choisi la période du 1er mai au 30 avril, car elle correspond au cycle normal d'exploitation dans ce secteur. Le tableau 8.2 présente les prévisions de Mario.

Tableau 8.2 Prévisions des flux monétaires du Centre de ski Mont Agne par trimestre

	Trimestre				
	Mai, juin, juillet	Août, septembre, octobre	Novembre, décembre, janvier	Février, mars, avril	Sommaire annuel
Solde du début	200 000 $	−112 219 $	−289 572 $	−25 470 $	200 000 $
Recettes					
Restaurant	0 $	15 000 $	368 079 $	303 924 $	687 003 $
Abonnements	0	187 866	66 150	0	254 016
Droits d'entrée	0	0	980 624	809 702	1 790 327
Autres	0	40 000	180 000	120 000	340 000
Total	0 $	242 866 $	1 594 854 $	1 233 626 $	3 071 346 $
Débours					
Salaires	65 000 $	80 000 $	340 000 $	270 000 $	755 000 $
Déductions à la source et taxes	32 000	15 000	105 000	110 000	262 000
Assurances	10 000	0	40 000	0	50 000
Publicité	0	70 000	35 000	15 000	120 000
Électricité	3 000	5 000	140 000	75 000	223 000
Produits pétroliers	1 000	5 000	38 000	25 000	69 000
Entretien	12 000	30 000	105 000	72 000	219 000
Administration	30 000	40 000	80 000	60 000	210 000
Restaurant	0	8 000	184 000	131 000	323 000
Service de la dette	156 219	156 219	155 752	152 019	620 208
Remboursement de la dette	0	0	80 000	80 000	160 000
Autres	3 000	11 000	28 000	26 000	68 000
Total	312 219 $	420 219 $	1 330 752 $	1 016 019 $	3 079 208 $
Solde à la fin	−112 219 $	−289 572 $	−25 470 $	192 137 $	192 137 $

Dans ce cas, la gestion de la trésorerie consiste à établir les prévisions de rentrées et de sorties de fonds et à prévoir dès maintenant les mesures à prendre pour payer les salaires et les factures urgentes au cours de l'été. C'est également sur la base de ces prévisions que Mario pourra négocier une marge de crédit (emprunt à court terme ouvert et remboursable sur demande[2]) auprès de la banque et placer à court terme l'excédent d'encaisse de la période février/mars/avril.

E X E M P L E   3

Mme Leclerc, directrice des finances de l'entreprise manufacturière SYS, a préparé sur un tableur ses prévisions de recettes et de débours pour le prochain exercice. Le tableau 8.3 présente les prévisions de Mme Leclerc.

---

2. «Remboursable sur demande» signifie que le prêt peut être annulé sans préavis. En pratique, la banque ne l'annule pas, à moins que la situation financière de l'entreprise se modifie au point de ne plus offrir de garanties suffisantes.

Dans cet exemple, la gestion de la trésorerie consiste à établir les prévisions de rentrées et de sorties de fonds et à prévoir dès maintenant les mesures à prendre pour payer les salaires et les factures urgentes au cours de l'automne. C'est également sur la base de ces prévisions que la directrice des finances de l'entreprise SYS pourra négocier une marge de crédit et placer à court terme les excédents d'encaisse des deux premières périodes.

Toutefois, nous pouvons nous demander s'il s'agit de la meilleure façon de présenter l'information pour la gestion de la trésorerie.

Tableau 8.3   Prévisions des flux monétaires de l'entreprise SYS

	Trimestre			
	Janvier, février, mars	Avril, mai, juin	Juillet, août, septembre	Octobre, novembre, décembre
Solde du début	30 000 $	−19 531 $	62 438 $	−110 031 $
Recettes	800 000 $	737 500 $	698 750 $	671 875 $
Débours				
Salaires	162 000 $	162 000 $	180 000 $	108 000 $
Matières premières	150 000	120 000	180 000	120 000
Frais de fabrication	72 000	90 000	72 000	108 000
Frais de vente	256 000	144 000	240 000	192 000
Frais d'administration	160 000	90 000	150 000	120 000
Frais de financement	19 531	19 531	19 219	18 906
Remboursement de la dette à long terme	30 000	30 000	30 000	30 000
Total	849 531 $	655 531 $	871 219 $	696 906 $
Solde à la fin	−19 531 $	62 438 $	−110 031 $	−135 063 $

LE BUDGET DE CAISSE :
UN OUTIL DE PLANIFICATION

De manière générale, on appelle **budget** tout ensemble de prévisions financières présenté de façon structurée. On appelle **budget de caisse** d'une entité tout ensemble de prévisions des rentrées et sorties de fonds de cette entité. Les prévisions d'Éric, étudiant, au tableau 8.1, celles de Mario Dupin, directeur financier du Centre de ski Mont Agne, au tableau 8.2, et celles de Mme Leclerc, directrice des finances de l'entreprise manufacturière SYS, au tableau 8.3, sont des budgets de caisse. Le budget de caisse est l'**outil principal de la planification de la trésorerie**. Dès qu'il est question de planification de la trésorerie, on pense au budget de caisse.

Pourquoi doit-on prévoir les rentrées et les sorties de fonds ? Pourquoi doit-on prévoir des décisions de placement et d'emprunt à court terme qui seront prises dans trois, six ou huit mois ?

Figure 8.2 Rencontre avec le banquier

Toute entreprise a des obligations fermes qu'elle ne peut absolument pas reporter (comme les salaires), d'autres qu'elle ne peut reporter de plus d'une semaine (comme les montants dus aux fournisseurs d'un restaurant) et d'autres qu'elle ne peut reporter qu'à grands frais (comme les échéances relatives à des emprunts). Voilà pourquoi il est utile de prévoir les rentrées et les sorties de fonds. Par ailleurs, il est toujours plus facile de se présenter à la banque pour négocier un emprunt sans avoir le couteau sur la gorge, c'est-à-dire des dettes échues impayées. Les banquiers voient d'un mauvais œil la personne qui se présente à la dernière minute avec un besoin urgent de fonds et ils ont tendance à le lui faire payer chèrement (figure 8.2) en exigeant un taux d'intérêt plus élevé sous prétexte de risques plus élevés.

Le budget de caisse est utile aux personnes de même qu'aux très petites et aux très grandes entreprises dans tous les secteurs d'activité. Il constitue un outil essentiel pour la gestion de la trésorerie. Certaines petites entreprises privées n'utilisent pas un système comptable élaboré comportant un grand livre et des journaux auxiliaires, mais s'appuient sur un système qui consiste à enregistrer les dépôts et les paiements, à suivre l'évolution de leur solde en banque et à anticiper les besoins de fonds. On peut dire qu'elles ont une sorte de comptabilité de caisse[3] et que, par le fait d'anticiper leurs besoins d'emprunt, elles gèrent leur trésorerie.

---

3. Selon F. Sylvain, A. N. Mosich et E. J. Larsen, (*Comptabilité intermédiaire, théorie comptable et modalités d'application,* 2e édition, McGraw-Hill 1982): «Dans un système de comptabilité de caisse, les produits ne sont comptabilisés que lorsque l'encaisse s'accroît; de même, les charges d'exploitation n'influent sur le bénéfice net que lorsqu'elles font l'objet d'une diminution de l'encaisse».

LES RÈGLES DU BUDGET DE CAISSE

Pour être efficace, le budget de caisse doit obéir à quelques règles générales :

- être mensuel ;
- distinguer les postes correspondant aux activités normales d'exploitation de ceux qui correspondent aux autres activités commerciales ;
- distinguer les postes engagés des postes discrétionnaires ;
- se focaliser sur les postes susceptibles d'avoir un impact sur le solde en caisse ;
- établir, pour chaque poste, les facteurs déterminant les recettes et les débours ;
- préciser les scénarios ;
- fournir les calculs à l'appui.

Reprenons chacun de ces éléments.

Le budget mensuel

Les arguments en faveur du budget mensuel sont les suivants :

- une période supérieure à un mois nous fait perdre des informations essentielles dans tous les cas où l'on observe d'importantes variations saisonnières ou mensuelles ;
- une période inférieure à un mois n'est pas véritablement nécessaire dans la mesure où le cycle normal d'encaissement des comptes clients est de 30 jours ;
- les remises de déduction à la source doivent être faites mensuellement ;
- beaucoup de fournisseurs ont une facturation mensuelle ;
- seuls les salaires, en fait, ont une période normale de paiement de deux semaines.

Même si le mois semble la période idéale, certaines entreprises pourraient profiter d'un budget de caisse établi par trimestre, par semestre, voire par année, lorsque les recettes et les débours sont relativement uniformes durant toute l'année. Ainsi, les scénarios de recettes et de débours des entreprises de services publics sont relativement prévisibles, et les flux sont relativement stables au cours de l'année. D'autres entreprises ayant une masse salariale assez importante pourraient tirer avantage de la préparation d'un budget de caisse toutes les deux semaines.

Les activités normales et les autres activités commerciales

La distinction entre les activités normales et les autres activités commerciales nous permet de déterminer si l'entreprise est autosuffisante sur le plan des liquidités avec ses seules activités normales, ou s'il lui faut compter sur d'autres activités. Par exemple, une station de ski pourrait avoir un déficit de caisse découlant de ses activités normales, mais globalement réaliser un surplus découlant de la vente de terrains. Cette station de ski devra tôt ou tard équilibrer son budget de caisse à l'aide de ses seules activités normales, car, dès lors que ses autres activités cesseront, elle sera en difficulté. Il en va de même pour une entreprise commerciale ou manufacturière qui aurait des revenus d'intérêts importants provenant de placements. Si ces activités de placements sont accessoires ou circonstancielles, elles doivent être considérées comme des activités supplémentaires.

Les postes engagés et les postes discrétionnaires

Les postes engagés ne laissent aucun choix au gestionnaire. Il doit les considérer comme des contraintes. Par exemple, on ne peut reporter le paiement des salaires, du loyer et des impôts. Par définition, les postes discrétionnaires relèvent d'un choix et le gestionnaire dispose d'une certaine marge de manœuvre à leur égard. Le montant prévus par Éric pour ses loisirs ainsi que les montants prévus par la direction du Centre de ski Mont Agne pour les dépenses de publicité sont discrétionnaires.

En cas de diminution imprévue des rentrées de fonds, on cherchera dans l'immédiat à réduire les sorties de fonds du côté des postes discrétionnaires.

Les postes susceptibles d'avoir un impact sur le solde en caisse

Quand on a trop d'information, c'est comme si on était ébloui par un éclairage trop intense (figure 8.3). Le fait de reproduire dans le budget chacun des quelque 100 comptes relatifs aux charges apparaissant au grand livre général (GLG) d'une entreprise non seulement serait inutile, mais rendrait la lecture du budget plus difficile. On peut donc regrouper tous les comptes relatifs à l'entretien et à l'administration en un seul compte, comme nous l'avons fait dans plusieurs des exemples précédents (tableaux 8.1, 8.2 et 8.3). Par contre, il est utile de déterminer les comptes qui ont une importance matérielle relative élevée, c'est-à-dire les comptes susceptibles d'influer sur les décisions d'emprunt ou de placement à court terme, et ceux qui ont un caractère saisonnier.

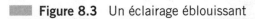

Figure 8.3 Un éclairage éblouissant

Les facteurs déterminant les recettes et les débours

Pour établir un budget, il est utile de définir les facteurs déterminant chacun des postes, c'est-à-dire les facteurs susceptibles d'influer sur le montant des recettes ou des débours, que ce soit l'occurrence d'événements particuliers ou l'importance relative d'événements (la venue de touristes pour une fête ou un congé particulier, par exemple).

Les scénarios

Il est utile de considérer différents scénarios lorsque l'entreprise est soumise à des facteurs incontrôlables. Les recettes en général sont soumises aux caprices du marché à divers degrés. Dans le cas d'une station de ski, les conditions climatiques jouent un rôle majeur. Dans le cas d'Hydro-Québec ou de n'importe quel service public, les fluctuations de la demande, quoique présentes, sont beaucoup moins importantes. Le fait de considérer différents scénarios contribue à éviter les surprises lorsque les résultats sont moins favorables que prévus, à anticiper les mesures à prendre dans de tels cas et à devancer les concurrents qui se retrouvent face aux mêmes facteurs incontrôlables. C'est ce qu'on appelle la *gestion proactive* : il s'agit d'anticiper les événements.

Les calculs à l'appui

Le budget de caisse ne doit pas comporter d'éléments incompréhensibles pour les utilisateurs que sont les gestionnaires, et ceux-ci doivent disposer de tous les éléments leur permettant de recalculer chacun des postes. D'ailleurs, le budget de caisse n'existe qu'en raison de son utilité pour les gestionnaires.

LA MARCHE À SUIVRE POUR ÉTABLIR LE BUDGET DE CAISSE

Nous suggérons au tableau 8.4 une marche à suivre pour établir le budget de caisse.

Tableau 8.4   Marche à suivre pour établir le budget de caisse

Déterminer les rentrées de fonds

1. provenant des activités normales
2. provenant des placements
3. provenant d'autres sources

Déterminer les sorties de fonds

4. provenant des activités normales d'exploitation
5. provenant des activités normales d'administration
6. provenant des emprunts
7. provenant d'autres activités

Nous reprenons les exemples 1, 2 et 3 en vue d'illustrer la théorie sur le budget de caisse comme outil de planification de la trésorerie.

E X E M P L E   4

Les prévisions financières d'Éric, présentées au tableau 8.1, comportent certains manquements aux règles du budget de caisse. D'abord, ce budget n'est pas établi mensuellement mais par période de deux mois; il s'agit là d'un défaut majeur. Par ailleurs, il n'y a qu'un seul scénario et aucun calcul à l'appui, mais ce n'est pas très grave, parce qu'Éric prépare son budget pour lui-même et non pour d'autres. Il peut donc intégrer de façon implicite les différents scénarios de recettes Travail et Allocation, sans les préciser sur papier. Tel n'est pas le cas en entreprise, où l'on doit expliciter tous les scénarios. Le tableau 8.5 présente le budget de caisse mensuel d'Éric.

Tableau 8.5 Budget de caisse mensuel d'Éric

	Août	Septembre	Octobre	Novembre	Décembre	Janvier	Février	Mars	Avril	Mai	Juin	Juillet	Sommaire annuel
Solde du début	1 300 $	1 145 $	960 $	825 $	290 $	615 $	380 $	405 $	170 $	−165 $	−450 $	395 $	1 300 $
Recettes													
Travail	800 $			200 $	200 $	200 $	200 $	200 $			800 $	800 $	3 400 $
Cadeaux					300						200		500
Allocation	575	575 $	575	575	575	575	575	575 $	575 $	575	575	575	6 900
Total	1 375 $	575 $	575 $	775 $	1 075 $	775 $	775 $	775 $	575 $	575 $	1 575 $	1 375 $	10 800 $
Débours													
Loyer	400 $	400 $	400 $	400 $	400 $	400 $	400 $	400 $	400 $	400 $	400 $	400 $	4 800 $
Services publics	50	100	50	150	50	350	50	350	50	200	50	100	1 550
Repas	200	200	200	200	200	200	200	200	200	200	200	200	2 400
Vêtements	400			500						200			1 100
Loisirs	80	40	40	40	80	40	80	40	40	40	80	80	680
Divers	400	20	20	20	20	20	20	20	20	20			580
Total	1 530 $	760 $	710 $	1 310 $	750 $	1 010 $	750 $	1 010 $	910 $	860 $	730 $	780 $	11 110 $
Solde à la fin	1 145 $	960 $	825 $	290 $	615 $	380 $	405 $	170 $	−165 $	−450 $	395 $	990 $	990 $

Éric doit payer tous les mois le loyer, les services publics (électricité, téléphone et câble[4]) et les repas. Il ne peut reporter ces débours. À la limite, il pourrait se passer du câble et même du téléphone et économiser ainsi 50 $ par mois (soit 25 $ pour le câble et 25 $ pour le téléphone). Selon le budget de caisse présenté au tableau 8.5, Éric prévoit un solde négatif pendant deux mois consécutifs: c'est un élément important dont il lui faut tenir compte dans sa planification. Enfin, il ne faudrait pas oublier qu'il y a une diminution du solde en caisse entre le 1er août et le 31 juillet de l'année suivante, et que sa seule marge de manœuvre dans ce budget se situe sur le plan des postes discrétionnaires Vêtements, Loisirs et Divers.

---

4. Vidéotron facture son service tous les deux mois. Il serait important d'indiquer ce détail dans le budget d'Éric s'il s'agit de l'entreprise qui lui fournit le câble.

E X E M P L E 5

Les prévisions monétaires de Mario Dupin, directeur financier du Centre de ski Mont Agne (tableau 8.2), dérogent considérablement aux règles du budget de caisse.

Nous allons reprendre chacune de ces règles en comparant les prévisions monétaires données au tableau 8.2 avec le budget de caisse du Centre de ski Mont Agne présenté au tableau 8.6.

Voici quelques observations sur ce tableau :

- le budget est établi tous les mois ;
- les rentrées de fonds sont supérieures aux sorties 5 mois sur 12 seulement, soit en septembre, décembre, janvier, février et mars ;
- le solde atteint son niveau le plus bas, soit – 427 587 $, en novembre ;
- une marge de crédit hypothétique de 100 000 $ serait nettement insuffisante dans ces circonstances ;
- si la marge de crédit n'était que de 100 000 $, il faudrait au moins 530 000 $ en caisse à la fin de la saison de ski en avril, à moins de couper dans les débours hors-saison, c'est-à-dire de mai à novembre ;
- il faut une réserve substantielle d'argent en banque pour compenser les variations de l'encaisse, même si, sur une période d'une année, on prévoit que les recettes et les débours vont s'équilibrer ;
- la détermination des coupures que l'entreprise peut effectuer ou les arrangements auxquels elle peut parvenir constitue la planification active de la trésorerie.

Pourquoi un budget mensuel ?

Les prévisions financières du tableau 8.6 sont identiques à celles du budget de caisse présenté au tableau 8.2. Au tableau 8.6, le solde minimal est de – 427 587 $, alors qu'au tableau 8.2, il est de – 289 572 $. En procédant par trimestre plutôt que par mois, cette entreprise ne pourrait prévoir qu'elle aura besoin de 427 587 $ en novembre.

Commentons maintenant les autres règles du budget de caisse, en suivant les étapes de la marche à suivre du tableau 8.4 pour établir le budget de caisse mensuel du centre de ski Mont Agne (tableau 8.6).

1. Les rentrées de fonds provenant des activités d'exploitation normales

Trois postes principaux ont été définis : Restaurant, Abonnements et Droits d'entrée. Le poste Restaurant comprend les revenus provenant du restaurant et des cantines. Le poste Abonnements concerne les cartes d'abonnement, et le poste Droits d'entrée se rapporte aux billets de journée. Il y a également un poste Autres qui comprend les recettes provenant de la boutique de ski, de la location de casiers, de l'École de ski, de la garderie et des autres concessions. Néanmoins, nous avons voulu nous limiter dans cet exemple aux principaux postes producteurs de recettes.

Tableau 8.6 Budget de caisse mensuel du Centre de ski Mont Agne

	Mai	Juin	Juillet	Août	Septembre	Octobre	Novembre	Décembre	Janvier	Février	Mars	Avril	Sommaire annuel
Solde du début	200 000 $	101 927 $	−1 146 $	−112 219 $	−232 292 $	−175 344 $	−289 572 $	−427 587 $	−247 263 $	−25 470 $	187 856 $	352 361 $	200 000 $
Recettes													
Restaurant					10 000 $	5 000 $	10 784 $	170 786 $	186 509 $	160 054 $	133 230 $	10 639 $	687 003 $
Abonnements					168 021	19 845	44 541	21 609	496 891	426 411	354 947		254 016
Droits d'entrée							28 732	455 002				28 344	1 790 327
Autres					40 000		60 000	60 000	60 000	60 000	60 000		340 000
Total	0 $	0 $	0 $	0 $	218 021 $	24 845 $	144 057 $	707 397 $	743 400 $	646 465 $	548 178 $	38 983 $	3 071 346 $
Débours													
Salaires	25 000 $	20 000 $	20 000 $	20 000 $	30 000 $	30 000 $	60 000 $	140 000 $	140 000 $	110 000 $	100 000 $	60 000 $	755 000 $
Déductions à la source et taxes	5 000	5 000	22 000	5 000	5 000	5 000	15 000	40 000	50 000	40 000	40 000	30 000	262 000
Assurances		10 000					40 000						50 000
Électricité	1 000	1 000	1 000	1 000	2 000	2 000	30 000	60 000	50 000	30 000	30 000	15 000	223 000
Produits pétroliers			1 000	1 000	2 000	2 000	8 000	15 000	15 000	12 000	8 000	5 000	69 000
Entretien	4 000	4 000	4 000	10 000	10 000	10 000	25 000	40 000	40 000	35 000	25 000	12 000	219 000
Publicité				20 000	30 000	20 000	20 000	10 000	5 000	10 000	5 000		120 000
Administration	10 000	10 000	10 000	10 000	20 000	10 000	20 000	30 000	30 000	25 000	20 000	15 000	210 000
Restaurant					5 000	3 000	4 000	90 000	90 000	70 000	55 000	6 000	323 000
Service dette	52 073	52 073	52 073	52 073	52 073	52 073	52 073	52 073	51 606	51 140	50 673	50 206	620 208
Remboursement de la dette								40 000	40 000	40 000	40 000		160 000
Autres	1 000	1 000	1 000	1 000	5 000	5 000	8 000	10 000	10 000	10 000	10 000	6 000	68 000
Total	98 073 $	103 073 $	111 073 $	120 073 $	161 073 $	139 073 $	282 073 $	527 073 $	521 606 $	433 140 $	383 673 $	199 206 $	3 079 208 $
Solde à la fin	101 927 $	−1 146 $	−112 219 $	−232 292 $	−175 344 $	−289 572 $	−427 587 $	−247 263 $	−25 470 $	187 856 $	352 361 $	192 137 $	192 137 $

À des fins d'illustration, nous avons choisi les facteurs clés suivants pour déterminer les revenus :

Restaurant et Droits d'entrée :

- le revenu moyen par skieur, qui a été l'année précédente de 5,35 $ par personne pour le restaurant et de 14,20 $ par personne pour les droits d'entrée ;
- le nombre de skieurs par mois (soit le nombre de visites).

Abonnements :

- le revenu moyen par abonné, qui a été l'année précédente de 420 $ par personne ;
- le nombre d'abonnés.

Le tableau suivant présente les statistiques du nombre de skieurs et d'abonnés.

Résultats l'année précédente (en unités)

	Septembre	Octobre	Novembre	Décembre	Janvier	Février	Mars	Avril	Total
Skieurs			1 927	26 702	33 326	28 599	23 806	1 901	**116 261**
Abonnements	381	45	101	49					**576**

Prévisions (en unités)

	Septembre	Octobre	Novembre	Décembre	Janvier	Février	Mars	Avril	Total
Skieurs			2 023	32 042	34 992	30 029	24 996	1 996	**126 079**
Abonnements	400	47	106	51					**605**

Compte tenu de la situation économique, des améliorations apportées au cours de l'été, des nouveaux programmes de promotion et de l'historique de la croissance de la clientèle, le scénario le plus vraisemblable est :

- une croissance générale de la clientèle de 5 %, mais de 20 % en décembre, puisque l'année précédente des conditions climatiques défavorables ont poussé un grand nombre de skieurs à rester chez eux durant la période comprise entre Noël et le jour de l'An ;
- aucun changement dans le prix moyen, les prix étant les mêmes que l'année précédente.

Dans le cas du poste Autres, on a simplement augmenté de 5 % les résultats de l'année précédente.

2. Les rentrées de fonds provenant des placements

Il n'y a aucun placement dans cet exemple.

3. Les rentrées de fonds provenant d'autres sources

Il n'y en a pas dans cet exemple. On retrouve généralement sous cette rubrique les apports de capital, les emprunts à long terme et les dispositions de biens.

4. La détermination des sorties de fonds provenant des activités normales d'exploitation

Six postes principaux ont été déterminés : Salaires, Déductions à la source (DAS) et taxes, Assurances, Électricité, Produits pétroliers et Entretien.

Le montant des salaires provient du contrat de travail signé avec les employés, des horaires qui ont été planifiés et du nombre de personnes que l'on prévoit embaucher.

5. La détermination des sorties de fonds provenant des activités normales d'administration

Deux postes principaux ont été déterminés : Publicité et Administration.

Le budget de publicité provient d'une estimation des coûts du projet de publicité approuvé à la dernière réunion du conseil d'administration.

Les frais d'administration reflètent les résultats de l'année précédente, puisqu'on ne prévoit aucun changement à ce chapitre.

6. La détermination des sorties de fonds provenant des emprunts

L'entreprise a actuellement trois contrats d'emprunt à long terme, présentés avec leur calendrier de remboursement respectif au tableau suivant.

	Mai	Juin	Juillet	Août	Septembre	Octobre	Novembre	Décembre	Janvier	Février	Mars	Avril
					Emprunt n° 1 (en milliers de dollars)							
Solde	3 200	3 200	3 200	3 200	3 200	3 200	3 200	3 200	3 180	3 160	3 140	3 120
Remboursement								20	20	20	20	
					Emprunt n° 2 (en milliers de dollars)							
Solde	960	960	960	960	960	960	960	960	948	936	924	912
Remboursement								12	12	12	12	
					Emprunt n° 3 (en milliers de dollars)							
Solde	290	290	290	290	290	290	290	290	282	274	266	258
Remboursement								8	8	8	8	

Le taux d'intérêt nominal capitalisé mensuellement pour chacun de ces emprunts est de :

- Emprunt n° 1 : 14,50 % ;
- Emprunt n° 2 : 12,00 % ;
- Emprunt n° 3 : 15,75 %.

7. La détermination des sorties de fonds provenant d'autres activités

Il n'y en a pas dans cet exemple. On retrouve habituellement sous ce poste les projets d'investissement et l'acquisition d'immobilisations.

Le poste Autres représente une marge pour les imprévus et n'est pas relié à un poste en particulier.

Pourquoi doit-on préciser plusieurs scénarios ?

On doit préciser plusieurs scénarios en vue d'analyser l'impact potentiel sur les flux monétaires d'éléments incontrôlables, telle une diminution de la clientèle. Nous présentons au tableau 8.7 l'impact d'une diminution de la clientèle de 10 % par rapport au budget initialement présenté.

L'examen du tableau 8.7 nous révèle que, en cas d'une diminution de 10 % seulement par rapport au scénario jugé le plus réaliste, le Centre de ski Mont Agne serait en difficulté. De plus, Mario risquerait de trouver l'été suivant passablement long s'il ne prend pas immédiatement des mesures visant à réduire ses dépenses discrétionnaires ou à augmenter ses revenus.

Quel niveau de détail doit-on rechercher ?

Nous avons résumé ci-dessous plusieurs facteurs susceptibles d'influer sur les droits d'entrée dans une station de ski :

- le nombre de skieurs ;
- la température ;
- le nombre de samedis ;
- le nombre de dimanches ;
- le nombre de congés ;
- les prix ;
- la publicité ;
- les promotions, y compris la politique de réduction ;
- les activités spéciales (compétitions et autres) ;
- les programmes de l'école de ski ;
- une grève.

Nous ne pouvons pas utiliser tous ces facteurs et nous devons faire un choix. Ce choix peut varier en fonction de l'expérience de l'entreprise et selon les informations disponibles. On peut remettre ce choix en cause une fois l'an.

Dans le budget présenté aux tableaux 8.2, 8.6 et 8.7, nous avons utilisé le calcul suivant pour déterminer les droits d'entrée :

(Moyenne de skieurs par jour) (Nombre de jours) (Prix moyen)

Dans un cas réel, nous pourrions distinguer très rapidement les jours de la semaine (du lundi au vendredi à l'exception des congés) des autres jours. Nous pourrions ensuite déterminer les types de skieurs selon une catégorisa-

Tableau 8.7 Budget de caisse du Centre de ski Mont Agne dans l'hypothèse d'une diminution de la clientèle de 10 %

	Mai	Juin	Juillet	Août	Septembre	Octobre	Novembre	Décembre	Janvier	Février	Mars	Avril	Sommaire annuel
Solde du début	200 000 $	101 927 $	−1 146 $	−112 219 $	−232 292 $	−199 347 $	−316 410 $	−466 434 $	−289 196 $	−165 032 $	−35 486 $	59 279 $	200 000 $
Recettes													
Restaurant					10 000 $	5 000 $	9 244 $	170 786 $	159 865 $	137 189 $	114 197 $	9 119 $	615 401 $
Abonnements					144 018	17 010	38 178	18 522					217 728
Droits d'entrée							24 627	455 002	425 906	365 495	304 241	24 295	1 599 566
Autres					40 000		60 000	60 000	60 000	60 000	60 000		340 000
Total	0 $	0 $	0 $	0 $	194 018 $	22 010 $	132 049 $	704 310 $	645 771 $	562 685 $	478 438 $	33 414 $	2 772 695 $
Débours													
Salaires	25 000 $	20 000 $	20 000 $	20 000 $	30 000 $	30 000 $	60 000 $	140 000 $	140 000 $	110 000 $	100 000 $	60 000 $	755 000 $
Déductions à la source et taxes	5 000	5 000	22 000	5 000	5 000	5 000	15 000	40 000	50 000	40 000	40 000	30 000	262 000
Assurances		10 000					40 000						50 000
Électricité	1 000	1 000	1 000	1 000	2 000	2 000	30 000	60 000	50 000	30 000	30 000	15 000	223 000
Produits pétroliers			1 000	1 000	2 000	2 000	8 000	15 000	15 000	12 000	8 000	5 000	69 000
Entretien	4 000	4 000	4 000	10 000	10 000	10 000	25 000	40 000	40 000	35 000	25 000	12 000	219 000
Publicité				20 000	30 000	20 000	20 000	10 000	5 000	10 000	5 000		120 000
Administration	10 000	10 000	10 000	10 000	20 000	10 000	20 000	30 000	30 000	25 000	20 000	15 000	210 000
Restaurant					5 000	3 000	4 000	90 000	90 000	70 000	55 000	6 000	323 000
Service dette	52 073	52 073	52 073	52 073	52 073	52 073	52 073	52 073	51 606	51 140	50 673	50 206	620 208
Remboursement de la dette								40 000	40 000	40 000	40 000		160 000
Autres	1 000	1 000	1 000	1 000	5 000	5 000	8 000	10 000	10 000	10 000	10 000	6 000	68 000
Total	98 073 $	103 073 $	111 073 $	120 073 $	161 073 $	139 073 $	282 073 $	527 073 $	521 606 $	433 140 $	383 673 $	199 206 $	3 079 208 $
Solde à la fin	101 927 $	−1 146 $	−112 219 $	−232 292 $	−199 347 $	−316 410 $	−466 434 $	−289 196 $	−165 032 $	−35 486 $	59 279 $	−106 514 $	−106 514 $

tion basée sur les promotions, par exemple les skieurs du programme Skiami, du programme Ski en famille, etc.

La règle d'or en comptabilité veut que l'on commence un premier budget le plus simplement possible et qu'on le rende plus complexe avec le temps, en fonction des besoins d'information qui se manifestent.

E X E M P L E   6

Nous présentons au tableau 8.8 le budget de caisse de l'entreprise SYS pour le premier trimestre.

Tableau 8.8   Budget de caisse de l'entreprise SYS

	Janvier	Février	Mars	Trimestre
Solde du début	30 000 $	44 385 $	50 875 $	30 000 $
Recettes	355 000 $	225 000 $	220 000 $	800 000 $
Débours				
Salaires	48 000 $	54 000 $	60 000 $	162 000 $
Matières premières	50 000	40 000	60 000	150 000
Frais de fabrication	18 000	30 000	24 000	72 000
Frais de vente	128 000	48 000	80 000	256 000
Frais d'administration	80 000	30 000	50 000	160 000
Frais de financement	6 615	6 510	6 406	19 531
Remboursement de la dette à long terme	10 000	10 000	10 000	30 000
Total	340 615 $	218 510 $	290 406 $	849 531 $
Solde à la fin	44 385 $	50 875 $	−19 531 $	−19 531 $

Voici quelques observations :

- le budget est établi tous les mois ;
- la connaissance des ventes, de la politique de crédit et des habitudes de paiement des clients est nécessaire pour établir les montants des recettes ;
- la connaissance de la politique de stockage des produits finis et des matières premières de même que de la politique de paiement des fournisseurs est nécessaire pour établir les montants des débours relatifs aux matières premières ;
- le taux d'intérêt et le solde de la dette à long terme sont nécessaires pour déterminer les montants relatifs aux frais de financement.

Nous présentons au tableau suivant les prévisions de ventes de l'entreprise SYS ainsi que les unités de production planifiées, les achats planifiés et les heures de main-d'œuvre directe planifiées.

	Novembre	Décembre	Janvier	Février	Mars	Avril	Mai
Ventes (unités)	5 000	8 000	3 000	5 000	4 000	6 000	4 000
Production (unités)		3 000	5 000	4 000	6 000	4 000	
Achats (kg)		10 000	8 000	12 000	8 000		
Main-d'œuvre (heures)		3 000	5 000	4 000	6 000		

Toutes les ventes se font à crédit et 70 % des clients règlent leurs achats le mois suivant. Trente pour cent des clients les règlent le deuxième mois suivant l'achat. Il n'y a aucune créance douteuse.

Comme on peut le constater, l'entreprise produit au cours d'un mois ce qu'elle prévoit vendre le mois suivant. La production d'une unité de produit fini requiert 2 kg de matières premières et 1 heure de main-d'œuvre directe. On achète les matières premières le mois précédant la production et on règle ces achats dans les 30 jours qui suivent. Les salaires sont payés avec 2 semaines de retard, de sorte que 50 % des heures de travail au cours d'un mois sont payées le même mois, et 50 % sont payées le mois suivant. Tous les frais de fabrication, de vente et d'administration sont payés le mois suivant. Les frais de fabrication sont considérés comme proportionnels à la quantité fabriquée au taux de 6 $ l'unité. Les frais de vente et d'administration sont considérés comme proportionnels aux ventes, les premiers au taux de 16 $ l'unité et les seconds au taux de 10 $ l'unité. Enfin, les frais de financement sont calculés au taux nominal de 12,5 % capitalisé mensuellement. Le calendrier de remboursement est présenté au tableau suivant.

	Novembre	Décembre	Janvier	Février	Mars
Solde du début	655 000 $	645 000 $	635 000 $	625 000 $	615 000 $
Remboursement	10 000 $	10 000 $	10 000 $	10 000 $	10 000 $

Dans cet exemple, le nombre d'unités produites ou le nombre de services offerts est fonction de la demande anticipée et reflétée par le budget des ventes. La préparation du budget de caisse fait intervenir d'autres budgets dits d'exploitation. Nous nous pencherons sur les différents budgets de l'entreprise et les rapports entre eux au chapitre suivant.

LE CONTRÔLE DE LA TRÉSORERIE

Le contrôle de la trésorerie comprend, entre autres, l'encaissement des ventes au comptant, le recouvrement des comptes clients et le paiement des comptes fournisseurs. L'exécution efficace et efficiente de ces activités relève des contrôles d'exécution. Les contrôles d'exécution ne sont pas traités dans ce manuel. Dans cette section, nous allons aborder uniquement le contrôle de gestion, soit :

- le suivi du budget ;
- le suivi des comptes clients ;
- le suivi des comptes fournisseurs ;
- le suivi de la marge de crédit ;
- le suivi du taux de change.

LE SUIVI DU BUDGET

Pourquoi comparer les résultats avec le budget puisqu'on ne peut plus changer un résultat une fois qu'il est enregistré? On procède de la sorte afin de constater le plus rapidement possible l'impact des écarts budgétaires sur les flux monétaires futurs et anticiper ainsi les décisions d'emprunt ou de placement à court terme. D'autre part, on effectue cette comparaison pour éviter une prise de décision à la sauvette et mieux planifier son action.

E X E M P L E   7

Nous reprenons le budget d'Éric présenté au tableau 8.5. Au 31 janvier, le solde en caisse d'Éric est de 300 $ et non de 380 $, contrairement à ce qu'il avait prévu initialement (tableau 8.5). De plus, Éric ne pourra travailler en février comme il l'avait espéré, de sorte que les 200 $ de recettes prévues au poste Travail doivent être annulées. Les autres éléments du budget ne changent pas. Il a intégré ces informations au budget initial aussitôt qu'il en a pris connaissance. Il ne lui reste que peu de temps pour trouver une solution à son déficit anticipé de liquidités, car il prévoit un solde négatif au 31 mars, un solde plus bas au 30 avril et un solde encore plus bas au 31 mai. Demandera-t-il à son père une allocation supplémentaire? Essaiera-t-il de trouver un travail de fin de semaine? Ou bien annulera-t-il son abonnement au câble? Quelle solution lui proposez-vous?

Son budget révisé selon les derniers résultats (solde de 300 $ au 31 janvier et pas de travail en février) est présenté au tableau 8.9.

Tableau 8.9 Budget d'Éric révisé au 1er février

	Février	Mars	Avril	Mai	Juin	Juillet	Total
Solde du début	300 $						300 $
Recettes							
Travail		200 $			800 $	800 $	1 800 $
Cadeaux					200		200
Allocation	575	575	575 $	575 $	575	575	3 450
Total	575 $	775 $	575 $	575 $	1 575 $	1 375 $	5 450 $
Débours							
Loyer	400 $	400 $	400 $	400 $	400 $	400 $	2 400 $
Services publics	50	350	50	200	50	100	800
Repas	200	200	200	200	200	200	1 200
Vêtements			200				200
Loisirs	80	40	40	40	80	80	360
Divers	20	20	20	20			80
Total	750 $	1 010 $	910 $	860 $	730 $	780 $	5 040 $
Solde à la fin	125 $	−110 $	−445 $	−730 $	115 $	710 $	710 $

LE SUIVI DES COMPTES CLIENTS

Pourquoi doit-on procéder à un suivi des comptes clients? On le fait afin de s'enquérir le plus rapidement possible des raisons qui peuvent amener un client à ne pas payer, afin de prévoir l'impact d'une éventuelle mauvaise créance sur les flux monétaires de l'entreprise, afin de prévoir une entente de paiement et afin d'annuler le crédit, le cas échéant. Il peut être utile de préparer un rapport mensuel en fonction du délai de paiement des clients, comme nous l'avons fait au tableau 8.10.

On doit faire le suivi du ratio de la **rotation des comptes clients**:

$$\text{Rotation des comptes clients} = \frac{\text{Total des ventes à crédit}}{\text{Comptes clients moyens}}$$

ou son corollaire, le **délai de recouvrement des comptes clients**:

$$\text{Délai de recouvrement des comptes clients} = \frac{365 \text{ jours}}{\text{Rotation des comptes clients}}$$

Un délai de recouvrement de plus de 45 jours peut occasionner des problèmes de recouvrement des comptes clients.

E X E M P L E   8

Reprenons l'exemple de l'entreprise SYS. Toutes les ventes se font à crédit: 70% des clients règlent leurs achats le mois suivant, disons dans les 30 jours, et 30% les règlent le deuxième mois suivant l'achat, disons dans les 60 jours. Nous présentons au tableau 8.10 un tableau du vieillissement des comptes au 31 décembre. Nous y avons ajouté deux mauvaises créances. L'entreprise décide au 1er janvier de mettre en œuvre une politique de crédit net de 30 jours, c'est-à-dire qu'on accorde aux clients 30 jours pour régler leurs factures sans demander d'intérêt et qu'on exige un taux d'intérêt de 1,5% par mois sur le solde de chacun des comptes clients passé ce délai de 30 jours. Nous présentons au tableau 8.11 l'impact de cette nouvelle politique sur les flux monétaires, en supposant que tous les clients payeront dans les 30 jours.

Ce rapport attire l'attention du responsable des comptes en souffrance sur le client nº B1726 et le client nº S7294. À moins d'une entente avec ces deux clients, SYS devrait annuler leur crédit.

Les ventes n'ont pas changé, les débours sont les mêmes et nous n'avons pas tenu compte des mauvaises créances, ni dans un cas ni dans l'autre. Et pourtant, il y a un montant d'argent plus important en caisse lorsque la période de recouvrement des comptes clients est plus courte.

Tableau 8.10 Rapport sur le vieillissement des comptes de l'entreprise SYS au 31 décembre

Nº client	30 jours	60 jours	90 jours	120 jours et plus
A1125	122 000 $			
B1456	20 000			
B1726				10 000 $
C1746	3 000			
F9648		17 000 $		
H6230	32 000			
M3904	14 000			
M3974	2 000			
R3387		23 000		
S7294			15 000 $	
S8492		10 000		
T3694	44 000			
U6920	108 000			
V7380	55 000			
Total	**400 000 $**	**50 000 $**	**15 000 $**	**10 000 $**

Tableau 8.11 Budget de caisse de l'entreprise SYS révisé selon le scénario d'encaissement probable découlant de la nouvelle politique

	Janvier	Février	Mars
Solde du début	**30 000 $**		
Recettes (avant)	355 000	225 000 $	220 000 $
Recettes (nouvelle politique)	**475 000 $**	**150 000 $**	**250 000 $**
Débours			
Salaires	48 000 $	54 000 $	60 000 $
Matières premières	50 000	40 000	60 000
Frais de fabrication	18 000	30 000	24 000
Frais de vente	128 000	48 000	80 000
Frais d'administration	80 000	30 000	50 000
Frais de financement	6 615	6 510	6 406
Remboursement de la dette à long terme	10 000	10 000	10 000
Total	**340 615 $**	**218 510 $**	**290 406 $**
Solde à la fin (avant)	44 385 $	50 875 $	−19 531 $
Solde à la fin (nouvelle politique)	**164 385 $**	**95 875 $**	**55 469 $**

LE SUIVI DES COMPTES FOURNISSEURS

Pourquoi doit-on procéder à un suivi des comptes fournisseurs ? On le fait principalement pour profiter des escomptes de caisse, d'autant que l'entreprise dispose des fonds pour payer. Cependant, le paiement des comptes fournisseurs doit respecter les contraintes de liquidités, comme nous le verrons dans la section suivante concernant le suivi de la marge de crédit.

On doit faire le suivi du ratio de la **rotation des comptes fournisseurs** :

$$\text{Rotation des comptes fournisseurs} = \frac{\text{Total des achats (à crédit)}}{\text{Comptes fournisseurs moyens}}$$

ou son corollaire, le **délai de paiement des comptes fournisseurs** :

$$\text{Délai de paiement des comptes fournisseurs} = \frac{365 \text{ jours}}{\text{Rotation des comptes fournisseurs}}$$

Un délai de paiement de plus de 45 jours peut occasionner des problèmes de paiement des comptes fournisseurs, des escomptes non encaissés et même des intérêts à payer sur les comptes en souffrance.

E X E M P L E   9

Les fournisseurs ont souvent des conditions de règlement de 2/10, net 30, ce qui signifie 2 % de rabais si le paiement est effectué dans les 10 jours, et net d'intérêts à payer si le paiement a lieu dans les 30 jours.

Une entreprise a pour politique de régler ses fournisseurs dans les 30 jours. Elle décide de calculer combien elle économiserait si elle réglait tous ses fournisseurs dans les 10 jours, compte tenu qu'elle achète à ses fournisseurs pour 1 000 000 $ de marchandises par année ?

Elle économiserait 2 % de 1 000 000 $, soit 20 000 $, en supposant que le coût de renonciation associé au loyer de l'argent soit nul (nous avons abordé ce concept au chapitre 6).

LE SUIVI DE LA MARGE DE CRÉDIT

L'institution bancaire qui accorde une marge de crédit impose certaines conditions telles que la cession des stocks et des comptes clients en garantie, plus l'approbation du crédit des administrateurs, cette dernière condition étant fréquemment exigée dans le cas des PME. La banque exigera certainement des états financiers annuels vérifiés et, si le montant en cause est élevé, des rapports trimestriels et mensuels. Nous présentons au tableau 8.12 un exemple du rapport exigé mensuellement pour déterminer le montant maximal de marge de crédit à être accordé au cours d'un mois donné, et au tableau 8.13 un exemple du rapport exigé trimestriellement pour renouveler la marge de crédit.

E X E M P L E   1 0

Nous avons reproduit au tableau 8.12 un rapport déterminant le montant maximal de la marge de crédit au cours d'un mois pour une entreprise et au tableau 8.13 un rapport sur le fonds de roulement pour la même entreprise.

Tableau 8.12   Détermination du montant maximal de la marge de crédit

Total des comptes clients	120 615 $
Moins : comptes de 90 jours et plus	18 793
Comptes clients < 90 jours	101 822 $
75 % du montant des comptes clients < 90 jours	76 367 $
Plus : 40 % de la valeur des stocks en deçà d'un montant de 50 000 $	43 444
	119 811 $
Moins : Salaires courus à payer	6 898
Déductions à la source et taxes fédérales à payer	5 499
Déductions à la source et taxes provinciales à payer	5 266
Montant maximal autorisé	**102 148 $**

Le principe à la base de ce rapport mensuel est que la marge de crédit ne doit servir qu'à combler un déficit temporaire de liquidités provoqué par un montant (75 %) de comptes clients normaux (< 90 jours) et un montant (40 %) de stock, lesquels ne seraient pas financés par ailleurs par les frais courus à payer.

Tableau 8.13   Rapport du fonds de roulement

		Aujourd'hui	Aux derniers états financiers vérifiés
Stocks		**108 610 $**	**110 676 $**
Moins :	Salaires courus à payer	6 898 $	7 955 $
	Déductions à la source et taxes fédérales à payer	5 499	6 421
	Déductions à la source et taxes provinciales à payer	5 266	6 089
		90 947 $	**90 211 $**
Plus :	Comptes clients < 90 jours	101 822	110 933
		192 769 $	**201 144 $**
Moins :	Marge de crédit	96 231	100 554
		96 538 $	**100 590 $**
Plus :	Solde des comptes en banque	14 296	18 974
	Autres éléments d'actif à court terme	3 200	0
		114 034 $	**119 564 $**
Moins :	Chèques en circulation	4 836	8 966
	Comptes à payer	23 759	18 695
	Portion de la dette à long terme échéant dans l'année	20 000	20 000
	Solde du fonds de roulement	**65 439 $**	**71 903 $**
	Actif à court terme	227 928 $	240 583 $
	Passif à court terme	162 489 $	168 680 $
	soit	1,4027288	1,426268674

Ce rapport trimestriel permet d'établir le fonds de roulement de l'entreprise. En effet, tous les éléments additionnés au tableau 8.13 constituent l'actif à court terme de l'entreprise à cette date, et tous les éléments soustraits constituent son passif à court terme. Le rapport trimestriel permet de vérifier les deux ratios qui sont fréquemment utilisés en même temps que ce rapport trimestriel pour évaluer la solvabilité à court terme d'une entreprise : le ratio de solvabilité à court terme et le ratio de trésorerie.

$$1. \text{ Solvabilité à court terme} = \frac{\text{Actif à court terme}}{\text{Passif à court terme}}$$

$$2. \text{ Trésorerie} = \frac{\text{Actif à court terme moins stocks}}{\text{Passif à court terme}}$$

Le ratio de solvabilité à court terme doit généralement être supérieur à 1,4, et celui de trésorerie supérieur à 1.

LE SUIVI DU TAUX DE CHANGE

Avec la mondialisation des marchés, de plus en plus d'entreprises sont appelées à traiter avec des pays étrangers et ainsi à faire des paiements en monnaie étrangère. Dans le contexte nord-américain, l'accord de libre-échange entre le Canada, les États-Unis et le Mexique (ALENA) amènera de plus en plus d'entreprises à effectuer des paiements en dollars américains ou en pesos. Les entreprises qui traitent couramment avec les États-Unis ont généralement un compte en dollars américains à leur banque et, de temps à autre, elles transfèrent un montant d'argent dans ce compte. Ce transfert de fonds peut faire intervenir des coûts substantiels pour l'entreprise. La gestion de la trésorerie doit réduire ces coûts au minimum.

E X E M P L E 1 1

Carole Mathieu est comptable et gère la trésorerie d'une entreprise d'électronique. Cette entreprise achète pour environ 1 000 000 $US par année. Carole suit donc attentivement chaque matin l'évolution du taux de change entre le dollar américain et le dollar canadien. Pour une journée donnée, ce taux est le suivant :

1,3745 $ pour un montant compris entre 0 et 1 000 $,
1,3725 $ pour un montant compris entre 1 000 et 10 000 $,
1,3585 $ pour le service de trésorerie, soit 15 000 $ et plus.

Supposons que, un jour donné, Carole transfère le montant minimal. Si elle procède toujours par tranches de 1 000 $, il lui en coûterait sur une période de un an :

1 000 000 $ × 1,3725 $ = 1 372 500 $CAN

Par contre, si elle transfère toujours un montant de 15 000 $ ou plus, il lui en coûterait sur une période de un an :

$$1\ 000\ 000\ \$ \times 1{,}3585\ \$ = 1\ 358\ 500\ \$CAN$$

En procédant par tranches minimales de 15 000 $ et plus, elle réaliserait une économie de :

$$1\ 372\ 500\ \$ - 1\ 358\ 500\ \$ = 14\ 000\ \$CAN$$

LA PLANIFICATION, LE MAINTIEN ET LA FRUCTIFICATION DES LIQUIDITÉS

Nous partons de l'hypothèse qu'aucune personne ni aucune entreprise ne peut vivre sans argent en caisse. La gestion de la trésorerie a pour objectif premier de s'assurer qu'il y aura toujours de l'argent en caisse et pour second objectif de s'assurer de faire fructifier tout surplus temporaire de liquidités. Nous concluons donc que la gestion de la trésorerie a pour objectif de planifier, de maintenir et de faire fructifier les liquidités. Le budget de caisse peut s'avérer essentiel à une saine planification de la trésorerie. Pour être utile, cependant, il doit obéir à un certain nombre de règles que nous avons présentées et illustrées. Enfin, le contrôle de la trésorerie comprend selon nous la « révision de la planification initiale », d'une part, et les décisions touchant la trésorerie, le paiement des comptes fournisseurs, la marge de crédit et le taux de change, d'autre part. Il concerne donc le suivi quotidien de l'évolution des flux monétaires et des décisions touchant ce flux.

QUESTIONS DE RÉVISION

1. Qu'est-ce que la gestion de la trésorerie ?

2. En quoi la gestion de la trésorerie se distingue-t-elle du financement de l'entreprise ?

3. Quelles sont les entités qui ont besoin de la gestion de la trésorerie ?

4. Que comprend le volet planification de la gestion de la trésorerie ?

5. Que comprend le volet contrôle de la gestion de la trésorerie ?

6. Qu'appelle-t-on budget de caisse ?

7. Quelles sont les règles du budget de caisse ?

8. Pourquoi faut-il produire un budget de caisse mensuel ?

9. Pourquoi faut-il distinguer les activités normales d'exploitation des autres activités commerciales de l'entreprise ?

10. Pourquoi faut-il distinguer les postes obligatoires des postes discrétionnaires ?

11. Pourquoi faut-il définir les facteurs déterminant les recettes et les débours ?

12. Pourquoi faut-il considérer plus d'un scénario ?

13. Pourquoi faut-il procéder au suivi du budget de caisse ?

14. Pourquoi faut-il procéder au suivi des comptes clients ?

15. Expliquez le coefficient de rotation des comptes clients.

16. Quelle est l'utilité d'un rapport sur le vieillissement des comptes clients ?

17. Pourquoi faut-il procéder au suivi des comptes fournisseurs ?

18. Expliquez le délai de paiement des comptes fournisseurs.

19. Pourquoi faut-il procéder au suivi de la marge de crédit ?

20. En quoi consiste le suivi du taux de change ?

E X E R C I C E S

● **Exercice 8.1   Effet des conditions de paiement sur les rentrées de fonds**

Une petite entreprise distribue quatre produits : P1, P2, P3 et P4, qui lui coûtent respectivement 7 $, 10 $, 12 $ et 5 $ l'unité. Voici les commandes reçues pour les six prochains mois :

	P1 7	P2 10	P3 12	P4 5
Janvier	200		100	
Février	150	75		
Mars		500		
Avril	200		60	150
Mai			300	
Juin		120		

Chaque mois, le propriétaire de l'entreprise achète les marchandises qu'il prévoit vendre durant le mois suivant et règle comptant la totalité de la facture, comme l'exige son fournisseur. Il songe à s'adresser à un autre fournisseur qui lui offrirait de meilleures conditions de paiement, soit 50 % du prix d'achat à verser comptant au moment de la livraison, le solde pouvant être payé 30 jours plus tard.

● **Travail à faire**

1. Déterminez l'effet d'un tel changement sur les mouvements de trésorerie de l'entreprise, pour le semestre considéré, en supposant que les coûts unitaires restent les mêmes.

2. Expliquez en quoi cette nouvelle situation pourrait avantager le propriétaire de l'entreprise.

● **Exercice 8.2**   **Calcul du solde en caisse d'une petite entreprise commerciale**

Mme Marcoux possède une boutique de vêtements dans le centre commercial de son quartier. Afin d'établir ses besoins financiers pour les quatre prochains mois, elle a commandé une étude de marché. On y trouve les prévisions suivantes : le chiffre d'affaires s'élèvera à 25 000 $ le premier mois, à 40 000 $ le deuxième mois, à 37 500 $ le troisième mois et à 28 000 $ le quatrième mois. Mme Marcoux a prévu les débours à effectuer pour la même période :

Commission des vendeurs	10 % du chiffre d'affaires
Loyer mensuel	2 500 $
Achats	45 % du prix de vente
Assurances à payer le deuxième et le quatrième mois	1 500 $
Frais d'administration	200 $ par mois
Salaire hebdomadaire des vendeurs	1 500 $

[annotation manuscrite : Ventes au comptant, Commission = 10 % de la vente]

Le solde en caisse est actuellement de 18 700 $. Les achats sont réglés comptant au moment de la livraison des vêtements. Mme Marcoux devrait recevoir deux livraisons au cours de chacun des deux prochains mois : la première correspond aux deux tiers de la totalité des achats et la deuxième correspond au dernier tiers.

● **Travail à faire**

Calculez le montant prévu de surplus ou de déficit d'encaisse pour chacun des quatre mois.

● **Exercice 8.3**   **Effet des vacances sur le solde en caisse**

Frédéric dispose d'une somme de 2 500 $ le 1er janvier. Il envisage d'effectuer un voyage estimé à 2 000 $ au début du mois de mars. Toutefois, compte tenu de sa situation financière plutôt précaire, il se demande si ce projet est raisonnable. En effet, il ne commencera à travailler qu'en juin. D'ici là, voici ses prévisions concernant ses rentrées et ses sorties de fonds :

Frais de scolarité	700 $ payables en deux versements, soit 450 $ en janvier et le solde en février
Loyer	350 $ par mois
Téléphone	20 $ par mois
Électricité	210 $ en février et 95 $ en avril
Nourriture	25 $ par semaine
Loisirs	60 $ par semaine
Divers	150 $ par mois
Livres et fournitures scolaires	220 $ en janvier et 15 $ par mois les mois suivants
Prêts et bourses	2 000 $ à recevoir en janvier et 600 $ en mars

● **Travail à faire**

Évaluez (chiffres à l'appui) si Frédéric peut ou non se permettre le voyage.

● **Exercice 8.4   Effet d'une politique de crédit sur le solde en caisse**

Le contrôleur d'une petite entreprise commerciale établit ses prévisions concernant les flux monétaires du prochain trimestre. Il évalue le chiffre d'affaires à 550 000 $ pour cette période, soit 190 000 $, 230 000 $ et 130 000 $ pour les mois de juillet, août et septembre respectivement. Selon son expérience, 80 % des ventes se font à crédit, 60 % des comptes clients sont encaissés au cours du mois qui suit la vente et 40 % pendant le deuxième mois suivant la vente. L'entreprise offre aux clients le choix de payer comptant ou d'acheter à crédit. Les ventes de juin se sont élevées à 175 000 $.

Afin d'améliorer la gestion de la trésorerie, le contrôleur envisage de modifier la politique de crédit qui prévalait jusqu'à présent. Selon ce projet, il exigerait que 25 % de toutes les ventes soient payées comptant. Il pense que ce changement de politique ne modifiera pas les habitudes d'achat des clients. Selon lui, 40 % des comptes clients seront remboursés durant le mois suivant la vente et 60 % le mois d'après.

● **Travail à faire**

1. Déterminez les encaissements de comptes clients pour les trois prochains mois selon la politique actuelle de crédit.
2. Déterminez l'effet de la nouvelle politique de crédit sur les encaissements.

● **Exercice 8.5   Budget de caisse hebdomadaire**

Voici les recettes et les débours prévus pour les cinq prochaines semaines dans un bureau de consultation en gestion dirigé par deux jeunes diplômées en administration.

Recettes prévues en date du lundi 1er septembre :

Il y a trois contrats en cours à cette date. Pour le premier contrat, on prévoit une rentrée de 4 500 $ le 25 septembre. Pour le deuxième contrat, on prévoit des rentrées de 1 000 $ les 2 et 9 septembre ainsi que des rentrées de 2 000 $ les 16 et 23 septembre et le 1er octobre. Enfin, pour le troisième contrat, on prévoit une rentrée de 2 250 $ le 26 septembre.

Débours prévus en date du lundi 1er septembre :

Salaires des deux associées	Ils totalisent chacun 1 500 $ nets des déductions à la source, payables toutes les deux semaines, les 11 et 25 septembre.
Salaire d'une secrétaire	Il est de 960 $ net des déductions à la source, payable toutes les deux semaines, les 4 et 18 septembre et le 3 octobre.
Déductions à la source	Les déductions à la source et la part de l'employeur aux avantages sociaux doivent être versées aux gouvernements le 15 de chaque mois. Elles totalisent 21 % des salaires nets versés le mois précédent. Les deux associées et la secrétaire ont reçu deux paies en août.
Loyer	Il est de 1 500 $ par mois, payable le premier jour du mois.
Téléphone	Les frais de téléphone totalisent en moyenne 125 $ par mois, payables le 15 du mois.
Électricité	On prévoit payer 130 $ le dernier jour de septembre pour les mois d'août et septembre.
Fournitures	On doit payer une facture de 540 $ le 10 septembre.
Autres	On doit payer les factures suivantes : 749 $ le 2 septembre, 334 $ le 10 septembre, 427 $ le 22 septembre et 64 $ le 30 septembre.
Intérêt sur la marge de crédit	On doit payer l'intérêt tous les lundis, calculé sur le solde de la marge de crédit le lundi matin au taux nominal annuel de 12 %.

Pour simplifier le budget, supposez un ajustement hebdomadaire à la fin de chaque semaine se traduisant par un emprunt ou un remboursement par tranches de 1 000 $. La société rembourse le maximum et emprunte le minimum tout en maintenant un solde en caisse positif.

Le solde en caisse au 1er septembre est de 470 $, et celui de la marge de crédit, de 6 000 $.

dette

● **Travail à faire**

Dressez un budget de caisse pour cinq semaines à compter du 1er septembre.

● **Exercice 8.6   Marge de crédit, politique de paiement et politique de crédit**

La présidente-directrice générale d'une PME manufacturière envisage de lancer un nouveau produit le 1er octobre prochain. Elle débuterait la fabrication de ce produit le 1er septembre. Selon une étude qu'elle a commandée, les ventes sont largement dépendantes des conditions de paiement exigées par les clients, des détaillants pour la plupart.

Voici les trois scénarios de ventes les plus probables, exprimés en unités :

Prix de vente = 305/J.

Scénarios	Octobre	Novembre	Décembre	Janvier
No 1 (payables dans les 60 jours)	700	1 100	1 400	700
No 2 (payables dans les 30 jours)	500	700	800	400
No 3 (payables comptant)	300	500	600	300

Voici les renseignements sur les coûts du nouveau produit :

Matières premières	Elles sont achetées un mois avant d'être utilisées dans la fabrication et payées 30 jours plus tard. Le coût de revient pour une unité fabriquée est de 18 $.
Main-d'œuvre directe	Elle est payée avec un délai de 15 jours. Le coût de revient pour une unité fabriquée est de 16 $.
Frais généraux de fabrication	Ils sont de 1 800 $ par mois, payables le mois où ils sont engagés.
Frais de livraison	Ils sont de 3 $ par unité vendue et payables lors de la vente.
Frais de publicité	On prévoit dépenser 5 000 $ par mois, et ce dès septembre. *payable le mois où ils sont engagés*
Frais d'administration	Ils sont de 1 000 $ par mois, payables le mois où ils sont engagés. On prévoit ce montant pour septembre également.

Tous ces coûts sont spécifiques au nouveau produit et ne seraient pas engagés si le produit n'était pas lancé.

La présidente-directrice générale prévoit également fabriquer 50 % des unités durant le mois précédant la vente, et le reste durant le mois de la vente.

Enfin, elle souhaite ne pas investir plus de 10 000 $ additionnels dans son fonds de roulement.

● **Travail à faire**

1. Préparez le budget de caisse pour chacun des scénarios.
2. Faites des suggestions à la présidente-directrice générale concernant le financement du fonds de roulement requis pour le lancement du nouveau produit.

● **Exercice 8.7**   **Distinction entre des activités d'exploitation et d'autres activités**

Une jeune gestionnaire projette de mettre sur pied un centre de formation en gestion des ressources humaines. Depuis qu'elle a quitté l'université il y a bientôt cinq ans, elle a établi de nombreux contacts et a débuté une fructueuse carrière de consultante dans une firme reconnue dans le domaine.

Elle souhaite emprunter 60 000 $ pour acheter du matériel de bureau et du matériel informatique en vue d'aménager un local pour ses activités. À cet effet, elle a préparé le budget de caisse suivant et se présente à la banque.

	Septembre	Octobre	Novembre	Décembre	Janvier	Février	Total
Solde du début	0 $	2 579 $	5 954 $	7 057 $	10 432 $	11 459 $	
Recettes	9 956 $	9 956 $	9 956 $	9 956 $	9 956 $	9 956 $	**59 736 $**
Débours	7 377 $	6 581 $	8 853 $	6 581 $	8 929 $	6 581 $	**44 902 $**
Solde à la fin	**2 579 $**	**5 954 $**	**7 057 $**	**10 432 $**	**11 459 $**	**14 834 $**	

L'emprunt sollicité de 60 000 $ comporte un intérêt mensuel calculé au taux annuel de 9,6 % et des remises de capital de 1 500 $ par mois pendant 50 mois.

Cette jeune gestionnaire pourra respecter ces conditions si le budget présenté se réalise. Cependant, le banquier souhaite avoir des détails supplémentaires, notamment en ce qui concerne les recettes, qui semblent particulièrement élevées pour une jeune entreprise.

Comme il s'agit d'une entreprise personnelle, on trouve dans les recettes le salaire de 4 956 $ par mois net des déductions à la source que cette jeune femme reçoit actuellement de la firme de consultants. Comme elle a un horaire flexible et qu'elle est en bonne santé, elle croit pouvoir continuer à travailler quelque temps (6 mois) tout en mettant sur pied son entreprise.

Le banquier lui demande de préparer un autre budget en distinguant les recettes et les débours personnels des recettes et débours provenant de l'entreprise qu'elle souhaite mettre sur pied.

Voici les renseignements qu'elle a réunis :

Loyer	Son loyer personnel est de 1 250 $ par mois et celui qui est prévu pour son entreprise de 1 500 $ par mois.
Téléphone	L'an dernier, sa facture moyenne a été de 50 $ par mois et elle prévoit débourser 125 $ par mois pour son entreprise.
Électricité	Elle prévoit payer le même montant pour son entreprise que pour son logement, soit 148 $ en septembre, 236 $ en novembre et 874 $ en janvier.
Secrétaire	Elle prévoit engager une secrétaire pour son entreprise au salaire de 960 $ par mois plus les avantages sociaux équivalant à 10 % du salaire brut.
Autres débours personnels	Elle prévoit les montants suivants pour chacun des 6 mois dans l'ordre : 1 300 $, 800 $, 2 600 $, 800 $, 1 400 $ et 800 $. Ces montants comprennent les débours pour sa voiture, ses loisirs, ses vêtements et diverses autres dépenses.
Autres débours de l'entreprise	Elle prévoit 400 $ par mois pour des fournitures, 1 200 $ par mois pour la publicité et 200 $ par mois pour les imprévus.

Travail à faire

1. Préparez le budget de caisse de l'entreprise que la jeune gestionnaire souhaite mettre sur pied.

2. Faites des suggestions qui permettraient à cette jeune gestionnaire de présenter un budget équilibré.

● Exercice 8.8   Modulation des loyers et trésorerie

Une entreprise exploite un centre commercial qui comprend 65 locaux commerciaux en location. Le tableau suivant présente le budget de cette entreprise pour le prochain exercice, soit du 1er avril au 31 mars de l'année suivante.

Prévoyant un solde en caisse de 50 000 $ au début de l'exercice, le contrôleur envisage un déficit de 2 253 $ à la fin de l'exercice.

Voici quelques renseignements concernant ce budget :

Loyers-revenus	Chaque local est loué en moyenne 2 900 $ par mois.
Intérêts-revenus	L'entreprise reçoit un intérêt de 0,5 % par mois sur le solde en caisse au début du mois. Par ailleurs, elle doit payer un intérêt de 1 % par mois sur tout déficit de caisse au début du mois.
Autres revenus	Ces revenus proviennent de la location mensuelle de locaux dans les allées du centre commercial. Il s'agit de locations occasionnelles, et la période précédant Noël est particulièrement propice à ces locations.
Mauvaises créances	Elles correspondent à 4 mois de loyer perdus relativement à une moyenne de 6 commerces qui ferment leurs portes chaque année le 31 décembre.
Honoraires professionnels	Le montant du mois d'avril correspond à la commission devant être versée au courtier qui signera les baux des nouveaux locataires qui occuperont les six locaux devenus vacants.
Sous-contractants	L'entreprise a signé des contrats pour la sécurité, l'entretien, le déneigement et le jardinage. Dans le dernier cas, la différence entre les montants versés durant l'hiver et l'été provient de l'entretien des jardins extérieurs.
Emprunt à long terme	L'entreprise a un emprunt à long terme dont le solde au 1er avril sera de 8 000 000 $. Cet emprunt porte un intérêt payable mensuellement et calculé au taux de 9 % par année sur le solde du mois précédent, plus un remboursement de capital fixé à 8 000 $ par mois.

Actuellement, le contrôleur étudie deux propositions visant à équilibrer son budget de caisse.

Proposition 1 : Modulation des loyers

Considérant que la plupart des commerces réalisent 50 % de leur chiffre d'affaires dans les 3 mois précédant Noël et que la plupart des fermetures de commerce ont lieu le lendemain de Noël, son assistant lui propose de moduler le loyer de base de 2 900 $ par mois comme suit :

Janvier, février, mars et avril	Aucun loyer
Juillet	0,5 fois le loyer de base
Mai, juin et août	1,5 fois le loyer de base
Septembre	Le loyer de base
Octobre, novembre et décembre	2 fois le loyer de base

Selon l'assistant, le montant des loyers pour l'année serait le même, mais l'entreprise n'aurait plus à assumer de mauvaise créance en janvier, février, mars et avril puisqu'elle

	Avril	Mai	Juin	Juillet	Août	Septembre	Octobre	Novembre	Décembre	Janvier	Février	Mars	Total
Solde du début	50 000 $	19 538 $	60 263 $	99 252 $	67 695 $	100 841 $	122 213 $	117 752 $	137 328 $	139 062 $	95 465 $	1 910 $	
Recettes													
Loyers	188 500 $	188 500 $	188 500 $	188 500 $	188 500 $	188 500 $	188 500 $	188 500 $	188 500 $	188 500 $	188 500 $	188 500 $	2 262 000 $
Intérêts	250	98	301	496	338	504	611	589	687	695	477	10	5 057
Autres	8 000	6 000	4 000	2 000	4 000	4 000	12 000	22 000	22 000	2 000	2 000	6 000	94 000
Total	196 750 $	194 598 $	192 801 $	190 996 $	192 838 $	193 004 $	201 111 $	211 089 $	211 187 $	191 195 $	190 977 $	194 510 $	2 361 057 $
Déboursés													
Salaires	20 500 $	20 500 $	20 500 $	20 500 $	20 500 $	20 500 $	20 500 $	20 500 $	20 500 $	20 500 $	20 500 $	20 500 $	246 000 $
Avantages sociaux	2 153	2 153	2 153	2 153	2 153	2 153	2 153	2 153	2 153	2 153	2 153	2 153	25 830
Honoraires professionnels	20 880					10 000							30 880
Énergie	15 000	10 000	10 000	16 000	16 000	18 000	22 000	28 000	46 000	48 000	35 000	28 000	292 000
Sécurité	24 000	24 000	24 000	24 000	24 000	24 000	34 000	34 000	34 000	24 000	24 000	24 000	318 000
Entretien	22 000	22 000	22 000	22 000	22 000	22 000	22 000	22 000	22 000	22 000	22 000	22 000	264 000
Déneigement								12 000	12 000	12 000	12 000	12 000	60 000
Jardinage	5 000	5 000	5 000	5 000	5 000	5 000	5 000	3 000	3 000	3 000	3 000	3 000	50 000
Assurances	30 000						30 000						60 000
Taxes				62 800							62 800		125 600
Projets spéciaux										16 000	16 000		32 000
Mauvaises créances	17 400									17 400	17 400	17 400	69 600
Remboursement	8 000	8 000	8 000	8 000	8 000	8 000	8 000	8 000	8 000	8 000	8 000	8 000	96 000
Intérêts	60 000	59 940	59 880	59 820	59 760	59 700	59 640	59 580	59 520	59 460	59 400	59 340	716 040
Frais bancaires	280	280	280	280	280	280	280	280	280	280	280	280	3 360
Imprévus	2 000	2 000	2 000	2 000	2 000	2 000	2 000	2 000	2 000	2 000	2 000	2 000	24 000
Total	227 213 $	153 873 $	153 813 $	222 553 $	159 693 $	171 633 $	205 573 $	191 513 $	209 453 $	234 793 $	284 533 $	198 673 $	2 413 310 $
Solde de la fin	19 538 $	60 263 $	99 252 $	67 695 $	100 841 $	122 213 $	117 752 $	137 328 $	139 062 $	95 465 $	1 910 $	-2 253 $	-2 253 $

ne recevrait plus de loyers. Par ailleurs, en raison de la planification financière forcée, il estime que le nombre de fermetures annuelles passerait de six à deux par an.

Proposition 2: Augmentation des loyers

Selon le tableau suivant, cette proposition comporte un risque de fermeture plus élevé:

Augmentation de 5%	Fermeture de quatre commerces additionnels par an
Augmentation de 10,5%	Fermeture de six commerces additionnels par an

● Travail à faire

1. Évaluez et commentez la proposition 1.
2. Évaluez et commentez la proposition 2.
3. Faites des recommandations au contrôleur pour équilibrer son budget.

● Exercice 8.9   Contrôle de la trésorerie

Voici le budget de caisse d'une PME manufacturière dont le chiffre d'affaires dépasse cinq millions de dollars.

Selon ce budget, on prévoit qu'il y aura 30 000 $ en caisse au 1er septembre pour commencer l'exercice financier et 43 596 $ pour le terminer au 31 août de l'année suivante. Ce budget dépend des ventes totalisant 86 000 unités, des comportements d'encaissement des ventes et du paiement des fournisseurs et des salaires. Voici les principaux éléments de ce comportement que nous allons faire varier.

Les ventes varient d'un mois à l'autre. Le premier tableau de la page suivante en présente la distribution par mois:

On produit pour un mois donné 50 % des ventes du mois plus 50 % des ventes du mois suivant.

On achète les matières premières un mois avant la production. Les fournisseurs sont payés dans les 30 jours.

Les salaires et les autres charges sont payés le mois où ils sont engagés.

Les ventes sont encaissées le mois suivant.

L'entreprise reçoit un intérêt de 0,5 % sur le solde en caisse au début d'un mois, mais doit payer 1 % si le solde est négatif.

L'intérêt sur la dette à long terme est payé mensuellement et calculé au taux annuel de 12,5 %.

● Travail à faire

1. Supposez que la marge de crédit allouée est de 200 000 $. Faites des suggestions au contrôleur pour lui permettre de respecter cette contrainte.
2. Un concurrent lance une campagne avec ce slogan: «Achetez maintenant et payez plus tard, 90 jours sans intérêt.» Qu'adviendrait-il si l'entreprise décidait de faire la même chose et comment pourrait-elle équilibrer son budget de caisse, compte tenu de la marge de crédit de 200 000 $?
3. Le fournisseur de matières premières offre 5 % de réduction sur les factures payées comptant. Comment pourrait-on accepter cette offre alléchante et ne pas dépasser la marge de crédit?

Distribution des ventes par mois

	Septembre	Octobre	Novembre	Décembre	Janvier	Février	Mars	Avril	Mai	Juin	Juillet	Août	Total
Ventes	5 000	9 000	14 000	16 000	3 000	4 000	5 000	6 000	9 000	7 000	2 000	6 000	86 000

Budget de caisse d'une PME

	Septembre	Octobre	Novembre	Décembre	Janvier	Février	Mars	Avril	Mai	Juin	Juillet	Août	Total
Solde du début	30 000 $	−58 173 $	−356 525 $	−466 309 $	−158 139 $	502 165 $	349 613 $	208 351 $	80 934 $	8 433 $	194 121 $	311 289 $	
Recettes													
Ventes	360 000 $	300 000 $	540 000 $	840 000 $	960 000 $	180 000 $	240 000 $	300 000 $	360 000 $	540 000 $	420 000 $	120 000 $	5 160 000 $
Intérêt (marge de crédit)	150	−582	−3 565	−4 663	−1 581	2 511	1 748	1 042	405	42	971	1 556	−1 967
Total	**360 150 $**	**299 418 $**	**536 435 $**	**835 337 $**	**958 419 $**	**182 511 $**	**241 748 $**	**301 042 $**	**360 405 $**	**540 042 $**	**420 971 $**	**121 556 $**	**5 158 033 $**
Débours													
Salaires	98 000 $	161 000 $	210 000 $	133 000 $	49 000 $	63 000 $	77 000 $	105 000 $	112 000 $	63 000 $	56 000 $	77 000 $	1 204 000 $
Matières premières	77 000	126 500	165 000	104 500	38 500	49 500	60 500	82 500	88 000	49 500	44 000	60 500	946 000
Frais de fabrication	80 000	80 000	80 000	80 000	80 000	80 000	80 000	80 000	80 000	80 000	80 000	80 000	960 000
Frais de vente	70 000	118 000	178 000	202 000	46 000	58 000	70 000	82 000	118 000	94 000	34 000	82 000	1 152 000
Frais d'administration	62 000	62 000	62 000	62 000	62 000	62 000	62 000	62 000	62 000	62 000	62 000	62 000	744 000
Intérêt (dette à long terme)	6 823	6 771	6 719	6 667	6 615	6 563	6 510	6 458	6 406	6 354	6 302	6 250	78 438
Remboursement	5 000	5 000	5 000	5 000	5 000	5 000	5 000	5 000	5 000	5 000	5 000	5 000	60 000
Total	**398 823 $**	**559 271 $**	**706 719 $**	**593 167 $**	**287 115 $**	**324 063 $**	**361 010 $**	**422 958 $**	**471 406 $**	**359 854 $**	**287 302 $**	**372 750 $**	**5 144 438 $**
Solde de la fin	**−8 673 $**	**−268 030 $**	**−437 430 $**	**−194 970 $**	**475 965 $**	**334 283 $**	**214 944 $**	**93 060 $**	**−17 881 $**	**162 175 $**	**295 684 $**	**44 413 $**	**44 413 $**

Chapitre 9

LES BUDGETS

OBJECTIFS DU CHAPITRE

- Élaborer le cadre d'utilisation des budgets.
- Définir la planification et le contrôle.
- Présenter l'approche axée sur le commandement et la surveillance.
- Présenter l'approche axée sur l'orientation et l'apprentissage.
- Présenter le budget.
- Déterminer les rôles du budget.
- Suggérer une classification des types de budget.

SOMMAIRE

Les quatre derniers chapitres de ce manuel nous amènent au cœur de la gestion, au cœur donc de la raison d'être de la comptabilité de management. Gérer, c'est planifier, organiser, diriger et contrôler. Il y a presque autant de façons de gérer qu'il y a de gestionnaires. Néanmoins, nous distinguons deux grands courants en gestion, l'approche axée sur le commandement et la surveillance et l'approche axée sur l'orientation et l'apprentissage. Dans ce chapitre, nous présenterons l'utilisation de la comptabilité de management en planification et en contrôle selon ces deux courants, qui seront étudiés de façon plus détaillée aux chapitres 10 et 11.

LA COMPTABILITÉ DE MANAGEMENT ET LA GESTION

L'utilisation de l'information comptable dans la gestion consiste à traduire les rêves et les projets en termes concrets, c'est-à-dire par des chiffres. Il s'ensuit que l'on ramène ces rêves à des dimensions réalistes et réalisables. Gérer à l'aide de l'information comptable, c'est rationaliser et orienter.

Cependant, il existe un danger, celui de gérer *aveuglément* par les chiffres. Il ne faut pas gérer par les chiffres, mais utiliser les chiffres pour gérer. Les chiffres peuvent alimenter la planification dictatoriale et le contrôle de gestion de type policier et, de ce fait, produire des effets pervers, c'est-à-dire contraires aux objectifs poursuivis. Nous visons ici à sensibiliser nos lecteurs aux pièges de la gestion par les chiffres, tout en leur montrant les avantages que l'on peut tirer d'une analyse *professionnelle* des chiffres.

La comptabilité de management, par le biais du processus budgétaire, est omniprésente dans la planification. Elle est aussi omniprésente dans le contrôle par l'analyse des écarts budgétaires, par l'analyse des inducteurs de coûts et par les études de coûts en général. Nous allons étudier ces techniques dans l'approche traditionnelle axée sur le commandement et la surveillance ainsi que dans une approche axée sur l'orientation et l'apprentissage.

LA PLANIFICATION

La planification consiste à imaginer des moyens pour atteindre des objectifs précis. C'est penser avant d'agir, c'est structurer son action. La planification peut être formelle ou informelle. L'action ou la décision, dictée par un réflexe, une intuition ou l'instinct de la personne, relève de ce qu'on appelle la planification informelle. On suppose que l'esprit prépare toujours un plan avant d'agir, même si le délai entre ce plan et l'action est très court, parfois si court qu'on a l'impression qu'il n'y a pas de plan. La planification dépend de la structure organisationnelle et de la gestion qu'on pratique dans ce cadre. Ainsi, la planification sera différente dans un contexte de bureaucratie industrielle ou professionnelle, de gestion par centres de responsabilité, de gestion par processus, etc.

L'APPROCHE AXÉE SUR LE COMMANDEMENT

La planification est axée sur le commandement au sein de l'entreprise hiérarchisée (structure pyramidale). La planification y est généralement formalisée, explicite, et elle suit dans l'ordre les étapes indiquées à la figure 9.1.

Figure 9.1 La planification axée sur le commandement dans le cadre d'une mission donnée

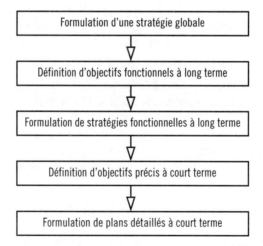

Nous distinguons dans cette approche :

- la planification stratégique à long terme, qui relève de la haute direction ;
- la planification de gestion, ou tactique à moyen terme, qui relève des cadres intermédiaires ;
- la planification opérationnelle à court terme, qui concerne l'action immédiate et relève des directeurs de premier niveau (à la base de la pyramide hiérarchique).

L'APPROCHE AXÉE SUR L'ORIENTATION

On retrouve la planification axée sur l'orientation au sein de l'entreprise dite à structure aplatie, décentralisée et caractérisée par une responsabilisation accrue des gestionnaires. L'objectif de la planification consiste alors à tester des projets de stratégies et de plans. Elle vise à structurer véritablement l'action, puis à fixer des points de repère pour atteindre les buts fixés. La planification peut être tout aussi formelle que dans l'approche axée sur le commandement et suivre les étapes indiquées à la figure 9.2.

Figure 9.2 La planification axée sur l'orientation dans le cadre d'une mission donnée

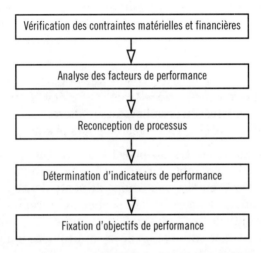

Entre les figures 9.1 et 9.2, il existe des distinctions importantes que nous résumons au tableau 9.1.

Tableau 9.1 Traits caractéristiques de la planification selon l'approche choisie

Approche

Commandement	Orientation
Trois niveaux hiérarchiques présumés : stratégique, tactique et opérationnel	Structure organisationnelle aplatie : hiérarchie minimale
Stratégie globale explicite dictée par la direction	Stratégie globale implicite dans le choix des indicateurs de performance sélectionnés par les gestionnaires
Plans détaillés en ce qui concerne les objectifs et les moyens	Plans remplacés par des indicateurs servant de guides

LE CONTRÔLE DE GESTION

Le contrôle de gestion peut prendre différentes formes, selon le type de gestion qui prévaut dans l'entreprise. Certains dirigeants croient qu'ils atteindront les buts fixés, en ce qui concerne l'efficacité, l'efficience et l'économie, grâce à un contrôle de détection *a posteriori*. D'autres croient plutôt qu'ils atteindront les buts fixés en établissant un climat d'apprentissage, en stimulant les gestionnaires par l'intermédiaire d'un leadership vigoureux et en les orientant au moyen d'un contrôle *a priori* qui vise à analyser les conditions menant à l'efficacité, à l'efficience et à l'économie.

Par **économie**, nous entendons l'acquisition de ressources au moindre coût, dans des conditions d'acquisition et pour une qualité données. Par le passé, la recherche de l'économie a donné lieu au contrôle des prix, notamment par le biais d'achats auprès du plus bas soumissionnaire et en s'assurant de faire affaire avec plusieurs fournisseurs afin de se prémunir contre tout monopole.

L'efficience s'exprime par un ratio extrants-intrants. Plus le ratio est élevé, plus l'efficience est grande, et inversement. La recherche de l'efficience vise à obtenir plus avec moins. C'est par la surveillance du gaspillage des matières premières et celle de la productivité de la main-d'œuvre que les dirigeants poursuivent leur quête d'efficience.

L'efficacité se définit par rapport à un objectif donné. Elle peut prendre autant de formes qu'il y a d'objectifs différents. Or, on se résigne souvent à ne surveiller que les objectifs mesurables. Par exemple, une équipe de vente dont l'objectif est de vendre 1 000 unités par semaine sera jugée efficace si elle atteint cet objectif. Mais comment évaluer des objectifs difficilement mesurables, comme ceux qui se rattachent à la motivation des équipes et à la stimulation de la performance individuelle?

Nous allons étudier deux grands courants en matière de contrôle de gestion, soit l'approche axée sur la surveillance et l'approche axée sur l'apprentissage.

L'APPROCHE AXÉE SUR LA SURVEILLANCE

Selon l'approche axée sur la surveillance, le contrôle de gestion s'inscrit dans une logique policière de détection, de récompense et de punition. Le contrôle de gestion intervient *a posteriori* et s'appuie souvent sur une structure organisationnelle pyramidale, par fonction. Il peut être symbolisé par le chien policier représenté au chapitre 1.

Le contrôle de gestion axé sur la surveillance est souvent conjugué à la gestion par exceptions et parfois à la gestion par objectifs.

La gestion par exceptions

La gestion par exceptions (ou gestion des exceptions) repose sur le postulat que le gestionnaire ne peut pas tout prévoir, tout surveiller, tout vérifier ou tout analyser, et que, quand bien même il le pourrait, cela reviendrait trop cher. Il doit alors se contenter de gérer les «exceptions», c'est-à-dire les situations et les comportements qui s'écartent sensiblement des normes établies. La figure 9.3 illustre la gestion par exceptions.

Figure 9.3 La gestion par exceptions

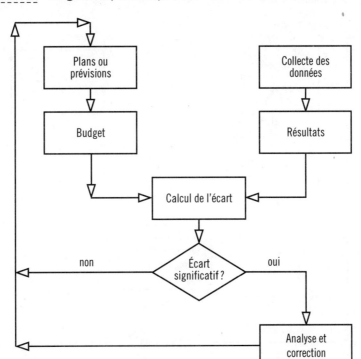

La gestion par exceptions convient parfaitement au contrôle de gestion axé sur la surveillance. En effet, d'une part on retrouve les plans à exécuter, traduits en budgets. D'autre part on recueille les données et on établit les résultats. On compare ensuite ces résultats aux budgets. Si l'écart observé entre un résultat et une donnée budgétaire est significatif, on intervient; dans le cas inverse, on laisse faire. Par ailleurs, on conjugue ce système à un mécanisme de récompense et de punition. On parle de *bâton* s'il y a un écart défavorable, et de *carotte* si l'écart est favorable. La gestion par exceptions se prête particulièrement bien au contrôle de l'efficience, comme nous le verrons au chapitre 10.

La gestion par objectifs

La **gestion par objectifs** vise à mesurer l'efficacité, c'est-à-dire à déterminer à quel point les objectifs de chaque activité, quantifiés ou non, sont atteints. La figure 9.4 illustre la gestion par objectifs.

La gestion par objectifs repose sur le postulat qu'il est impossible de juger du rendement en fonction d'un seul écart budgétaire, et qu'une simple prévision budgétaire, aussi raffinée soit-elle, ne saurait servir à évaluer tous les aspects du rendement, surtout dans le cas où les objectifs des gestionnaires sont difficilement quantifiables.

Figure 9.4 La gestion par objectifs

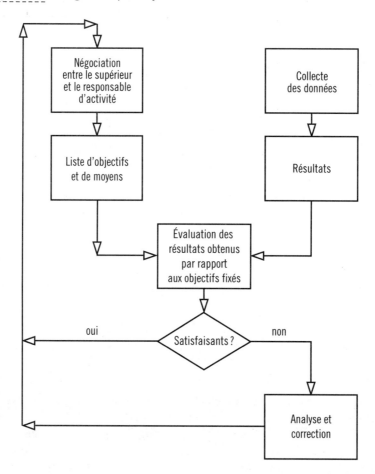

La détermination des objectifs s'effectue généralement selon un processus d'échange entre le responsable de l'activité, de la division, du service ou de l'atelier et son supérieur immédiat. Cependant, une fois qu'on s'est entendu sur les objectifs et, parfois, sur les moyens de les atteindre, les objectifs deviennent des plans à partir desquels le contrôle de gestion axé sur la surveillance permet de détecter tout écart.

L'APPROCHE AXÉE SUR L'APPRENTISSAGE

Selon l'approche axée sur l'apprentissage, le contrôle de gestion s'inscrit, comme son nom l'indique, dans une logique d'apprentissage. Il intervient *a priori* et vise la maîtrise des coûts par la connaissance de leurs causes. On retrouve souvent ce type de contrôle dans le cadre d'une structure aplatie. Il peut être symbolisé par le chien pour non-voyant représenté au chapitre 1.

Le contrôle de gestion axé sur l'apprentissage s'appuie davantage sur la gestion par activités que sur le contrôle budgétaire traditionnel.

La gestion par activités

La gestion par activités intègre l'information tant financière que non financière dans une perspective d'amélioration continue. Ce système d'information a été appelé « gestion » afin de le distinguer de la comptabilité par activités dont il est le prolongement. Par ailleurs, ce système se trouve tellement proche des préoccupations des gestionnaires qu'on l'assimile à la gestion qui en découle. Nous présentons à la figure 9.5 le modèle de gestion par activités comme un prolongement du modèle de la comptabilité par activités.

Figure 9.5 Le modèle de gestion par activités

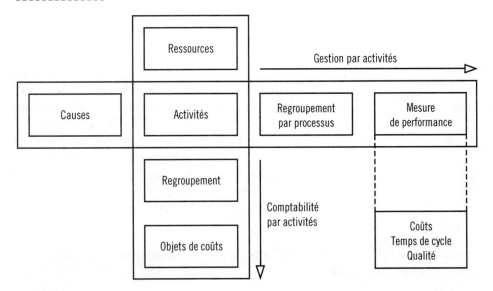

Pour résumer, voici les principales caractéristiques de la gestion par activités :

1. focalisation sur les processus et les activités ;
2. mesure des coûts, des temps de cycle et de la qualité ;
3. analyse des déclencheurs de processus ;
4. analyse des causes des activités ;
5. mission d'éclaireur.

La gestion par activités consiste à réduire les coûts et les temps de cycle ainsi qu'à augmenter la qualité. Cette méthode se distingue par la façon de parvenir à des buts, soit en focalisant l'attention sur les processus et les activités qui les composent et en analysant les raisons et les causes de ces activités et processus. Les indicateurs choisis serviront à documenter et à suivre l'effet des changements proposés sur les activités et processus, que ces changements soient mineurs ou considérables.

Dans la gestion par activités, la façon d'accroître la valeur des produits et des services aux yeux d'un client, tout en réduisant les coûts, consiste à reconcevoir l'entreprise, à réaménager les processus ou à améliorer les processus existants. Ce n'est qu'en organisant différemment l'entreprise, souvent en ayant recours à une technique plus performante, que l'on peut réduire les coûts et les délais et augmenter la qualité de façon permanente et durable. En effet, il apparaît inconcevable d'assurer les mêmes activités avec moins de ressources. Ce n'est que par le biais de nouvelles technologies, de nouveaux savoir-faire ou de nouvelles façons de procéder que l'on pourra réduire les ressources et que celles utilisées deviendront plus productives.

LES BUDGETS

Au chapitre précédent, nous avons défini le budget de caisse d'une entité comme l'ensemble des prévisions des rentrées et sorties de fonds de cette entité. Nous définissons de manière générale le **budget comme tout ensemble de prévisions financières présenté de façon structurée.** Le budget est la matérialisation des projets et des plans au point de vue quantitatif et financier. Il modélise l'impact financier de ces projets et de ces plans. Le budget comporte la liste de toutes les ressources requises par un projet, regroupées selon la structure organisationnelle et les besoins de la gestion qu'on pratique. Le budget est donc un outil qui sert à véhiculer l'information comptable prévisionnelle.

LES RÔLES DU BUDGET

Le budget peut jouer plusieurs rôles. Nous avons établi quatre rôles principaux :

- commandement et surveillance ;
- orientation et apprentissage ;
- évaluation de la performance ;
- recherche de fonds.

Le budget permet évidemment la planification et le contrôle de gestion dans les deux approches que nous avons abordées plus haut (axée sur le commandement et la surveillance et axée sur l'orientation et l'apprentissage). Les deux premiers rôles du budget s'excluent l'un l'autre par définition. Soulignons qu'il n'existe pas quatre types de budget, un pour chacun des rôles : le même budget pourra jouer plusieurs rôles à la fois. Cependant, certains types de budget sont mieux adaptés à certains rôles qu'à d'autres. Nous allons voir lequel est le plus approprié à chaque rôle.

Commandement et surveillance

Dans ce rôle, le budget relève du souci d'organiser de façon efficace toutes les ressources matérielles, humaines et financières de l'entreprise. Il vise à :

- établir de façon structurée et détaillée les données prévisionnelles conformément aux plans élaborés (par exemple, les ventes et les achats) ;

- communiquer les objectifs et les plans à toutes les unités administratives (en particulier aux responsables des unités administratives);
- surveiller *a posteriori* l'exécution de ces plans.

Certains auteurs parlent de coordination de l'ensemble des actions de l'entreprise. Cependant, la coordination est généralement assurée par d'autres mécanismes, notamment les programmes de gestion des ressources et les programmes d'ordonnancement, aussi appelés planification des besoins de matières (PBM).

Orientation et apprentissage

Dans ce rôle, le budget relève du souci de comprendre et d'évaluer les besoins en ressources des projets et des plans. Il vise ainsi à influer sur leur conception définitive. L'analyse des activités est cruciale pour déterminer les inducteurs de coûts. La simulation de différents scénarios joue également un rôle prépondérant, comme nous avons pu le constater dans la planification de la trésorerie. Ces scénarios doivent prendre en compte les différentes façons d'exercer les divers processus. Le suivi au moyen d'indicateurs de performance permet de valider les analyses faites *a priori*.

Évaluation de la performance

Dans ce rôle, le budget relève du souci de mesurer des objectifs; le budget et les indicateurs de performance qui y sont associés servent alors de points de repère pour évaluer les résultats *a posteriori*. Si la direction y rattache tout un système de récompenses et de punitions, le budget peut devenir un outil de motivation pour le personnel, un instrument de pouvoir dans les mains des évaluateurs et un enjeu politique pour l'ensemble de l'entreprise. On retrouve ce rôle du budget aussi bien dans un contexte de commandement et de surveillance que dans un contexte d'orientation et d'apprentissage.

Recherche de fonds

Le budget permet d'obtenir des fonds. Ce rôle est particulièrement manifeste au sein des organismes gouvernementaux et paragouvernementaux. Le budget vise alors à justifier une demande de fonds, d'une part, et à utiliser les ressources obtenues en fonction des conditions de la demande, d'autre part. On retrouve ce rôle dans différents contextes de gestion.

LES TYPES DE BUDGET

Le budget est un outil entre les mains du gestionnaire, qui doit l'adapter à ses besoins particuliers. C'est ainsi que le budget se présente sous différentes formes. Par exemple, les transactions peuvent être classées par ressources ou par activités, les comptes peuvent être regroupés par centres de responsabilité ou par processus, etc. On obtient donc plusieurs types de budget selon les objectifs de l'entreprise, l'utilisation qu'on veut en faire et les méthodes de contrôle adoptées. Ainsi, on peut établir des budgets:

- selon une unité de mesure (budget d'exploitation, budget financier);
- selon la classification des transactions (budget par ressources, budget par activités);
- selon le regroupement des comptes (budget par centres de responsabilité, budget par processus);

- selon le comportement modélisé des coûts (budget fixe, budget flexible);
- selon le degré d'analyse préalable (budget ordinaire, budget à base zéro).

Budget établi selon une unité de mesure

Le **budget d'exploitation** traduit de façon quantitative les plans opérationnels. Le *budget des ventes*, le *budget de production* (qui comprend lui-même les *budgets d'achat, de main-d'œuvre* et *de frais généraux), le *budget de distribution* et le *budget d'administration* en sont des exemples. Ces budgets sont d'abord exprimés en fonction de l'unité de mesure la plus appropriée pour l'exploitation, notamment le nombre d'unités produites ou de services offerts (unités d'œuvre) de chaque type ou de catégorie, puis traduits en fonction de l'unité monétaire. Par exemple, on pourrait exprimer le *budget des ventes* selon le nombre d'unités de chacun des produits qu'on prévoit vendre dans chacune des régions au cours d'une période donnée. De même, on pourrait exprimer le *budget de production* en fonction du nombre d'unités de chacun des produits que l'on prévoit fabriquer dans chacune des usines au cours d'une période donnée.

Le **budget financier** traduit le *budget d'exploitation* en unités monétaires. Il est présenté sous la forme d'états financiers traditionnels (*bilan prévisionnel* et *état prévisionnel des résultats*) et du *budget de caisse*. L'état prévisionnel des résultats, l'état de fabrication prévisionnel ou encore l'état détaillé du coût de revient prévisionnel permettent de prévoir de façon générale la rentabilité de l'entreprise et des différents produits. Le budget de caisse permet de planifier et de contrôler les flux monétaires, comme nous l'avons montré au chapitre 8 dans notre étude de la gestion de la trésorerie.

Traditionnellement, on réunit les budgets d'exploitation et financier dans un *budget global*. Ce dernier consolide la stratégie et les objectifs à long terme en fournissant, pour une période donnée, une vue d'ensemble des résultats prévus de l'exploitation et de la situation financière à la fin de cette période (tableau 9.2).

Tableau 9.2 Le budget global (traditionnel)

Budget d'exploitation	Comprend tous les budgets liés à l'exploitation annuelle de l'entreprise
Budget des ventes	Comprend les prévisions de ventes
Budget de production	Comprend les prévisions de production
Budget des achats de matières premières	Comprend les prévisions de besoins en matières premières
Budget de main-d'œuvre	Comprend les prévisions de besoins en main-d'œuvre
Budget de frais généraux	Comprend les prévisions de besoins en frais généraux
Budget d'administration	Comprend les prévisions de besoins de l'ensemble des activités dites d'administration
Budget financier	Correspond aux états financiers prévisionnels plus le budget de caisse
Budget de caisse	Comprend les prévisions de rentrées et de sorties de fonds
Bilan prévisionnel	Correspond au bilan prévisionnel
État prévisionnel des résultats	Correspond à l'état prévisionnel des résultats
Budget d'investissement	Correspond aux montants nécessaires aux projets d'investissement

La figure 9.6 représente les relations entre les différents budgets qui composent le budget global.

Figure 9.6 Relations entre les budgets d'exploitation et financiers

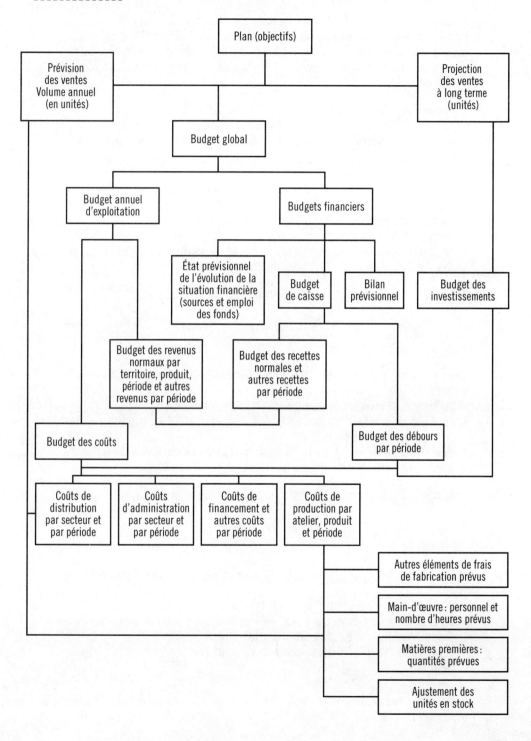

E X E M P L E   1

Nous allons étudier les budgets d'exploitation et financiers préparés par Mme Leclerc, directrice des finances de l'entreprise manufacturière SYS qui fabrique un seul produit. Nous avons analysé le budget de caisse de cette entreprise au chapitre 8 (exemple 3 et exemple 6). Le tableau 9.3 montre un budget des ventes partiel.

Tableau 9.3 Budget des ventes partiel de l'entreprise SYS

	Novembre	Décembre	Janvier	Février	Mars	Avril	Mai
Ventes (en unités)	5 000	8 000	3 000	5 000	4 000	6 000	4 000

Connaissant le prix de vente, soit 50 $ l'unité, on pourrait aussi exprimer le budget des ventes en dollars. On peut établir un budget de production (tableau 9.4) à partir :
- du budget des ventes (tableau 9.3) ;
- de la politique de se doter d'un stock de produits finis équivalant au volume de ventes prévu au cours du mois suivant.

Tableau 9.4 Budget de production partiel de l'entreprise SYS

	Décembre	Janvier	Février	Mars	Avril
Production (en unités)	3 000	5 000	4 000	6 000	4 000

On peut établir le budget d'achat de matières premières (tableau 9.5) à partir :
- du budget de production (tableau 9.4) ;
- du devis de production, qui a établi à 2 kg par unité de produit fini les besoins en matières premières ;
- de la politique de se doter à la fin du mois d'un stock de matières premières équivalant aux matières premières requises le mois suivant.

Tableau 9.5 Budget des achats partiels de l'entreprise SYS

	Décembre	Janvier	Février	Mars
Achats (en kg)	10 000	8 000	12 000	8 000

Enfin, on peut établir le budget de la main-d'œuvre directe (tableau 9.6) à partir :
- du budget de production (tableau 9.4) ;
- du devis de production, qui a établi à une heure le temps de main-d'œuvre directe requis pour la fabrication d'une unité de produit fini ;
- de l'hypothèse que la main-d'œuvre est engagée au mois et totalement flexible.

▬ Tableau 9.6 Budget de la main-d'œuvre directe partiel de l'entreprise SYS

	Décembre	Janvier	Février	Mars
Main-d'œuvre (en heures)	3 000	5 000	4 000	6 000

Le budget des frais généraux de fabrication de l'entreprise SYS est de 360 000 $ par année; la majorité de ces frais varient très peu. Par ailleurs, le budget annuel de temps de main-d'œuvre directe est de 60 000 heures par année de sorte que le taux d'imputation est de 6 $ l'heure. C'est ainsi que l'on a établi la fiche de coût de revient, présentée au tableau 9.7.

▬ Tableau 9.7 Fiche de coût de revient de l'entreprise SYS

Matières premières	2 kg à 5 $	10 $
Main-d'œuvre directe	1 h à 12 $	12 $
Frais généraux de fabrication	1 h à 6 $	6 $

Nous avons prévu pour les frais de vente et d'administration une moyenne respective de 8 $ et de 5 $ par unité vendue.

Les étapes à partir desquelles on détermine les budgets sont relativement fixes. Il faut d'abord établir les prévisions de ventes avant de planifier la production (tableau 9.8). Une fois le budget des ventes établi, on peut planifier les stocks et la production. Une fois le calendrier de production déterminé, on peut établir le budget des achats de matières premières, le budget de la main-d'œuvre et le budget des frais généraux. Et, une fois le budget d'exploitation arrêté, on peut établir les prévisions monétaires ou financières que l'on retrouve dans le budget financier (tableau 9.9).

▬ Tableau 9.8 État prévisionnel de fabrication de l'entreprise SYS

	Janvier	Février	Mars	Trimestre
Matières premières	50 000 $	40 000 $	60 000 $	150 000 $
Main-d'œuvre directe	60 000	48 000	72 000	180 000
Frais généraux de fabrication	30 000	24 000	36 000	90 000
Coût de fabrication	**140 000 $**	**112 000 $**	**168 000 $**	**420 000 $**

▬ Tableau 9.9 État prévisionnel des résultats de l'entreprise SYS

	Janvier	Février	Mars	Trimestre
Ventes	150 000 $	250 000 $	200 000 $	600 000 $
Coût des produits vendus	140 000	112 000	168 000	420 000
Bénéfice brut	**10 000 $**	**138 000 $**	**32 000 $**	**180 000 $**
Frais d'administration	24 000 $	40 000 $	32 000 $	96 000 $
Frais de vente	15 000	25 000	20 000	60 000
Bénéfice d'exploitation	**−29 000 $**	**73 000 $**	**−20 000 $**	**24 000 $**
Frais de financement	6 615	6 510	6 406	19 531
Bénéfice net	**−35 615 $**	**66 490 $**	**−26 406 $**	**4 469 $**

On peut établir le budget de caisse apparaissant au tableau 9.10 en sachant que :

- toutes les ventes se font à crédit (70 % sont payés le mois suivant la vente et 30 % le deuxième mois suivant la vente) ;
- il n'y a aucune créance douteuse ;
- toutes les factures sont payées le mois suivant leur réception ;
- il en est de même des déductions à la source et des taxes provinciale et fédérale ;
- les salaires sont payés 15 jours après avoir été engagés : ainsi, 50 % des salaires engagés en décembre et 50 % des salaires engagés en janvier sont payés en janvier, et ainsi de suite.

Ce budget est identique au budget établi au tableau 8.9.

Tableau 9.10 Budget de caisse de l'entreprise SYS

	Janvier	Février	Mars	Trimestre
Solde du début	30 000 $	44 385 $	50 875 $	30 000 $
Recettes	355 000 $	225 000 $	220 000 $	800 000 $
Débours				
Salaires	48 000 $	54 000 $	60 000 $	162 000 $
Matières premières	50 000	40 000	60 000	150 000
Frais de fabrication	18 000	30 000	24 000	72 000
Frais de vente	128 000	48 000	80 000	256 000
Frais d'administration	80 000	30 000	50 000	160 000
Frais de financement	6 615	6 510	6 406	19 531
Remboursement de la dette à long terme	10 000	10 000	10 000	30 000
Total	340 615 $	218 510 $	290 406 $	849 531 $
Solde à la fin	44 385 $	50 875 $	−19 531 $	−19 531 $

Budget établi selon la classification des transactions

Cette catégorie comprend le budget par ressources et le budget par activités. Les opérations sont définies et enregistrées selon une classification des ressources consommées dans le premier cas, et selon une classification des activités exercées dans le deuxième cas. L'exemple 1 illustrait un budget par ressources. L'exemple 2 illustre un budget par activités.

E X E M P L E   2

L'entreprise ABC ltée assemble des moteurs électriques. À des fins de simplification, nous supposons qu'elle n'assemble que trois types de moteurs ; le type A qui comporte un seul composant fait sur mesure, le type B qui en comporte 5 et le type C qui en comporte 20. Par ailleurs, nous supposons que toutes les ventes sont faites par commande de 1 unité, de 10 unités ou de 100 unités. Le tableau 9.11 montre les prévisions de ventes au cours des quatre prochains mois.

Tableau 9.11 Prévisions de ventes au cours des quatre prochains mois

	Unités par commande	Janvier	Février	Mars	Avril
Moteur A	1 unité	140	450	420	770
	10 unités	18	55	22	75
	100 unités	6	9	6	12
Total commandes A		164	514	448	857
Total moteurs A		**920**	**1 900**	**1 240**	**2 720**
Moteur B	1 unité	220	360	470	500
	10 unités	23	80	41	70
	100 unités	11	9	9	11
Total commandes B		254	449	520	581
Total moteurs B		**1 550**	**2 060**	**1 780**	**2 300**
Moteur C	1 unité	110	240	260	260
	10 unités	12	20	32	22
	100 unités	3	6	4	5
Total commandes C		125	266	296	287
Total moteurs C		**530**	**1 040**	**980**	**980**
Nombre de commandes		543	1 229	1 264	1 725
Nombre de moteurs		**3 000**	**5 000**	**4 000**	**6 000**

Nous avons déterminé que :
- le prix de vente d'un moteur de base est de 290 $ et le prix d'un composant sur mesure, de 25 $;
- l'entreprise assemble le nombre de moteurs qu'elle prévoit vendre le mois suivant ;
- le coût d'un moteur de base est de 140 $ et celui d'un composant, de 10 $;
- le coût de gestion d'un composant sur mesure est de 5 $;
- le coût de gestion d'une commande est de 45 $;
- l'entreprise dépensera 200 000 $ par mois pour la mise en marché de ces moteurs ;
- le coût des autres activités est estimé à 10 % des coûts d'un mois.

Nous pouvons donc établir l'état prévisionnel du premier trimestre de l'année par activités, présenté au tableau 9.12.

Tableau 9.12 État prévisionnel des résultats du premier trimestre

	Janvier	Février	Mars	Trimestre
Ventes	1 351 750 $	2 275 000 $	1 903 500 $	5 530 250 $
Fabrication moteur	420 000 $	700 000 $	560 000 $	1 680 000 $
Fabrication composants	192 700	330 000	297 400	820 100
Gestion composants	72 370	143 795	142 440	358 605
Gestion commande	24 435	55 305	56 880	136 620
Mise en marché	200 000	200 000	200 000	600 000
Autres activités	90 951	142 910	125 672	359 533
Total	**1 000 456 $**	**1 572 010 $**	**1 382 392 $**	**3 954 858 $**
Bénéfice net	**351 295 $**	**702 990 $**	**521 108 $**	**1 575 393 $**

On pourrait subdiviser chacune des activités de cet exemple en plusieurs activités, possiblement une centaine. Nous aurions alors un exemple proche de la pratique de la budgétisation par activités. Lorsque les activités sont regroupées en processus, on établit plutôt un budget par processus.

---•

Budget établi selon le regroupement des comptes

Les budgets par centres de responsabilité et par processus correspondent à deux styles de gestion bien définis, soit la gestion par centres de responsabilité et la gestion par processus.

Le budget par centres de responsabilité devient rapidement pour chaque responsable de centre un engagement de réalisation et un point de repère pour évaluer sa performance. En effet, la comptabilité par centres de responsabilité rattache à chaque unité administrative les revenus qu'elle engendre et les coûts liés à sa consommation de ressources. Elle permet également au responsable de l'unité administrative de déterminer les revenus et les coûts contrôlables. Le budget par processus nous renseigne sur le rendement économique des processus plutôt que sur celui des centres de responsabilité ou des personnes. Il offre une facette différente de la performance des organisations.

L'exemple 2 nous a montré un budget par processus. L'exemple qui suit offre une illustration de budget par centres de responsabilité.

E X E M P L E   3

Le tableau 9.13 représente l'état prévisionnel des résultats de l'entreprise Aléric inc. en considérant trois centres de coûts qui correspondent chacun à un atelier.

Tableau 9.13 État prévisionnel des résultats d'Aléric inc. par centres de responsabilité (en milliers de dollars)

	Atelier 1	Atelier 2	Atelier 3	Total
Ventes				53 358 $
Matières premières	8 262 $	486 $	972 $	9 720 $
Main-d'œuvre directe	405	270	675	1 350
Frais généraux de fabrication				
Main-d'œuvre indirecte	1 036	1 036	518	2 590
Entretien-réparations	1 170	1 053	117	2 340
Autres	972	972	1 296	3 240
Coûts contrôlables	**11 845 $**	**3 817 $**	**3 578 $**	**19 240 $**
Ingénierie-procédés	3 720 $	3 348 $	372 $	7 440 $
Dotation à l'amortissement cumulé	2 304	2 304	192	4 800
Coûts propres à chaque atelier	**17 869 $**	**9 469 $**	**4 142 $**	**31 480 $**
Frais communs				
Recherche et développement				11 550 $
Ingénierie-produits				5 225 $
Dotation à l'amortissement cumulé				725 $
Contribution nette				**4 378 $**

L'entreprise a trois centres de coûts, soit l'atelier 1, l'atelier 2 et l'atelier 3. Dans le budget présenté, nous retrouvons non seulement le montant des coûts propres à chacun des ateliers, mais aussi le montant que peut contrôler chacun des directeurs de ces ateliers. Comme nous le verrons au chapitre 12, ces montants serviront à évaluer la performance des directeurs.

Cet exemple nous a montré un budget par centres de responsabilité dans lequel les opérations ont été classées par ressources. Nous pourrions établir un budget par centres de responsabilité dans lequel les opérations seraient classées par activités.

Budget établi selon le comportement modélisé des coûts

Le budget fixe n'admet aucun facteur variable sur une période donnée. Il comporte donc un ensemble de montants forfaitaires établis à partir d'hypothèses de quantités, de prix et de niveaux d'activité. La comparaison des résultats avec le budget requiert des ajustements afin de tenir compte de facteurs normaux qui ont pu influer sur les montants budgétés. Dans une perspective de financement, il arrive souvent qu'un organisme se voie attribuer une enveloppe budgétaire fixe, indépendamment de l'activité qu'il mène.

En général, on définit le budget flexible en fonction du niveau d'activité, de sorte qu'il soit ajustable au niveau d'activité atteint. Les comparaisons ultérieures des résultats avec le budget se font pour un niveau d'activité donné. L'analyse coût-volume-bénéfice est immédiatement transposable et peut informer les gestionnaires sur le risque financier que présentent différents scénarios d'activité. On peut généraliser cette approche de budget flexible à la variabilité d'autres facteurs, notamment les facteurs inducteurs de coûts.

E X E M P L E   4

Les données présentées au tableau 9.14 nous ont permis de reconstituer au tableau 9.15 le budget initial et le budget révisé de l'entreprise XYZ ltée.

Tableau 9.14 Données préparatoires aux budgets de l'entreprise XYZ ltée

	Prévisions	Résultats
Unités assemblées et vendues	100 000	112 000
Prix unitaire moyen	50,00 $	48,00 $
Coût unitaire moyen		
Matières premières	8,00 $	9,00 $
Main-d'œuvre directe	10,00 $	10,50 $
Frais de fabrication variables	5,00 $	4,00 $

Tableau 9.15 Budgets initial et révisé de l'entreprise XYZ ltée

	Budget initial (100 000 unités)	Budget révisé (112 000 unités)	Résultats (112 000 unités)
Ventes	5 000 000 $	5 600 000 $	5 376 000 $
Coûts variables de fabrication			
Matières premières	800 000 $	896 000 $	1 008 000 $
Main-d'œuvre directe	1 000 000	1 120 000	1 176 000
Autres frais	500 000	560 000	448 000
	2 300 000 $	2 576 000 $	2 632 000 $
Marge à la fabrication	**2 700 000 $**	**3 024 000 $**	**2 744 000 $**
Coûts fixes			
Fabrication	600 000 $	600 000 $	612 000 $
Vente et administration	1 200 000	1 200 000	1 174 000
	1 800 000 $	1 800 000 $	1 786 000 $
Résultats nets	**900 000 $**	**1 224 000 $**	**958 000 $**

En ce qui concerne l'ensemble des données qui mènent à l'établissement de la marge à la fabrication, il est logique d'analyser les résultats en les comparant aux données du budget révisé. En effet, il est tout à fait normal que, si l'entreprise assemble 12 000 unités de plus que les prévisions initiales, il en coûte 96 000 $ de plus de matières premières, 120 000 $ de plus de main-d'œuvre directe et 60 000 $ de plus de frais de fabrication variables.

Budget établi selon le degré d'analyse préalable

L'effort de planification peut se limiter à projeter sur l'année qui vient les résultats de l'année précédente : dans ce cas, on parle de budget ordinaire. Ces projections tiennent compte de l'accroissement du coût de la vie, des ajustements salariaux et des modifications du prix des ressources.

Le budget à base zéro (BBZ), comme son nom l'indique, repart à zéro à chaque exercice budgétaire. Selon la présentation des précurseurs de cette approche[1], il faut justifier chacun des montants du budget en suivant une procédure assez stricte. En obligeant les gestionnaires à formuler et à justifier leurs objectifs, leurs stratégies et leurs plans, à étudier différentes façons de mener leurs activités et à analyser plusieurs niveaux d'activité, le budget à base zéro les aide à atteindre les objectifs fixés et renforce probablement l'efficience de l'utilisation des ressources. Voici la série d'étapes que doit suivre le responsable d'une unité administrative :

1. il définit l'objectif global de son unité, précise les activités et fixe les objectifs opérationnels ;

---

1. Notamment Peter A. Pyhr, *Zero Base Budgeting*, John Wiley & Sons, Inc., 1988 ; et Paul J. Stonich, *Zero Base Planning and Budgeting*, Dow-Jones Irwin, 1977.

2. il étudie formellement au moins une façon différente, et si possible plusieurs, de mener chacune des activités déterminées;

3. il analyse différents niveaux d'activité, par la simulation, afin d'en estimer les résultats et les coûts à prévoir au budget;

4. il détermine les indicateurs qui semblent les plus appropriés pour décrire le niveau d'activité et en évaluer le rendement;

5. il établit l'ordre des activités (et niveaux d'activité) qu'il souhaite voir approuver en fonction de ses priorités.

Le BBZ présente plusieurs caractéristiques, dont nous commentons les principales ci-dessous.

1. Le BBZ oblige les gestionnaires de tous les niveaux à planifier de manière systématique.

En effet, les étapes de ce procédé les amènent à:

a) se fixer des objectifs;

b) formuler les moyens de les atteindre;

c) simuler différents niveaux de fonctionnement;

d) déterminer des indicateurs de rendement;

e) s'interroger sur les priorités.

On peut adapter les étapes de ce procédé aux étapes que nous avons suggérées dans la planification axée sur le commandement (figure 9.1) et dans la planification axée sur l'orientation (figure 9.2). Cependant, l'objectif poursuivi à l'époque de la conception du BBZ est beaucoup plus orienté sur le commandement. C'est sans doute la raison pour laquelle on utilise rarement cette méthode.

2. Le BBZ oblige les gestionnaires à choisir non seulement les objectifs, mais aussi à déterminer les moyens de les atteindre.

L'exigence du choix de moyens permet de s'assurer que les objectifs choisis sont réalistes d'une part et qu'ils sont bien compris d'autre part. Par ailleurs, notons que ce choix de moyens peut être prématuré, parce qu'il manque des données qui ne se révéleront que plus tard au fil de l'exercice.

3. Une fois le budget approuvé, le BBZ lie les gestionnaires aux moyens choisis.

En effet, la direction n'approuve pas seulement un montant de dépenses par ce procédé: elle approuve un plan d'action détaillé. Pour la direction, ce plan d'action deviendra l'outil de surveillance du travail des gestionnaires. La direction hésitera avant de modifier son plan, car, ce faisant, elle avouerait que le plan proposé n'est pas valable. De plus, il n'est pas toujours approprié de remettre en cause les plans qui servent à évaluer.

4. Le BBZ restreint la marge de manœuvre de la direction.

La préparation de ce type de budget est très exigeante et elle oblige les gestionnaires à détailler l'information. Leurs demandes de fonds se trouvant ainsi bien documentées, la direction ne peut faire autrement que de les approuver. La procédure du BBZ enlève donc à la direction son pouvoir discrétionnaire.

5. Le BBZ est un exercice long et coûteux.

Dans un cadre hiérarchique, plus il y a de niveaux à consulter, plus la procédure risque d'être longue et coûteuse. Cela est moins vrai dans un cadre à structure aplatie, où l'exercice peut être effectué simultanément dans plusieurs unités.

Quoi qu'il en soit, il n'est généralement pas nécessaire de repartir à zéro tous les ans. Aussi certains organismes préfèrent-ils établir des budgets à base zéro en rotation : chaque unité administrative n'élabore un BBZ que tous les trois à cinq ans. Entre-temps, elle se contente de budgets avec marge. Le budget avec marge se présente en deux parties : une partie budget ordinaire et une partie marge de manœuvre qui peut représenter entre 1 % et 20 % de l'enveloppe budgétaire globale.

L'approche du budget par activités est tout à fait cohérente avec celle du BBZ, lorsqu'elle est appliquée dans une approche axée sur l'orientation.

LE BUDGET ET LA GESTION

Le budget peut s'avérer un outil extrêment utile pour les gestionnaires s'il est bien utilisé. Par contre, une utilisation aveugle peut produire des effets contraires aux buts poursuivis. Le budget repose sur des comportements humains ; il sert, entre autres, à communiquer ces comportements. Il risque autant de choquer que de stimuler. De plus, les résultats qu'il vise sont souvent soumis à des facteurs totalement incontrôlables, qui n'avaient donc pas été prévus initialement. Il ne faut surtout pas que le budget enlève à l'organisme sa souplesse, c'est-à-dire sa capacité de réagir aux facteurs externes.

Q U E S T I O N S   D E   R É V I S I O N

1. Comment définir le rôle de l'information comptable par rapport à la gestion ?

2. Quel danger peut guetter les utilisateurs de l'information comptable ?

3. Définissez la planification.

4. Décrivez brièvement deux grands courants en matière de planification et de contrôle de gestion.

5. Décrivez brièvement les étapes généralement suivies dans la planification selon une approche axée sur le commandement.

6. Décrivez brièvement les étapes généralement suivies dans la planification selon une approche axée sur l'orientation.

7. Quelles distinctions majeures y-a-t-il entre la planification selon l'approche axée sur le commandement et la planification selon l'approche axée sur l'orientation ?

8. Quels sont les buts généraux du contrôle de gestion ?

9. Définissez la notion d'économie.

10. Définissez la notion d'efficience.

11. Définissez la notion d'efficacité.

12. Décrivez brièvement la gestion par exceptions.

13. Décrivez brièvement la gestion par objectifs.

14. Décrivez brièvement la gestion par activités.

15. Donnez une définition générale du budget.

16. Quels sont les quatre rôles principaux du budget ?

17. Expliquez l'utilité du budget en ce qui concerne :

    a) le commandement et la surveillance ;
    b) l'orientation et l'apprentissage ;
    c) l'évaluation de la performance ;
    d) la recherche de fonds.

18. Que comprennent les budgets d'exploitation ?

19. Que comprennent les budgets financiers ?

20. Qu'est-ce qu'un budget par activités ?

21. Quelles sont les caractéristiques du budget par centres de responsabilité ?

22. Qu'est-ce qu'un budget flexible ?

23. Décrivez le rôle du responsable d'un budget à base zéro (BBZ).

24. Résumez les principales caractéristiques du BBZ.

E X E R C I C E S

● **Exercice 9.1**   **Budget d'exploitation d'une entreprise manufacturière**

Une entreprise manufacturière assemble quatre produits, soit P1, P2, P3 et P4. Chacun de ces produits requiert de trois à cinq types de composants. Nous présentons au tableau ci-dessous le nombre de composants de chaque type requis pour une unité de chacun des produits.

Nombre de composants par produit

Composant	P1	P2	P3	P4
C1	10	5	2	4
C2		8		
C3	5			6
C4		22		
C5			7	5
C6	3		2	4
C7			12	
C8				8

Ces composants sont tous fabriqués à l'usine. Le tableau suivant présente les quantités prévues de matière A, de matière B, de main-d'œuvre directe et de temps-machines nécessaires à la fabrication d'une unité de chacun des types de composant.

Quantités de ressources requises par composant

Composant	Matière A (en kilogrammes)	Matière B (en kilogrammes)	Main-d'œuvre (en heures)	Temps-machines (en heures)
C1	1	2	0,5	0,3
C2	3	2	0,4	0,5
C3	2	4	0,8	1
C4	1	5	0,2	0,5
C5	4	1	0,3	0,3
C6	5	3	0,7	1,2
C7	3	4	0,6	1
C8	3	6	0,9	1,1

Enfin, voici les ventes prévues par trimestre pour le prochain exercice financier commençant le 1er octobre. Ces prévisions sont valables également pour l'exercice suivant.

Prévisions des ventes par trimestre

Ventes	Trimestre automne	Trimestre hiver	Trimestre printemps	Trimestre été	Total
Produit P1	7 000	12 000	12 000	14 000	45 000
Produit P2	3 000	6 000	4 000	4 000	17 000
Produit P3	14 000	22 000			36 000
Produit P4			32 000	24 000	56 000

Cette entreprise a pour politique de produire au cours du trimestre précédent toutes les quantités qu'elle prévoit vendre au cours d'un trimestre. Elle a également pour politique d'acheter un trimestre à l'avance toutes les quantités de matières A et B qu'elle prévoit utiliser au cours d'un trimestre.

● Travail à faire

1. Préparez le budget de production (en unités) des composants.

2. Préparez le budget d'achat (en kilogrammes) des matières A et B.

3. Préparez les budgets (en heures) de main-d'œuvre directe et de temps-machine.

● Exercice 9.2   Budget de cours et engagement de chargés de cours

Un établissement d'enseignement compte 30 professeurs à temps plein. Chacun assure quatre cours par an, en plus des tâches liées à l'administration et au développement pédagogique. Voici la liste des cours auxquels sont inscrits les 900 étudiants pour la prochaine année universitaire.

Nombre d'étudiants ayant choisi chaque cours par trimestre

Cours	Automne	Hiver	Printemps
C1005	410	365	79
C1008	384	298	94
C1104	408	364	88
C1240	371	320	125
C1330	398	348	142
C1350	206	247	210
C1610	374	333	90
C1740	198	268	110
C2005	297	250	240
C2140	145	205	121
C2160	279	254	111
C2220	129	155	46
C2320	204	68	32
C2350	78	79	23
C2420	149	184	49
C2530	172	123	153
C2640	94	64	30
C2770	166	98	107
C3005	202	164	38
C3220	45	24	12
C3370	154	76	14
C3380	136	169	42
C3410	143	163	152
C3320	8	14	20
C3450	12	8	6
C3550	6	7	12
C3650	26	14	5
C3670	11	12	9
C3770	14	6	7
C3790	9	5	20
Total	**5 228**	**4 685**	**2 187**

Les normes actuellement en vigueur exigent un effectif minimal de 5 étudiants et un effectif maximal de 70 étudiants par classe. On distribue d'abord les cours aux professeurs réguliers, puis on complète l'horaire à l'aide de chargés de cours. Un professeur régulier coûte à l'établissement 70 000 $ par an en moyenne, avantages sociaux inclus, tandis que les dépenses liées à un chargé de cours s'élèvent à 6 000 $ par cours, avantages sociaux inclus. L'établissement assume des coûts totalisant 1 million par an pour toutes les autres dépenses. Il perçoit des droits de 80 $ par cours, par étudiant et reçoit de l'État un montant de 200 $ par cours suivi par étudiant. La directrice des finances a la responsabilité de présenter un budget équilibré.

Travail à faire

1. Préparez un budget des charges de cours pour chaque trimestre.
2. Préparez un budget financier des résultats.
3. Évaluez l'effet d'un effectif maximal de 50 étudiants par classe.
4. Évaluez l'effet d'un effectif minimal de 15 étudiants par classe.
5. Faites des suggestions à la directrice des finances pour lui permettre d'équilibrer son budget.

• Exercice 9.3   État prévisionnel des résultats et bilan prévisionnel

Supposons que l'état des résultats pour l'exercice se terminant le 31 décembre 1995 et le bilan au 31 décembre 1995 d'une petite entreprise manufacturière sont les suivants :

Entreprise manufacturière
État des résultats
pour l'exercice se terminant le 31 décembre 1995

Ventes		16 029 000 $
Coût des produits vendus		
Matières premières	5 075 850 $	
Main-d'œuvre directe	1 602 900 $	
Frais généraux de fabrication	2 529 500 $	9 208 250
Bénéfice brut		**6 820 750 $**
Frais de vente	4 492 900 $	
Frais d'administration	518 100 $	5 011 000
Bénéfice net d'exploitation		**1 809 750 $**
Frais de financement		351 900
Bénéfice net avant impôt		**1 457 850 $**
Impôt		728 925
Bénéfice net après impôt		**728 925 $**

Entreprise manufacturière
Bilan
au 31 décembre 1995

Actif

Actif à court terme		
Encaisse	413 391 $	
Comptes clients	1 335 750 $	
Stock de matières premières	845 975 $	
Stock de produits finis	920 825 $	3 515 941 $
Immobilisations nettes		11 010 815
Total de l'actif		**14 526 756 $**

Passif et avoir des actionnaires

Passif à court terme		
Impôt à payer	178 406 $	
Fournisseurs	1 347 075 $	
Intérêts à payer	31 875 $	
Versement sur hypothèque à court terme	360 000 $	1 917 356 $
Passif à long terme		
Hypothèque à payer (8,5 % d'intérêt par an)	4 320 000 $	
moins : Versement à court terme	360 000 $	3 960 000
Total du passif		**5 877 356 $**
Avoir des actionnaires		
Capital-actions ordinaires autorisé, émis et versé		
(50 000 actions ordinaires)		2 100 000 $
Bénéfices non répartis		6 549 400
Total de l'avoir des actionnaires		**8 649 400 $**
Total du passif et de l'avoir des actionnaires		**14 526 756 $**

Voici des renseignements sur l'exercice 1996:

- Le prix moyen de vente, soit 18 $ en 1995, augmentera de 2 %.
- Le nombre d'unités vendues augmentera de 4 %.
- Le coût des matières premières demeurera le même et le taux de roulement du stock, qui est actuellement de 6, passera à 8 au cours de 1996.
- Le coût de la main-d'œuvre directe de même que tous les frais fixes augmenteront en moyenne de 2 %.
- La commission aux vendeurs demeurera la même qu'en 1995, soit 10 % du montant des ventes.
- Les fournisseurs exigeront d'être payés un peu plus rapidement, de sorte que le montant des comptes fournisseurs au 31 décembre 1996 devrait être égal à 10 % du coût des matières premières, plus 8 % des coûts de vente et d'administration.
- La dotation à l'amortissement cumulé, comprise dans les frais généraux, sera de 140 000 $ en 1996.
- Supposez que le taux d'imposition est égal à 50 % du bénéfice net à la fin de l'exercice.
- Ne tenez pas compte de l'intérêt que l'entreprise pourrait gagner sur le solde en caisse ni de l'intérêt qu'elle pourrait payer si elle utilisait une éventuelle marge de crédit.

● Travail à faire

1. Préparez l'état prévisionnel des résultats pour l'exercice financier 1996.
2. Préparez le bilan prévisionnel au 31 décembre 1996.

● Exercice 9.4   État des résultats et bilan *pro forma*

Voici l'état prévisionnel des résultats et le bilan prévisionnel d'une entreprise de distribution avant l'évaluation d'un important projet d'investissement, soit la construction d'un nouvel entrepôt presque totalement automatisé et informatisé:

Entreprise de distribution
État prévisionnel des résultats
pour l'exercice se terminant le 31 décembre 1996

Ventes		25 650 360 $
Charges		
Frais d'entreposage	3 540 200 $	
Frais de transport	13 338 187 $	
Publicité et mise en marché	4 455 000 $	
Administration	1 870 000 $	23 203 387
Bénéfice d'exploitation		**2 446 973 $**
Frais de financement		137 904 $
Bénéfice net avant impôt		**2 309 069 $**
Impôt		1 154 534
Bénéfice net après impôt		**1 154 534 $**

Entreprise de distribution
Bilan prévisionnel
au 31 décembre 1996

Actif

Actif à court terme		
Encaisse	390 212 $	
Comptes clients	3 206 295 $	3 596 507 $
Immobilisations nettes		2 010 375
Total de l'actif		**5 606 882 $**

Passif et avoir des actionnaires

Passif à court terme		
Impôt à payer	305 872 $	
Fournisseurs	1 933 616 $	
Intérêts à payer	13 260 $	
Versement sur hypothèque à court terme	249 600 $	2 502 347 $
Passif à long terme		
Hypothèque à payer (8,5 % d'intérêt par an)	1 747 200 $	
Moins : Versement à court terme	249 600 $	1 497 600
Total du passif		**3 999 947 $**
Avoir des actionnaires		
Capital-actions ordinaire autorisé, émis et versé		
(10 000 actions ordinaires)		500 000 $
Bénéfices non répartis		1 106 934
Total de l'avoir des actionnaires		**1 606 934 $**
Total du passif et de l'avoir des actionnaires		**5 606 881 $**

Voici des renseignements sur le projet d'investissement envisagé :

- On accroîtrait les ventes de 20 % dès la prochaine année si l'entrepôt était construit.

- Le projet totalise 6 000 000 $. Il est financé par une mise de fonds sous forme de capital-actions ordinaires de 600 000 $ et un emprunt de 5 400 000 $ portant un intérêt de 9,2 %, payé mensuellement, ainsi qu'un remboursement de capital de 50 000 $ par mois.

- La dotation à l'amortissement cumulé du nouveau bâtiment sera de 300 000 $ par an. Elle est comprise dans l'augmentation prévue des frais fixes d'entreposage.

- Les frais de transport sont variables. Par ailleurs, les frais d'entreposage, tous fixes, augmenteront de 400 000 $, y compris la dotation à l'amortissement du nouveau bâtiment. Les frais de publicité et de mise en marché ne changeront pas, mais les frais d'administration s'accroîtront de 200 000 $.

● **Travail à faire**

1. Préparez l'état des résultats *pro forma*.

2. Préparez le bilan *pro forma*.

● **Exercice 9.5   Équilibrer un budget pour obtenir des fonds**

Un mécène est prêt à acheter un vieux théâtre et à le rénover entièrement à ses frais pour en faire don à une troupe de théâtre qu'il apprécie particulièrement. Cependant, il pose une condition : la directrice de la troupe doit lui démontrer que le théâtre pourra s'auto-financer. Il ne voudrait pas que ce don entrave la rentabilité fragile de la troupe.

La directrice demande alors à son comptable de lui préparer un budget équilibré pour l'exploitation de ce théâtre. À cet effet, elle réunit les renseignements suivants:

- La directrice devra engager en permanence les personnes suivantes:
    1. un adjoint administratif au salaire annuel de 28 000 $;
    2. une secrétaire-comptable au salaire annuel de 21 000 $;
    3. un surintendant-concierge au salaire annuel de 23 450 $;
    4. un préposé à l'entretien au salaire annuel de 19 000 $;
    5. un directeur de la programmation au salaire annuel de 40 000 $;
    6. un directeur technique au salaire annuel de 40 000 $;
    7. deux préposés à la billetterie pour un salaire total de 36 000 $.

- Elle devra engager sur une base occasionnelle les personnes suivantes:
    1. deux placeurs au salaire de 60 $ chacun par représentation;
    2. un éclairagiste au salaire de 160 $ par représentation;
    3. un responsable du son au salaire de 160 $ par représentation;
    4. deux aides au salaire de 40 $ chacun par représentation;
    5. deux agents de sécurité au salaire de 80 $ chacun par représentation.

- Il faut ajouter des avantages sociaux totalisant 10 % de la rémunération totale versée.

- Le bâtiment du théâtre, chauffé au gaz, devrait engendrer des frais annuels de 35 000 $ par an.

- On prévoit des frais d'électricité de 20 000 $ par an.

- On prévoit un montant de 10 000 $ par an pour l'entretien des équipements.

- On estime les assurances à 31 000 $ par an, les taxes, à 10 000 $ par an et on ajoute un montant de 1 000 $ par mois pour les imprévus.

- On planifie un budget de publicité de 400 000 $.

- Enfin, la troupe reçoit actuellement des cachets totalisant en moyenne 2 000 $ par représentation, qui lui sont versés par l'imprésario qui l'engage.

Le contrat d'embauche d'une troupe comporte généralement un montant fixe plus un montant proportionnel aux revenus générés. Il existe une multitude de scénarios possibles en ce qui concerne les revenus. Les revenus sont fonction du nombre de représentations dans l'année, du taux d'occupation des places à chacune des représentations et du prix moyen du billet. (Le théâtre compte 900 places.) Le tableau suivant résume la gamme des scénarios possibles.

	Scénarios		
	pessimiste	réaliste	optimiste
Nombre de représentations	100	160	200
Taux d'occupation des places	30 %	50 %	80 %
Prix moyen du billet	10 $	16 $	25 $

Travail à faire

Préparez un budget équilibré visant à convaincre le mécène d'acheter et de rénover le théâtre.

• Exercice 9.6   Budget des résultats par activités

Voici l'état des résultats d'une station de ski pour l'exercice se terminant le 30 avril 1995.

Station de ski
État des résultats
pour l'exercice se terminant le 30 avril 1995

Produits

Droits d'entrée		2 136 862 $
Activité de restauration		145 010
Concessions		62 980
Divers		58 259
Total des produits		**2 403 111 $**

Charges

Préparation estivale des pistes		
Main-d'œuvre	58 634 $	
Utilisation des équipements	12 436 $	
Divers	9 858 $	80 928 $
Fabrication de la neige		
Main-d'œuvre	102 225 $	
Électricité	38 645 $	
Utilisation des équipements	58 362 $	
Divers	25 941 $	225 173
Éclairage des pistes		
Électricité	32 974 $	
Utilisation du système d'éclairage	12 859 $	
Divers	5 864 $	51 697
Damage des pistes		
Main-d'œuvre	81 072 $	
Produits pétroliers	16 369 $	
Utilisation de la machinerie	43 860 $	
Divers	16 482 $	157 783
Opérations des remontées mécaniques		
Main-d'œuvre	231 750 $	
Électricité	74 855 $	
Utilisation des équipements	143 879 $	
Divers	48 769 $	499 253
Administration		
Main-d'œuvre	240 572 $	
Assurances	44 788 $	
Taxes et permis	43 782 $	
Divers	27 653 $	356 795
Mise en marché		
Main-d'œuvre	75 860 $	
Publicité	162 998 $	
Divers	8 742 $	247 600
Intérêts		384 168
Total des charges		**2 003 397 $**
Bénéfice (perte)		**399 714 $**

Voici les renseignements nécessaires à la préparation de l'état prévisionnel des résultats pour l'exercice se terminant le 30 avril 1996.

- Droits d'entrée

  Les droits relatifs aux billets de saison devraient être les mêmes que l'année précédente, soit 538 412 $. Quant aux droits pour la journée, on prévoit une diminution de 5 % puisque les bénéfices de la saison passée ont été supérieurs à la moyenne.

- Activité de restauration

  La contribution de l'activité de restauration est proportionnelle aux droits d'entrée perçus au cours d'une année.

- Concessions

  Outre un loyer fixe de 30 000 $, les autres revenus sont proportionnels aux droits d'entrée.

- Produits divers

  On prévoit le même montant que l'année précédente.

- Préparation des pistes

  Cette activité est discrétionnaire. La direction peut décider de faire le minimum et de limiter ces coûts à 10 000 $ pour une saison ou encore elle peut décider d'injecter 100 000 $ et d'apporter des modifications utiles au domaine skiable. La direction planifie pour la prochaine saison 60 000 $ de main-d'œuvre, 14 000 $ pour l'utilisation des équipements, y compris la dotation à l'amortissement, et 8 000 $ de charges diverses.

- Fabrication de la neige

  Cette activité est fonction du nombre d'heures prévu. La direction souhaite fabriquer de la neige durant 1 700 heures la saison prochaine. On doit prévoir 4 personnes, au salaire de 16 $ l'heure en moyenne (y compris les avantages sociaux), des frais d'électricité s'élevant à 24,60 $ l'heure, ainsi que 60 000 $ pour l'utilisation des équipements et 20 000 $ de charges diverses.

- Éclairage des pistes

  On prévoit le même nombre de soirs que l'année précédente. Les coûts ne devraient pas varier de façon significative par rapport à l'année précédente.

- Damage des pistes

  On prévoit que les 3 machines à damer fonctionneront pendant un total de 5 000 heures. Le salaire de l'opérateur, y compris les avantages sociaux, est de 19 $ l'heure. Le coût des produits pétroliers est proportionnel au coût de la main-d'œuvre. Enfin, on prévoit un coût d'utilisation de 15 000 $ par machine plus un montant de 5 000 $ de charges diverses par machine.

- Remontées mécaniques

  Chaque remontée (il y en a cinq) a son horaire d'opération qui est fonction des journées, fériées ou non fériées, des pistes qui sont ouvertes et de l'horaire du ski en soirée. La station est généralement fermée les lundis et mardis soir, sauf durant les vacances. On a prévu 5 775 heures d'opération pour l'ensemble des remontées. On prévoit pour la main-d'œuvre en moyenne 4 personnes par remontée au salaire de 11 $ l'heure, y compris les avantages sociaux, et des frais d'électricité s'élevant à 13,80 $ l'heure en moyenne. De plus, on prévoit un montant de 140 000 $ pour l'utilisation des remontées et 40 000 $ de charges diverses.

- Administration

On prévoit une augmentation de 2 % des coûts de main-d'œuvre, le même montant que l'année précédente pour les assurances, 45 000 $ pour les taxes et permis et 30 000 $ de charges diverses.

- Mise en marché

On prévoit une augmentation de 2 % des coûts de main-d'œuvre et un budget de 180 000 $ pour la publicité, plus un montant de 10 000 $ de charges diverses.

- Intérêts

L'an dernier, l'entreprise a payé 8,9 % d'intérêts sur un solde moyen de 4 316 490 $. Cette année, le solde moyen sera de 3 918 068 $.

● Travail à faire

Préparez l'état prévisionnel des résultats par activités pour l'exercice se terminant le 30 avril 1996.

Chapitre 10

UNE APPROCHE AXÉE SUR LE
COMMANDEMENT ET LA SURVEILLANCE

OBJECTIFS DU CHAPITRE

- Décrire la planification dans une approche axée sur le commandement et la surveillance.
- Décrire le contrôle de gestion selon cette approche.
- Illustrer l'utilisation du budget selon cette approche.
- Illustrer le contrôle budgétaire selon cette approche.

SOMMAIRE

- LA PLANIFICATION
    La planification des coûts conceptualisés
    La planification des coûts discrétionnaires
    La planification des coûts engagés

- LE CONTRÔLE DE GESTION
    Le suivi global d'un budget d'exploitation par ressources
    Le suivi global d'un budget d'exploitation par activités
    L'analyse des écarts de revenus
    L'analyse des écarts relatifs aux coûts conceptualisés
    L'analyse des écarts relatifs aux coûts discrétionnaires
    L'analyse des écarts relatifs aux coûts engagés

- UNE RÉFLEXION SUR LE CONTRÔLE DE SURVEILLANCE

Ce chapitre a pour objectif de présenter le rôle de l'information comptable en planifica-tion et en contrôle de gestion dans une approche axée sur le commandement et la surveillance. Comme nous l'avons vu dans le chapitre précédent, cette approche apparaît le plus souvent au sein de l'entreprise fortement hiérarchisée (structure pyramidale).

Nous allons dans un premier temps revenir sur l'établissement et le rôle des divers budgets en planification. Dans un deuxième temps, nous aborderons l'analyse des écarts budgétaires, qui est à la base du contrôle de gestion de type surveillance.

LA PLANIFICATION

La planification dans une approche axée sur le commandement est une activité qui se déroule généralement sur trois plans, s'échelonnant du sommet vers la base, comme nous l'indiquons à la figure 10.1. Elle constitue une partie intégrante d'un système de contrôle de type cybernétique.

Figure 10.1 Système de contrôle cybernétique

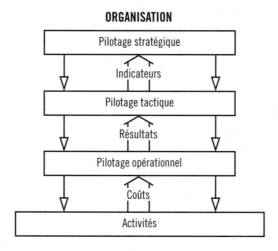

On dicte les plans du sommet vers la base et on achemine en sens inverse l'informa-tion permettant de surveiller l'exécution de ces plans.

Le système de contrôle fonctionne comme un thermostat (figure 10.2). Il est générale-ment intégré à la gestion par exceptions pour les coûts conceptualisés, et à la ges-tion par objectifs pour les coûts discrétionnaires.

Le budget représente bien plus qu'un ensemble de données prévisionnelles. Il permet d'élaborer le suivi auquel on procédera à l'aide de ces données ainsi que la mise en œuvre de ce suivi. Il faut donc se rendre compte d'ores et déjà que la préparation du

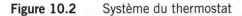

Figure 10.2   Système du thermostat

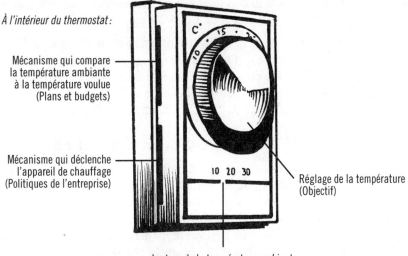

À l'intérieur du thermostat :

Mécanisme qui compare
la température ambiante
à la température voulue
(Plans et budgets)

Mécanisme qui déclenche
l'appareil de chauffage
(Politiques de l'entreprise)

Réglage de la température
(Objectif)

Lecture de la température ambiante
(Résultats comptables)

budget consiste également à préparer la surveillance de ce budget. Il s'agit de préparer le jugement qui sera porté sur les coûts. Les données budgétaires sont des points de repère : elles servent de normes d'évaluation de la performance. On qualifie d'ailleurs ces données budgétaires de standard lorsqu'elles donnent lieu à des analyses techniques et économiques effectuées de façon méthodique.

Au chapitre 2, nous avons rappelé que le coût standard est « un coût préétabli avec précision par une analyse technico-économique de l'objet ou du travail nécessaire[1] ». Ce coût sert de norme ou de point de repère dans l'évaluation de l'efficience ou de la productivité.

L'établissement des prévisions et des normes en matière de coûts est fonction du type de coûts : conceptualisés, discrétionnaires ou engagés. Ces prévisions et ces normes touchent aussi bien les prix payés pour les ressources que les quantités de ressources consommées et le volume d'activité.

LA PLANIFICATION DES COÛTS CONCEPTUALISÉS

Le coût conceptualisé reflète un engagement inhérent à la composition d'un produit et à un procédé de fabrication. Ce type de coût donne lieu à des analyses technico-économiques et à l'établissement de certains standards, soit des standards de prix et de quantité. Citons par exemple une quantité et un prix standard de matières premières, ou un temps et un taux standard de main-d'œuvre directe.

Les standards de quantité représentent un ratio intrants/extrants visé ou *idéal*. Ces ratios constituent la norme qui servira à évaluer l'efficience de la consommation des

---

1. *Terminologie fondamentale de la comptabilité de management, anglais-français*, LEXICOM, sous la direction de Julie Desgagné, La Société des comptables en management du Canada, 1994, p. 66.

matières premières ou la productivité de la main-d'œuvre directe. Par conséquent, s'il a été établi que chaque produit devait *idéalement* consommer dix litres de matières premières et deux heures de main-d'œuvre directe, il faut veiller à ce qu'il en soit ainsi.

Les standards de prix représentent un prix visé ou *idéal* pour chacune des ressources utilisées. Ils constituent la norme qui servira à évaluer l'économie de l'acquisition des ressources. Par conséquent, s'il a été établi qu'un litre de matières premières coûte 35 $ et une heure de main-d'œuvre 24 $, il faut veiller à ce qu'il en soit ainsi. Le contrôle de l'efficience et de l'économie se prête particulièrement bien à la gestion par exceptions.

LA PLANIFICATION DES COÛTS DISCRÉTIONNAIRES

Rappelons que le coût discrétionnaire est un coût planifié et programmé, déterminé à chaque budget. Les montants budgétés font souvent l'objet d'enjeux politiques à l'intérieur de l'entreprise et donnent lieu à des tractations de toutes sortes. La méthode de planification de ces coûts discrétionnaires relève d'une décision de la direction qui veut imposer un style de gestion à l'entreprise dans son ensemble et stimuler la performance. Ces coûts représentent la marge de manœuvre de l'entreprise, les autres types de coûts (conceptualisés et engagés) étant plus ou moins prédéterminés.

La gestion par objectifs, le budget à base zéro (BBZ) et la gestion par activités sont des approches visant à acquérir une meilleure maîtrise des coûts discrétionnaires. Le contrôle de l'efficacité est au centre des préoccupations du contrôle de ces coûts.

LA PLANIFICATION DES COÛTS ENGAGÉS

Rappelons qu'un coût engagé résulte de décisions antérieures et qu'il est donc antérieur au budget. À ce titre, il sera reporté et intégré à la planification en cours et fera l'objet d'une surveillance particulière, puisque les gestionnaires ne peuvent influer sur ce coût à court terme.

LE CONTRÔLE DE GESTION

Dans une approche axée sur la surveillance, le contrôle de gestion est une activité qui consiste essentiellement à comparer les résultats avec les données budgétaires et à intervenir lorsque l'écart est jugé significatif.

Nous allons aborder dans l'ordre :

1. le suivi global d'un budget d'exploitation par ressources ;
2. le suivi global d'un budget d'exploitation par activités ;
3. l'analyse des écarts de revenus ;
4. l'analyse des écarts relatifs aux coûts conceptualisés ;
5. l'analyse des écarts relatifs aux coûts discrétionnaires ;
6. l'analyse des écarts relatifs aux coûts engagés.

LE SUIVI GLOBAL D'UN BUDGET D'EXPLOITATION PAR RESSOURCES

Ce suivi a pour objectif de répondre en tout temps à la question suivante : Le budget est-il respecté ? S'il ne l'est pas, quels éléments sont en cause, et pourquoi ?

Nous étudions dans l'exemple 1 deux modèles de rapport mensuel sur le degré d'avancement des dépenses budgétaires. Nous soulignons également les éléments du budget qui n'y sont pas respectés et nous déterminons pourquoi.

E X E M P L E   1

Le tableau 10.1 montre les résultats du mois de juin, de même que les résultats cumulatifs au 30 juin des opérations s'échelonnant du 1er janvier au 30 juin, de la copropriété VVV qui comporte 220 logements. Nous comparons ces résultats avec les budgets dans une perspective de surveillance des dépenses.

Tableau 10.1 Analyse des résultats au 30 juin de la copropriété VVV

	Budget annuel	Budget juin	Résultats juin	Cumulatif au 30 juin (6 mois)		
				Budget	Résultats	Écart
Revenus						
Frais de copropriété	800 000 $	66 667 $	66 667 $	400 000 $	400 000 $	0 $
Location espaces	24 000	2 000	2 000	12 000	12 000	0
Divers	48 000	4 000	2 000	24 000	18 000	6 000
Intérêts						
Total	**872 000 $**	**72 667 $**	**70 667 $**	**436 000 $**	**430 000 $**	**6 000 $**
Dépenses						
Frais d'opération						
Énergie	152 000 $	12 667 $	6 000 $	76 000 $	96 700 $	−20 700 $
Sécurité	142 000	11 833	11 230	71 000	71 400	−400
Salaires	78 000	6 500	6 440	39 000	38 500	500
Entretien	132 000	11 000	8 900	66 000	62 400	3 600
Déneigement et jardinage	58 000	4 833	2 800	29 000	32 400	−3 400
Assurances	15 000	1 250	1 250	7 500	7 500	0
Ascenseurs	36 000	3 000	2 100	18 000	16 400	1 600
Projets spéciaux	24 000	2 000	8 690	12 000	8 690	3 310
Lavage des vitres	20 000	1 667	5 110	10 000	10 830	−830
Divers	6 000	500	0	3 000	1 200	1 800
Total	**663 000 $**	**55 250 $**	**52 520 $**	**331 500 $**	**346 020 $**	**−14 520 $**
Frais d'administration						
Salaires	95 000 $	7 917 $	7 890 $	47 500 $	46 800 $	700 $
Honoraires professionnels	10 000	833	0	5 000	6 700	−1 700
Intérêts	24 000	2 000	1 990	12 000	11 870	130
Frais bancaires	4 000	333	310	2 000	2 100	−100
Divers	4 000	333	0	2 000	1 630	370
Total	**137 000 $**	**11 417 $**	**10 190 $**	**68 500 $**	**69 100 $**	**−600 $**
Total dépenses	**800 000 $**	**66 667 $**	**62 710 $**	**400 000 $**	**415 120 $**	**−15 120 $**
Fonds de prévoyance	60 000 $	5 000 $	5 000 $	30 000 $	30 000 $	0 $
Remboursement de capital	8 000 $	667 $	667 $	4 000 $	4 000 $	0 $
Surplus (déficit)	**4 000 $**	**333 $**	**2 290 $**	**2 000 $**	**−19 120 $**	

Le tableau 10.2 montre un autre modèle de présentation des résultats.

Tableau 10.2 Analyse des résultats au 30 juin de la copropriété VVV

	Budget annuel	Cumulatif au 30 juin Budget	Résultats	Disponibilité budget Totale	Mensuelle
Revenus					
Frais de copropriété	800 000 $	400 000 $	400 000 $	400 000 $	66 667 $
Location espaces	24 000	12 000	12 000	12 000	2 000
Divers	48 000	24 000	18 000	30 000	5 000
Intérêts					
Total	**872 000 $**	**436 000 $**	**430 000 $**	**442 000 $**	**73 667 $**
Dépenses					
Frais d'opération					
Énergie	152 000 $	76 000 $	96 700 $	55 300 $	9 217 $
Sécurité	142 000	71 000	71 400	70 600	11 767
Salaires	78 000	39 000	38 500	39 500	6 583
Entretien	132 000	66 000	62 400	69 600	11 600
Déneigement et jardinage	58 000	29 000	32 400	25 600	4 267
Assurances	15 000	7 500	7 500	7 500	1 250
Ascenseurs	36 000	18 000	16 400	19 600	3 267
Projets spéciaux	24 000	12 000	8 690	15 310	2 552
Lavage des vitres	20 000	10 000	10 830	9 170	1 528
Divers	6 000	3 000	1 200	4 800	800
Total	**663 000 $**	**331 500 $**	**346 020 $**	**316 980 $**	**52 830 $**
Frais d'administration					
Salaires	95 000 $	47 500 $	46 800 $	48 200 $	8 033 $
Honoraires professionnels	10 000	5 000	6 700	3 300	550
Intérêts	24 000	12 000	11 870	12 130	2 022
Frais bancaires	4 000	2 000	2 100	1 900	317
Divers	4 000	2 000	1 630	2 370	395
Total	**137 000 $**	**68 500 $**	**69 100 $**	**67 900 $**	**11 317 $**
Total dépenses	**800 000 $**	**400 000 $**	**415 120 $**	**384 880 $**	**64 147 $**
Fonds de prévoyance	60 000 $	30 000 $	30 000 $	30 000 $	5 000 $
Remboursement de capital	8 000 $	4 000 $	4 000 $	4 000 $	667 $
Surplus (déficit)	**4 000 $**	**2 000 $**	**−19 120 $**	**23 120 $**	**3 853 $**

Il s'agit d'un contexte répétitif sur un cycle annuel. On établit les frais de copropriété lors de l'assemblée générale annuelle de façon à couvrir les coûts prévus. Le fonds de prévoyance constitue une provision pour les réparations majeures, par exemple la réfection du toit de l'immeuble.

La plupart des coûts sont répétitifs. Les résultats d'une année servent donc de points de repère à l'établissement du budget. Par ailleurs, il est logique de procéder au suivi mensuel des coûts par poste.

Nous avons obtenu le budget mensuel en divisant par douze le budget annuel. De même, nous avons obtenu le budget cumulatif au 30 juin en multipliant par six le budget mensuel. Si cette procédure est *valable* pour prévoir les frais de copropriété, la location des espaces et certains coûts tels les salaires, elle *ne l'est pas* pour certains postes budgétaires comme le déneigement et le jardinage, les projets spéciaux et les honoraires professionnels. En effet, on n'engage pas ces derniers postes de façon uniforme et égale pour chacun des 12 mois de l'année.

En conclusion, dans un contexte de cycle annuel répétitif, le suivi global d'un budget d'exploitation par ressources constitue une approche valable à condition que l'on tienne compte des fluctuations saisonnières de certains postes et des éléments de coûts discrétionnaires tels les projets spéciaux, qu'il faut analyser séparément.

Quant au choix entre la présentation du tableau 10.1 et celle du tableau 10.2, l'information relative aux montants disponibles est utile dans un contexte où le gestionnaire a la possibilité de réduire les frais pour respecter son budget annuel. Cette information est inutile en ce qui concerne des postes comme l'énergie et le déneigement, car il faut bien chauffer l'immeuble lorsqu'il fait froid et déneiger après une tempête de neige.

LE SUIVI GLOBAL D'UN BUDGET D'EXPLOITATION PAR ACTIVITÉS

Dans ce cas comme dans le précédent, il s'agit de repérer les éléments du budget qui ne sont pas respectés et de déterminer pourquoi ils ne le sont pas. Puisque l'information fournie par les éléments du budget se rapporte aux activités plutôt qu'aux ressources, nous devons interpréter les écarts observés du point de vue des activités. Nous étudions ce type d'information dans l'exemple 2.

E X E M P L E   2

Le tableau 10.3 montre les résultats pour un mois de l'entreprise SIC, qui fabrique de la peinture et la conditionne dans des contenants de 3,8 L. Le tableau 10.4 montre les résultats cumulatifs sur une période de six mois. Nous comparons ces résultats aux budgets dans une perspective de surveillance des coûts.

Tableau 10.3 Analyse des résultats de l'entreprise SIC (un mois)

	Budget (B)	Budget révisé (BR)	Résultats (R)	Écart (R-B)	Écart (R-BR)
Statistiques de production					
Volume fabriqué en litres	500 000	543 870	543 870	43 870	0
Nombre de cuvées	60	72	72	12	0
Nombre de contenants	130 000	147 990	147 990	17 990	0
Activité de fabrication		*par cuvée*			
Main-d'œuvre directe	30 000 $	36 000 $	36 880 $	6 880 $	880 $
Autres dépenses	12 000	14 400	11 000	−1 000	−3 400
Total	42 000 $	50 400 $	47 880 $	5 880 $	−2 520 $
Activité-conditionnement		*par contenant*			
Main-d'œuvre directe	40 000 $	45 535 $	65 000 $	25 000 $	19 465 $
Autres dépenses	3 000	3 415	7 000	4 000	3 585
Total	43 000 $	48 951 $	72 000 $	29 000 $	23 049 $
Autres activités		*par litre*			
Recyclage et rebuts	4 000 $	4 351 $	7 000 $	3 000 $	2 649 $
Administration	40 000	43 510	75 000	35 000	31 490
Amortissement et loyer	40 000	43 510	40 000	0	−3 510
Autres dépenses	2 000	2 175	3 000	1 000	825
Total	86 000 $	93 546 $	125 000 $	39 000 $	31 454 $
Total usine	**171 000 $**	**192 896 $**	**244 880 $**	**73 880 $**	**51 984 $**
Indicateurs de performance					
Coût fabrication/cuvée	700,00 $	700,00 $	665,00 $	−5,00 %	−5,00 %
Coût conditionnement/contenant	0,33 $	0,33 $	0,49 $	47,09 %	47,09 %
Coût autres activités/litre	0,17 $	0,17 $	0,23 $	33,62 %	33,62 %
Coût total/litre	0,34 $	0,35 $	0,45 $	31,65 %	26,95 %
Coût total/cuvée	2 850,00 $	2 679,00 $	3 401,00 $	19,34 %	26,95 %
Coût total/contenant	1,32 $	1,30 $	1,65 $	25,80 %	26,95 %

Il s'agit d'un contexte répétitif mais dont le cycle est *a priori* mensuel. Cependant, selon qu'il s'agit de peinture industrielle ou commerciale, il y a des cycles saisonniers. Le printemps, par exemple, est une période plus favorable à la rénovation domiciliaire, donc au secteur commercial.

Dans cet exemple, la plupart des coûts sont de type conceptualisé, c'est-à-dire qu'ils sont liés au procédé de fabrication ou de conditionnement ainsi qu'à la technique utilisée. À la section suivante, nous reviendrons plus en détail sur l'analyse des écarts liés à ces coûts. Notons que nous avons utilisé deux colonnes d'écarts, l'une afin d'établir la différence entre les résultats et le budget initial et l'autre la différence entre les résultats et le budget révisé. Nous avons également donné les statistiques de production qui ont servi à réviser le budget et à calculer les indicateurs de performance choisis.

Nous avons regroupé toutes les activités de l'usine en trois activités principales: fabrication, conditionnement et autres activités. Nous avons révisé le budget pour les activités de fabrication en fonction du *nombre de cuvées,* le budget pour les activités de conditionnement en fonction du *nombre de contenants* et le budget pour les autres activités selon le *nombre de litres.*

Tableau 10.4 Analyse des résultats de l'entreprise SIC (six mois)

	Budget (B)	Budget révisé (BR)	Résultats (R)	Écart (R-B)	Écart (R-BR)
Statistiques de production					
Volume fabriqué en litres	3 000 000	3 451 680	3 451 680	451 680	0
Nombre de cuvées	360	383	383	23	0
Nombre de contenants	780 000	812 870	812 870	32 870	0
Activité de fabrication		*par cuvée*			
Main-d'œuvre directe	180 000 $	191 500 $	202 400 $	22 400 $	10 900 $
Autres dépenses	72 000	76 600	74 000	2 000	−2 600
Total	252 000 $	268 100 $	276 400 $	24 400 $	8 300 $
Activité-conditionnement		*par contenant*			
Main-d'œuvre directe	240 000 $	250 114 $	320 600 $	80 600 $	70 486 $
Autres dépenses	18 000	18 759	31 870	13 870	13 111
Total	258 000 $	268 872 $	352 470 $	94 470 $	83 598 $
Autres activités		*par litre*			
Recyclage et rebuts	24 000 $	27 613 $	36 440 $	12 440 $	8 827 $
Administration	240 000	276 134	427 520	187 520	151 386
Amortissement et loyer	240 000	276 134	240 000	0	−36 134
Autres dépenses	12 000	13 807	13 570	1 570	−237
Total	516 000 $	593 689 $	717 530 $	201 530 $	123 841 $
Total usine	**1 026 000 $**	**1 130 661 $**	**1 346 400 $**	**320 400 $**	**215 739 $**
Indicateurs de performance					
Coût fabrication/cuvée	700,00 $	700,00 $	722,00 $	3,10 %	3,10 %
Coût conditionnement/contenant	0,33 $	0,33 $	0,43 $	31,09 %	31,09 %
Coût autres activités/litre	0,17 $	0,17 $	0,21 $	20,86 %	20,86 %
Coût total/litre	0,34 $	0,33 $	0,39 $	14,06 %	19,08 %
Coût total/cuvée	2 850,00 $	2 952,00 $	3 515,00 $	23,35 %	19,08 %
Coût total/contenant	1,32 $	1,39 $	1,66 $	25,92 %	19,08 %

L'attention du lecteur se porte sans doute sur les indicateurs de performance, ce qui va le mettre rapidement sur la piste. À 3,1 %, l'écart relatif aux activités de fabrication n'est pas significatif. Par contre, l'écart relatif aux activités de conditionnement est révélateur : 47 %, soit 0,16 $ de plus en moyenne par contenant. Les coûts de main-d'œuvre de 65 000 $, soit environ 20 000 $ de plus que prévu, ajoutés à 3 500 $ supplémentaires par rapport aux autres dépenses, sont à l'origine de cet écart.

L'écart relatif aux autres activités, à 33,6 %, soit 0,06 $ par litre, est aussi significatif. Dans ce dernier cas, l'administration est la principale activité en cause, car elle a coûté 75 000 $ au lieu des 43 510 $ selon le budget révisé. Dans ce cas comme dans le précédent, seule une explication de la personne responsable ou encore une enquête sur le terrain pourrait renseigner le lecteur sur la cause de ces écarts.

Cette approche de suivi budgétaire permet de repérer les activités (plutôt que les ressources) qui sont à l'origine des dépassements budgétaires. Cependant, pour comprendre la cause de ces dépassements, le gestionnaire doit savoir ce qui provoque ces activités, pourquoi elles sont exercées et ce qui détermine la consommation de ressources par ces activités.

L'ANALYSE DES ÉCARTS DE REVENUS

Deux paramètres de base permettent d'établir les revenus, soit le prix moyen et le volume (ou la quantité vendue). Les économistes nous informent qu'à moins d'une inélasticité totale au prix, qui est plutôt rare, la diminution des prix provoque une augmentation des quantités vendues.

À cause de l'interdépendance des variables prix et volume, nous ne pouvons pas interpréter l'une sans considérer l'autre. Les comptables en management, comme les économistes, ont mis au point des méthodes, souvent heuristiques, qui visent à déterminer la combinaison optimale prix et volume. Toutefois, il semble qu'il soit plus pertinent de considérer le comportement de la combinaison marge sur coûts variables et volume. C'est pourquoi on retient souvent l'*écart sur le niveau des ventes* exprimé en termes de marge sur coûts variables unitaire budgétée, soit:

(Volume réel − Volume prévu) × Marge sur coûts variables unitaire budgétée

On peut évaluer les écarts de revenus par rapport aux attentes, par rapport aux résultats de la même période au cours des années précédentes et par rapport à la part de marché passée, prévue et obtenue.

E X E M P L E 3

Cet exemple nous indique comment l'entreprise ABC peut établir le nombre nécessaire d'unités à fabriquer en vue d'augmenter au maximum son bénéfice espéré au cours du prochain trimestre. Une analyse de marché a permis d'établir les prévisions de vente, et la comptable a établi les données prévisionnelles de coûts.

Divers scénarios de volume, de prix et de coûts

Volume	Prix	Coûts variables	Coûts fixes
40 000	35 $	12 $	780 000 $
50 000	32 $	12 $	780 000 $
60 000	30 $	13 $	820 000 $
70 000	28 $	14 $	820 000 $
80 000	25 $	15 $	820 000 $

Nous pouvons utiliser un budget des résultats pour déterminer le scénario qui convient le mieux :

Divers scénarios de bénéfices

Volume	40 000	50 000	60 000	70 000	80 000
Prix	35 $	32 $	30 $	28 $	25 $
Revenus	1 400 000 $	1 600 000 $	1 800 000 $	1 960 000 $	2 000 000 $
Coûts variables	480 000 $	600 000 $	780 000 $	980 000 $	1 200 000 $
Marge sur coûts variables	920 000 $	1 000 000 $	1 020 000 $	980 000 $	800 000 $
Coûts fixes	780 000 $	780 000 $	820 000 $	820 000 $	820 000 $
Bénéfices espérés	**140 000 $**	**220 000 $**	**200 000 $**	**160 000 $**	**−20 000 $**

Puisque l'entreprise souhaite augmenter au maximum son bénéfice espéré, elle planifiera le scénario correspondant à un volume de production et de ventes de 50 000 unités au prix de 32 $. Elle fixera donc son prix de vente à 32 $ et planifiera la production de 50 000 unités, avec tout ce que cela comporte : achats, embauche, calendrier de production, etc.

--•

E X E M P L E   4

Analysons les résultats apparaissant au tableau suivant :

	Budget initial (B)	Budget révisé (BR)	Résultats (R)	Écart (BR-B)	Écart (R-BR)
Ventes (en unités)	100 000	95 000	95 000	−5 000	0
Prix de vente	10,00 $	10,00 $	10,10 $	0,00 $	0,10 $
Ventes	**1 000 000 $**	**950 000 $**	**959 500 $**	**−50 000 $**	**9 500 $**
Coûts variables					
Fabrication					
Matières premières	300 000 $	285 000 $	288 040 $	−15 000 $	3 040 $
Main d'œuvre directe	400 000 $	380 000 $	384 960 $	−20 000 $	4 960 $
Frais généraux de fabrication variables	30 000 $	28 500 $	27 500 $	−1 500 $	−1 000 $
Marge à la fabrication	**270 000 $**	**256 500 $**	**259 000 $**	**−13 500 $**	**2 500 $**
Vente et administration	70 000	66 500	64 600	−3 500	−1 900
Marge sur coûts variables	**200 000 $**	**190 000 $**	**194 400 $**	**−10 000 $**	**4 400 $**
Frais fixes					
Fabrication	20 000	20 000	21 000	0	1 000
Vente et administration	70 000	70 000	72 000	0	2 000
Résultats nets	**110 000 $**	**100 000 $**	**101 400 $**	**−10 000 $**	**1 400 $**

L'écart sur le niveau des ventes en ce qui concerne la marge sur coûts variables budgétée est égal à 10 000 $. Ce montant représente la diminution de la marge sur coûts variables budgétée provoquée par la diminution du volume des ventes : 5 000 unités à 2 $ l'unité. Par ailleurs, la marge sur coûts variables réelle augmente de 4 400 $ par rapport à la marge sur coûts variables budgétée, soit 95 000 unités à 0,0463 $.

Il faudrait disposer d'informations supplémentaires pour évaluer la performance de l'entreprise quant aux ventes. Résumons : le volume a diminué de 5 000 unités, le coût variable unitaire a grimpé de 0,0537 $, le prix de vente s'est accru de 0,10 $, de sorte que la marge sur coûts variables unitaire a augmenté de 0,0463 $. L'entreprise a-t-elle bien fait d'augmenter son prix de vente pour couvrir sa hausse du coût variable unitaire ? La diminution du volume de 5 000 unités est-elle attribuable à l'augmentation du prix ou à la stratégie de mise en marché de l'entreprise ?

Voici deux autres informations utiles pour évaluer les écarts de revenus. La figure 10.3 montre une comparaison du volume des ventes au cours du dernier exercice par rapport aux années antérieures. La figure 10.4 montre une comparaison de l'évolution de la part du marché de l'entreprise par rapport à celles de ses concurrents.

 **Figure 10.3** Évolution du volume des ventes

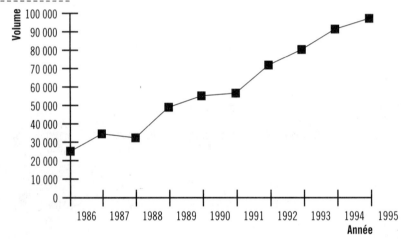

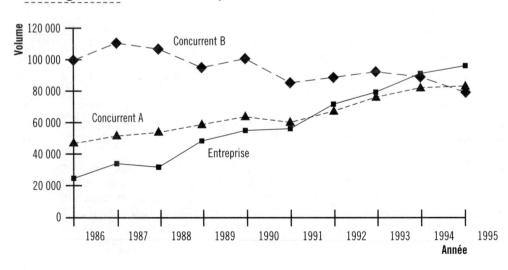 **Figure 10.4** Évolution de la part du marché

À la figure 10.3, nous constatons que les ventes n'ont cessé de croître au cours des 10 dernières années et à la figure 10.4 que l'entreprise réussit désormais mieux que ses 2 principaux concurrents. Nous devons donc conclure que ses prévisions étaient peut-être trop ambitieuses quant au volume des ventes, car malgré une augmentation du prix de vente, l'entreprise a accru son volume par rapport à l'an dernier alors que ses concurrents ont vu le leur diminuer.

--●

L'ANALYSE DES ÉCARTS RELATIFS AUX COÛTS CONCEPTUALISÉS

Cette analyse vise à déterminer l'efficience de la consommation des ressources. En effet, les coûts conceptualisés sont les coûts des ressources directement consommées par les produits et services, notamment les matières premières et la main-d'œuvre directe. Ils sont constitués à la fois d'un prix et d'une quantité relatifs aux ressources et ils sont souvent déterminés à la suite d'une étude et d'analyses. Ces prix et quantités apparaissent clairement dans la fiche de coût de revient des produits et services (chapitre 3). Il s'agit de surveiller toute déviation importante par rapport à ces standards et d'établir dans les plus brefs délais la cause de tout écart détecté. Par exemple, si l'écart résulte du dérèglement d'une machine, il est bon de réagir le plus rapidement possible.

Traditionnellement, on définit l'**écart sur prix** des matières premières ainsi :

$$(\text{Prix réel} - \text{Prix budgété}) \times \text{Quantité réelle}$$

Selon le cas, la quantité réelle peut être la quantité réellement achetée ou réellement utilisée. On peut se demander pourquoi il faut multiplier la différence de prix par la quantité réelle. Si les écarts sont calculés de manière extracomptable, il n'est pas nécessaire de le faire. L'information additionnelle issue de la multiplication touche l'importance matérielle de l'écart sur l'ensemble des résultats. Par exemple, on peut se demander quel est l'impact sur les revenus d'un écart de 0,10 $ sur le prix de vente. On obtient la réponse en multipliant cet écart de prix unitaire par la quantité budgétée.

De même, on définit l'**écart sur taux** de la main-d'œuvre directe ainsi :

$$(\text{Taux réel} - \text{Taux budgété}) \times \text{Temps réel}$$

et l'**écart sur quantité** des matières premières ainsi :

$$(\text{Quantité réelle} - \text{Quantité budgétée}) \times \text{Prix budgété}$$

ou ainsi :

$$(\text{Quantité réelle/Unité} - \text{Quantité budgétée/Unité}) \times \text{Nombre d'unités} \times \text{Prix budgété}$$

On doit multiplier l'écart par le nombre d'unités et par le prix budgété afin d'obtenir une information sur l'importance matérielle relative de cet écart.

On définit généralement l'**écart sur frais variables** ainsi :

(Frais réels/Unité – Frais budgétés/Unité) × Nombre d'unités

Ou encore, si l'on a déterminé que les frais variables varient en fonction d'une unité de ressources consommées, telles que les matières premières ou la main-d'œuvre directe, on obtient deux écarts : un écart sur dépenses et un écart dû au rendement de l'unité utilisée comme base de variation. On définit l'**écart sur dépenses** relatif aux frais généraux variables ainsi :

(Taux réel – Taux budgété) × Nombre d'unités de base

et on définit l'**écart dû au rendement** relatif aux frais généraux variables ainsi, les quantités réelle et budgétée se rapportant à l'unité de base choisie :

(Quantité réelle – Quantité budgétée) × Taux budgété

Les écarts sur prix, sur taux et sur dépenses sont des écarts de budget (dus à la prévision), tandis que les écarts de quantité sont des écarts dus à l'efficacité ou au rendement. Or, dans le cas des coûts conceptualisés, il s'agit bel et bien d'écarts visant à mesurer l'**efficience** de la consommation des ressources directes (matières premières, main-d'œuvre directe et frais généraux variables). Voyons l'analyse de ces écarts à l'aide d'un exemple.

E X E M P L E   5

Voici la fiche de coût de revient de l'entreprise XYZ ltée et le tableau des écarts observés au cours d'une semaine d'exploitation.

Fiche de coût de revient

	Quantité	Prix	Coût/unité
Matières premières	2 kg	15 $	30 $
Main-d'œuvre directe	0,5 h	16 $	8 $
Frais généraux variables	0,5 h	2 $	1 $

Tableau des écarts de la semaine du 6 au 12 mars 1995

	Budget révisé	Résultat	Écart
Matières premières	300 000 $	310 800 $	10 800 $
Main-d'œuvre directe	80 000 $	80 640 $	640 $
Frais généraux variables	10 000 $	9 120 $	−880 $

Les matières premières ont été payées 14,80 $/kg et la main-d'œuvre directe, 16,80 $/h.

Nous résumons le calcul des divers écarts de prix et de quantité à la figure 10.5.

▨▨ **Figure 10.5** Écarts de prix et de quantité

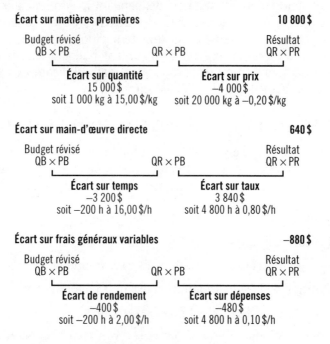

Q : quantité ; P : prix ; B : budgété ; R : réel.

Dans le cas de l'écart sur frais généraux variables, si le budget avait simplement été de 1 $ par unité, nous n'aurions pu dégager qu'un écart sur dépenses de −880 $, sans plus de détails.

L'ANALYSE DES ÉCARTS RELATIFS AUX COÛTS DISCRÉTIONNAIRES

Il n'est pas souvent possible de garantir l'efficience de la consommation des ressources, parce qu'on dispose de peu de points de repère valables. Il est difficile de déterminer une unité de mesure des activités touchées par ces coûts à cause de l'aspect qualitatif dominant ces activités. En ce qui concerne par exemple les frais d'administration, les frais de mise en marché, les frais de recherche et de développement, comment peut-on évaluer les montants dépensés ?

Étant donné que la surveillance de ces coûts ne contribue pas à améliorer la performance, les gestionnaires optent souvent pour une planification plus élaborée et parfois même très élaborée. De cette façon, ils s'assurent d'une certaine efficacité *a priori*, puis se contentent de surveiller les dépassements budgétaires *a posteriori*.

Cependant, la surveillance des dépassements budgétaires engendre souvent des effets contraires aux buts poursuivis. C'est ainsi que, pendant le dernier mois de l'exercice, la direction procédera à des coupures dans des activités de valeur pour éviter tout dépassement budgétaire (par exemple, un directeur d'hôpital fermera une unité de soins). Toutefois, si la direction prévoit un excédent budgétaire, elle engagera des dépenses au cours du dernier mois de l'exercice pour annuler tout excédent éventuel, de crainte de voir son budget amputé l'année suivante.

L'ANALYSE DES ÉCARTS RELATIFS AUX COÛTS ENGAGÉS

En ce qui concerne les coûts engagés, les résultats sont habituellement conformes aux prévisions, car ces frais sont fixes et déterminés globalement *a priori*. On ne surveillera donc pas leur dépassement. Par contre, on surveillera leur degré de couverture par les produits et services, information parfois fournie par la sous-imputation. Cette dernière peut révéler une capacité planifiée et non utilisée.

On définit ainsi l'**écart sur volume** relatif aux frais fixes :

$$\text{(Frais fixes prévus} - \text{Frais fixes imputés)}$$

Rappelons la définition de la **sous-imputation** des frais généraux fixes :

$$\text{(Résultat} - \text{Frais fixes imputés)}$$

Cette sous-imputation comprend donc l'écart sur volume et un écart sur dépenses, défini comme suit :

$$\text{(Résultat} - \text{Frais fixes prévus)}$$

E X E M P L E 6

Voici la fiche de coût de revient standard d'une tonne d'acier de l'usine Sidex.

Matières premières	100 $
Main-d'œuvre directe	50 $
Frais généraux	
Frais variables	25 $
Frais fixes	75 $
Établie au niveau normal d'activité de 1 000 000 de tonnes par an.	

Les frais généraux fixes sont presque entièrement des coûts engagés : dotation à l'amortissement des immobilisations, taxes, assurances, etc. Ils sont estimés à 75 millions de dollars par an.

Le tableau suivant montre les résultats du dernier exercice et la figure 10.6 une analyse de la sous-imputation.

Production	610 000 tonnes
Frais généraux fixes budgétés	75 000 000 $
Frais généraux fixes réels	75 300 000 $
Frais généraux fixes imputés	45 750 000 $

▰▰ Figure 10.6 Analyse de la sous-imputation

Sous-imputation		**29 550 000 $**
Frais imputés	Budget révisé	Résultat
45 750 000 $	75 000 000 $	75 300 000 $

Écart sur volume	Écart sur dépenses
29 250 000 $	300 000 $

Le montant d'écart sur volume représente le prix qu'il faut payer pour disposer d'une infrastructure qui coûte 75 millions de dollars par an et qui n'est utilisée qu'à 61 % de sa capacité normale, soit 610 000 tonnes par rapport à une capacité normale de 1 million de tonnes. Il s'agit donc du coût de la capacité inutilisée. Un écart aussi important va inciter la direction à se pencher sur cette sous-utilisation, qui s'avère la cause majeure d'un déficit probable de 30 millions de dollars.

UNE RÉFLEXION SUR LE CONTRÔLE DE SURVEILLANCE

La surveillance des coûts entraîne la surveillance du personnel. On ne peut mettre en place un système de surveillance budgétaire sans se préoccuper de l'aspect humain. Il est impératif de connaître l'impact d'un système de surveillance sur le comportement du personnel. Si les cerveaux ont de tout temps représenté une ressource cruciale pour l'entreprise, cela est encore plus vrai aujourd'hui : en effet, les tâches ne requérant qu'une habileté physique disparaissent de plus en plus de nos entreprises, au profit de l'automatisation et de la robotisation.

Le contrôle de gestion vise l'efficacité, l'efficience et l'économie. Or, la recherche de l'économie ne passe plus par l'analyse des écarts sur prix. Un nombre de plus en plus élevé d'entreprises recherche des ententes à long terme avec leurs fournisseurs, voire un partenariat conforme à la tendance vers la qualité totale. En outre, l'analyse comparative (*benchmarking*) remplace la comparaison au moyen de standards établis traditionnellement à l'interne par des indicateurs de pratiques externes.

De même, la recherche de l'efficience passe de moins en moins par la surveillance de standards et l'analyse des écarts de quantité. L'analyse comparative des procédés, l'analyse des inducteurs de coûts et le réaménagement des processus d'entreprise sont des outils de plus en plus utilisés à cet effet.

Enfin, la recherche de l'efficacité passe par une responsabilisation véritable des gestionnaires, comme en témoigne le renouvellement des entreprises et de la gestion.

QUESTIONS DE RÉVISION

1. Comment décrire la planification dans une approche axée sur le commandement ?

2. Quel est le rôle du budget dans une approche axée sur le commandement ?

3. En quoi consiste la planification des coûts conceptualisés ?

4. En quoi consiste la planification des coûts discrétionnaires ?

5. Quel est l'objectif visé par le suivi global d'un budget d'exploitation par ressources ?

6. Indiquez un contexte où le suivi global d'un budget d'exploitation par ressources est valable.

7. En quoi le suivi global d'un budget d'exploitation par activités diffère-t-il du suivi global d'un budget d'exploitation par ressources ?

8. Quel devrait être l'objectif de l'analyse des écarts de revenus ?

9. Quelles autres informations sont utiles pour évaluer un écart sur le niveau des ventes ?

10. Quel est l'objectif poursuivi au moyen de l'analyse des écarts relatifs aux coûts conceptualisés ?

11. Qu'est-ce qui complique l'analyse des écarts relatifs aux coûts discrétionnaires ?

12. À quoi peut servir l'analyse des écarts relatifs aux coûts engagés ?

13. Pourquoi doit-on se préoccuper de l'aspect humain dans l'analyse quantitative des écarts ?

14. Commentez brièvement la recherche de l'efficacité, de l'efficience et de l'économie au moyen de la surveillance budgétaire.

EXERCICES

● **Exercice 10.1   Suivi global du budget d'une entreprise commerciale**

Voici le budget d'une entreprise commerciale pour l'exercice se terminant le 31 décembre 1995.

Entreprise commerciale
Budget des résultats
pour l'exercice se terminant le 31 décembre 1995

Ventes	**6 000 000 $**
Coût des produits vendus	3 600 000
Bénéfice brut	**2 400 000 $**
Salaires du personnel administratif	391 000 $
Salaires des vendeurs	582 000
Avantages sociaux	97 300
Frais de déplacement	16 800
Frais de représentation	15 600
Énergie	186 000
Téléphone	1 740
Fournitures	5 040
Entretien	10 800
Publicité	390 000
Taxes et assurances	13 200
Dotation à l'amortissement	18 000
Divers	7 200
Frais financiers	62 400
Total des charges	**1 797 080 $**
Bénéfice net	**602 920 $**

Voici également un tableau reflétant le pourcentage (%) des ventes de même que le pourcentage (%) de la consommation d'énergie pour chaque mois en 1994.

Mois	Pourcentage des ventes	Pourcentage de la consommation d'énergie
Janvier	5 %	15 %
Février	5 %	14 %
Mars	6 %	11 %
Avril	7 %	10 %
Mai	8 %	4 %
Juin	8 %	2 %
Juillet	4 %	2 %
Août	8 %	2 %
Septembre	9 %	5 %
Octobre	12 %	9 %
Novembre	14 %	12 %
Décembre	14 %	14 %
Total	**100 %**	**100 %**

Voici les résultats au 31 mars 1995.

Entreprise commerciale
État des résultats
pour les trois mois se terminant le 31 mars 1996

Ventes	**1 250 000 $**
Coût des produits vendus	812 500
Bénéfice brut	**437 500 $**
Salaires du personnel administratif	97 890 $
Salaires des vendeurs	140 500
Avantages sociaux	23 839
Frais de déplacement	4 400
Frais de représentation	3 700
Énergie	76 430
Téléphone	395
Fournitures	796
Entretien	2 688
Publicité	40 580
Taxes et assurances	3 300
Dotation à l'amortissement	4 500
Divers	982
Frais financiers	15 600
Total des charges	**415 600 $**
Bénéfice net	**21 900 $**

● **Travail à faire**

Commentez, à la lumière du budget des résultats de l'exercice, les résultats au 31 mars 1996.

● **Exercice 10.2   Suivi global d'un budget par activités**

Voici le budget d'une station de ski pour l'exercice se terminant le 30 avril 1996.

Station de ski
Budget des résultats
pour l'exercice se terminant le 30 avril 1996

Produits

Droits d'entrée		2 056 940 $
Activité de restauration		139 586
Concessions		61 746
Divers		58 259
Total des produits		**2 316 531 $**

Charges

Préparation estivale des pistes		
Main-d'œuvre	60 000 $	
Utilisation des équipements	12 436 $	
Divers	8 000 $	80 436 $
Fabrication de la neige		
Main-d'œuvre	108 800 $	
Électricité	41 820 $	
Utilisation des équipements	60 000 $	
Divers	20 000 $	230 620
Éclairage des pistes		
Électricité	32 974 $	
Utilisation du système d'éclairage	12 859 $	
Divers	6 000 $	51 833
Damage des pistes		
Main-d'œuvre	95 000 $	
Produits pétroliers	18 172 $	
Utilisation de la machinerie	45 000 $	
Divers	15 000 $	173 172
Opérations des remontées mécaniques		
Main-d'œuvre	254 100 $	
Électricité	79 695 $	
Utilisation des équipements	140 000 $	
Divers	40 000 $	513 795
Administration		
Main-d'œuvre	245 383 $	
Assurances	44 788 $	
Taxes et permis	45 000 $	
Divers	30 000 $	365 171
Mise en marché		
Main-d'œuvre	77 377 $	
Publicité	180 000 $	
Divers	10 000 $	267 377
Intérêts		348 708
Total des charges		**2 031 112 $**
Bénéfice (perte)		**285 419 $**

Voici l'état des résultats pour la période du 1er mai 1995 au 31 janvier 1996.

Station de ski
État des résultats
pour la période du 1er mai 1995 au 31 janvier 1996

Produits

Droits d'entrée		1 416 742 $
Activité de restauration		98 563
Concessions		52 860
Divers		44 639
Total des produits		**1 612 804 $**

Charges

Préparation estivale des pistes		
Main-d'œuvre	75 638 $	
Utilisation des équipements	12 648 $	
Divers	12 749 $	101 035 $
Fabrication de la neige		
Main-d'œuvre	99 953 $	
Électricité	39 562 $	
Utilisation des équipements	58 639 $	
Divers	22 538 $	220 692
Éclairage des pistes		
Électricité	15 846 $	
Utilisation du système d'éclairage	6 493 $	
Divers	3 287 $	25 626
Damage des pistes		
Main-d'œuvre	48 520 $	
Produits pétroliers	9 362 $	
Utilisation de la machinerie	24 370 $	
Divers	9 620 $	91 872
Opérations des remontées mécaniques		
Main-d'œuvre	127 950 $	
Électricité	41 373 $	
Utilisation des équipements	35 500 $	
Divers	24 368 $	229 191
Administration		
Main-d'œuvre	185 321 $	
Assurances	33 591 $	
Taxes et permis	33 750 $	
Divers	26 497 $	279 159
Mise en marché		
Main-d'œuvre	58 033 $	
Publicité	163 090 $	
Divers	8 930 $	230 053
Intérêts		278 966
Total des charges		**1 456 594 $**
Bénéfice (perte)		**156 210 $**

Les abonnements ont tous été vendus avant le 31 décembre. La station a dépassé son objectif de 538 412 $ en vendant pour 542 321 $ d'abonnements. Voici maintenant un tableau de statistiques montrant le pourcentage de droits d'entrée quotidiens vendus par mois. Il s'agit de moyennes établies à partir des ventes des 10 dernières années. Ces pourcentages varient beaucoup d'une année à l'autre, selon les conditions climatiques.

Distribution des ventes par mois

Novembre	3 %
Décembre	26 %
Janvier	25 %
Février	24 %
Mars	20 %
Avril	2 %
Total	**100 %**

● **Travail à faire**

Commentez, à la lumière du budget des résultats de l'exercice, les résultats au 31 janvier 1996. Vous devez poser une hypothèse de comportement des coûts pour chaque activité.

● **Exercice 10.3   Analyse des écarts de revenus**

Voici le budget des résultats d'une entreprise commerciale pour l'exercice se terminant le 31 décembre 1995, pour un volume de 340 000 unités.

Entreprise commerciale
Budget des résultats
pour l'exercice se terminant le 31 décembre 1995

Ventes		5 100 000 $
Coût des produits vendus	2 550 000 $	
Frais de vente variables	510 000 $	
Frais d'administration variables	680 000 $	3 740 000
Marge sur coûts variables		**1 360 000 $**
Coûts fixes		
Frais de vente	215 000 $	
Frais d'administration	262 000 $	
Frais financiers	36 295 $	513 295
Bénéfice net		**846 705 $**

Voici les résultats d'une analyse de l'élasticité anticipée de la demande pour la même période, conduite par le service de recherche commerciale.

Prix projeté	17,00 $	16,00 $	15,00 $	14,00 $	13,00 $
Volume prévu	290 000	320 000	340 000	360 000	390 000

Voici également les statistiques de ventes et de parts de marché des cinq dernières années.

	1990	**1991**	**1992**	**1993**	**1994**
Volume	153 960	178 594	210 740	254 996	298 345
Prix	10,20 $	11,22 $	12,57 $	13,82 $	15,07 $
Part de marché	12,4 %	15,0 %	18,6 %	22,3 %	26,8 %

Voici l'état des résultats de l'exercice se terminant le 31 décembre 1995.

Entreprise commerciale
État des résultats
pour l'exercice se terminant le 31 décembre 1995

Ventes		4 905 770 $
Coût des produits vendus	2 437 458 $	
Frais de vente variables	490 577 $	
Frais d'administration variables	586 224 $	3 514 259
Marge sur coûts variables		**1 391 511 $**
Coûts fixes		
Frais de vente	224 962 $	
Frais d'administration	256 048 $	
Frais financiers	36 315 $	517 325
Bénéfice net		**874 186 $**

L'entreprise a vendu 308 539 unités en 1995, ce qui représente une part du marché de 27,3 %.

● **Travail à faire**

Analysez et commentez l'écart de revenus ainsi que l'écart de la marge sur coûts variables pour l'exercice se terminant le 31 décembre 1995.

● **Exercice 10.4   Analyse des écarts aux coûts conceptualisés**

Voici le budget du coût de fabrication d'une entreprise manufacturière pour l'exercice se terminant le 31 décembre 1995, pour un niveau de 160 500 unités.

Entreprise manufacturière
Budget du coût de fabrication
pour l'exercice se terminant le 31 décembre 1995

Matières premières		
Composants	8 506 500 $	
Produit X	3 919 410 $	12 425 910 $
Main-d'œuvre directe		1 829 700
Frais généraux de fabrication		
Frais variables	706 200 $	
Frais fixes	2 250 000 $	2 956 200
Coût de fabrication		**17 211 810 $**

La fiche du coût de fabrication standard de l'unique produit fabriqué par cette entreprise est la suivante :

Fiche du coût de fabrication standard

Matières premières	
Composants	10 unités à 5,30 $ l'unité
Produit X	2,2 kg à 11,10 $ le kg
Main-d'œuvre directe	45 minutes à 15,20 $ l'heure
Frais généraux de fabrication	
Frais variables	4,40 $ par unité de produit fini
Frais fixes	12,50 $ par unité de produit fini
	(établi en fonction de la capacité de production)

Voici l'état du coût de fabrication pour l'exercice se terminant le 31 décembre 1995.

Entreprise manufacturière
État du coût de fabrication
pour l'exercice se terminant le 31 décembre 1995

Matières premières		
Composants	9 852 279 $	
Produit X	3 956 468 $	13 808 747 $
Main-d'œuvre directe		1 839 092
Frais généraux de fabrication		
Frais variables	725 957 $	
Frais fixes	2 252 852 $	2 978 809
Coût de fabrication		**18 626 648 $**

L'entreprise a fabriqué 172 847 unités en 1995. L'entreprise ne garde aucun stock de produits en cours. Elle a utilisé en moyenne, par unité produite, 10 composants, 2,1 kg du produit X et 42 minutes de main-d'œuvre directe.

● **Travail à faire**

Analysez les écarts relatifs aux coûts conceptualisés, soit les écarts relatifs aux matières premières, à la main-d'œuvre directe et aux frais généraux variables.

● **Exercice 10.5**   Analyse des écarts aux coûts conceptualisés avec deux ateliers

Voici le budget du coût de fabrication d'une entreprise manufacturière pour l'exercice se terminant le 31 décembre 1995, pour un niveau de 244 500 unités.

Entreprise manufacturière
Budget du coût de fabrication
pour l'exercice se terminant le 31 décembre 1995

Matières premières		
Matière A	6 215 190 $	
Matière B	6 777 540 $	
Composants	25 036 800 $	38 029 530 $
Main-d'œuvre directe		
Atelier 1	1 931 550 $	
Atelier 2	4 498 800 $	6 430 350
Frais généraux de fabrication		
Frais variables de l'atelier 1	1 320 300 $	
Frais fixes de l'atelier 1	2 180 500 $	
Frais variables de l'atelier 2	1 882 650 $	
Frais fixes de l'atelier 2	2 254 000 $	7 637 450
Coût de fabrication		**52 097 330 $**

Comme on peut le voir dans ce budget, chaque produit doit passer par deux ateliers. On utilise dans le premier atelier deux matières premières nommées matière A et matière B. Le produit fini de l'atelier 1 est transféré à l'atelier 2 où il est assemblé avec quatre composants achetés par l'entreprise à autant de fournisseurs différents. Voici la fiche du coût de fabrication standard de l'unique produit fabriqué par cette entreprise.

Fiche du coût de fabrication standard

Atelier 1

Matières premières	
Matière A	4,1 kg à 6,20 $ le kg
Matière B	1,8 kg à 15,40 $ le kg
Main-d'œuvre directe	30 minutes à 15,80 $ l'heure
Frais généraux de fabrication	
Frais variables	30 minutes à 10,80 $ l'heure
Frais fixes	8,90 $ par unité

Atelier 2

Matières premières	
Transfert de l'atelier 1	
Composants venant de l'extérieur	4 unités à 25,60 $ l'unité
Main-d'œuvre directe	1 heure à 18,40 $ l'heure
Frais généraux de fabrication	
Frais variables	7,70 $ par unité
Frais fixes	9,20 $ par unité

Voici l'état du coût de fabrication pour l'exercice se terminant le 31 décembre 1995.

Entreprise manufacturière
État du coût de fabrication
pour l'exercice se terminant le 31 décembre 1995

Matières premières		
Matière A	6 562 256 $	
Matière B	6 526 100 $	
Composants	23 591 581 $	36 679 937 $
Main-d'œuvre directe		
Atelier 1	1 889 134 $	
Atelier 2	3 742 113 $	5 631 247
Frais généraux de fabrication		
Frais variables de l'atelier 1	1 391 994 $	
Frais fixes de l'atelier 1	2 180 562 $	
Frais variables de l'atelier 2	1 830 381 $	
Frais fixes de l'atelier 2	2 246 492 $	7 649 429
Coût de fabrication		**49 960 614 $**

L'entreprise a fabriqué 225 973 unités en 1995. L'entreprise ne garde aucun stock de produits en cours. Elle a utilisé en moyenne 4,4 kg de la matière A, 1,9 kg de la matière B, 33 minutes de main-d'œuvre directe à l'atelier 1 et 54 minutes de main-d'œuvre directe à l'atelier 2.

Travail à faire

Analysez les écarts relatifs aux coûts conceptualisés, soit les écarts relatifs aux matières premières, à la main-d'œuvre directe et aux frais généraux variables.

• Exercice 10.6   Analyse des écarts sur coûts engagés

Voici le budget des résultats d'une entreprise manufacturière pour l'exercice se terminant le 31 décembre 1995, pour un volume de produits fabriqués et vendus de 1 840 000 unités.

Entreprise manufacturière
Budget des résultats
pour l'exercice se terminant le 31 décembre 1995

Ventes		106 720 000 $
Coût des produits vendus		
Matières premières	14 352 000 $	
Frais de fabrication	76 065 600 $	90 417 600
Bénéfice brut		**16 302 400 $**
Frais de vente et d'administration		11 652 000
Bénéfice net		**4 650 400 $**

Le coût standard des matières premières est de 7,80 $ l'unité. L'entreprise est fortement robotisée de sorte qu'il n'est pas pertinent de considérer une catégorie de coûts associée à la main-d'œuvre directe. Tous les frais de fabrication sont des coûts engagés. Le coût standard des frais de fabrication est de 5,30 $ par dollar de matières premières. Ce taux sert de taux d'imputation des frais de fabrication.

[annotation manuscrite : TAUX d'imputation]

Voici l'état des résultats pour l'exercice se terminant le 31 décembre 1995.

Entreprise manufacturière
État des résultats
pour l'exercice se terminant le 31 décembre 1995

Ventes		105 421 536 $
Coût des produits vendus		
Matières premières	14 236 992 $	
Frais de fabrication	76 096 220 $	90 333 212
Bénéfice brut		**15 088 324 $**
Frais de vente et d'administration		11 521 454
Bénéfice net		**3 566 870 $**

L'entreprise a fabriqué et vendu 1 694 880 unités au cours de 1995.

● **Travail à faire**

Analysez l'écart sur les frais de fabrication engagés.

Chapitre 11

UNE APPROCHE AXÉE SUR L'ORIENTATION ET L'APPRENTISSAGE

OBJECTIFS DU CHAPITRE

- Décrire la planification dans une approche axée sur l'orientation et l'apprentissage.
- Décrire le contrôle de gestion selon cette approche.
- Présenter la gestion par activités (GPA).
- Utiliser le budget par activités.
- Présenter le réaménagement des processus d'entreprise (RPE).
- Présenter les tableaux de bord.

SOMMAIRE

Ce chapitre a pour objectif de présenter le rôle de l'information comptable en planification et en contrôle de gestion selon une approche axée sur l'orientation et l'apprentissage. Dans un premier temps, nous allons revenir sur le budget traditionnel dans cette perspective. Puis nous nous pencherons sur la gestion par activités, le réaménagement des processus d'entreprise et le budget par activités. Nous terminerons ce chapitre par une réflexion sur le contrôle d'apprentissage.

Cette perspective d'orientation et d'apprentissage est tout à fait cohérente avec le renouvellement des entreprises, qui est caractérisé par l'aplatissement des structures et la responsabilisation du personnel.

LA PLANIFICATION ET LE CONTRÔLE RÉUNIS

Dans l'approche axée sur l'orientation et l'apprentissage, on planifie en contrôlant et on contrôle en planifiant. La planification a pour objet d'orienter les gestionnaires, c'est-à-dire de leur fixer des points de repère concrets qui leur permettent de bien se diriger et de prendre des décisions ayant un effet favorable sur les résultats de l'entreprise. Le contrôle de gestion vise à donner au gestionnaire une connaissance approfondie du comportement des coûts lié aux facteurs déclencheurs de processus et aux facteurs de consommation des ressources par les activités de ces processus. Par ailleurs, le contrôle de gestion vise l'amélioration des processus existants ou leur réaménagement, voire leur reconception.

La planification d'orientation et le contrôle d'apprentissage se situent dans un cadre d'entreprises renouvelées et de gestionnaires responsabilisés qui ont le souci d'éviter incohérence et anarchie.

Dans ce contexte, on peut illustrer le système d'information comptable sous forme d'un miroir placé au-dessus des gestionnaires et des employés, qui leur permet de voir et de comprendre l'impact de leur activité sur les processus. La figure 11.1 illustre ce concept.

LE RÔLE DU COMPTABLE

Dans les chapitres précédents, nous avons eu l'image d'un comptable maîtrisant un certain nombre d'outils et de techniques ; dans ce chapitre, nous le percevons davantage comme un gestionnaire qui doit animer une démarche.

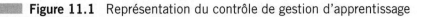 **Figure 11.1** Représentation du contrôle de gestion d'apprentissage

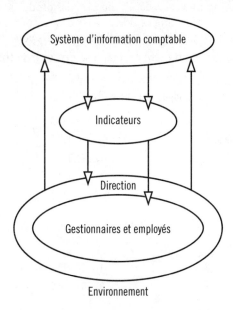

LE BUDGET TRADITIONNEL

On peut certainement utiliser les budgets traditionnels dans une approche axée sur l'orientation et l'apprentissage. Cependant, les possibilités d'apprentissage sont alors très limitées, d'où les nombreux efforts investis ces dernières années en vue de créer de nouveaux modèles, par exemple celui de la gestion par activités que nous présentons à la section suivante.

Au-delà des coûts fixes et des coûts variables déjà disponibles avec le budget flexible, on peut se familiariser avec le comportement des coûts par la simulation de différents scénarios. Dans l'exemple qui suit, nous allons commenter l'information que l'on peut tirer des budgets traditionnels à l'aide de la simulation.

E X E M P L E   1

L'entreprise manufacturière XYZ ltée fabrique et assemble une variété de produits regroupés en 10 gammes comportant chacune de 5 à 18 modèles différents. Le prix moyen des produits vendus varie de 10 à 250 $ selon les gammes. Les hypothèses fondamentales du budget pour le prochain exercice financier sont:

1. une croissance des ventes nulle ;
2. une augmentation moyenne de 2 % du prix des produits vendus ;
3. une augmentation moyenne de 3 % du prix des ressources ;
4. le maintien de la combinaison actuelle de produits vendus.

Voici le budget du prochain exercice, établi selon ces hypothèses.

Budget de l'entreprise XYZ ltée

Ventes	797 940 000 $	100,00 %
Frais variables de fabrication	185 544 000	23,25
Marge à la fabrication	**612 396 000 $**	**76,75 %**
Frais de vente variables	11 948 000	1,50
Marge à la distribution	**600 448 000 $**	**75,25 %**
Frais fixes		
Fabrication	322 000 000	40,35
Vente	117 069 000	14,67
Administration	48 078 000	6,03
Financement	17 940 000	2,25
Bénéfice net	**95 361 000 $**	**11,95 %**

Les données prévisionnelles de ce tableau proviennent des données prévisionnelles du tableau suivant :

Frais de fabrication	Variables	Fixes
Matières premières	88 570 000 $	
Main-d'œuvre directe	19 800 000	
Frais généraux – Matières premières	16 400 000	2 000 000 $
Frais généraux – Machines	40 574 000	80 000 000
Frais généraux – Autres	20 200 000	240 000 000
Total	**185 544 000 $**	**322 000 000 $**
Frais de vente		
Publicité		60 000 000 $
Salaires		19 395 000
Ristournes	11 948 000 $	
Recherche de marché		8 944 000
Autres (déplacement, etc.)		28 730 000
Total	**11 948 000 $**	**117 069 000 $**
Frais d'administration		
Salaires		23 449 000 $
Mobilier, matériel informatique		4 642 000
Fournitures		8 427 000
Autres		11 560 000
Total		**48 078 000 $**

Voici les résultats obtenus par la simulation de divers scénarios. Nous pourrions produire un budget entier pour chacun de ces cas.

Scénario	Effets
Stabilité des prix	Le bénéfice net passerait de 95 361 000 $ à 79 402 200 $, soit de 11,95 % des ventes à 10,15 % des ventes.
Diminution moyenne de 4 % des quantités vendues par rapport à l'année précédente	Le pourcentage (%) de marge à la distribution demeurerait le même, soit 75,25 %. Cependant, le bénéfice net diminuerait pour atteindre 71 343 080 $, soit 9,31 %.
Augmentation de 10 % du prix payé pour les matières premières	Le bénéfice net diminuerait de 8 857 000 $, soit un montant égal à l'augmentation du prix payé pour les matières premières.
Diminution globale de 5 % du coût des matières premières	Le bénéfice net augmenterait de 4 428 500 $, soit un montant égal à la diminution du coût engagé pour les matières premières.
Augmentation de 8 % des salaires de la main-d'œuvre directe	Le bénéfice net diminuerait de 1 584 000 $, soit un montant égal à l'augmentation des salaires engagés pour la main-d'œuvre directe.

Nous aurions pu simuler plusieurs hypothèses de changement en même temps et envisager différents scénarios selon les détails en notre possession.

--●

Que nous apprend la simulation de divers scénarios ? Elle montre l'effet des variations de prix et de quantités de ressources ainsi que l'effet des variations de prix et de volume des produits vendus sur des indicateurs clés, dont le bénéfice net de l'entreprise. La figure 11.2 illustre cette situation.

Figure 11.2 Simulation budgétaire

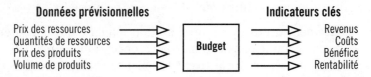

D'un côté, on entre des données sur les prix et les quantités des ressources utilisées, et sur les prix et le volume des produits vendus. De l'autre côté, on observe l'impact sur des indicateurs financiers clés, notamment les revenus, les coûts, le bénéfice et divers ratios de rentabilité de l'entreprise.

Ainsi, selon ce modèle, la *seule façon apparente* de réduire les coûts consiste à diminuer les prix payés pour les ressources, à réduire la quantité de ressources utilisées, notamment le personnel, ou à augmenter le volume de ventes. Il serait souhaitable d'augmenter les prix des produits vendus ; malheureusement, cette option est de moins en moins possible, car on est souvent forcé de réduire les prix à cause de la concurrence.

Il faut donc approfondir l'analyse et se poser la question suivante : « À quoi servent les ressources utilisées ? »

Il faut remettre en question le fonctionnement de l'entreprise, le repenser et le reconceptualiser en profitant des nouvelles techniques. Sur le plan de l'information, il faut se doter d'un modèle qui représente les processus et les activités et qui informe sur leur performance en fonction de l'objectif ultime, lequel consiste à accroître la valeur aux yeux du client et à réduire le coût des produits vendus et des services rendus.

LA GESTION PAR ACTIVITÉS

La gestion et la comptabilité sont des disciplines différentes. Selon une définition classique, la gestion consiste à planifier, diriger, organiser et contrôler. La comptabilité est essentiellement un système d'information. La gestion par activités est également un système d'information, mais elle se rapproche tant des préoccupations des gestionnaires qu'on l'assimile à la gestion qui en découle. En effet, le modèle de gestion par activités relève exclusivement des gestionnaires : il répond à leurs besoins et les incite à l'action.

La gestion par activités amène la réorganisation, le réaménagement, la reconception, la restructuration ou la reconstruction des processus d'entreprise. On qualifie cette action de « réingénierie » (*reengineering*). Ces différents termes marquent différents degrés de changement dans l'entreprise ou précisent la nature du changement. Ainsi, le terme **reconception** indique une réorganisation totale de l'entreprise en un point dans le temps (*ad hoc*). Dans ce cas, l'entreprise fait table rase de tout ce qui existait auparavant ; il s'agit d'un départ à zéro en matière d'organisation. Il n'est pas nécessairement utile d'étudier les processus existants, car l'entreprise opte d'entrée de jeu pour une nouvelle technique ou une nouvelle manière de procéder.

Le terme **réaménagement** décrit une réorganisation majeure qui fait intervenir des changements radicaux, comme dans le cas de la reconception. Le réaménagement se focalise sur un ou des processus qui peuvent toucher plusieurs fonctions de l'entreprise, par exemple le réaménagement de l'émission du certificat d'immatriculation et du permis de conduire à la Société de l'assurance automobile du Québec (SAAQ)[1].

L'amélioration continue concerne des changements mineurs effectués de façon continue.

Le modèle de gestion par activités produit de l'information sur les processus et les activités de l'entreprise et sur leurs raisons d'être. Il souligne les facteurs déclencheurs de processus de même que les facteurs de consommation des ressources par les activités. De plus, il établit un lien entre ces facteurs et des indicateurs de performance que l'on regroupe en trois catégories : coûts, temps de cycle et qualité.

---

1. Ce processus a été étudié par Marie-Josée Ledoux dans *Pertinence des outils de gestion au sein des organisations sans but lucratif*, Travail dirigé, École des Hautes Études Commerciales de Montréal, 1992.

La figure 11.3 illustre le modèle de gestion par activités sous forme d'un prolongement du modèle de comptabilité par activités. Le modèle de comptabilité par activités se trouve sur l'axe vertical (voir le chapitre 5) et celui de la gestion par activités, sur l'axe horizontal.

Figure 11.3 Comptabilité et gestion par activités

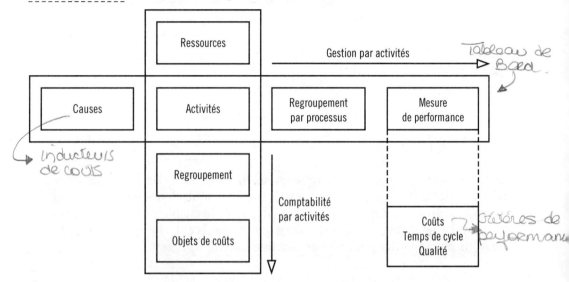

Nous résumons ci-dessous les principales caractéristiques du modèle de gestion par activités :

- focalisation sur les processus et les activités ;
- mesure des coûts, des temps de cycle et de la qualité ;
- analyse des déclencheurs de processus ;
- analyse des causes des activités ;
- mission d'éclaireur.

On assimile les objectifs de la gestion par activités à ceux de la gestion des coûts en général, soit l'efficacité, l'efficience ou l'économie. Concrètement, il s'agit de réduire les coûts, de diminuer les temps de cycle et d'augmenter la qualité. Nous avons donc eu l'idée de regrouper les indicateurs de performance dans trois catégories correspondant à ces trois objectifs. Les indicateurs choisis serviront à documenter et à suivre l'impact des changements proposés sur la performance, qu'il soit mineur ou radical.

LA MISE EN ŒUVRE DE LA GESTION PAR ACTIVITÉS

Nous présentons ci-dessous les huit étapes de la mise en œuvre de la gestion par activités.

1. Dresser la liste des activités

2. Rattacher les ressources aux activités

3. Définir des processus

4. Mesurer les processus

5. Analyser les activités et leurs causes

6. Dresser un budget par activités

7. Étudier des propositions de réaménagement

8. Bâtir un tableau de bord

Les deux premières étapes de la mise en œuvre proposée («Dresser la liste des activités» et «Rattacher les ressources aux activités») sont identiques à celles que nous proposons dans la comptabilité par activités (voir le chapitre 5). Nous allons étudier dans l'ordre les six étapes suivantes ainsi que les outils et techniques sur lesquels nous pouvons nous appuyer pour mener chacune à bien.

ÉTAPE 3 : DÉFINIR DES PROCESSUS

L'étape 3 est la première qui diffère de la marche à suivre dans la comptabilité par activités: «Définir des centres de regroupement d'activités» devient «Définir des processus».

Il s'agit donc de repérer les principaux processus d'entreprise. Rappelons qu'un processus peut regrouper des activités provenant de divers services ou divisions, ou être associé à l'élément déclencheur d'un ensemble d'activités liées les unes aux autres (comme dans l'effet domino).

Selon la mise en œuvre proposée, il faut regrouper les activités en processus. On pourrait utiliser une autre démarche, à savoir dresser une liste de déclencheurs externes provenant des clients, des fournisseurs, du gouvernement, des créanciers et des employés et, à partir de cette liste, déterminer les processus correspondants. Le tableau 11.1 présente une liste de processus, de déclencheurs et d'intervenants.

Tableau 11.1 Exemples: processus, déclencheurs et intervenants

Processus	Déclencheurs	Intervenants
Livraison/fabrication	Commande	Clients
Paiement fournisseurs	Demande paiement	Fournisseurs
Rapport annuel	Lettre reçue	Ministère
Rapport marge de crédit	Fin de mois	Banque
Approbation formation	Demande de formation	Employés

Le premier exemple du tableau 11.1 indique que la commande est l'élément déclencheur d'un processus de livraison/fabrication. Dans ce cas, l'intervenant responsable est un client. Le processus enclenché fait intervenir un ensemble d'activités et peut déclencher à son tour un ou plusieurs processus, notamment la fabrication de composants ou encore l'achat de matières premières.

Une deuxième façon de définir des processus consiste à partir des objets de coûts, c'est-à-dire à déterminer d'entrée de jeu ce que les principaux intéressés souhaitent mesurer. Puis, on se demande quels processus sont à l'origine de ces objets de coûts. Le tableau 11.2 présente une liste d'objets de coûts que la direction de quelques types d'entreprises pourrait souhaiter mesurer.

Tableau 11.2 Objets de coûts possibles et entreprises concernées

Entreprise	Objets de coûts possibles
Service public	Un branchement
SAAQ	L'émission d'un permis de conduire
Établissement scolaire	Une demande de révision d'examen
Sico inc.	Un lavage de cuve
Centre hospitalier	La gestion d'une admission
Entreprise manufacturière	La gestion d'une commande
Toutes les entreprises	Le paiement d'un fournisseur
Banque	Une demande d'emprunt hypothécaire

ÉTAPE 4 : MESURER LES PROCESSUS

Une fois les processus établis et représentés graphiquement, il faut les mesurer. On connaît déjà le coût des activités, on doit en déterminer les temps de cycle, si on ne l'a pas encore fait, et en estimer la qualité. Voici les principaux calculs menant à l'établissement du coût des processus, des temps de cycle et de leur qualité :

Coût d'un processus = Somme des coûts des activités qui le composent
Temps de cycle d'un processus = Somme des temps de cycle de la chaîne la plus longue
Qualité d'un processus = Produit de la qualité des activités d'une chaîne

Dans l'exemple 5 du chapitre 5, nous avons mesuré le coût de deux processus. Le tableau 11.3 résume les mesures de temps de cycle et de qualité de ces deux processus.

Tableau 11.3 Coûts, temps de cycle et qualité

Activité/Processus	Coût	Temps de cycle	Qualité
Approbation des ventes	27 000 $	1 jour	72 %
Correction des anomalies (ventes)	93 000	2 jours	
Facturation	66 000	10 minutes	95 %
Inscription paiement reçu	27 000	10 minutes	95 %
Total vente	**213 000 $**	**1 à 4 jours**	**65 %**
Réception et paiement fait	27 000 $	1 jour	90 %
Correction des anomalies (achats)	60 000	2 jours	
Total achat	**87 000 $**	**1 à 3 jours**	**90 %**

Il s'agit de coûts moyens et de temps moyens. Si l'on observait des variations importantes dans les coûts et le temps des activités, il faudrait considérer des coûts et des temps minimaux et des coûts et des temps maximaux pour chacune des activités. On pourrait ainsi établir un intervalle de coût avec une borne minimale et une borne maximale pour chacun des processus.

Dans l'exemple 6 du chapitre 5, nous avons mesuré le coût d'un processus. Le tableau 11.4 montre les mesures de temps de cycle et de qualité de ce processus.

Tableau 11.4 Coûts, temps de cycle et qualité

Activité/Processus	Coût	Temps de cycle	Qualité
Demande du professeur	26,09 $	1 heure	
Approbation du directeur du service	18,12	3 jours	95 %
Préparation de la demande	10,03	30 minutes	
Approbation du directeur informatique	21,74	5 jours	
Vérification technique	125,00	8 jours	70 %
Vérification du fournisseur	80,00	10 jours	95 %
Approbation du directeur financier	14,49	5 jours	
Vérification par la comptabilité	15,00	5 jours	90 %
Total	310,47 $	38 jours	57 %

Les outils et techniques

Nous allons présenter brièvement trois techniques utiles pour mesurer des processus, soit le graphique d'acheminement, la méthode du chemin critique et la méthode PERT.

Si le processus à l'étude est complexe, on peut utiliser un graphique d'acheminement pour le représenter et la méthode du chemin critique pour en déterminer le temps de cycle le plus court. Si on dispose de statistiques sur les coûts et la durée, et que la situation justifie une analyse plus approfondie, on peut utiliser la méthode PERT pour en déterminer à la fois une moyenne espérée et un intervalle de coûts et de temps de cycle, à différents intervalles de confiance.

Le graphique d'acheminement

Le **graphique d'acheminement** permet de représenter les relations entre les différentes activités d'un processus. On y fait ressortir plus particulièrement la relation de condition préalable entre les activités, une activité étant préalable à une autre si elle doit être entièrement terminée avant que l'autre puisse être commencée. On indique aussi sur ce graphique la durée prévue de chacune des activités.

Il existe plusieurs façons de représenter les relations entre les tâches à l'aide de graphes. Dans certains cas, on associe les activités aux arcs du graphique ; dans d'autres cas, on les associe aux nœuds du graphique, et les arcs n'indiquent que la relation de condition préalable, comme on peut le voir à l'exemple 2 (figure 11.4).

E X E M P L E   2

Le tableau 11.5 dresse une liste des activités du processus de préparation d'un budget de caisse et des informations nécessaires pour le représenter sous la forme d'un graphique d'acheminement, présenté à la figure 11.4.

Tableau 11.5 Processus d'établissement d'un budget de caisse

Nº de l'activité	Description	Activité immédiatement préalable	Durée de l'activité
1	Établir le budget des ventes	Aucune	5 jours
2	Établir le budget de fabrication	1	5 jours
3	Établir le budget des rentrées de fonds	1	2 jours
4	Établir le budget des débours	2	2 jours
5	Dresser le budget de caisse	3 et 4	2 jours

Figure 11.4 Établissement d'un budget de caisse

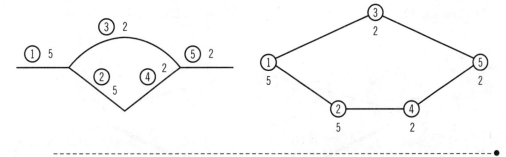

La méthode du chemin critique

Une fois le graphique d'acheminement terminé, il n'y a qu'un pas à franchir pour produire les informations suivantes :

1. le temps le plus court pour exécuter un processus ;

2. les activités qui peuvent être retardées sans augmenter le temps de cycle du processus ;

3. le moment le plus éloigné pour débuter une activité en fonction de l'échéance du projet.

L'ensemble de ces informations s'obtient par un algorithme connu sous le nom de **méthode du chemin critique.** On définit le chemin critique comme l'ensemble des activités critiques, soit les activités qu'on ne peut retarder sans allonger le temps de cycle du processus.

Le tableau 11.6 résume l'algorithme du chemin critique, et l'exemple 3 illustre son application.

Tableau 11.6 Algorithme du chemin critique

Étape	Description
1.	Calculer pour chaque activité du processus : *a)* la date la plus rapprochée (hâtive) du début de cette activité (*DR*) ; *b)* la date la plus rapprochée de la fin de cette activité (*FR*).
2.	Calculer pour chaque activité en procédant à reculons sur le graphique : *a)* la date la plus éloignée (tardive) de la fin de cette activité (*FE*) ; *b)* la date la plus éloignée du début de cette activité (*DE*).
3.	Repérer les activités critiques, soit celles pour lesquelles (*DR,FR*) = (*DE,FE*).

E X E M P L E 3

La figure 11.5 illustre le chemin critique du processus d'établissement d'un budget de caisse étudié dans l'exemple 2. Les couples (*DR, FR*) sont indiqués au-dessus des nœuds du graphique et les couples (*DE, FE*) sont au-dessous.

Figure 11.5 Chemin critique de l'établissement d'un budget de caisse

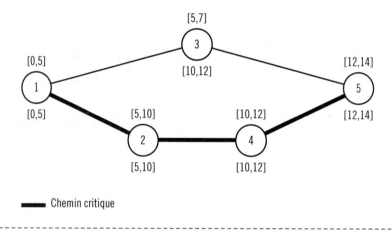

─── Chemin critique

La méthode PERT

La **méthode PERT** (*Program Evaluation and Review Technique*) diffère principalement de la méthode précédente en ce qu'elle reconnaît la variance associée à la durée d'une tâche en ayant recours à trois estimations plutôt qu'à une seule :

1. estimation de la durée la plus courte (optimiste) t_o ;
2. estimation de la durée la plus probable t_m ;
3. estimation de la durée la plus longue (pessimiste) t_p.

La méthode PERT utilise également les hypothèses suivantes :

1. t ou la durée espérée d'une activité est égale à :

$$\frac{t_o + 4t_m + t_p}{6}$$

2. $S(t)$ ou l'écart-type du temps d'une activité est égal à :

$$\frac{t_p - t_o}{6}$$

Si l'on observe un graphique d'acheminement bâti avec la liste des durées les plus probables, on ne voit en apparence aucune différence avec le graphique d'acheminement indiquant le chemin critique et les durées disponibles. Cependant, en utilisant la durée espérée de chaque activité, on peut calculer des probabilités pour la durée du projet et établir des intervalles de confiance[2]. Le tableau 11.8 présente les résultats obtenus selon cette méthode pour l'exemple 2, lorsqu'on remplace les durées des activités apparaissant au tableau 11.5 par celles figurant au tableau 11.7.

E X E M P L E   4

Soit les données du tableau 11.7 relatives à la durée des activités du processus de l'établissement d'un budget de caisse.

Tableau 11.7 Statistiques de durée des activités

N° de l'activité	Estimation de la durée la plus courte t_o	Estimation de la durée la plus probable t_m	Estimation de la durée la plus longue t_p
1	3 jours	5 jours	10 jours
2	4 jours	5 jours	12 jours
3	1 jour	2 jours	3 jours
4	1 jour	2 jours	6 jours
5	1 jour	2 jours	4 jours

À partir de ces données, nous avons calculé les résultats apparaissant au tableau 11.8.

---

2. Il faut se rappeler que l'espérance mathématique d'une somme de variables aléatoires est égale à la somme des espérances mathématiques de ces variables aléatoires, que la variance d'une somme de variables aléatoires est égale à la somme des variances de ces variables aléatoires lorsqu'elles sont indépendantes, et qu'une somme de variables aléatoires se comporte selon une loi normale de probabilité.

Tableau 11.8 Résultats calculés selon la méthode PERT

N° de l'activité	Espérance mathématique de la durée de l'activité	Écart-type de la durée de l'activité
1	5,5 jours	1,17 jour
2	6,0 jours	1,33 jour
3	2,0 jours	0,33 jour
4	2,5 jours	0,83 jour
5	2,17 jours	0,5 jour
Processus	**16,17 jours**	**2,02 jours**

ÉTAPE 5 : ANALYSER LES ACTIVITÉS ET LEURS CAUSES

L'analyse des processus et de leurs causes constitue la cinquième étape de la marche à suivre que nous proposons. L'objectif de cette analyse est de recueillir des informations afin de réaménager les processus et d'imaginer une nouvelle façon de rendre le service ou de fabriquer et assembler le produit. Les processus étant définis, il faut les documenter. Compte tenu des moyens limités en temps et en argent que l'on peut consacrer aux analyses et aux études, nous suggérons d'adopter une approche par étapes qui consiste à analyser un processus à la fois. Par exemple, on pourrait décider de revoir en priorité la gestion des comptes clients, parce que c'est à ce processus que l'on peut *a priori* apporter le plus d'améliorations.

On peut utiliser différentes analyses selon les circonstances. Nous en présentons quatre :
- l'analyse de Pareto ;
- l'analyse de la valeur des activités ;
- l'analyse des causes des activités ;
- l'analyse comparative.

L'analyse de Pareto

Cette technique est également appelée « analyse 80/20 » parce qu'elle repose sur le postulat que 20 % des activités consomment 80 % des ressources et, inversement, que 80 % des activités consomment 20 % des ressources. Cette analyse consiste à classer les activités, en allant de celle qui consomme le plus de ressources à celle qui en consomme le moins, soit de la plus coûteuse à la moins coûteuse. Elle permet donc de repérer les activités les plus importantes.

Le tableau 11.9 présente un exemple d'analyse de Pareto relativement à un processus de gestion des comptes clients.

▨▨▨ **Tableau 11.9** Consommation de ressources par les activités

Activité	Équivalent personnes	Proportion des ressources	Proportion cumulative
Enregistrement d'un paiement	22	55,00 %	55,00 %
Autres	5	12,50	67,50
Production d'un rapport	4	10,00	77,50
Vérification du crédit	3	7,50	85,00
Correction d'une erreur	2	5,00	90,00
Production d'un état de compte	2	5,00	95,00
Envoi d'un avis de retard	2	5,00	100,00
Total	**40**	**100,00 %**	**100,00 %**

Ce qui est vrai pour les activités l'est également pour les comptes à gérer ; en d'autres termes, 20 % des comptes génèrent 80 % du travail et inversement. On s'aperçoit aussi que 20 % des clients sont responsables de 80 % des ventes et inversement.

L'analyse de la valeur des activités

Cette technique consiste à qualifier les activités et à les répartir dans les catégories suivantes : celles qui ajoutent de la valeur aux yeux des clients et celles qui n'en ajoutent pas, celles qui sont primordiales aux yeux des principaux intéressés et celles qui ne le sont pas. Le tableau 11.10 offre un exemple de classification des activités selon ce critère et la figure 11.6, un exemple illustré.

▨▨▨ **Tableau 11.10** Catégorisation des activités d'un processus d'assemblage de meubles[3]

Activité	Nombre de personnes	Ajoute de la valeur	N'ajoute pas de valeur	Assure la valeur
Réception	1,375		X	
Préparation	8	X		
Assemblage des tiroirs	5	X		
Assemblage du meuble	7	X		
Ajustement des tiroirs	2			X
Nettoyage du meuble	4			X
Retouche du meuble	3			X
Enregistrement	1		X	
Emballage	5			X
Réparation	1,75			X
Entreposage	0,75		X	
Total	**38,875**	**51,45 %**	**6,11 %**	**40,51 %**

---

3. Cet exemple est tiré du mémoire de maîtrise de Daniel Côté, *La comptabilité par activités et son mode d'implantation dans une entreprise manufacturière,* département de génie industriel, École polytechnique de Montréal, 1993, p. 73.

Figure 11.6 Pertinence des activités[4]

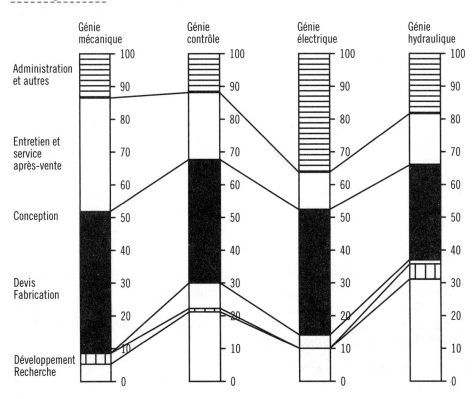

L'analyse des causes des activités

Parmi les causes des activités, appelées **inducteurs de coûts**, on trouve les déclencheurs d'activité, qui amorcent l'activité, et les facteurs de consommation des ressources, qui alimentent l'activité. Nous avons déjà abordé le repérage des inducteurs de coûts au chapitre 5. Nous allons maintenant approfondir notre analyse en vue de documenter leur existence. Nous suggérons d'utiliser un outil comme le diagramme en arête de poisson, ou diagramme d'Ishikawa, présenté à la figure 11.7.

Dans cette étape, il s'agit de déterminer, pour chacun des processus que l'on souhaite réaménager, un ou deux inducteurs de coûts principaux que l'on essaie de réduire, voire d'éliminer, par la reconception des processus visés.

On appelle parfois les inducteurs de coûts des processus **inducteurs transversaux** parce qu'ils influent sur plusieurs activités souvent exercées par plus d'une unité administrative et même plus d'une division. L'impact de ces inducteurs se répercute donc à travers l'organisation, d'où leur nom.

---

4. Cette illustration est tirée d'un texte de Thomas O'Brien, « Improving Performance through Activity Analysis », présenté au Third Annual Management Accounting Symposium, San Diego, Californie, mars 1989. On y compare la pertinence des activités de quatre divisions, l'activité *Administration* étant considérée comme non pertinente.

Figure 11.7 Diagramme en arête de poisson

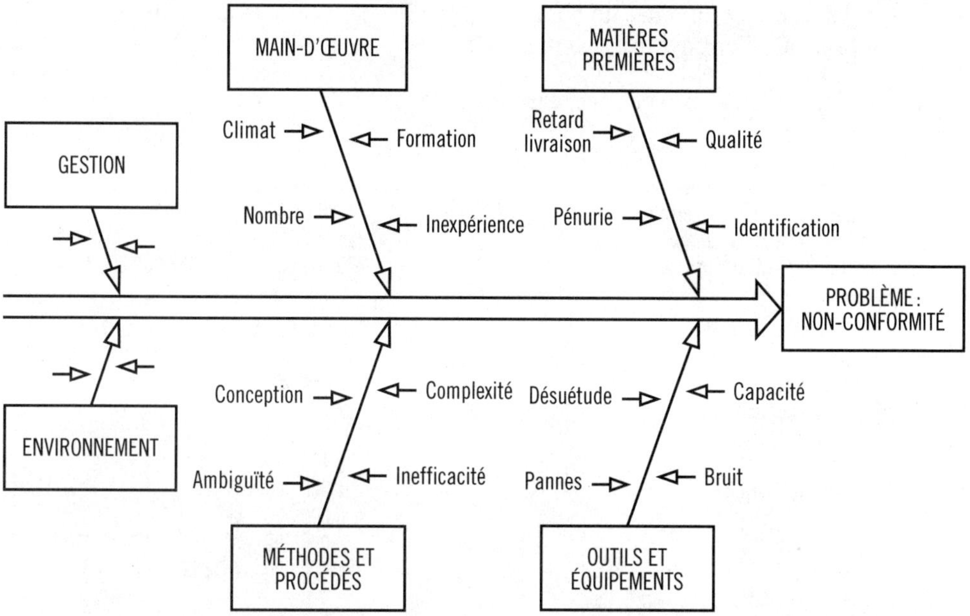

Source : Adapté de K. Ishikawa, *Guide to Quality Control, Industrial Engineering and Technology,* Asian Productivity Organization, 1976, p. 18 à 28.

L'analyse comparative

L'analyse comparative, appelée également évaluation comparative et étalonnage concurrentiel, consiste à comparer des unités semblables sur les plans de la consommation des ressources, des activités et des procédés. Cette comparaison doit mener à l'établissement de normes en fonction des meilleures pratiques au monde.

Selon Gerald J. Balm, « [l'analyse comparative est] l'activité permanente qui consiste à comparer ses propres procédés, ses propres produits ou ses propres services à ceux, similaires, qui sont reconnus comme étant les meilleurs, de sorte que des buts exigeants mais réalisables puissent être fixés et qu'un plan d'action réaliste puisse être élaboré pour atteindre et maintenir l'excellence avec efficience, à l'intérieur d'un laps de temps raisonnable[5] ».

ÉTAPE 6 :   DRESSER UN BUDGET PAR ACTIVITÉS

Le budget par activités est un outil utile pour présenter de façon structurée les informations recueillies sur les activités et les processus. L'exemple 5 illustre le budget par activités.

---

5. Cité dans *Mise en application de l'analyse comparative, Politique de comptabilité de management n° 16,* La Société des comptables en management du Canada, 1993, p. 6.

EXEMPLE 5

Le tableau 11.11 montre un budget traditionnel de la Société de l'assurance automobile d'un pays imaginaire (SAAI).

Tableau 11.11 Budget par ressources de la SAAI

Revenus		
Émission de nouveaux permis	18 000 000 $	
Émission de nouveaux certificats	45 000 000	
Renouvellement de permis	324 000 000	
Renouvellement de certificats	270 000 000	657 000 000 $
Charges		
Prestations d'assurances	570 000 000 $	
Salaires	61 200 000	
Avantages sociaux	7 650 000	
Fournitures et papeterie	2 570 000	
Plaques et vignettes	750 000	
Postes	3 773 250	
Service informatique	1 200 000	
Loyers	6 000 000	
Taxes et assurances	2 000 000	
Autres	1 500 000	656 643 250 $
Excédent des revenus sur les charges		356 750 $

Cette société n'offre que trois services : l'émission du permis de conduire, l'émission du certificat d'immatriculation et l'assurance des personnes en cas d'accident de la circulation. Le nombre de personnes détenant un permis de conduire se maintient à quatre millions. Environ 10 % de ces personnes ne renouvellent pas leur permis de conduire chaque année. Par contre, la SAAI émet chaque année un nombre équivalent de nouveaux permis. Le nombre de véhicules immatriculés fluctue autour de trois millions. Dans le cas étudié, environ 25 % des immatriculations de véhicules ne sont pas renouvelées chaque année ; elles sont remplacées par un nombre équivalent de nouvelles immatriculations. La SAAI verse des prestations aux victimes d'accidents. Elle n'offre pas d'autres produits ou services.

Pour obtenir un nouveau permis ou un nouveau certificat, il faut se présenter à l'un des 200 bureaux disséminés sur le territoire. Ces nouveaux permis et nouveaux certificats sont valides jusqu'à la date de renouvellement déterminée par la première lettre du nom de famille du détenteur. Par la suite, le renouvellement est annuel.

Tous les clients reçoivent une demande de renouvellement personnalisée par la poste. Les clients doivent remplir ce formulaire puis le retourner par la poste dans l'enveloppe prévue à cet effet, ou se présenter à l'un des 200 bureaux de la SAAI. Si l'on effectue la demande de renouvellement par la poste, il faut retourner le formulaire au moins un mois à l'avance afin de recevoir avant l'échéance du précédent le nouveau permis ou le nouveau certificat d'immatriculation accompagné d'une vignette qu'il faut coller sur la partie inférieure droite du pare-brise du véhicule. On peut également se présenter à l'un des bureaux de la SAAI jusqu'au jour de l'échéance pour renouveler son permis ou certificat, ce que font la moitié des clients.

La figure suivante illustre les quatre processus que nous avons retenus à la suite de notre analyse des activités.

1. Émission d'un nouveau permis ou d'un nouveau certificat d'immatriculation

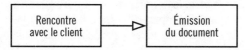

2. Renouvellement d'un permis ou d'un certificat d'immatriculation

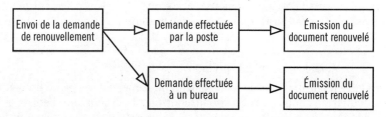

3. Gestion des documents préimprimés

4. Gestion des rentrées de fonds

Voici une description de ces quatre processus :

1. Émission d'un nouveau permis ou d'un nouveau certificat d'immatriculation

Dans le cas de l'émission d'un nouveau permis de conduire, l'élément déclencheur est une personne qui se présente à un bureau de la SAAI pour obtenir le permis l'autorisant à conduire un véhicule motorisé. Cette personne a atteint l'âge légal, n'a jamais détenu de permis auparavant ou vient d'un autre pays. Après les examens habituels, la vérification des papiers d'identité, l'encaissement du paiement des droits, on imprime un permis de conduire qu'on remet au client.

Dans le cas de l'émission d'un nouveau certificat d'immatriculation, l'acquisition d'un véhicule motorisé constitue l'élément déclencheur. L'acquéreur doit se présenter à l'un des bureaux de la SAAI pour immatriculer son véhicule avant de pouvoir circuler sur les routes. Après avoir vérifié les pièces identifiant le véhicule et l'acquéreur, puis encaissé le paiement des droits, on imprime un certificat d'immatriculation qu'on remet au client avec une plaque d'immatriculation et une vignette indiquant l'échéance du certificat.

2. Renouvellement d'un permis ou d'un certificat d'immatriculation

Deux mois avant l'échéance, la SAAI fait parvenir par la poste aux clients concernés une demande de renouvellement personnalisée. La SAAI tire les informations de son fichier-maître, les imprime sur un formulaire de renouvellement, insère ce formulaire accompagné d'une note explicative et d'une enveloppe-réponse dans une enveloppe adressée au client, qu'elle affranchit et met à la poste.

Le client peut choisir de remplir le formulaire de renouvellement et de le poster dans l'enveloppe-réponse, accompagné de son paiement par chèque visé ou mandat-poste, ou encore de se présenter à l'un des bureaux avec son formulaire de renouvellement en main et payer le prix du permis sur place.

3. Gestion des documents préimprimés

Outre les formulaires de renouvellement, lequel n'offre aucun problème particulier de contrôle, la SAAI doit contrôler la production, l'entreposage, la distribution et l'utilisation des documents préimprimés concernant les permis de conduire, les certificats d'immatriculation et les vignettes. Chaque série de documents est numérotée. Grâce à ces numéros de série, chaque document est unique. On note les numéros de série de chaque document envoyé du siège social à chacun des 200 bureaux de la SAAI, puis on effectue un rapprochement avec les rapports de ventes que produisent régulièrement les bureaux. De même, à l'intérieur de chaque bureau de la SAAI, on note les numéros de série des documents utilisés par chaque préposé à un guichet de service puis on effectue un rapprochement avec les rapports de vente produits par chaque préposé à la fin de la journée.

Ces procédures de contrôle sont essentielles pour éviter le vol de documents préimprimés, l'impression de faux permis et de faux certificats, ou encore l'utilisation de vignettes non payées.

4. Gestion des rentrées de fonds

La gestion des rentrées de fonds va de pair avec celle des documents préimprimés. Les montants reçus doivent correspondre au nombre de permis, de certificats et de vignettes émis.

Le budget par activités

Le tableau 11.12 montre le budget par activités de la SAAI. Outre les quatre processus décrits, deux autres processus (que nous n'avons pas analysés) apparaissent dans ce budget.

Tableau 11.12 Budget des coûts par activités de la SAAI

Charges

Prestations d'assurances	570 000 000 $
Loyers	6 000 000 $
Taxes et assurances	2 000 000 $
Autres	1 500 000 $

Émission d'un nouveau permis ou d'un nouveau certificat d'immatriculation

Rencontre avec le client	6 196 500 $	
Émission du document	5 029 600	11 226 100 $

Renouvellement d'un permis ou d'un certificat d'immatriculation

Envoi de la demande de renouvellement	6 966 025 $	
Demande effectuée par la poste	2 065 500	
Émission du document renouvelé par la poste	6 729 005	
Demande effectuée à un bureau	4 131 000	
Émission du document renouvelé à un bureau	5 095 260	24 986 790 $

Gestion des documents préimprimés

Réception des documents	2 086 060 $	
Vérification des documents	2 086 060	
Mise en lots et distribution	2 086 060	6 258 180 $

Gestion des rentrées de fonds

Réception des montants	2 086 060 $	
Vérification des montants	2 086 060	
Production de rapports	2 086 060	6 258 180 $

Gestion des prestations aux bénéficiaires	21 152 000 $
Administration	7 262 000 $
Total	**656 643 250 $**

Quelques remarques relatives à ce budget s'imposent. Le total des charges est le même que celui du budget présenté au tableau 11.11. Il s'agit donc du même budget, réparti différemment, soit par activités plutôt que par ressources. La production d'un budget par activités ne crée ni n'enlève de coûts. Quatre postes sont demeurés identiques parce qu'ils ne sont pas compris dans les processus mentionnés. Enfin, quatre des six processus ont été détaillés par activités.

Voici les résultats sommaires d'une analyse des causes des activités.

Émission d'un nouveau permis ou d'un nouveau certificat d'immatriculation

La demande d'un client déclenche le processus d'émission d'un nouveau permis, et l'acquisition d'un véhicule motorisé entraîne l'émission d'un certificat d'immatriculation.

Les principaux facteurs de consommation des ressources de ce processus sont :
- le nombre de demandes ;
- la date d'émission du document ;
- le délai de réponse ;
- le nombre de bureaux.

Renouvellement d'un permis ou d'un certificat d'immatriculation

L'échéance d'un document déclenche l'activité d'envoi du formulaire de renouvellement.

Le renouvellement par la poste ou la venue d'un client à un bureau déclenche l'émission du document.

Les principaux facteurs de consommation des ressources de ce processus sont:
- le nombre de documents à renouveler;
- le nombre de renouvellements par la poste;
- le nombre de renouvellements à un bureau;
- la date d'émission du document;
- le délai de réponse;
- le nombre de bureaux;
- la procédure consistant à exiger un formulaire de renouvellement.

Gestion des documents préimprimés

La baisse de stock dans un bureau déclenche ce processus.

Les principaux facteurs de consommation des ressources de ce processus sont:
- le nombre de bureaux;
- l'obligation de se protéger contre le vol ou la fraude;
- la technique utilisée pour rapprocher les numéros de série;
- les quantités de documents à traiter;
- le nombre de modèles de documents.

Gestion des rentrées de fonds

Ce processus est déclenché périodiquement:
- à la fin de chaque journée, dans les bureaux;
- à la fin de chaque semaine, des bureaux au siège social.

Les principaux facteurs de consommation des ressources de ce processus sont:
- le nombre de bureaux;
- l'obligation de se protéger contre le vol ou la fraude;
- la technique utilisée pour rapprocher les numéros de série;
- les quantités de documents à traiter;
- le nombre de modèles de documents;
- le nombre de clients reçus à un bureau.

Cette liste d'inducteurs de coûts doit comporter des explications et des façons de réduire, voire d'éliminer, les inducteurs négatifs (voir le chapitre 5).

--•

ÉTAPE 7 : ÉTUDIER DES PROPOSITIONS DE RÉAMÉNAGEMENT

Les propositions de réaménagement peuvent venir de l'analyse des inducteurs de coûts, de l'étude d'une nouvelle technique, notamment des techniques de l'information, ou encore de l'étude des meilleures pratiques mondiales documentées et accessibles[6].

---

6. Arthur Andersen & Cie a investi des millions de dollars pour constituer un fichier des meilleures pratiques mondiales. Ce fichier représente un argument de vente important du mandat de consultation de cette compagnie.

Nous allons maintenant illustrer l'étude d'une proposition de réaménagement dans le cadre de l'exemple précédent.

E X E M P L E 6

Évaluons les résultats de la proposition de réaménagement suivante :

1. Deux mois avant l'échéance, faire parvenir aux bénéficiaires le permis de conduire ou le certificat d'immatriculation renouvelé avec une facture à régler pour valider le renouvellement.

2. Donner la possibilité d'effectuer le règlement dans n'importe quelle succursale bancaire du territoire ou encore à l'un des bureaux.

3. Éliminer l'utilisation de la vignette.

Le tableau 11.13 montre le budget par activités selon le *statu quo* et selon la proposition de réaménagement. L'économie prévue est de 8 403 269 $.

▨ Tableau 11.13 Budget par activités

Charges	*Statu quo*	Proposition
Prestations d'assurances	570 000 000 $	570 000 000 $
Loyers	6 000 000	6 000 000
Taxes et assurances	2 000 000	2 000 000
Autres	1 500 000	1 500 000
Émission d'un nouveau permis ou d'un nouveau certificat d'immatriculation		
Rencontre avec le client	6 196 500	6 196 500
Émission du document	5 029 600	5 029 600
Renouvellement d'un permis ou d'un certificat d'immatriculation		
Envoi de la demande de renouvellement	6 966 025	6 966 025
Demande effectuée par la poste	2 065 500	0
Émission du document renouvelé par la poste	6 729 005	0
Demande effectuée à un bureau	4 131 000	2 065 500
Émission du document renouvelé à un bureau	5 095 260	2 547 630
Gestion des documents préimprimés		
Réception des documents	2 086 060	417 212
Vérification des documents	2 086 060	417 212
Mise en lots et distribution	2 086 060	417 212
Gestion des rentrées de fonds		
Réception des montants	2 086 060	1 043 030
Vérification des montants	2 086 060	1 043 030
Production de rapports	2 086 060	1 043 030
Commission aux institutions financières		13 140 000
Gestion des prestations aux bénéficiaires	21 152 000	21 152 000
Administration	7 262 000	7 262 000
Total	**656 643 250 $**	**648 239 981 $**
Différence		**−8 403 269 $**

ÉTAPE 8 : BÂTIR UN TABLEAU DE BORD

Le tableau de bord regroupe un ensemble d'indicateurs qui doit guider les gestionnaires vers la performance. Il devrait donc rassembler les principaux inducteurs de coûts ainsi que les principaux facteurs de succès de la stratégie adoptée. Comme le pilote d'avion, le gestionnaire doit surveiller tous les indicateurs de son tableau de bord pour mener son avion/entreprise à bon port.

 **Figure 11.8** Tableau de bord du gestionnaire

Nous aborderons le thème de la gestion de la performance au chapitre suivant.

UNE RÉFLEXION SUR LE CONTRÔLE D'APPRENTISSAGE

Autrefois, les comptables étaient les chiens de garde de l'entreprise. Dans le cadre du renouvellement des entreprises et du renouvellement de la gestion, on leur demande maintenant d'agir à la fois comme des guides et des éclaireurs pour les gestionnaires opérationnels et stratégiques. Nous avons présenté dans ce chapitre une approche et des outils qui devraient permettre à ce nouveau rôle du contrôleur de gestion de prendre forme.

Q U E S T I O N S   D E   R É V I S I O N

1. Que deviennent la planification et le contrôle dans une approche axée sur l'orientation et l'apprentissage ?

2. Dans quel type d'entreprise retrouve-t-on le contrôle d'apprentissage ?

3. Définissez la gestion par activités.

4. Quelles sont les principales caractéristiques de la gestion par activités ?

5. Énumérez les étapes de la gestion par activités décrites dans ce chapitre.

6. Dites en quoi consiste l'étape de définition des processus.

7. Quelles sont les trois dimensions de la mesure des processus ?

8. Quelle est l'utilité du graphique d'acheminement ?

9. Quelle est l'utilité de la méthode PERT ?

10. Décrivez brièvement l'analyse de la valeur des activités.

11. Décrivez brièvement l'analyse des causes des activités.

12. Décrivez brièvement l'analyse comparative.

13. Dites en quoi consiste le budget par activités.

14. Définissez le tableau de bord.

15. Pour le comptable d'entreprise, quelle est la conséquence de l'adoption d'une approche axée sur l'orientation et l'apprentissage dans la planification et le contrôle ?

E X E R C I C E S

• **Exercice 11.1   Analyse des coûts et objectifs budgétaires d'une entreprise manufacturière**

Voici le budget d'une entreprise manufacturière pour la période se terminant le 31 décembre 1995.

Entreprise manufacturière
Budget des résultats
pour la période se terminant le 31 décembre 1995

Ventes	56 478 100 $
Coût des produits vendus	
Matières premières	26 428 800 $
Main-d'œuvre directe	8 688 000
Gestion des composants	3 989 120
Mise en course	1 344 000
Préparation d'une livraison	1 170 000
Ingénierie	2 308 500
Utilisation des machines	2 086 800
	46 015 220 $
Bénéfice brut	**10 462 880 $**
Frais de vente et d'administration	6 638 260 $
Frais de financement	873 940 $
Bénéfice net	**2 950 680 $**

Le contrôleur demande une analyse ayant pour objectif l'élaboration d'un plan de réduction de coûts, car la disparition des barrières tarifaires risque d'intensifier la concurrence dès la prochaine année. Certains compétiteurs étrangers qui n'étaient pas présents jusqu'à maintenant, à cause notamment des accords commerciaux, des tarifs douaniers et quotas afférents, proposent des prix nettement inférieurs à ceux de l'entreprise. Voici le détail du montant des ventes et ce que ce montant pourrait être si l'on ajustait les prix au plus bas prix mondial. Dans ce cas de figure, l'entreprise verrait ses ventes diminuer de 8 225 100 $, ce qui lui occasionnerait un déficit.

	Gamme A	Gamme B	Gamme C	Total
Production (en unités)	8 000	24 000	5 000	
Prix actuel	1 825,80 $	1 536,80 $	997,70 $	
Prix le plus bas au monde	1 595,40 $	1 348,20 $	626,60 $	
Ventes prévues	14 606 400 $	36 883 200 $	4 988 500 $	56 478 100 $
Ventes simulées (au prix le plus bas)	12 763 200 $	32 356 800 $	3 133 000 $	48 253 000
Diminution				**8 225 100 $**

- La gestion des composants coûte actuellement 3 680 $ par type de composant. L'entreprise doit gérer 1 084 types de composants, soit 120 utilisés dans la gamme A (coûtant 1,10 $ chacun), 328 dans la gamme B (coûtant 2,90 $ chacun) et 636 dans la gamme C (coûtant 0,80 $ chacun). De plus, un nombre élevé de composants augmente les probabilités de non-qualité. Actuellement, on considère le taux de 5 % de rejets comme étant normal. Par ailleurs, si ce taux était réduit à 0, on économiserait 5 % des coûts de matières premières, de main-d'œuvre directe et d'utilisation des machines.

- On doit compter 8 heures-personnes de temps de main-d'œuvre directe pour une unité de la gamme A, 12 heures-personnes pour une unité de la gamme B et 2 heures-personnes pour une unité de la gamme C, toutes à 24 $ l'heure. De plus, chaque mise en course coûte en moyenne 2 800 $ de fournitures et d'entretien des machines plus du temps de main-d'œuvre directe équivalant à une unité produite pour chaque gamme. Dans une année, on doit prévoir 100 mises en course pour la gamme A, 200 pour la gamme B et 150 pour la gamme C.

- Le temps-machine par unité est de 30 minutes pour une unité de la gamme A, de 48 minutes pour une unité de la gamme B et de 60 minutes pour une unité de la gamme C.

- La préparation d'une livraison coûte en moyenne 450 $. On prévoit 100 livraisons pour la gamme A, 500 pour la gamme B et 2 000 pour la gamme C.

- L'activité d'ingénierie consiste à concevoir de nouveaux produits et à développer de nouveaux modèles au sein de chaque gamme. Il faut noter que les ingénieurs consacrent 10 % de leur temps à déterminer les causes de problèmes de non-qualité.

Travail à faire

Proposez un plan visant à réduire les coûts à moyen terme et estimez l'effet de ce plan sur le bénéfice.

● **Exercice 11.2   Chemin critique**

Un projet nécessite huit tâches identifiées respectivement par les lettres A à H. L'ingénieur a préparé les estimations suivantes relativement à chacune des tâches ainsi qu'une indication de la relation prédécesseur-successeur entre chacune d'elles.

Tâche	Estimation pessimiste	Durée Estimation la plus probable	Estimation optimiste	Tâche immédiatement préalable
A	4	5	7	Aucune
B	3	4	5	Aucune
C	8	10	14	A
D	6	8	9	B
E	8	12	16	B
F	12	14	18	C et D
G	6	7	9	E
H	2	4	5	F et G

Le projet doit être terminé au plus tard dans 40 jours et, si la durée espérée d'une tâche engage une fraction de journée, on doit considérer la journée comme entière, car on ne peut commencer une tâche lorsque la journée est déjà entamée.

● **Travail à faire**

1. Déterminez le chemin critique.

2. Calculez la date espérée de fin du projet.

3. Déterminez la date la plus éloignée du début de chacune des tâches.

● **Exercice 11.3   La méthode PERT appliquée au budget**

Un projet d'investissement a été découpé en cinq phases, chacune étant indépendante des autres. Le comité responsable du projet dépose le budget suivant.

Phase	Estimation optimiste	Estimation la plus probable	Estimation pessimiste
I	600 000 $	650 000 $	750 000 $
II	300 000	450 000	500 000
III	260 000	320 000	420 000
IV	900 000	1 100 000	1 450 000
V	340 000	380 000	420 000
Total	2 400 000 $	2 900 000 $	3 540 000 $

● **Travail à faire**

1. Déterminez le coût espéré du projet.

2. Déterminez un intervalle normal du coût du projet.

● **Exercice 11.4   Réduction des coûts et analyse des activités de vente**

Voici l'état des résultats d'une entreprise de distribution pour l'exercice se terminant le 31 décembre 1995.

Entreprise de distribution
État des résultats
pour l'exercice se terminant le 31 décembre 1995

Ventes		136 589 400 $
Coût des produits vendus		65 562 912
Bénéfice brut		**71 026 488 $**
Frais de vente		
Salaires des vendeurs	32 781 456 $	
Avantages sociaux	3 605 960	
Représentation	4 097 682	
Déplacements	2 032 450	
Fournitures	11 310	
Télécommunications	4 626	
Publicité	5 860 000	
Divers	12 000	48 405 484 $
Frais d'administration		
Salaires	6 829 470 $	
Avantages sociaux	819 536	
Représentation	286 838	
Déplacements	143 419	
Fournitures	2 848	
Téléphone et télécopie	1 771	
Énergie	5 729	
Taxes et assurances	36 397	
Divers	12 000	8 138 008 $
Frais de financement		1 428 574 $
Bénéfice net		**13 054 422 $**

À cause de l'arrivée de nouveaux compétiteurs sur le marché, la directrice des ventes prévoit une baisse moyenne des prix de 10 % en 1996. Si cette baisse se matérialise, l'entreprise verra son bénéfice fondre comme neige au soleil. On demande alors au contrôleur de préparer un budget pour l'exercice 1996 qui comporterait un plan de réduction des coûts de 10 % en moyenne. Le contrôleur décide d'analyser en priorité les activités de vente, car elles représentent, selon les résultats de 1995, 39,2 % des coûts totaux, soit 48 405 484 $ sur un total des coûts de 123 534 978 $.

Cette entreprise distribue un produit de haute technologie sur commande selon les spécifications du client. Les produits sont assemblés dans une autre division de la même entreprise. Le coût des produits vendus, soit 65 562 912 $, représente le prix payé à l'autre division pour les produits vendus et livrés. Les vendeurs sont des ingénieurs qui se déplacent chez le client et analysent avec lui ses besoins et les spécifications appropriées. La prise d'une commande peut ne coûter que 500 $ si le déplacement se fait dans la même ville et ne prend qu'une demi-journée, mais elle peut coûter quelques milliers de dollars s'il faut prendre l'avion. Les vendeurs sont rémunérés 80 $ l'heure, y compris les avantages sociaux, et il faut prendre en compte les déplacements et autres frais inhérents à la représentation.

Voici un tableau de la distribution des commandes en fonction du montant total de la vente.

Montant de la commande	Nombre de commandes	Proportion des commandes	Ventes totales	Proportion des ventes
Moins de 2 000 $	6 472	31,84 %	6 590 300 $	4,82 %
De 2 000 à 5 000 $	8 290	40,79 %	24 870 000 $	18,21 %
De 5 000 à 10 000 $	3 749	18,45 %	26 263 000 $	19,23 %
De 10 000 à 50 000 $	1 529	7,52 %	44 491 000 $	32,57 %
Plus de 50 000 $	284	1,40 %	34 375 100 $	25,17 %
Total	20 324	100,00 %	136 589 400 $	100,00 %

● **Travail à faire**

1. Tracez un graphique du nombre de commandes en fonction du montant cumulatif des ventes et discutez l'application de l'analyse de Pareto.

2. Proposez des hypothèses de réduction des coûts que vous aimeriez vérifier.

3. Proposez un budget visant à suivre le plan de réduction des coûts que vous proposez.

● Exercice 11.5 Comptabilité par activités et équilibre budgétaire

Le complexe sportif Aero offre au public une gamme étendue d'activités sportives. Le tableau suivant montre la liste des 25 produits offerts par ce centre ainsi que les revenus et les coûts rattachés à ces produits selon une comptabilité par activités.

Produit	Revenus	Coûts	Marge	Total
1. Arts martiaux	78 065 $	33 915 $	44 150 $	
2. Danse	79 279	64 220	15 059	
3. Gymnastique	52 853	43 226	9 627	
4. Gymnastique-compétition	104 706	59 666	45 040	
5. Sports sur glace	17 284	214 790	−197 506	
6. Hockey-compétition	157 058	87 490	69 568	
7. Balle au mur	2 881	16 760	−13 879	
8. Badminton	5 761	38 843	−33 082	
9. Tennis	8 642	46 253	−37 611	
10. Football, balle molle, soccer	11 523	81 407	−69 884	
11. Volleyball, basketball	11 523	92 883	−81 360	
12. Volleyball-compétition	52 353	51 663	690	
13. Conditionnement physique rythmique	132 132	80 447	51 685	
14. Conditionnement physique	689 969	320 224	369 745	
15. Conditionnement physique aquatique	492 526	195 134	297 392	
16. Natation-compétition	209 412	113 977	95 435	
17. Plongée sous-marine	10 052	7 324	2 728	
18. Activités communautaires	234 981	168 130	66 851	
19. Activités libres	911 00	345 233	565 767	
Total (produits 1 à 19)	**3 262 000 $**	**2 061 585 $**	**1 200 415 $**	
Coûts spécifiques aux produits 1 à 19			1 087 260 $	113 155 $
20. Location du terrain extérieur	172 000 $	107 513 $	64 487 $	
21. Location de la patinoire	344 000	236 800	107 200	
22. Location de la piscine	344 000	240 807	103 193	
23. Location de la salle omnisport	344 000	167 891	176 109	
24. Location du grand gymnase	344 000	151 965	192 035	
25. Location de la palestre	172 000	57 086	114 914	
Total (produits 20 à 25)	**1 720 000 $**	**962 062 $**	**757 938 $**	
Coûts spécifiques aux produits 20 à 25			476 093 $	281 845 $
Coûts communs				724 200 $
Bénéfice (déficit) net				**−329 200 $**

L'entreprise, qui génère des revenus de 4 982 000 $, accuse un déficit de 329 200 $. Ce déficit est supérieur de 100 000 $ à celui de l'année précédente. La direction ne peut plus risquer un déficit sans mettre en danger la survie de l'entreprise. Son déficit accumulé atteint pour la première fois le million de dollars. Elle doit absolument présenter un résultat équilibré l'an prochain.

Le contrôleur présente également les coûts suivants des centres de regroupement d'activités:

Centre de regroupement	Coûts
1. Terrain extérieur	215 026 $
2. Patinoire	473 600
3. Piscine	481 613
4. Salle omnisport	335 781
5. Grand gymnase	303 931
6. Salle de musculation	114 172
7. Palestre	114 172
8. Autres lieux	125 352
9. Administration	411 666
10. Services de soutien	540 521
11. Mise en marché	611 166
Total	**3 727 000 $**

Les centres de regroupement sont rattachés aux lieux physiques. Ainsi, le centre de regroupement Piscine représente toutes les activités liées à l'entretien, au chauffage et à la gestion de la piscine. Les coûts des centres de regroupement sont répartis au prorata du temps d'utilisation des lieux par les produits.

Outre les coûts des centres de regroupement totalisant 3 727 000 $, l'entreprise a engagé l'an dernier 1 584 200 $ de coûts directs, constitués essentiellement des salaires versés aux moniteurs des divers programmes d'animation sportive. Le tableau suivant présente un sommaire visant à rapprocher les deux tableaux de coûts précédents:

Nature des coûts	Montant
Coûts des produits 1 à 19	2 061 585 $
Coûts spécifiques aux produits 1 à 19	1 087 260
Coûts des produits 20 à 25	962 062
Coûts spécifiques aux produits 20 à 25	476 093
Coûts communs	724 200
Total	**5 311 200 $**
Coûts rattachés aux centres de regroupement	3 727 000 $
Coûts directs liés aux produits (salaires des moniteurs)	1 584 200
Total	**5 311 200 $**

● **Travail à faire**

Proposez à la direction du complexe Aero une action visant à équilibrer son budget.

• Exercice 11.6   Apprentissage du coût de la qualité

Voici l'état des résultats d'une entreprise manufacturière pour l'exercice se terminant le 31 décembre 1995.

Entreprise manufacturière
État des résultats
pour l'exercice se terminant le 31 décembre 1995

Ventes		336 402 936 $
Coût des produits vendus		
Matières premières	37 142 280 $	
Main-d'œuvre directe	55 713 420	
Frais généraux de fabrication	78 264 090	171 119 790 $
Bénéfice brut		**165 283 146 $**
Frais de vente	94 192 822 $	
Frais d'administration	22 857 000	131 888 822 $
Frais de financement		14 839 000
Bénéfice net		**33 394 324 $**

L'entreprise a vu son taux de bénéfice s'effriter au cours des cinq dernières années et, pour la première fois, il est passé sous la barre des 10 % en 1995. L'entreprise assemble une cinquantaine de modèles différents. Le président a demandé de revoir le système de coût de revient, car il croyait que certains des produits étaient non rentables et bénéficiaient de subventions croisées indirectes des produits les plus rentables par le biais du partage des frais généraux de fabrication. Mais cette hypothèse n'a pu être vérifiée. On a trouvé des écarts d'au plus 5 % entre le système de coût de revient par activités proposé et l'ancien système qui répartissait les frais généraux de fabrication selon le coût de la main-d'œuvre directe.

Pourtant, par le biais de l'analyse comparative avec d'autres usines du même type, le président était persuadé que son coût de fabrication était le plus élevé de l'industrie. Il a donc commandé un rapport détaillé des activités de l'usine et des hypothèses comptables d'affectation et de répartition des coûts. Voici les faits saillants de ce rapport.

Consommation des matières premières

L'entreprise a vendu, en 1995, 1 326 510 unités et il n'y a pas eu d'augmentation des stocks ; le coût moyen des matières premières est donc de 28 $ par unité. Or, le standard de l'industrie est de 25 $ par unité.

On peut expliquer cet écart par deux raisons. La première est que l'entreprise livre systématiquement 102 unités pour 100 unités commandées et n'enregistre que 100 unités, car elle considère qu'il est normal d'avoir des rejets dus à des problèmes de non-qualité. Par conséquent, 26 530 unités non conformes ont été fabriquées en sus des 1 326 510 unités vendues. La deuxième raison est que des matières premières sont mises au rebut à la suite d'une inspection à l'entrée. Ces matières premières représentent 5 % du coût total des matières premières, soit 1 857 114 $.

Utilisation de la main-d'œuvre directe

Si l'on considère les 1 326 500 unités vendues, le coût moyen de la main-d'œuvre directe s'élève à 42 $ par unité. Le standard de l'industrie est de 32 $.

On peut expliquer cet écart par trois raisons. La première est la livraison de 102 unités à chaque lot de 100 unités commandées. La deuxième est que la main-d'œuvre passe 20 % de son temps à inspecter le travail déjà fait ou à retravailler des unités. Et la troisième est que l'arrêt des machines ou les délais dans la réception des matières premières sur le plancher de l'atelier occasionnent des pertes de temps de main-d'œuvre directe de 10 %.

Frais généraux de fabrication

On estime que 40 % des frais généraux de fabrication sont variables et proportionnels au coût de la main-d'œuvre directe. Le standard de l'industrie est de 55 $ par unité.

● **Travail à faire**

Proposez un plan de réduction des coûts.

Chapitre 12

L'ÉVALUATION
DE LA PERFORMANCE

OBJECTIFS DU CHAPITRE

- Définir la performance.
- Mesurer la performance.
- Gérer la performance.
- Distinguer l'évaluation des directeurs du rendement des unités administratives.
- Décrire la problématique du prix de cession interne.
- Distinguer la structure organisationnelle par divisions de celle par programmes.

SOMMAIRE

- LA PERFORMANCE
  - Les personnes
  - Les entreprises

- LES INDICATEURS DE PERFORMANCE
  - Les indicateurs-témoins
  - Les indicateurs-guides

- L'ÉVALUATION DE LA PERFORMANCE
  - Un modèle français de la performance
  - Un cadre d'analyse de la performance
  - Les moyens

- LA COMPTABILITÉ PAR CENTRES DE RESPONSABILITÉ
  - Les centres de responsabilité
  - Le rendement financier
  - Le prix de cession interne

- LA COMPTABILITÉ DE MANAGEMENT ET LA PERFORMANCE

Les propriétaires souhaitent que leurs entreprises soient performantes, et c'est pourquoi les membres de la direction sont souvent rémunérés en fonction du rendement de l'entreprise; somme toute, l'équipe de gestionnaires a pour mission ultime d'assurer la performance de l'entreprise.

Mais qu'est-ce que la performance? Que mesurons-nous lorsque nous parlons de gestion de la performance?

Ce dernier chapitre vise à indiquer comment les comptables en management peuvent contribuer à la mesure et à la gestion de la performance de leur entreprise dans les différents contextes de structure, d'environnement et de mission d'entreprise.

LA PERFORMANCE

Plusieurs termes servent à désigner la performance, du moins sous certaines formes.

- **L'efficacité** se définit par rapport à un objectif donné. Elle indique dans quelle mesure l'objectif est atteint.
- **L'efficience** est l'obtention d'un extrant donné à partir d'intrants minimaux. Elle s'exprime donc par un ratio extrants/intrants.
- **L'économie** est l'acquisition de ressources qui répond aux critères suivants: coût moindre, quantité et qualité conformes à la norme établie, moment et lieu opportuns.
- Le **rendement** décrit l'efficience financière, c'est-à-dire le ratio des bénéfices sur les capitaux investis.
- La **productivité** décrit l'efficience de l'utilisation des personnes, c'est-à-dire le ratio extrants/main-d'œuvre utilisée.
- Un **exploit** est une action d'éclat imprévue.

On parle de la performance d'un directeur, d'un employé, d'une entreprise, d'une machine, d'un processus, d'un programme, d'un produit, etc.

La performance est un résultat remarquable, hors du commun, optimal. On envisage la performance *a posteriori,* comme un fait accompli, et *a priori,* comme un objectif à atteindre. On distingue enfin la performance des personnes de celle des organisations.

LES PERSONNES

S'il s'agit d'évaluer l'habileté d'un employé à accomplir sa tâche en fonction de certaines attentes, nous devrions utiliser le mot «performance» qu'on peut associer à la performance d'un artiste de la scène. Si nous voulons évaluer la productivité d'une personne (*output*), alors nous devrions utiliser le mot «rendement». Par exemple, on évaluerait le rendement d'un médecin selon le nombre de patients vus chaque heure, alors que sa performance serait déterminée en fonction de la justesse de ses diagnostics[1].

On mesure la productivité, ou rendement, des personnes à l'aide d'un ratio extrants/intrants, alors que la performance proprement dite relève d'attentes que l'on peut traduire en objectifs. Si les attentes ne sont pas formellement exprimées sous forme d'objectifs, on dit qu'une personne est performante lorsqu'elle satisfait à nos attentes ou même les dépasse, c'est-à-dire lorsqu'elle réalise une chose hors du commun, parfois intangible, pour laquelle il n'a pas été établi de point de repère ou d'échelle de mesure.

Cependant, si l'on a préalablement fixé des objectifs, on dit d'un employé qu'il est performant s'il atteint ces objectifs. Un employé peut donc être performant par rapport à certains objectifs (aspects) et ne pas l'être par rapport à d'autres.

LES ENTREPRISES

Tout comme la performance des personnes, la performance des entreprises se définit en fonction d'attentes et s'évalue en fonction d'objectifs préalablement établis. Lorsqu'on étudie la performance des entreprises, on peut étudier celle des divisions et des unités administratives en général ou celle des unités d'affaires. On peut aussi étudier la performance des processus, ou encore se pencher sur la performance des personnes.

LES INDICATEURS DE PERFORMANCE

Nous considérons ici deux grandes catégories d'indicateurs de la performance:
1. les indicateurs-témoins;
2. les indicateurs-guides.

---

1. Yvon Chouinard, *Gestion*, septembre 1994, p. 6.

Les premiers témoignent de la performance alors que les seconds décrivent des causes ou des déterminants de la performance, lesquels procurent un guide et une orientation vers l'atteinte de la performance. Nous allons voir qu'il existe plusieurs types de guide.

LES INDICATEURS-TÉMOINS

On obtient les indicateurs-témoins *a posteriori,* c'est-à-dire après coup. Ils décrivent des résultats, c'est-à-dire la performance passée, car ils sont rattachés aux extrants, principalement aux produits et services. Ils peuvent aussi refléter l'impact de ces extrants sur l'environnement, sur l'emploi et sur la mission sociale de l'entreprise en général. Aux coûts généralement considérés par les comptables s'ajoutent les délais, ou temps de cycle, et la qualité dans ses multiples dimensions (et pas seulement la non-conformité aux spécifications).

Les indicateurs financiers traditionnels (le bénéfice net, le taux de rendement du capital investi [RCI], etc.) sont des témoins de la performance financière de l'entreprise au cours de la période à laquelle ils se rapportent. Historiquement, ils ont joué un rôle considérable dans la gestion de la performance des entreprises, notamment des grandes entreprises décentralisées. Encore aujourd'hui, ces indicateurs-témoins influent sur l'élaboration des stratégies et sur la performance des cadres par le biais des systèmes de rémunération. Cependant, leur utilisation comme guide vers la performance a été grandement critiquée au cours des dix dernières années. On a parlé de la «pertinence perdue[2]» de cette pratique. On l'a comparée à la «gestion par rétroviseurs[3]» et on l'a appelée «le contrôle de gestion à distance par les chiffres[4]». La gestion à l'aide des indicateurs-témoins conduit à une action à court terme au détriment de la performance à long terme. Ces indicateurs doivent valider les indicateurs-guides en témoignant de la performance de la stratégie mise en œuvre plutôt qu'en étant intégrés directement dans la stratégie à venir.

Le rétroviseur d'une voiture (figure 12.1) est un témoin de la route que l'on vient de franchir. Il ne sert aucunement à anticiper les courbes qui se trouvent devant la voiture. Cependant, il peut servir de guide si on l'utilise intelligemment, par exemple pour s'assurer que la voie est libre avant d'amorcer un changement de voie.

---

2. Robert S. Kaplan et H. Thomas Johnson, *Relevance Lost: The Rise and Fall of Management Accounting,* Harvard Business School Press, 1987.
3. Philippe Lorino, *L'économiste et le manageur,* Éditions la découverte, 1989.
4. H. Thomas Johnson, *Relevance Regained: From Top-Down Control to Bottom-Up Empowerment,* Free Press, 1992.

Figure 12.1 La véritable utilité du rétroviseur

LES INDICATEURS-GUIDES

Les indicateurs-guides interviennent *a priori* et indiquent la direction à prendre pour atteindre la performance. Ils sont rattachés à la fois aux processus et à leurs intrants. Les inducteurs de coûts d'un système de comptabilité par activités appartiennent à ce type. Les indicateurs-guides peuvent également être rattachés à des divisions et à des unités administratives. Ils sont représentatifs des entreprises et de leur environnement socio-économique. Il n'existe donc pas de liste universelle de ces indicateurs. Leur choix relève de la logique et de la stratégie.

Ces guides ont un lien construit avec la performance. Ils découlent de l'analyse, de l'étude et souvent de l'utilisation d'un modèle de comportement des activités de l'organisation. Nous allons présenter des critères et des modèles pour les obtenir. Chacun est particulier à un contexte et à un objectif donné de performance. On ne peut démontrer de manière absolue que ces guides mènent à la performance, à cause de l'évolution des processus, de la technologie et du savoir-faire.

Dans un tel contexte, il faut toujours considérer la possibilité d'une faille dans la logique du modèle utilisé, l'omission d'une variable importante ou encore la présence d'un élément non apparent au moment de l'étude. Il faut donc que tous les indicateurs-guides choisis soient validés. Il faut s'assurer, dans la mesure des moyens disponibles, que ces guides mènent bien à la performance. Cette validation ne peut se faire qu'à l'aide des indicateurs-témoins et après un délai entre l'action produite par les indicateurs-guides et la performance enregistrée par les indicateurs-témoins. Ce délai peut varier de six mois à un an et même atteindre deux ans dans le cas de changements structurels. Cependant, tôt ou tard, l'action dictée par ces guides devra mener à la performance.

Considérons un athlète olympique qui suit un programme d'entraînement et un régime alimentaire s'échelonnant sur une période de quatre ans. Ces programmes servent à l'orienter et à le guider. Mais sont-ils valables? Nous ne pourrons les évaluer, c'est-à-dire les valider, qu'en analysant les résultats de l'athlète au cours de la compétition olympique. Et, comme d'autres facteurs externes peuvent influer sur sa performance, il faudra analyser les résultats de plusieurs athlètes ayant suivi le même programme.

L'ÉVALUATION DE LA PERFORMANCE

UN MODÈLE FRANÇAIS DE LA PERFORMANCE

Michel Lebas et Ève Chiapello[5] définissent la performance comme la capacité d'atteindre des objectifs. Ils représentent leur modèle de la performance par un arbre, illustré à la figure 12.2.

Figure 12.2 L'arbre de la performance

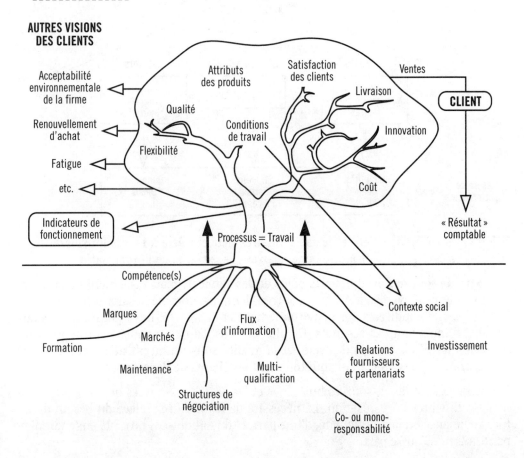

---

5. Ce modèle est tiré d'un texte de Michel Lebas et Ève Chiapello intitulé *Le tableau de bord de gestion : instrument de déploiement de la stratégie,* et présenté par Michel Lebas à l'École des Hautes Études Commerciales le 20 avril 1995, dans le cadre du colloque *Comprendre, mesurer et gérer la performance.*

Les indicateurs-témoins sont les fruits de l'arbre. Le résultat comptable en particulier fait partie de ces fruits. Si l'on veut gérer la performance, c'est-à-dire préparer la récolte, il faut prendre soin de l'arbre et de ses branches non seulement tout au long de la période de floraison, que l'on peut associer aux opérations d'une année, mais également lors de sa plantation, pendant sa croissance et lors de la fertilisation du sol au fil des années. La qualité du sol et la bonne santé des racines constituent des facteurs très importants dans la production des meilleurs fruits.

UN CADRE D'ANALYSE DE LA PERFORMANCE

Nous présentons un modèle d'analyse de la performance à la figure 12.3.

Figure 12.3 Modèle d'analyse de la performance des entreprises

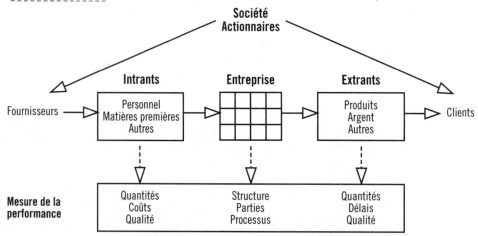

Selon ce modèle, la société et les actionnaires peuvent être à la fois fournisseurs de ressources et clients, c'est-à-dire bénéficiaires des extrants de l'organisation.

Les extrants sont des produits, des biens et des services, mais également de l'argent, des coûts et des revenus, ainsi que d'autres éléments, comme la satisfaction, le bien-être et les effets indirects sur l'environnement et la société. Les indicateurs liés aux extrants témoignent des résultats. De plus en plus d'auteurs choisissent de mesurer les coûts, les délais (temps de cycle) et la qualité sous un ou plusieurs angles en se concentrant sur les indicateurs qui touchent les clients de l'entreprise.

Les intrants sont les ressources humaines et les autres ressources utilisées pour animer et alimenter l'organisation. La nécessité de les mesurer relève du besoin d'évaluer l'efficience ou la productivité, d'une part, et du fait que ces intrants engendrent la performance, d'autre part.

Les modèles comptables représentent l'entreprise soit comme un ensemble de centres de responsabilité (la comptabilité par centres de responsabilité, représentée par les lignes verticales sur la figure), soit comme un ensemble de processus (la comptabilité par activités, représentée par les lignes horizontales sur la figure). Les différentes fonctions de l'entreprise (dans un sens) et les processus fondamentaux (dans l'autre sens) sont considérés comme des éléments déterminants de la performance.

LES MOYENS

En nous inspirant de l'évolution du contrôle de gestion et de celle de la gestion de la qualité, nous avons divisé en trois grandes étapes l'évolution des moyens utilisés en comptabilité de management pour gérer la performance des organisations :

1. la mesure des résultats ou contrôle de l'extrant ;
2. le suivi des procédés menant à la performance ou surveillance des opérations ;
3. la préparation de la performance ou gestion des processus.

La mesure des résultats

Autrefois, les comptables d'entreprise intervenaient dans la gestion de la performance par la mesure des résultats financiers, en supposant que la performance se définissait par les résultats financiers ou inversement que les résultats financiers étaient le miroir de la performance. Aujourd'hui, on est généralement d'avis que les résultats financiers ne traduisent qu'un volet de la performance.

De même, les ingénieurs de la qualité intervenaient dans la gestion de la performance au moyen du contrôle statistique de la non-conformité des produits aux spécifications, c'est-à-dire en mesurant l'extrant.

Lorsque les organisations sont devenues trop grandes, on les a divisées en parties, puis on a essayé de mesurer l'extrant de chacune d'elles, en supposant que l'optimisation de chacune des parties mènerait à l'optimisation de l'ensemble. Dès le début du siècle (qui a vu l'apparition de grandes entreprises diversifiées, sous l'influence de Donaldson Brown, vice-président aux finances de la Dupont Powder aux États-Unis), on a commencé à évaluer la rentabilité des divisions à l'aide du rendement du capital investi (RCI). Par ailleurs, on s'est mis à associer la performance des directeurs au rendement financier des divisions qu'ils géraient.

Le suivi des procédés menant à la performance

Il est tout à fait naturel de vouloir assurer la performance plutôt que de la constater après coup. D'une part, les comptables ont cherché à assurer la performance en surveillant les procédés au moyen de l'établissement de standards et de l'analyse des écarts de résultats par rapport à ces standards prédéterminés. D'autre part, les ingénieurs de la qualité ont mis au point le contrôle statistique des procédés en vue d'assurer la conformité des produits aux spécifications.

La préparation de la performance

La préparation de la performance s'effectue par la gestion des processus et la construction de tableaux de bord de gestion qui constituent de véritables guides pour atteindre les objectifs fixés par la direction. La gestion des processus (sur laquelle nous nous sommes penchés au chapitre précédent) consiste à réaménager régulièrement les processus en vue de réduire les coûts et les temps de cycle et d'améliorer la qualité. Les indicateurs que l'on retrouve dans les tableaux de bord concernent les déclencheurs de processus, les facteurs de consommation de ressources par les activités ainsi que la détermination des gestionnaires de ces variables d'action.

Pour reprendre l'analogie de l'arbre de la performance, on obtient les meilleures conditions pour atteindre la performance en analysant la composition du sol, en repérant les racines et en préparant le terrain.

LA COMPTABILITÉ PAR CENTRES DE RESPONSABLITÉ

En Amérique du Nord, la comptabilité par centres de responsabilité existe depuis l'apparition des premières grandes entreprises diversifiées. La **comptabilité par centres de responsabilité** est un système qui rattache à chaque unité administrative les revenus qu'elle engendre et les coûts liés à sa consommation de ressources. Elle permet également de déterminer les revenus et les coûts contrôlables par le responsable de l'unité administrative. Elle représente un instrument de gestion de la performance très limité à l'heure où le succès réside de plus en plus dans les interfaces entre les diverses activités, ainsi que dans la flexibilité, l'efficience et l'efficacité des processus.

La figure 12.4 illustre un danger qui guette la gestion par centres de responsabilité, à savoir, le danger qui est associé à l'organisation en tuyaux de poêles. Dans cette organisation, chaque directeur de centre de responsabilité « associé à un poêle » reçoit périodiquement son budget de ressources, symbolisé par un tas de bois, et la direction lui dit de chauffer au maximum en faisant durer son tas de bois aussi longtemps que requis. Sa performance est évaluée en fonction du ratio « quantité de chaleur/ quantité de bois utilisée » ou même du ratio « quantité de fumée/quantité de bois utilisée ». En effet, plus le directeur général, au sommet de l'organisation, sent que « ça chauffe » ou « qu'il y a de la fumée », plus il est satisfait et plus il croit y voir clair, sans doute[6].

La décentralisation se caractérise par la délégation de pouvoirs décisionnels. Les différents degrés de décentralisation peuvent être présentés sous forme d'un continuum : de la décentralisation superficielle déléguant un minimum de pouvoir décisionnel aux

---

6. Hugues Boisvert, « Le modèle ABC, Du contrôle sanction au contrôle conseil », *Revue française de comptabilité*, juillet-août 1994, p. 39 à 44.

Figure 12.4   Organisation en tuyaux de poêles

cadres inférieurs à la décentralisation complète déléguant un maximum de pouvoir décisionnel aux cadres subalternes. La décentralisation complète mène généralement à une structure divisionnalisée[7]. On retrouve des centres de responsabilité dans les bureaucraties mécanistes et professionnelles, mais très rarement dans les adhocraties au sens où l'entend Henry Mintzberg. Les centres de responsabilité sont donc le fruit de la décentralisation. Le découpage des entreprises comme instrument visant à améliorer la performance se justifie par la certitude qu'en optimisant la performance de chacune des unités, on optimisera la performance de l'ensemble de celles-ci. Mais, en voulant optimiser la performance d'une unité, on introduit parfois des éléments (que nous avons appelés les inducteurs transversaux au chapitre précédent) qui diminuent la performance des autres unités intervenant dans un même processus. Par exemple, en réduisant le temps d'assemblage d'une machine au moyen de la modification d'un produit, on accroît de façon considérable le temps d'entretien de cette machine. Enfin, il est plus facile d'améliorer la productivité et de contrôler la consommation des ressources de petites que de grandes unités, et il est plus facile d'accroître la motivation des cadres à qui l'on confie des responsabilités.

LES CENTRES DE RESPONSABILITÉ

La décentralisation dépend à la fois du type de décisions confiées aux cadres, de la nature de l'activité dont ils sont responsables et des objectifs fixés par la direction.

---

7. Henry Mintzberg donne une description de la structure divisionnalisée au chapitre 20 de son livre *Structure et dynamique des organisations*, Les Éditions d'Organisation et Les Éditions Agence d'Arc, 1982.

Influencé par le taylorisme, le découpage organisationnel s'effectue généralement par métier ou par fonction plutôt que par processus ou par programme. Du point de vue de la comptabilité, on a défini des centres de coûts, des centres de revenu, des centres de profit et des centres d'investissement.

Les centres de coûts

Le centre de coûts est une unité administrative dont le responsable n'assume qu'une seule tâche, le contrôle des coûts. La raison en est habituellement que l'extrant de cette unité est entièrement utilisé par une autre unité administrative interne ou qu'il n'existe pas de marché externe organisé dans lequel cet extrant peut être vendu tel quel et ainsi produire des revenus. La nature des coûts à contrôler peut être totalement différente d'un centre à un autre. C'est ainsi que nous distinguons le *centre de coûts conceptualisés* du *centre de coûts discrétionnaires*.

On engage le coût conceptualisé dans l'élaboration d'un produit (ou service) et dans la formalisation d'un procédé de production. En conséquence, le directeur d'un tel centre ne peut influer que sur la productivité de cette activité. Sa responsabilité porte sur le gaspillage des matières premières, les pertes de temps, l'horaire des opérations et l'utilisation des frais généraux de fabrication pour la portion de ces frais jugée contrôlable.

On peut considérer les ateliers de production comme des centres de coûts conceptualisés.

Le produit ou le service rendu par un centre de coûts discrétionnaires est plus difficilement mesurable. Il devient souvent hypothétique d'en mesurer la productivité et le rendement de façon précise, car il n'existe aucune relation extrants-intrants parfaitement bien définie et acceptée pour ces centres. Les services administratifs, les services de mise en marché et les services de la recherche et du développement sont de ce type. La performance de ces centres découle de multiples dimensions allant au-delà du volet financier, notamment l'atteinte d'objectifs de résultats comme une part de marché, le nombre de nouveaux produits, etc. Parfois, certaines de ces dimensions sont difficilement mesurables sur une échelle, par exemple lorsqu'il s'agit d'améliorer la qualité des soins offerts à la population, la qualité de l'enseignement universitaire, etc.

Le centre de revenu

Le centre de revenu est exclusivement axé sur les revenus. C'est le cas d'un service des ventes. La responsabilité d'un tel centre peut présenter deux volets : celui de la quantité des ventes (produits ou services) et celui du prix de vente des produits et services. À cause de l'interdépendance entre les prix et les quantités, on ne peut faire assumer la responsabilité à un directeur qui doit assurer un seul de ces volets. En effet, il est difficile d'imaginer que l'on peut être responsable de revenus sans être responsable de certains coûts. Lorsque ces coûts sont importants, on retrouve la définition du centre de profit.

Le centre de profit

Le centre de profit est une unité administrative dont le responsable a autorité sur les revenus et les coûts. Seules les décisions d'investissement lui échappent. On peut imaginer que, en pratique, le directeur a une certaine influence sur les décisions d'investissement, mais il n'en est pas responsable. Le résultat net est souvent utilisé comme mesure du rendement financier d'un centre de profit.

Le centre d'investissement

Le centre d'investissement est le reflet de la décentralisation complète, caractérisée par la délégation presque totale des pouvoirs au directeur. Le directeur est à la fois responsable des opérations (revenus et charges) et des investissements. Les premières véritables entreprises divisionnalisées sont apparues avec les premiers conglomérats au début du siècle. On y utilise des indices comme le RCI et le résultat net résiduel (RNR) pour évaluer la performance.

La décentralisation a pour objectif ultime d'améliorer la performance des organisations. Les principales raisons invoquées pour justifier la décentralisation sont les suivantes :

- La **proximité des centres de décision et des problèmes.** Les cadres subalternes vivent les problèmes et y font face tous les jours. Ils sont donc, en principe, les mieux placés pour les régler.

- Une **réaction plus rapide.** Le temps est un facteur de compétition. Plus il y a de niveaux hiérarchiques, plus les décisions se prennent lentement.

- Une **utilisation plus judicieuse des compétences.** On évite le double emploi, on réduit en principe les activités de surveillance directe et la direction se consacre à la gestion stratégique alors que les cadres responsabilisés se consacrent à la gestion opérationnelle.

- La **simplification du système d'information.** La complexité du système d'information est fonction de la taille et du nombre d'activités.

- Un **entraînement pour les cadres divisionnaires.** Dans les grandes organisations, les cadres divisionnaires acquièrent de l'expérience avant d'accéder à des postes plus importants au siège social.

- Une **source de motivation.** La motivation étant à la mesure du défi, et ce dernier étant proportionnel au niveau de responsabilité, la décentralisation est une source de motivation.

E X E M P L E   1

L'entreprise Aléric inc. fabrique et vend deux gammes de produits, la gamme A fabriquée à l'usine A, et la gamme B fabriquée à l'usine B.

L'entreprise s'est dotée d'un système de comptabilité par centres de responsabilité calqué sur l'organigramme de l'entreprise, reproduit à la figure 12.5. Nous retrouvons sur l'organigramme trois centres de profit, soit Ventes,

Usine A et Usine B, et six centres de coûts discrétionnaires, soit Publicité, Recherche et développement, Ingénierie-produits, Ingénierie-procédés, Administration et Contrôle.

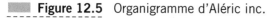

Figure 12.5 Organigramme d'Aléric inc.

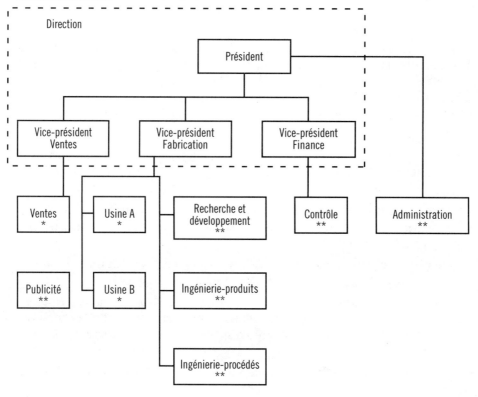

* Centre de profit
** Centre de coûts discrétionnaires

Les deux usines vendent leurs produits au service des Ventes et le service des Ventes les revend ensuite sur le marché. Ainsi, on peut considérer le service des Ventes et chacune des deux usines comme des centres de profit. Le tableau 12.1 présente l'état des résultats de l'entreprise, et les tableaux 12.2, 12.3 et 12.4 présentent un ensemble d'états illustrant le système de comptabilité par centres de responsabilité.

Tableau 12.1 État des résultats d'Aléric inc.

Ventes	98 820 $
Coût des produits vendus	83 000
Marge bénéficiaire brute	**15 820 $**
Frais de vente	4 600
Frais d'administration	8 500
Frais de financement	2 500
Bénéfice net	**220 $**

Le coût des produits vendus comprend les éléments suivants :

Matières premières	16 200 $
Main-d'œuvre directe	2 700 $
Frais généraux de fabrication	
Main-d'œuvre indirecte	3 700 $
Entretien-réparations	3 600 $
Recherche et développement	21 000 $
Ingénierie-produits	9 500 $
Ingénierie-procédés	12 400 $
Dotation à l'amortissement cumulé	8 500 $
Autres	5 400 $

Tableau 12.2 État des résultats des usines d'Aléric inc.

	Usine A	Usine B	Total
Ventes (au prix de cession interne)	53 358 $	35 572 $	88 930 $
Matières premières	9 720	6 480	16 200
Main-d'œuvre directe	1 350	1 350	2 700
Frais généraux de fabrication			
Main-d'œuvre indirecte	2 590	1 110	3 700
Entretien-réparations	2 340	1 260	3 600
Autres	3 240	2 160	5 400
	19 240 $	12 360 $	31 600 $
Marge contrôlable	**34 118 $**	**23 212 $**	**57 330 $**
	63,9 %	65,2 %	64,5 %
Recherche et développement	11 550 $	9 450 $	21 000 $
Ingénierie-produits	5 225	4 275	9 500
Ingénierie-procédés	7 440	4 960	12 400
Dotation à l'amortissement cumulé	5 525	2 975	8 500
	29 740 $	21 660 $	51 400 $
Marge nette	**4 378 $**	**1 552 $**	**5 930 $**
	8,2 %	4,4 %	6,7 %

Le tableau 12.2 indique la marge nette de chacune des deux usines, en fonction de leurs ventes internes au service des Ventes. Il rend compte des revenus et des coûts qu'elles ont engendrés. Le prix considéré pour la transaction entre les usines et le service des Ventes a été le coût standard plus une marge de 6 %. Si l'on considère le montant de cette marge, l'usine A a été plus efficiente que l'usine B, soit de 8,2 % comparativement à 4,4 % ; elle est donc plus rentable. Par contre, si l'on considère la marge contrôlable des directeurs, le directeur de l'usine B est plus efficient, avec une marge de 65,2 %, que son homologue de l'usine A (63,9 %).

Les coûts des centres Recherche et développement, Ingénierie-produits et Ingénierie-procédés font l'objet d'une facturation interne et les directeurs des usines ne peuvent les contrôler directement. Par ailleurs, les directeurs n'ont pas la responsabilité des investissements et n'influent donc pas sur la dotation à l'amortissement cumulé.

Tableau 12.3 État des résultats de l'usine A d'Aléric inc.

	Atelier 1	Atelier 2	Atelier 3	Total
Ventes (au prix de cession interne)				53 358 $
Matières premières	8 262 $	486 $	972 $	9 720
Main-d'œuvre directe	405	270	675	1 350
Frais généraux de fabrication				
Main-d'œuvre indirecte	1 036	1 036	518	2 590
Entretien-réparations	1 170	1 053	117	2 340
Autres	972	972	1 296	3 240
Coûts contrôlables	**11 845 $**	**3 817 $**	**3 578 $**	**19 240 $**
Ingénierie-procédés	3 720	3 348	372	7 440
Dotation à l'amortissement cumulé	2 304	2 304	192	4 800
Coûts propres à chaque atelier	**17 869 $**	**9 469 $**	**4 142 $**	**31 480 $**
Frais communs				
Recherche et développement				11 550 $
Ingénierie-produits				5 225
Dotation à l'amortissement cumulé				725
				17 500
Marge nette	**4 378 $**	**1 552 $**	**5 930 $**	**4 378 $**

Le tableau 12.3 rend compte du partage des responsabilités dans l'usine A. Il indique les coûts contrôlables par chacun des contremaîtres et les coûts propres à chaque atelier, et précise le montant des frais communs de l'usine, c'est-à-dire les frais qui ne peuvent être rattachés à aucun atelier en particulier.

Tableau 12.4 État des résultats par région et par gamme d'Aléric inc.

	Région est			Région ouest			
	Gamme A	Gamme B	Sous-total	Gamme A	Gamme B	Sous-total	Total
Ventes	41 500 $	22 733 $	64 233 $	17 792 $	16 795 $	34 587 $	98 820 $
Coût des produits vendus (au prix de cession interne)	36 731	20 963	57 694	15 748	15 488	31 236	88 930
Marge bénéficiaire brute	4 769 $	1 770 $	6 539 $	2 044 $	1 307 $	3 351 $	9 890 $
Coûts propres à chaque région							
Vente			2 760 $			1 840 $	4 600 $
Administration			2 635			1 615	4 250
			5 395 $			3 455 $	8 850 $
Marge nette des régions			1 144 $			(104) $	1 040 $
CONCILIATION AVEC L'ÉTAT DES RÉSULTATS GLOBAL							
Contribution du service des Ventes							1 040 $
Contribution des usines							5 930
							6 970 $
Frais communs							
Administration							4 250 $
Financement							2 500
							6 750
Bénéfice net							220 $

Le tableau 12.4 rend compte de la situation du service des Ventes. Pour simplifier l'interprétation, on suppose que toutes les marchandises achetées aux usines sont vendues sur le marché et qu'il n'y a aucun flottement de stock. Enfin, la marge bénéficiaire brute est le résultat contrôlable par les directeurs des gammes de produits, et la contribution nette de chaque région, le résultat contrôlable par le directeur régional correspondant.

LE RENDEMENT FINANCIER

Le rendement financier d'une division, tout comme celui d'une organisation, correspond au rendement de l'actif investi dans cette entité. Le taux de rendement permet de répondre à la question suivante : Combien ces montants rapportent-ils par rapport aux montants investis ailleurs ?

Autrefois, cette information servait aux décisions d'allocation des ressources. Voici une série de questions décrivant les préoccupations actuelles des gestionnaires : Devrait-on disposer des actifs d'une division et les investir ailleurs ? Le rendement est-il satisfaisant compte tenu du risque ? Doit-on investir davantage dans cette même division ?

De notre point de vue, les indicateurs de rendement financier sont des témoins de la **performance passée**. Ils doivent donc servir, dans le cadre de la mise en place d'un tableau de bord, à valider les indicateurs-guides qui s'y retrouveront. Ces indicateurs auront dicté les investissements précédents. La direction recherchera de nouveaux indicateurs-guides pour élaborer et mettre en œuvre une nouvelle stratégie en fonction de cette validation.

Nous allons maintenant aborder le rendement du capital investi (RCI) et le résultat net résiduel (RNR), qui sont tous deux des témoins de la performance financière passée.

Le rendement du capital investi (RCI)

Par définition, le rendement du capital investi est :

$$RCI = \frac{\text{Résultat net}}{\text{Capital investi}}$$

Le rapport entre le montant produit par un capital et le capital lui-même exprime le rendement de ce capital. Si le capital correspond à l'actif total spécifique à une entité et que le résultat net spécifique correspond au résultat net spécifique à cette même entité, le RCI exprime alors le rendement de l'entité.

La mise en facteurs du RCI fait ressortir les deux grandes voies qui permettent de l'améliorer.

$$RCI = \frac{\text{Résultat net}}{\text{Ventes}} \times \frac{\text{Ventes}}{\text{Capital investi}}$$

RCI = Pourcentage du résultat net × Rotation du capital

Le pourcentage du résultat net mesure l'efficacité à contrôler les charges à un certain niveau d'activité au cours d'une période donnée et, par conséquent, l'efficacité à produire un bénéfice. Le taux de rotation du capital mesure l'efficacité à faire fructifier le capital investi, c'est-à-dire à produire un chiffre d'affaires à partir d'un investissement donné. On peut améliorer le RCI en améliorant l'un ou l'autre des ratios, ou encore les deux.

E X E M P L E   2

Soit une division dont l'actif total est de 8 000 000 $, les ventes de 10 000 000 $ et le résultat net de 1 600 000 $. Au cours de la dernière période, le RCI a été de 20 %, soit :

$$RCI = \frac{16}{100} \times \frac{100}{80}$$

On pourrait améliorer le RCI au cours de la prochaine période selon l'une ou l'autre des stratégies suivantes : réduction des charges de 400 000 $ ou réduction des stocks de 1 600 000 $.

Dans le cas de la réduction des charges de 400 000 $, le RCI obtenu est de 25 %, soit :

$$RCI = \frac{20}{100} \times \frac{100}{80}$$

Dans le cas de la réduction des stocks de 1 600 000 $, le RCI obtenu est de 25 %, soit :

$$RCI = \frac{16}{100} \times \frac{100}{64}$$

---•

Cet exemple met en évidence les trois facteurs associés au RCI :

- les ventes ou le chiffre d'affaires ;
- l'écart entre les ventes et les charges ;
- le capital investi.

L'augmentation du chiffre d'affaires sans accroissement du résultat net (donc de l'écart entre ce chiffre d'affaires et les charges qui ont contribué à le réaliser) ne change rien au RCI. L'augmentation du résultat net peut s'obtenir soit par une réduction des charges soit par une hausse du chiffre d'affaires plus importante que les charges correspondantes.

Le RCI est un indicateur-témoin de la performance. Il est risqué de l'utiliser comme guide. En effet, il peut inciter un gestionnaire à réduire les coûts (coupures de budget) sans que ce dernier ait bien compris quels étaient les véritables inducteurs de coûts et les facteurs générateurs de revenus. Il importe d'établir également dans quelle mesure cet indicateur, en tant que témoin de la performance financière, permet d'effectuer une évaluation équitable et si, par le fait même, les comparaisons faites sont valables.

Il faut analyser sept éléments pour valider les comparaisons faites à l'aide du RCI, soit la définition du capital investi, l'unité utilisée pour mesurer le capital investi, l'âge des immobilisations, l'excédent de capacité, la propriété des immobilisations, les ventes interdivisionnaires et les inducteurs transversaux.

La définition du capital investi

La figure 12.6 présente sept façons de définir le capital investi.

Il est important de s'assurer que le capital investi est défini de façon uniforme lorsqu'on l'utilise pour comparer le rendement de deux ou plusieurs entités.

Si l'on revient à la question de base, à savoir ce que l'on désire évaluer, et qu'on se rend compte qu'il s'agit du rendement de la somme investie dans la division et de l'apport d'une division particulière en tant que placement financier au même titre que n'importe quel placement financier, on peut alors éliminer assez facilement l'avoir des actionnaires comme définition du capital investi, car celui-ci ne représente qu'une fraction de la somme investie dans la division. Le ratio résultat net/avoir des actionnaires présente un intérêt pour les actionnaires. Il s'agit du rendement par action, mais il ne correspond pas au RCI.

Figure 12.6 Sept façons de définir le capital investi

Actif à court terme 4 millions	Passif à court terme 2 millions
Immobilisations 8 millions	Passif à long terme 5 millions
En construction 1 million	Avoir des actionnaires 6 millions
13 millions	**13 millions**

Actif total	13 millions
Actif utilisé	12 millions
Immobilisations	9 millions
Immobilisations plus fonds de roulement	11 millions
Immobilisations utilisées	8 millions
Immobilisations utilisées plus fonds de roulement	10 millions
Avoir des actionnaires	6 millions

On considère souvent que l'actif total représente le capital investi. On présume alors que l'actif inutilisé est soit négligeable, soit un élément normal que l'on retrouve au sein de toutes les unités évaluées. L'actif utilisé est sans doute une donnée plus précise, car le million investi dans le projet en cours n'a pas commencé à produire de revenus, de sorte qu'il ne peut être considéré comme un élément de l'actif générateur de revenus. Cette manière de faire est également plus équitable lorsqu'on compare une division dont une partie de l'actif est inutilisée avec d'autres divisions où tous les éléments de l'actif sont générateurs de revenus.

On définit quelquefois le capital investi comme la valeur des immobilisations, en invoquant que les immobilisations sont les seuls éléments de l'actif qui ont un caractère permanent. Nous ne partageons pas cette opinion, car, selon nous, le fonds de roulement a également un caractère de permanence. Le fonds de roulement est la différence entre l'actif à court terme et le passif à court terme. Sans fonds de roulement positif, une entreprise peut difficilement fonctionner. Toute entreprise commerciale et manufacturière doit financer des stocks et supporter un délai entre l'encaissement des comptes-clients et le paiement des comptes-fournisseurs (comme nous l'avons vu au chapitre 8), ce qui produit le cycle des mouvements de trésorerie. Ces montants nécessaires à l'exploitation de l'entreprise comportent des montants injectés de façon permanente. Du point de vue des fournisseurs de fonds, les sommes investies à long terme dans l'entreprise représentent le passif à long terme plus l'avoir des actionnaires, ce qui correspond exactement aux immobilisations plus le fonds de roulement. C'est donc à juste titre que l'on peut considérer comme capital investi, ou sommes à long terme dans l'entreprise, les immobilisations augmentées du fonds de roulement.

L'unité de mesure du capital investi

En pratique, on utilise le plus souvent la valeur aux livres comme unité de mesure du capital investi. Il faut alors s'assurer que les principes comptables généralement reconnus ont été appliqués de la même façon dans chacune des divisions que l'on veut comparer. Cette remarque vaut autant pour le calcul du résultat net que pour celui du capital investi.

On peut également utiliser la valeur au marché ou la valeur de remplacement des immobilisations pour établir la valeur du capital investi. Le choix de l'une de ces mesures dépend de ce que l'on désire évaluer et comparer : le rendement des sommes investies dans le passé, le rendement des mêmes immobilisations acquises au prix actuel ou encore le rendement de l'entité comme placement financier compte tenu du coût de renonciation. Dans le premier cas, nous suggérons l'utilisation de la valeur aux livres, dans le deuxième la valeur de remplacement et dans le dernier la valeur du marché. Cependant, la valeur de remplacement et la valeur du marché n'étant pas disponibles, on se contentera de calculer le RCI selon la valeur aux livres, cette dernière ayant l'avantage de toujours être disponible.

L'âge des immobilisations

L'âge des immobilisations détermine dans une certaine mesure la charge annuelle d'amortissement et la valeur du capital investi. Il peut aussi toucher les charges d'entretien et de réparations. Par exemple, deux divisions peuvent disposer de la même capacité de production. La première utilise de vieilles immobilisations presque totalement amorties, tandis que la deuxième utilise des immobilisations récentes qui ont coûté très cher et qui justifient une charge d'amortissement nettement plus élevée.

L'excédent de capacité

Les taxes, les assurances, l'amortissement et quelques autres frais généraux sont liés à la capacité de production ou de service. Si une division n'utilise qu'une partie de la capacité disponible, comment doit-on traiter les coûts de capacité ? Par exemple, si elle ne fonctionne qu'à 50 % de sa capacité, doit-on considérer les 50 % restants comme un actif inutilisé et ne pas en tenir compte dans l'évaluation du rendement des opérations ?

Tout dépend de ce que l'on désire évaluer. Souhaite-t-on évaluer le rendement financier du placement ou celui des opérations de l'entreprise ? Il est probable que l'on veut connaître les deux informations.

Les immobilisations louées

Les coûts de location sont une charge de l'exercice et n'influent pas sur le capital investi, alors que le coût d'acquisition est un élément de l'actif qui augmente d'autant le capital investi. Seule la dotation à l'amortissement de cet actif est une charge de l'exercice. Il est fort probable que l'option location soit préférable à l'option achat si l'on se base uniquement sur les résultats de la première année. Toutefois, si l'on considère les résultats sur la durée du projet, l'option achat est préférable à l'option location.

Les ventes interdivisionnaires

Les ventes interdivisionnaires sont parfois un élément important de la stratégie d'entreprise. Le prix auquel ces ventes sont réalisées fausse le calcul du RCI des divisions concernées, comme nous pouvons le constater à l'exemple 3.

E X E M P L E   3

Une entreprise possède deux filiales en propriété exclusive. Du point de vue administratif, chaque filiale est traitée comme une division ou un centre d'investissement, et chaque directeur dispose d'une autonomie complète, même sur le plan de l'acquisition des immobilisations de sa division. Le tableau suivant présente les résultats du dernier exercice.

	Division A	Division B
Ventes	6 000 000 $	7 000 000 $
Résultat net	600 000 $	900 000 $
Actif total		
Valeur aux livres	6 000 000 $	10 000 000 $
Valeur de remplacement	9 000 000 $	12 000 000 $

Par ailleurs, la division B a vendu pour 1 000 000 $ de produits à la division A; ces produits valent 1 500 000 $ au prix du marché. Des ventes extérieures auraient cependant provoqué 300 000 $ de charges additionnelles de vente.

Voici le calcul du RCI selon la valeur aux livres :

		Division A	Division B
$\dfrac{\text{Résultat net}}{\text{Actif total}}$	=	$\dfrac{600\,000\,\$}{6\,000\,000\,\$}$	$\dfrac{900\,000\,\$}{10\,000\,000\,\$}$
RCI	=	10,00 %	9,00 %

et selon la valeur de remplacement :

		Division A	Division B
$\dfrac{\text{Résultat net}}{\text{Actif total}}$	=	$\dfrac{600\,000\,\$}{9\,000\,000\,\$}$	$\dfrac{900\,000\,\$}{12\,000\,000\,\$}$
RCI	=	6,67 %	7,50 %

Le rendement financier de la division A a été de 10 % et celui de la division B, de 9 %. Cependant, si l'on devait remplacer les immobilisations au prix actuel, le rendement de la division B serait de 7,5 % et celui de la division A de 6,7 %. Dans ce cas, on ne tient pas compte d'un résultat net diminué découlant de la dotation accrue à l'amortissement.

Voici les mêmes calculs en supposant des ventes interdivisionnaires de 1 500 000 $ au lieu de 1 000 000 $. Cette hypothèse a pour effet de réduire le résultat net de la division A de 500 000 $ et d'augmenter du même montant celui de la division B.

RCI selon la valeur aux livres:

		Division A	Division B
Résultat net / Actif total	=	100 000 $ / 6 000 000 $	1 400 000 $ / 10 000 000 $
RCI	=	1,67 %	14,00 %

RCI selon la valeur de rendement:

		Division A	Division B
Résultat net / Actif total	=	100 000 $ / 9 000 000 $	1 400 000 $ / 12 000 000 $
RCI	=	1,11 %	11,67 %

Le rendement de la division B est alors nettement meilleur que celui de la division A. Le rendement de la division A semblait supérieur dans nos calculs précédents, mais cela était principalement attribuable aux achats interdivisionnaires inférieurs aux prix du marché. Si les directeurs divisionnaires de cette entreprise étaient rémunérés selon le RCI, le directeur de la division B préférerait vendre à l'extérieur plutôt qu'à la division A, malgré les 300 000 $ de charges additionnelles qu'il devrait engager.

Les inducteurs transversaux

Les inducteurs transversaux sont tous les éléments qui déclenchent des activités ou qui causent la consommation de ressources par les activités, et sur lesquels la direction de la division évaluée n'a aucun contrôle. Cet ensemble comprend donc toutes les causes de travail issues des autres divisions de l'organisation.

Le résultat net résiduel (RNR)

Le résultat net résiduel (RNR) est le résultat net moins un montant d'intérêts calculé sur le capital investi moyen. Bon nombre d'entreprises préfèrent utiliser comme indice un montant absolu plutôt qu'un taux de rendement pour évaluer dans le temps le rendement d'une division. Ce montant absolu est le RNR.

E X E M P L E   4

Soit une division dont l'actif total moyen au cours de la dernière période a été de 8 000 000 $, les ventes de 10 000 000 $ et le résultat net de 1 600 000 $, ce qui donne un RCI de 20 %.

Si le taux d'intérêt est égal à 12 %, on obtient un montant d'intérêts calculé sur le capital investi de 960 000 $, soit 12 % de 8 000 000 $. Ainsi, le RNR est égal à:

$$RNR = 1\ 600\ 000 - 960\ 000$$
$$RNR = 640\ 000\ \$$$

Nous devons faire deux réflexions relativement au choix du RNR. Premièrement, le seul montant de 640 000 $ n'est pas très significatif. Toutefois, dans une suite de résultats chronologiques, il peut être plus révélateur qu'un taux de rendement, car on peut constater l'évolution du RNR au fil des ans alors que le RCI se maintient à 20 %. Deuxièmement, il s'agit d'une question de directive pour les directeurs de division. L'utilisation d'un montant plutôt que celle d'un taux envoie un message différent. Dans le cas du RNR, le message suggéré est la maximalisation du montant, ce qui incitera le directeur à accepter tout projet qui rapportera au moins le taux d'intérêt imputé. Ce taux fait alors figure de taux de rejet ou de taux critique. Dans le cas du RCI, le message suggéré est la maximalisation du taux actuellement observé et calculé, ce qui incitera le directeur à refuser tout projet qui aurait pour effet de diminuer la moyenne actuellement calculée, même si le projet rapporte plus que le taux de rejet fixé. Selon les données de cet exemple, on refuserait tout projet promettant un rendement calculé se situant entre 12 et 16 %.

--•

LE PRIX DE CESSION INTERNE

Le **prix de cession interne** est le prix demandé par la division d'une entreprise à une autre division de la même entreprise pour un bien ou un service qu'elle lui fournit. Du point de vue de la rentabilité de l'entreprise, le prix de cession interne n'influe aucunement sur le résultat global si l'on ne tient pas compte de certaines différences sur le plan des impôts entre les provinces et les pays. En effet, ce que perd une division, l'autre le gagne.

Cependant, dans le cadre d'une entreprise organisée par divisions où l'on a mis en place des indices de mesure du rendement financier des divisions, le prix de cession interne peut facilement changer le résultat d'une division, comme on l'a vu à l'exemple 3. Il peut, de ce fait, devenir un facteur de motivation ou de démotivation pour le directeur de la division.

La véritable décentralisation doit s'accompagner d'une délégation totale des pouvoirs; elle doit en particulier comporter, d'une part, la liberté de choisir les clients et les fournisseurs et, d'autre part, la liberté de fixer le prix des biens et services. Le directeur d'une division devrait avoir toute latitude d'acheter là où on lui offre le meilleur prix, qu'il s'agisse d'une autre division de l'entreprise ou d'un fournisseur entièrement indépendant. Le même principe devrait s'appliquer pour les ventes, de sorte que le directeur d'une division vendeuse devrait avoir la liberté de vendre à qui il veut. Cependant, une telle liberté ne garantit pas l'optimisation du résultat global.

En effet, certaines divisions peuvent à tort entretenir un sentiment de sécurité parce qu'elles ont vendu d'avance une partie importante de leur production à une autre division. Cette situation n'assure pas un contrôle efficace des coûts de la division vendeuse et elle présente des risques importants dans le cas où la division acheteuse a de la difficulté à vendre ses produits. Par ailleurs, si une division est en situation privilégiée, son directeur cherchera à en tirer profit au détriment du directeur d'une autre division. Enfin, la volonté de créer une concurrence entre les divisions est sans doute excellente en soi, mais elle risque de provoquer des décisions qui sont nettement à l'avantage d'un directeur de division et dont les résultats ne seront pas des plus positifs pour l'entreprise dans son ensemble.

Le prix du marché

Le prix du marché comme prix de cession interne respecte le principe de la décentralisation. De cette façon, les divisions acheteuse et fournisseuse se tiennent au courant des prix prévalant sur le marché. Le prix du marché favorise l'autonomie des divisions. Il permet à la haute direction d'atteindre ses objectifs de motivation, de coordination et d'efficacité. On utilisera fréquemment le prix du marché escompté de frais de ventes et de mise en marché, que la division vendeuse n'a pas à supporter. Le prix lui-même n'est ni contestable ni frustrant parce qu'il est déterminé par le marché de façon indépendante et externe.

Lorsque le prix du marché n'existe pas parce qu'il n'y a pas de marché véritable, comme dans le cas de pièces spécialisées, on a alors recours à un certain nombre de formules ou de méthodes basées sur les coûts calculés.

Le coût complet

Le coût complet avec ou sans marge bénéficiaire ne semble pas très utile comme prix de cession interne à cause de ses inconvénients. D'une part, la division fournisseuse n'a aucune incitation à la productivité : en effet, quelle que soit sa performance, son résultat est le même. D'autre part, la division acheteuse assume les inefficacités de l'autre division, le cas échéant.

Toutefois, si l'entreprise décide d'opter pour une forme de coût complet, il est préférable d'utiliser un coût budgétisé, donc prédéterminé, plutôt qu'un coût réel : en effet, dès qu'il y a un écart entre le prix prévu et le prix réel, il peut être extrêmement frustrant pour la division acheteuse de devoir supporter un coût non prévu dont elle n'est aucunement responsable.

Le coût variable

Si on utilise le coût variable pour calculer le prix de cession interne, on se trouve à masquer un des inconvénients du coût complet, soit l'obligation de répartir les coûts fixes. Par ailleurs, une division ne peut vendre ses produits et services au coût variable, car elle serait déficitaire.

Le coût standard

L'emploi du coût standard comme prix de cession interne permet jusqu'à un certain point d'éliminer les inconvénients qu'on attribue au coût complet. Comme il est déterminé de manière relativement objective et qu'il représente une norme à atteindre, il est indépendant de la performance de la division vendeuse.

Un prix négocié

En l'absence de véritable prix du marché, la direction du siège social devrait laisser les divisions négocier le prix de cession interne. Si le prix est accepté de plein gré par les deux parties, il y a de fortes chances que les objectifs de motivation et de coordination soient atteints.

De nombreux prix

Notons enfin que, selon l'objectif poursuivi, il peut y avoir plus d'un prix de cession interne, comme le prix établi pour la coordination et la motivation, le prix associé aux taxes et aux impôts, le prix relatif à certaines réglementations sur les prix, etc.

E X E M P L E   5

Le service administratif d'une entreprise réserve ses services à deux divisions, A et B, qui sont des centres de profit. Le service administratif fonctionne actuellement en centre de coûts. La direction songe à transformer ce service administratif en centre de profit en établissant un prix de cession interne. Elle croit que si les deux divisions avaient à payer pour les services qu'elles reçoivent du centre administratif, elles seraient plus économes.

Au cours de la dernière année, le budget annuel d'exploitation du centre administratif a été de 520 000 $, soit une partie fixe de 400 000 $ et une partie variable de 120 000 $ représentant 12 000 heures de service prévues.

Après une analyse de ce cas par le contrôleur, le prix de cession interne a été fixé, selon les prévisions à long terme pour ce qui est de la partie fixe des coûts budgétés. Pour ce qui est de la partie variable des coûts, on a fixé le prix de l'heure d'utilisation à 10 $. Le tableau suivant présente les calculs de la facture interne des deux divisions pour le mois de juin.

Prévisions d'utilisation à long terme
Division A :   7 200 heures par an
Division B :   4 800 heures par an

Prévisions d'utilisation pour juin
Division A :   600 heures
Division B :   300 heures

Les factures du mois de juin s'élèveront respectivement à :
Division A
Portion fixe :   (400 000 $ / 12 000 heures) × 7 200 heures
                     soit 240 000 $ par an ou 20 000 $ par mois

Portion variable : 600 heures à 10 $ l'heure
                    soit 6 000 $ pour juin

Total :   26 000 $ pour le mois de juin

Division B
Portion fixe :   (400 000 $ / 12 000 heures) × 4 800 heures
                     soit 160 000 $ par an ou 13 333 $ par moi

Portion variable : 300 heures à 10 $ l'heure
                    soit 3 000 $ pour juin

Total :   16 333 $ pour le mois de juin

> Comme la portion fixe de la facture, soit respectivement 20 000 $ et 13 333 $ par mois pour les divisions A et B, est fonction de leurs besoins prévus à long terme, les divisions auront intérêt à planifier leurs besoins de façon plus rigoureuse. Et comme la portion variable, qui s'élève respectivement à 6 000 $ et à 3 000 $ par mois pour les divisions A et B, est fonction de l'utilisation réelle, les divisions s'efforceront de ne pas abuser du service administratif.

--•

En conclusion, la comptabilité par centres de responsabilité est un système qui permet de déterminer des indicateurs-témoins de la performance financière de certaines parties de l'entreprise. Par ailleurs, le prix de cession interne permet à certains utilisateurs de produits semi-finis et de services internes de l'entreprise de constater que rien n'est gratuit.

LA COMPTABILITÉ DE MANAGEMENT ET LA PERFORMANCE

Depuis qu'elle existe, la comptabilité de management s'intéresse à la performance par le biais du calcul des coûts et des indicateurs financiers de rendement. Les comptables ont cherché à atteindre une plus grande précision dans leur calcul du rendement des divisions, des unités administratives, des ateliers et même des machines, tout en cherchant par ces calculs à expliquer la performance. Cependant, on se rend compte aujourd'hui que les comptables ont toujours déterminé des indicateurs-témoins de la performance financière. D'autre part, on croyait assurer la performance en établissant des standards et en surveillant les écarts à ces standards. On procédait de la même manière que les ingénieurs qui assuraient la qualité par le biais du contrôle statistique de la qualité. Aujourd'hui, avec l'avènement de la comptabilité et de la gestion par activités, on s'aperçoit toutefois que c'est en se penchant sur les causes des coûts que l'on peut réduire les coûts, en recherchant les causes des délais que l'on peut réduire les temps de cycle, en examinant les causes de la non-qualité que l'on peut améliorer la qualité et en contrôlant les inducteurs transversaux que l'on améliore la performance des processus.

Q U E S T I O N S   D E   R É V I S I O N

1. Qu'est-ce que la performance?

2. Distinguez la performance des personnes de celle des organisations.

3. Définissez les indicateurs-témoins de la performance. *RC1 - RN2*

4. Définissez les indicateurs-guides de la performance.

5. Quelle est l'utilité

   a) des indicateurs-témoins? *A postériori*

   b) des indicateurs-guides? *A priori indique Direction à prendre*

6. Définissez la performance selon le modèle français de la performance.

7. Décrivez brièvement les trois étapes de l'évolution des moyens utilisés dans la gestion de la performance. *Mesure les résultats / Suivi des procédés management à ... / Préparation de la performance*

8. Définissez la comptabilité par centres de responsabilité.

9. Définissez les centres de responsabilité suivants :

   a) centre de coûts conceptualisés ;
   b) centre de coûts discrétionnaires ;
   c) centre de revenu ;
   d) centre de profit ;
   e) centre d'investissement.

10. Quelles sont les principales raisons invoquées pour décentraliser les organisations ?

11. Définissez le rendement financier d'une organisation.

12. Commentez brièvement la gestion de la performance à l'aide du RCI.

13. Définissez le capital investi et commentez brièvement les différentes définitions qu'on en donne.

14. Énumérez les principaux facteurs dont il faut tenir compte lorsqu'on utilise le RCI pour évaluer les divisions.

15. Définissez le RNR.

16. Dites ce qui distingue le RNR du RCI dans l'évaluation de la performance financière des divisions.

17. Citez des raisons pour établir un prix de cession interne.

18. Faites quelques brèves suggestions pour établir un prix de cession interne.

19. Commentez la phrase suivante : « Les comptables en management sont des témoins, non des guides, de la performance des organisations ».

EXERCICES

● **Exercice 12.1   Le rendement du capital investi, un témoin de la performance passée**

Provisions Alexandre inc. distribue des produits alimentaires en gros et au détail. La vente au détail se fait par un réseau qui comptait, en 1995, 140 établissements répartis dans tout le Québec. Certains de ces établissements appartiennent à Provisions Alexandre inc., d'autres appartiennent conjointement au gérant et à l'entreprise de distribution, d'autres enfin sont des concessions. Le tableau suivant présente le nombre d'établissements, le bénéfice net d'exploitation, le montant des ventes et le capital investi de tous les établissements du groupe.

Provisions Alexandre inc.	1991	1992	1993	1994	1995
Nombre d'établissements	66	72	88	120	140
Bénéfice net d'exploitation (en millions de dollars)	8,7	9,1	11,1	17,5	20,4
Ventes (en millions de dollars)	396	455	584	832	1019
Capital investi (en millions de dollars)					
Coût d'origine	32	37	64	75	86
Coût de remplacement	39	48	86	103	124
Valeur de revente	47	57	76	114	155

Le tableau suivant présente les résultats d'un de ces établissements, le magasin de Sainte-Foy.

Magasin de Sainte-Foy	1991	1992	1993	1994	1995
Bénéfice net d'exploitation (en milliers de dollars)	93	108	126	145	146
Ventes (en milliers de dollars)	4 634	4 932	6 630	6 934	7 280
Capital investi (en milliers de dollars)					
Coût d'origine	125	124	195	196	194
Coût de remplacement	150	190	325	360	400
Valeur de revente	180	240	430	600	800

Travail à faire

1. Calculez le RCI du groupe Provisions Alexandre inc. et du magasin de Sainte-Foy.

2. Commentez la performance passée du magasin de Sainte-Foy.

3. Commentez les perspectives de performance du magasin de Sainte-Foy et les indicateurs utiles pour y arriver.

$$RCI = \frac{Resultat\ net}{Capital\ investi}$$

● **Exercice 12.2   Limites du RCI**

Voici le tableau des données financières des cinq dernières années d'une entreprise qui comprend cinq divisions plus un siège social et un centre de recherche.

	1991	1992	1993	1994	1995
Siège social					
Coûts	1 230 000 $	1 291 500 $	1 937 250 $	2 324 700 $	2 789 640 $
Capital investi	1 420 000 $	1 349 000 $	2 023 500 $	1 922 325 $	1 826 209 $
Centre de recherche					
Coûts	500 000 $	1 050 000 $	1 260 000 $	2 772 000 $	6 930 000 $
Capital investi	2 650 000 $	5 300 000 $	5 300 000 $	10 600 000 $	16 960 000 $
Division A					
Bénéfice net	1 790 460 $	1 883 180 $	1 632 900 $	2 008 321 $	1 772 862 $
Ventes	58 829 400 $	59 532 795 $	75 813 192 $	70 637 484 $	67 867 386 $
Capital investi	12 789 000 $	12 149 550 $	14 579 460 $	13 850 487 $	13 850 487 $
Division B					
Bénéfice net	3 859 300 $	4 585 750 $	4 612 725 $	5 599 336 $	6 816 583 $
Ventes	119 638 300 $	129 480 000 $	143 507 000 $	160 676 588 $	165 545 575 $
Capital investi	38 593 000 $	53 950 000 $	51 252 500 $	48 689 875 $	48 689 875 $
Division C					
Bénéfice net		2 148 190 $	3 163 698 $	3 327 742 $	3 747 225 $
Ventes		103 503 700 $	149 982 720 $	166 387 080 $	207 163 632 $
Capital investi		19 529 000 $	23 434 800 $	23 434 800 $	30 465 240 $
Division D					
Bénéfice net			6 942 600 $	8 423 688 $	9 326 226 $
Ventes			425 812 800 $	667 878 120 $	722 030 400 $
Capital investi			46 284 000 $	60 169 200 $	60 169 200 $
Division E					
Bénéfice net			1 217 855 $	1 496 702 $	3 030 359 $
Ventes			19 317 700 $	36 031 710 $	77 606 760 $
Capital investi			8 399 000 $	9 238 900 $	18 477 800 $
Groupe					
Bénéfice net	3 919 760 $	6 275 620 $	14 372 528 $	15 759 088 $	14 973 615 $
Ventes	178 467 700 $	292 516 495 $	814 433 412 $	1 101 610 981 $	1 240 213 753 $
Capital investi	55 452 000 $	92 277 550 $	151 273 260 $	167 905 587 $	190 438 811 $

À partir de ces données, nous avons calculé le taux de bénéfice net, le taux de rotation du capital et le RCI des cinq divisions et du groupe. Voici ces résultats :

	1991	1992	1993	1994	1995
Division A					
Taux de bénéfice net	3,04 %	3,16 %	2,15 %	2,84 %	2,61 %
Taux de rotation du capital	4,60	4,90	5,20	5,10	4,90
RCI	14,00 %	15,50 %	11,20 %	14,50 %	12,80 %
Division B					
Taux de bénéfice net	3,23 %	3,54 %	3,21 %	3,48 %	4,12 %
Taux de rotation du capital	3,10	2,40	2,80	3,30	3,40
RCI	10,00 %	8,50 %	9,00 %	11,50 %	14,00 %
Division C					
Taux de bénéfice net		2,08 %	2,11 %	2,00 %	1,81 %
Taux de rotation du capital		5,30	6,40	7,10	6,80
RCI		11,00 %	13,50 %	14,20 %	12,30 %
Division D					
Taux de bénéfice net			1,63 %	1,26 %	1,29 %
Taux de rotation du capital			9,20	11,10	12,00
RCI			15,00 %	14,00 %	15,50 %
Division E					
Taux de bénéfice net			6,30 %	4,15 %	3,90 %
Taux de rotation du capital			2,30	3,90	4,20
RCI			14,50 %	16,20 %	16,40 %
Groupe					
Taux de bénéfice net	2,20 %	2,15 %	1,76 %	1,43 %	1,21 %
Taux de rotation du capital	3,22	3,17	5,38	6,56	6,51
RCI	7,07 %	6,80 %	9,50 %	9,39 %	7,86 %

Il s'agit d'une entreprise qui a géré la croissance au cours des dernières années et qui entre dans un contexte économique de récession et de mondialisation. Cette entreprise a connu un RCI de 9,5 % en 1993 à la suite de deux acquisitions majeures effectuées au début de cette année-là, soit les divisions D et E. Elle avait acquis la division C en 1992. La présidente s'inquiète du RCI de 7,86 % en 1995.

● **Travail à faire**

1. Commentez brièvement la performance de cette entreprise.

2. Si vous étiez son contrôleur, quelles seraient vos inquiétudes en ce qui concerne la performance ?

3. Quelles informations vous faut-il utiliser pour évaluer les perspectives de performance de cette entreprise ?

● Exercice 12.3   Décisions influant sur le RCI

Voici l'état des résultats d'une division pour l'exercice se terminant le 31 décembre 1995.

Ventes		92 849 200 $
Coût variable des produits fabriqués		35 282 696
Marge à la fabrication		**57 566 504 $**
Frais de vente variables		7 427 936
Marge sur coûts variables		**50 138 568 $**
Frais fixes		
Fabrication	18 928 000 $	
Vente	11 473 000 $	
Administration	7 296 000 $	
Financement	5 837 000 $	43 534 000
Bénéfice net		**6 604 568 $**
Actif moyen total		50 882 000 $

La nouvelle directrice de la division pense qu'on peut améliorer le RCI de la division sans aucun changement du montant des ventes ni de la marge sur coûts variables. Elle demande au contrôleur de la division de lui présenter trois suggestions à cet effet. Voici les suggestions du contrôleur:

1. Vendre l'équipement de l'usine pour 12 000 000 $. Ce montant correspond à sa valeur aux livres. Ces équipements sont actuellement amortis selon la méthode linéaire au taux de 800 000 $ par an. La vente de l'équipement permettra à l'entreprise de diminuer les frais de financement de 1 200 000 $, soit de 10 % du montant reçu. La location d'un équipement neuf s'élève à 2 millions par an.

2. N'accorder que 30 jours aux clients pour régler leurs achats plutôt que les 90 jours actuels. La division ne vend qu'à des grossistes qui respectent tous précisément les conditions de crédit. Le montant d'argent comptant ainsi récupéré servirait entièrement à diminuer le montant des comptes fournisseurs et l'emprunt de banque à court terme. L'entreprise économiserait ainsi 1 500 000 $ en frais de financement.

3. Vendre tous les immeubles de la division à une autre division du groupe spécialisée dans la gestion des immeubles. L'actif moyen de la division vendeuse diminuerait de 40 millions, ses frais de financement seraient réduits de 5 millions, et la dotation à l'amortissement de 2 millions par an. Cependant la division devra verser un loyer annuel de 8 millions à la division acheteuse des immeubles.

● Travail à faire

Calculez l'impact sur le RCI de chacune des suggestions du contrôleur.

● Exercice 12.4   Prix de cession interne de services

Une entreprise compte neuf divisions dont huit vendent des services au détail. La neuvième division produit des documents audiovisuels, des brochures et de la documentation en général pour les autres divisions ainsi que pour un siège social indépendant des divisions. Le budget annuel de la neuvième division pour le prochain exercice est le suivant :

Frais fixes	384 000 $
Frais variables	
Matières premières	462 720
Main-d'œuvre directe	691 200
Total	**1 537 920 $**
Heures travaillées	23 040

Le directeur de la neuvième division est évalué selon des critères de qualité de la documentation produite et selon le délai de livraison. S'il prévoit un retard dans la livraison d'un service à une autre division, il demandera à son personnel de travailler en heures supplémentaires afin de respecter l'échéance. L'an dernier, on a compté 69 120 $ en rémunération additionnelle liée aux heures supplémentaires. Les autres divisions du groupe sont des centres de profit et la neuvième division leur facture au coût complet réel les services qu'elles reçoivent. De plus, elles doivent supporter le coût des services fournis au siège social par la neuvième division. Ainsi, comme le siège social prévoit consommer 25 % des heures travaillées par la neuvième division, soit 5 760 heures, cette dernière demandera aux huit divisions clientes un montant de 89 $ l'heure plus un ajustement pour compenser l'écart entre les frais réels et le budget. Le montant de 89 $ est obtenu en divisant le total des frais budgétés de 1 537 920 $ par le nombre d'heures réparties entre les huit divisions, soit 17 280 heures (23 040 moins les 5 760 heures de services rendus au siège social).

Depuis que ce système à été mis en place, il engendre le désordre et la frustration, et plusieurs directeurs menacent de recourir à un sous-contractant externe pour faire effectuer leurs travaux.

● Travail à faire

Proposez un système de prix de cession interne qui soit acceptable pour tous les gestionnaires et qui permette d'affecter tous les coûts aux utilisateurs.

● Exercice 12.5   Rendement et rémunération

Il y a trois ans, une entreprise œuvrant dans un marché saturé par l'offre et jugeant son unique produit en phase de déclin, a décidé d'acquérir deux entreprises, devenues depuis les divisions B et C, l'entreprise originale étant devenue la division A. La division B offre un produit nouveau dans un marché en croissance mais qui nécessite encore un investissement important. La division C offre par ailleurs un produit bien établi dont les revenus sont stables et relativement assurés. Voici les statistiques des résultats des trois dernières années.

	1993	1994	1995
Ventes			
Division A	10 527 800 000 $	9 475 020 000 $	9 001 269 000 $
Division B	240 450 000	288 540 000	360 675 000
Division C	4 748 700 000	4 986 135 000	5 235 441 750
Total	15 516 950 000 $	14 749 695 000 $	14 597 385 750 $
Bénéfice net d'exploitation			
Division A	985 600 000 $	887 040 000 $	842 688 000 $
Division B	52 800 000	63 360 000	79 200 000
Division C	730 670 000	767 203 500	805 563 675
Total	1 769 070 000 $	1 717 603 500 $	1 727 451 675 $
Capital investi moyen			
Division A	6 552 800 000 $	6 421 744 000 $	6 293 309 120 $
Division B	850 900 000	1 021 080 000	1 276 350 000
Division C	3 543 835 000	3 898 218 500	4 093 129 425
Total	10 947 535 000 $	11 341 042 500 $	11 662 788 545 $
Rendement du capital investi (RCI)			
Division A	15,04 %	13,81 %	13,39 %
Division B	6,21 %	6,21 %	6,21 %
Division C	20,62 %	19,68 %	19,68 %
Ensemble	16,16 %	15,15 %	14,81 %

La rémunération de tous les cadres supérieurs de l'entreprise comporte une prime de rendement égale à 1 % du bénéfice net moins un intérêt égal à 14 % du capital investi moyen. Cette prime est partagée également entre tous les cadres supérieurs. Voici les statistiques du nombre de cadres ainsi que la prime de rendement calculée au cours des trois dernières années.

Nombre de cadres supérieurs	1993	1994	1995
Division A	72	69	54
Division B	14	21	35
Division C	90	86	79
Ensemble	176	176	168
Prime globale	4 553 658 $	3 566 784 $	3 279 170 $
Prime individuelle	25 873 $	20 266 $	19 519 $

Comme on peut le constater dans le tableau ci-dessus, le montant individuel a diminué au cours des trois dernières années et, pour la première fois, il est descendu au-dessous de 20 000 $. Le président de la division A exprime son mécontentement de voir la prime des cadres de sa division être diminuée malgré les efforts de rationalisation que sa division s'est imposés en réduisant le nombre de cadres supérieurs de 72 à 54. Il note que le nombre de cadres de la division B s'est accru de 14 à 35 et il propose un nouveau système de prime de rendement par lequel la prime calculée pour une division serait fonction uniquement de la performance de cette division. Ainsi, le montant global pour les cadres d'une division serait égal à 1 % du bénéfice net de la division moins un intérêt égal à 14% du bénéfice net moyen de cette division. Voici quelle aurait été la prime des cadres de chacune des divisions si cette règle avait été appliquée au cours des trois dernières années.

Prime globale	1993	1994	1995
Division A	1 992 640 $	1 164 307 $	874 909 $
Division B	0 $	0 $	0 $
Division C	3 054 098 $	2 994 173 $	3 143 881 $

Prime individuelle	1993	1994	1995
Division A	27 676 $	16 874 $	16 202 $
Division B	0 $	0 $	0 $
Division C	33 934 $	34 816 $	39 796 $

Travail à faire

Commentez la performance de l'entreprise, le système de prime actuel et le système de prime proposé.

• Exercice 12.6   Prix de cession interne et décision

Une entreprise comprend deux divisions, soit les divisions A et B. La division B achète à la division A la pièce A100 nécessaire à la fabrication de l'un de ses produits, le produit B200. Voici les données financières relatives aux deux produits.

	Division A Pièce A100	Division B Produit B200
Capacité normale de production	1 000 000	400 000
Prix de vente	73 $	284 $
Prix de cession interne	53 $	
Coûts variables de fabrication	32 $	138 $
Coûts fixes spécifiques	10 $	25 $

La division A fabrique également d'autres pièces. La capacité normale de production de la division A ne concerne que le produit A100. Par ailleurs, la division A doit supporter des frais fixes communs de 10 millions par an. L'an dernier, les ventes externes de la division A ont atteint 600 000 unités, de sorte que la division fonctionne à pleine capacité.

La production du produit B200 de la division B s'étale de juillet à décembre, de sorte que les 400 000 pièces achetées à la division A le sont durant cette période. L'an dernier, la division A a accusé des retards importants auprès de clients externes afin d'approvisionner à temps la division B à un prix inférieur de 20 $ à celui demandé aux clients externes. Le directeur de la division A avise le directeur de la division B qu'il devra dorénavant payer le prix demandé aux clients externes ou bien se contenter d'acheter l'excédent de production de sa division au moment où celle-ci sera en mesure de les lui livrer.

Travail à faire

1. Si la division B n'achetait que l'excédent de la production de la division A, quel effet cela aurait-il sur les deux divisions? La division A estime que ses ventes externes seront de 650 000 unités l'an prochain. Supposez dans un premier temps que la division B ne peut pas se procurer ailleurs les pièces qu'elle ne peut acheter à la division A et, dans un deuxième temps, qu'elle peut se les procurer à 80 $ la pièce.

2. Quel prix maximal la division B pourrait-elle se permettre de payer à la division A pour la pièce A100 ?

● Exercice 12.7 Indicateurs-témoins et indicateurs-guides

Auberge des voyageurs est une chaîne hôtelière qui comptait 236 établissements répartis sur le territoire nord-américain en 1995. Le tableau suivant présente l'évolution du RCI au cours des cinq dernières années ainsi que le nombre d'établissements.

	1991	1992	1993	1994	1995
RCI	13,26 %	12,35 %	13,63 %	13,48 %	14,52 %
Nombre d'établissements	168	193	212	229	236
Taux d'occupation	86,32 %	82,64 %	89,40 %	89,20 %	92,80 %
Bulletin qualité	73,92 %	74,72 %	76,39 %	82,85 %	91,02 %

Voici maintenant les statistiques décrivant la performance d'un établissement, celui de la rue Maisonneuve à Montréal.

	1991	1992	1993	1994	1995
RCI	8,65 %	8,89 %	9,53 %	10,58 %	11,78 %
Taux d'occupation	68,94 %	76,84 %	85,28 %	90,63 %	95,38 %
Bulletin qualité					
Réception	85,68 %	86,74 %	85,73 %	89,56 %	91,32 %
Salle à manger	90,63 %	90,15 %	89,37 %	91,32 %	93,75 %
Toilettes	87,42 %	90,54 %	96,40 %	96,74 %	96,25 %
Piscine	81,96 %	83,65 %	88,69 %	87,49 %	89,64 %
Cuisine	79,84 %	82,54 %	86,87 %	85,38 %	89,47 %
Chambres	82,64 %	86,72 %	87,65 %	87,21 %	89,63 %
Moyenne générale	84,70 %	86,72 %	89,12 %	89,62 %	91,68 %

● Travail à faire

1. Commentez la performance de l'établissement de la rue Maisonneuve à Montréal.
2. Quelles autres informations vous faut-il utiliser pour évaluer les perspectives de performance de l'établissement de la rue Maisonneuve à Montréal ?

BIBLIOGRAPHIE

Anthony, Robert N., et Vijay Govindarajan. *Management Control Systems*, 8ᵉ éd., Irwin, 1995.

Balm, Gerald J. *Benchmarking: A Practionners' Guide for Becoming and Staying Best of the Best*, QPMA Press, 1992.

Bescos, P.-L., P. Dobler, C. Mendoza et G. Naulleau. *Contrôle de gestion et management*, 2ᵉ éd., Montchréstien, 1993.

Bescos, Pierre-Laurent, et Carla Mendoza. *Le management de la performance*, Éditions comptables Malesherbes, 1994.

Boisvert, Hugues. *Le contrôle de gestion – Vers une pratique renouvelée*, Éditions du Renouveau Pédagogique Inc., 1991.

Boisvert, Hugues, Marie-Andrée Caron et collaborateurs. *Redéfinir la fonction Finance-Contrôle en vue du XXIᵉ siècle*, Les Éditions Transcontinentales, 1995.

Bouquin, Henri. *Le contrôle de gestion*, Presses Universitaires de France, 1986.

Bouquin, Henri. *Comptabilité de gestion*, Éditions Dalloz, 1993.

Brimson, James A. *Activity Accounting: An Activity-Based Costing Approach*, National Association of Accountants, John Wiley & Sons, Inc., 1991.

Brinker, Barry J. *Handbook of Cost Management*, Warren, Gorham & Lamont, Inc., 1992.

Cokins, Gary, Alan Stratton et Jack Helbling. *An ABC Manager's Primer*, Institute of Management Accountants, 1993.

Cooper, Robin, et Robert S. Kaplan. *The Design of Cost Management Systems: Texts, Cases, and Reading*, Prentice Hall, 1991.

Cooper, Robin, Robert S. Kaplan, Lawrence S. Maisel, Eileen Morrissey et Ronald M. Oehm. *Implementing Activity-Based Cost Management: Moving from Analysis to Action*, Institute of Management Accountants, 1992.

Crôteau, Omer, Léo-Paul Ouellette, Vernet Félix et Hugues Boisvert. *Comptabilité de gestion*, 2ᵉ éd., Éditions du Renouveau Pédagogique Inc., 1986.

Crôteau, Omer, Léo-Paul Ouellette, Vernet Félix et Hugues Boisvert. *Prix de revient. Planification, contrôle et analyse des coûts*, Éditions du Renouveau Pédagogique Inc., 1981.

Davenport, Thomas H. *Process Innovation: Reengineering Work through Information Technology*, Harvard Business School Press, 1993.

Guedj, Norbert, et collaborateurs. *Le contrôle de gestion*, Les Éditions d'Organisation, 1991.

Hammer, Michael, et James Champy. *Reengineering the Corporation*, Harper Business, 1993.

Harrington, H. James. *Business Process Improvement: The Breakthrough Strategy for Total Quality, Productivity and Competitiveness*, McGraw-Hill, Inc., 1991.

Howell, Robert A., James D. Brown, Stephen R. Soucy et H. Allen Seed. *Management Accounting in the New Manufacturing Environment*, NAA, 1987.

Howell, Robert A., John K. Shank, Stephen R. Soucy et Joseph Fisher. *Cost Management for Tomorrow: Seeking the Competitive Edge*, Financial Executives Research Foundation, 1992.

Hronec, Steven M. *Vital Signs*, AMACOM (American Management Association), 1993.

Ishikawa, Kaoru. *Guide to Quality Control, Industrial Engineering and Technology*, Asian Productivity Organization, 1976.

Innes, J., et F. Mitchell. *Activity-Based Costing: A Review with Case Studies*, CIMA, 1991.

Johnson, H. Thomas. *Relevance Regained: From Top-Down Control to Bottom-Up Empowerment*, Free Press, 1992.

Kaplan, Robert S., et H. Thomas Johnson. *Relevance Lost: The Rise and Fall of Management Accounting*, Harvard Business School Press, 1987.

La société des comptables en management du Canada. *Politiques de comptabilité de management.*

La société des comptables en management du Canada. *Terminologie fondamentale de la comptabilité de management, anglais – français*, LEXICOM, sous la direction de Julie Desgagné, 1994.

Lorino, Philippe. *Comptes et Récits de la Performance. Essai sur le Pilotage de l'Entreprise*, Les Éditions d'Organisation, 1995.

Lorino, Philippe. *L'économiste et le manageur*, Éditions La Découverte, 1989.

Lorino, Philippe. *Le contrôle de gestion stratégique, la gestion par les activités*, Dunod, 1991.

Martel, Louise, et Jean-Guy Rousseau. *Le gestionnaire et les états financiers*, 2e éd., Éditions du Renouveau Pédagogique Inc., 1993.

McKinnon, Sharon M., et William J. Bruns. *The Information Mosaic*, Harvard Business School Press, 1992.

McNair, C. J., et H. J. Leibfried. *Benchmarking... A Tool for Continuous Improvement*, Harper Business, 1992.

Ménard, Louis. *Dictionnaire de la comptabilité et de la gestion financière*, Institut canadien des comptables agréés, 1994.

Mévellec, Pierre. *Outils de gestion, la pertinence retrouvée*, Éditions comptables Malesherbes, 1991.

Morgan, Gareth. *Images de l'organisation*, Éditions Eska, 1990.

Mintzberg, Henry. *Structure et dynamique des organisations*, Les Éditions d'Organisation et les Éditions Agence d'Arc, 1982.

Nollet, J., J. Kélada et M. Diorio. *La gestion des opérations et de la production, une approche systémique*, Gaëtan Morin éditeur, 1986.

O'Guin, Michael. *The Complete Guide to Activity-Based Costing*, Prentice Hall, 1991.

Pyhr, Peter A. *Zero Base Budgeting*, John Wiley & Sons, Inc., 1988.

Savall, Henri, et Véronique Zardet. *Le nouveau contrôle de gestion, méthode des coûts-performances cachés*, Éditions comptables Malesherbes, 1992.

Shank, John K., et Vijay Govindarajan. *Cost Management: The New Tool for Competitive Advantage*, Free Press, 1993.

Simons, Robert. *Levers of Control*, Harvard Business School Press, 1995.

Spendolini, Michael J. *The Benchmarking Book*, AMACOM, 1992.

Stonich, Paul J. *Zero Base Planning and Budgeting*, Dow-Jones Irwin, 1977.

Sylvain, Fernand, A.N. Mosich et E. John Larsen. *Comptabilité intermédiaire, théorie comptable et modalités d'application*, 2ᵉ éd., McGraw-Hill, Inc., 1982.

Tapscott, Don, et Art Caston. *Paradigm Shift: The New Promise of Information Technology*, McGraw-Hill, Inc., 1993.

Teboul, James. *La dynamique qualité*, Les Éditions d'Organisation, 1990.

Turney, Peter B. B. *Common Cents: The ABC Performance Breakthrough*, Cost Technology, 1991.

Watson, Greg. *The Benchmarking Workbook: Adapting Best Practices for Performance Improvement*, Productivity Press, Inc., 1992.

Woods, Michael D. *Total Quality Accounting*, John Wiley & Sons, Inc., 1994.

Zimmerman, Jerold L. *Accounting for Decision Making and Control*, Irwin, 1995.

INDEX

F

Fabrication
    juste-à-temps, 67
    par lot, 65
    sur commande, 65

Facteur
    contrôlable, 154
    de consommation des ressources, 149

Fiche de coût de revient, 63

Fiscalité, 2

Flot d'opérations continu, 67

Frais généraux de fabrication, 62

G

Gestion, 2, 263
    axée sur le commandement et la
        surveillance, 263, 293
    axée sur l'orientation et l'apprentissage,
        263, 321
    de la trésorerie, 2, 6, 227
    par activités, 269, 326
    par exceptions, 266
    par objectifs, 267

Graphique d'acheminement, 330

I

Imputation, 116

Indicateurs
    financiers, 357
    -guides, 356, 358
    -témoins, 356

Inducteur(s), 135
    d'activité, 148
    de coûts, 336
    de ressources, 144
    négatifs, 154
    positifs, 154
    transversaux, 375

Institut des vérificateurs internes inc., 14

Insuffisance des systèmes comptables
    actuels, 11

M

Main-d'œuvre directe, 62

Marge
    à la distribution, 179
    à la fabrication, 179
    de crédit, 249
    de sécurité, 206
    nette, 188
    par unité d'un facteur de production,
        179, 181
    sur coûts variables, 179

Matières premières, 62

Mesure des résultats, 361

Méthode
    de l'épuisement successif, 100
    de l'ingénierie, 35
    de l'inventaire
        périodique, 100
        permanent, 100
    de la moyenne, 100
    des coûts spécifiques, 189
    des coûts variables, 182
    des deuxièmes points extrêmes, 37
    des points extrêmes, 36
    du chemin critique, 330, 331
    du coût complet, 183
    PERT, 330, 332
    pull, 68
    push, 68
    selon la somme des ressources engagées,
        69
    selon les centres de coûts, 71
    selon une analyse d'équivalence, 75

Mise
    en course, 66
    en route, 66

Modèle
    CVB (coût-volume-bénéfice), 205
    français, 359
    global, 95

Modes de fabrication, 65

Mondialisation de la concurrence, 11